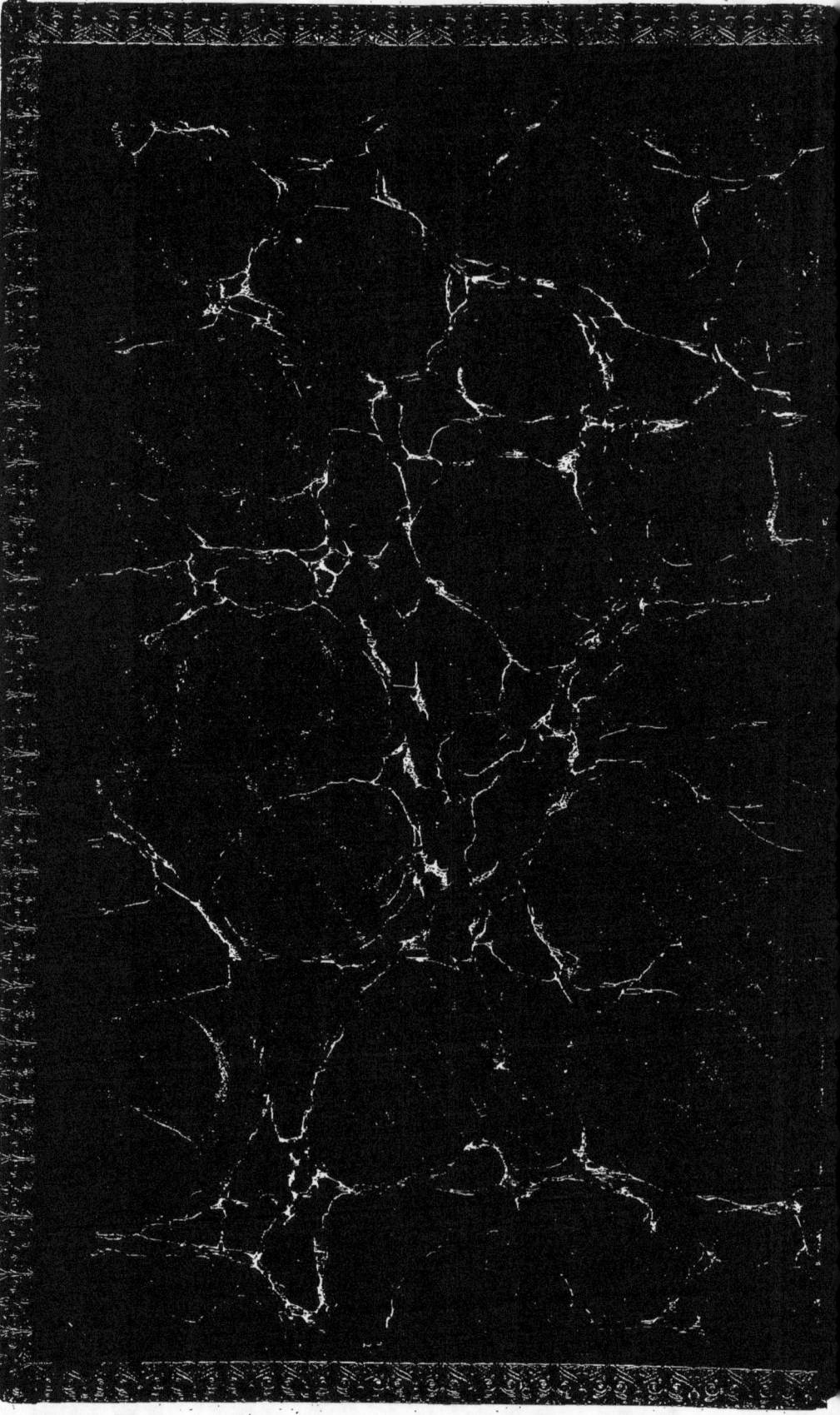

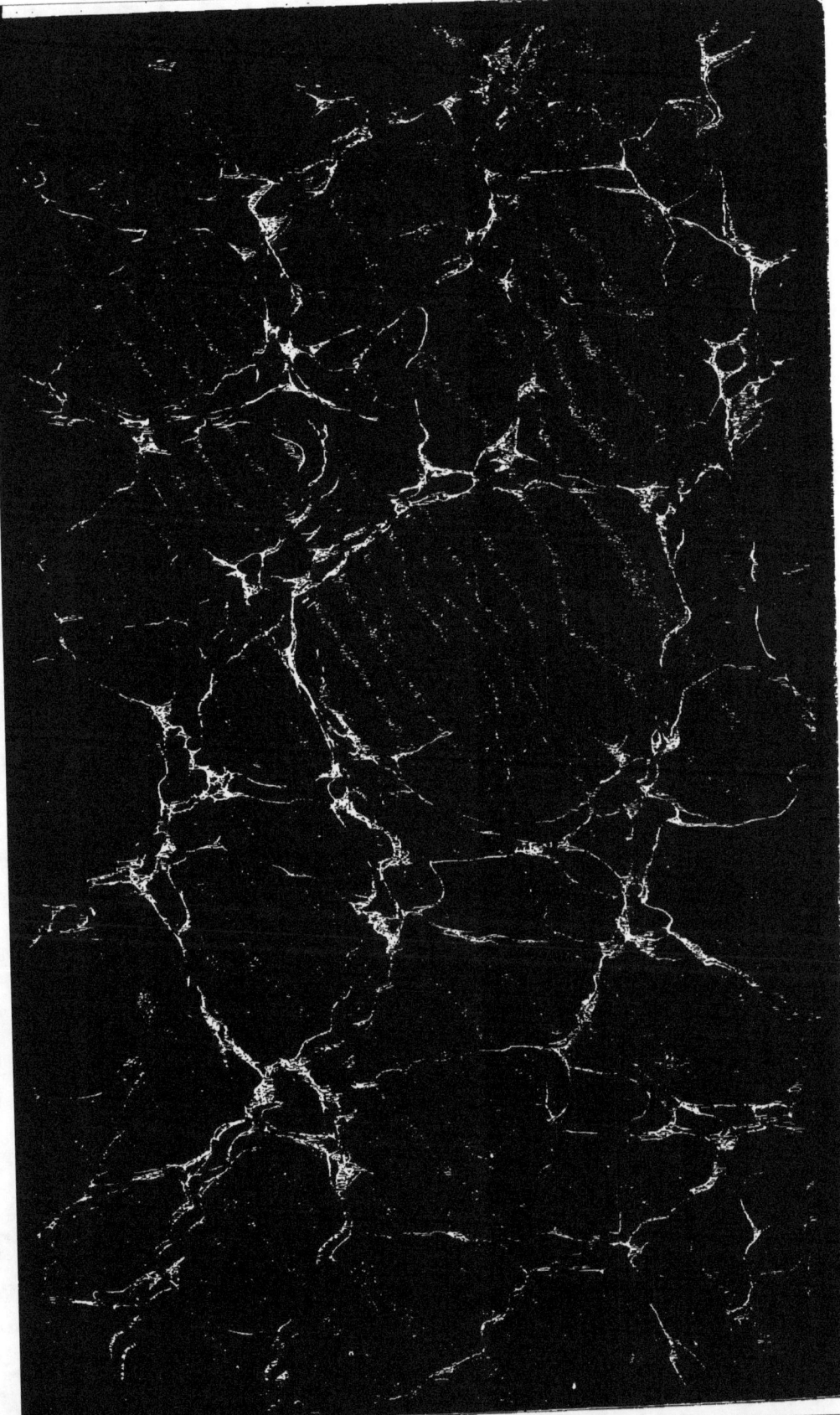

P.x
6

VOYAGE

DANS

L'INTÉRIEUR DU BRÉSIL.

QUATRIÈME PARTIE.

PARIS. — IMPRIMERIE DE MADAME VEUVE BOUCHARD-HUZARD, RUE DE L'ÉPERON, 5.

VOYAGE

DANS LES PROVINCES

DE SAINT-PAUL

ET

DE SAINTE-CATHERINE;

PAR

M. AUGUSTE DE SAINT-HILAIRE,

MEMBRE DE L'ACADÉMIE DES SCIENCES DE L'INSTITUT DE FRANCE,
PROFESSEUR A LA FACULTÉ DES SCIENCES DE PARIS,
CHEVALIER DE LA LÉGION D'HONNEUR, DES ORDRES DU CHRIST ET DE LA CROIX DU SUD,
DES ACADÉMIES DE BERLIN, S. PÉTERSBOURG, LISBONNE, C. L. C. DES CURIEUX DE LA NATURE,
DE LA SOCIÉTÉ LINNÉENNE DE LONDRES, DE L'INSTITUT HISTORIQUE
ET GÉOGRAPHIQUE BRÉSILIEN, DE LA SOCIÉTÉ D'HISTOIRE NATURELLE DE BOSTON,
DE CELLE DE GENÈVE, BOTANIQUE D'ÉDIMBOURG,
MÉDICALE DE RIO DE JANEIRO, PHILOMATHIQUE DE PARIS,
DES SCIENCES D'ORLÉANS, ETC.

TOME PREMIER.

PARIS,

ARTHUS BERTRAND, LIBRAIRE-ÉDITEUR,

LIBRAIRE DE LA SOCIÉTÉ DE GÉOGRAPHIE,

RUE HAUTEFEUILLE, N° 21.

—

1851

PRÉFACE.

L'auteur a suivi dans cette nouvelle relation, qui est une continuation du *Voyage aux sources du S. Francisco et dans la province de Goyaz*, le même plan que dans la précédente; il ne pourrait, par conséquent, que répéter ce qu'il a dit alors. On y trouvera décrits, avec la même exactitude, non-seulement les lieux qu'il a visités, mais encore les changements que les écrivains ont indiqués depuis son voyage. Cet ouvrage est comme une sorte d'ébauche de la monographie des contrées qu'il a parcourues. Il s'est livré aux mêmes observations critiques, et a tâché de rectifier les nombreuses erreurs qui se sont répandues dans les livres sur la géographie et l'etnographie du Brésil; il a cité, avec le même soin, tous les écrivains auxquels il a emprunté quelque chose, et dans ce but il a fait tous ses efforts pour réunir les ouvrages publiés sur le Brésil.

Souvent on rencontrera, dans cet ouvrage, des numéros qui devaient renvoyer à la description des plantes caractéristiques de chaque canton ; les circonstances n'ont pas permis que cette partie du travail fût achevée : ces descriptions se trouveront, il faut l'espérer, à la fin du *Voyage dans la province de Rio Grande do Sul.*

VOYAGE

DANS

LES PROVINCES DE SAINT-PAUL

ET DE SAINTE-CATHERINE.

―•―

CHAPITRE PREMIER.

TABLEAU ABRÉGÉ DE LA PROVINCE DE S. PAUL.

§ Ier. — Histoire.

Le Portugais PEDRO ALVARES CABRAL s'était embarqué à Lisbonne, en l'année 1500, pour se rendre dans les Indes orientales; des vents contraires le portèrent vers l'ouest, et le Brésil fut découvert.

Alors le roi de Portugal était entièrement occupé des conquêtes que ses généraux avaient faites dans les Indes, et que ses successeurs devaient bientôt perdre; il négligea le Brésil, qui, pendant deux siècles, versa sur son pays d'immenses richesses.

La côte septentrionale du Brésil fut cependant explorée, et quelques particuliers y formèrent des établissements; quant à celle qui s'étend de la baie de Tous les Saints au Rio de la Plata, on la connaissait à peine. Le roi Jean III voulut enfin assurer les droits que le Portugal croyait avoir sur ce pays, et il chargea Martim Affonso de Souza d'en prendre complétement possession. Il ne pouvait faire un meilleur choix : c'était, dit un historien, le courtisan le plus vertueux, le plus sage des conseillers, le plus habile des généraux.

Martim Affonso sortit de Lisbonne à la fin de l'année 1530, et, le 30 d'avril (1) 1531, il entra dans la baie de Rio de Janeiro, que les indigènes appelaient Ganobará ou Nithoy. Comme les Tamoyos, Indiens méfiants et belliqueux, ne lui permirent pas de s'y établir, il continua son voyage jusqu'au Rio de la Plata; puis, retournant vers le nord, il entra, le 20 janvier 1532, dans une baie qui, protégée par deux îles très-voisines de la terre ferme, présente le meilleur mouillage de toute cette côte. Il avait reçu de son souverain l'ordre de former une colonie dans le sud du Brésil; ce fut ce parage qu'il choisit, et il jeta dans l'île de S. Vincent les fondements de la ville du même nom. Tels furent les commencements de la capitainerie de S. Vicente, dont l'histoire se lie à celle de presque tout le Brésil, et qui plus tard a été appelée capitainerie de S. Paul.

C'est à tort que l'on a représenté comme un vil ramas de bandits les premiers habitants de la colonie nouvelle : parmi les compagnons de Martim Affonso se trouvaient même de nobles hommes du Portugal et de l'île de Madère ; mais tous devaient naturellement participer aux

---

(1) Tous les historiens disent que Martim Affonso entra, le 1er janvier, dans la baie de Rio de Janeiro; mais le journal de la navigation de cet homme illustre (*Diario da navigação*, etc.), dû à son frère Pero Lopes de Souza, et publié avec des notes savantes par Francisco Adolfo de Varnhagen, prouve suffisamment que cette date est erronée.

vices aussi bien qu'aux qualités brillantes de leur époque ; ils étaient ce que furent, vers le milieu du xvie siècle, les autres Portugais. A une foi vive, mais peu éclairée, à une générosité poussée jusqu'à l'imprévoyance, ils joignaient un esprit entreprenant et aventureux, une grande intrépidité, beaucoup d'orgueil et d'audace, l'amour de la renommée, le désir d'acquérir des richesses pour les répandre et pour briller, surtout une rudesse de mœurs contre laquelle luttait en vain l'ineffable douceur du christianisme. Aucun peuple européen n'était, à la même époque, exempt de cette rudesse, et, si les Paulistes l'ont conservée plus longtemps, c'est qu'ils l'entretenaient sans cesse par leurs courses gigantesques dans les déserts et les chasses qu'ils firent aux Indiens pendant un si grand nombre d'années.

Lorsque Martim Affonso aborda dans l'île de S. Vincent, cette partie du Brésil appartenait aux pacifiques Indiens-Guaianazes, qui habitaient le plateau situé au nord de la chaîne maritime, mais qui, à une certaine époque de l'année, descendaient sur le littoral pour y chercher des huîtres et d'autres coquillages.

Au moment où les Portugais entraient dans la baie, des indigènes habitants du plateau pêchaient sur la côte. Effrayés de la grandeur des navires européens, ils prirent la fuite, et racontèrent dans leur aldée qu'ils venaient de voir des pirogues qui étaient aux leurs ce que les arbres les plus élevés des forêts sont aux herbes les plus humbles des *campos*, que des hommes d'une couleur blanche en étaient sortis et paraissaient vouloir s'établir dans le pays et s'y fortifier.

Le chef de ces Indiens jugea que la conduite des hommes blancs était une insulte, et donna avis de ce qui se passait à tous les caciques du voisinage. Il s'empressa surtout d'en faire part à TEBYREÇA, qui commandait aux habitants des campos de Piratininga, et à qui toute la nation des Guaianazes portait un grand respect, parce qu'aucun chef n'était plus puissant ni meilleur guerrier.

Martim Affonso n'était pas le premier Européen qui fût descendu sur cette côte. Parmi les Guaianazes vivait depuis longtemps un Portugais, probablement échappé à quelque naufrage et à qui Tebyreça avait donné sa fille pour épouse. Cet homme, appelé JOÃO RAMALHO, n'ayant jamais vu de navire appartenant à sa nation aborder dans ces parages, crut que ceux que l'on annonçait y avaient été jetés par une tempête, en se rendant aux Indes orientales. Plein de compassion pour le triste sort qu'il supposait être celui de ses compatriotes, il parvint à faire partager ce sentiment à son beau-père, et à lui persuader que, s'il accueillait les Portugais comme des amis, il en résulterait pour lui de grands avantages. Tebyreça, accompagné de son gendre, se mit en marche pour S. Vincent avec trois cents hommes de flèches. Lorsque João Ramalho eut aperçu les Portugais, il éleva la voix, se fit entendre de loin dans sa langue maternelle, et assura ses compatriotes que les Guaianazes ne venaient point en ennemis. Les deux peuples se rapprochèrent, firent alliance contre les tribus indiennes qui auraient voulu troubler leur repos, et en signe de réjouissance les Européens mêlèrent le bruit de leur artillerie aux sons des instruments qui accompagnaient les danses des sauvages (1).

(1) L'abbé Manoel Ayres de Cazal, s'appuyant sur un passage de l'his-

N'ayant plus rien à craindre de ces derniers, Martim Affonso s'occupa avec activité de la construction de la ville naissante; il permit à ses compagnons de faire des plantations dans l'île de S. Vincent, nomma des officiers de justice, et assura, par de sages règlements, la tranquillité des nouveaux colons et leurs propriétés. C'est à lui, en un mot, qu'est dû le premier établissement régulier que les Portugais formèrent dans le nouveau monde.

Cet homme illustre ne se contenta pas, comme tant d'autres capitaines portugais, d'explorer la côte; il voulut connaître l'intérieur des terres. A travers mille dangers, il gravit la chaîne maritime appelée par les Indiens *Paranapiaçaba* (1); du sommet de ces hautes montagnes il put prendre une idée exacte de la magnifique contrée qu'il venait d'assurer à la monarchie portugaise, et il pénétra jusqu'à la plaine de Piratininga (1532), le domaine de son allié fidèle, le cacique Tebyreça.

Le roi Jean III avait fini par reconnaître que le Brésil avait quelque valeur; mais, pour se débarrasser des soins qu'aurait exigés la colonisation de cette vaste contrée, il la divisa en plusieurs capitaineries héréditaires, et les con-

---

torien espagnol Herrera, pense (*Corog. Braz.*, I, 51, 202) qu'avant l'arrivée de Martim Affonso à S. Vincent il y existait déjà une factorerie; il en conclut que les Indiens, accoutumés à voir des navires européens, ne durent éprouver aucune surprise quand ceux de l'illustre Portugais approchèrent de leur côte, et par ce raisonnement il se croit autorisé à rejeter le récit que je viens de rapporter. Le peu de vraisemblance du fait rapporté par Herrera me paraît affaiblir singulièrement cette argumentation.

(1) On traduit ce mot par ceux-ci : *lieu d'où l'on découvre la mer*. Il faut supposer qu'il viendrait de *parana*, mer, *cepiaça*, voir (*Dicc. port. braz.*, 51, 78).

céda à de nobles personnages qui s'engageaient à les défendre et à y former des établissements. Martim Affonso était un des hommes qui méritaient le mieux cette récompense : Jean III lui donna 100 lieues de côtes depuis le Rio Macuhé jusqu'à la baie de Paranaguá; mais dans cette vaste étendue de terrain était comprise une bizarre enclave de 10 lieues, depuis le Rio de S. Vicente jusqu'à celui de Curuparé, aujourd'hui Juquiriqueré, en face de l'île de S. Sébastien, enclave qui faisait partie des 50 lieues accordées à Pero Lopes de Souza, frère de Martim (1). La donation de ce dernier reçut le nom de *capitainerie de S. Vincent*, et plus tard on appela *capitainerie de S. Amaro* celle de Pero Lopes de Souza.

Le séjour de Martim au Brésil fut malheureusement très-

(1) Depuis la ville de S. Sébastien jusqu'à la pointe de *Taipu*, voisine de S. Vincent, la côte de la province de S. Paul se dirige à peu près d'Orient en Occident. Des deux îles qui protégent le port de Santos, la plus orientale, ou, si l'on aime mieux, la moins éloignée de Rio de Janeiro, s'appelle *S. Amaro*, et est séparée de la terre ferme par un canal qui porte le nom de *Barra da Bertioga*. Entre cette île et la plus occidentale, celle de S. Vicente, se trouve le bras de mer dit *Barra Grande*, *Barra Larga*, mieux encore *Barra de Santos*, par lequel les navires entrent dans le port de ce nom. Enfin on appelle *Rio de S. Vicente* le canal plus profond et plus étroit qui sépare la dernière île du continent. Tels sont les noms généralement en usage aujourd'hui; mais il n'en était pas ainsi du temps de Martim Affonso (Caz., *Corog. Braz.*, I, 217). Ce grand capitaine croyait que les trois bras de mer dont je viens de parler étaient les embouchures d'une même rivière, et il donnait à tous les trois le nom commun de *Rio de S. Vicente*. La barre de Bertioga était donc la limite du domaine des deux frères et non, comme on l'a cru, le Rio S. Vicente actuel (Gasp. da Madre de Deos, *Mem. S. Vicente*, I. II). Sans cela, il faudrait admettre que Jean III aurait ôté à Martim Affonso la portion de territoire qui semblait le plus naturellement devoir lui appartenir, et que ce dernier aurait bâti une ville et distribué des terres dans un pays qui ne lui appartenait pas.

court : il se crut obligé de partir pour le Portugal dans le courant de 1533. Arrivé sur les bords du Tage et fort éloigné de l'Amérique, il n'oublia cependant point la capitainerie dont il était devenu propriétaire. Par ses soins, les femmes de ses compagnons les rejoignirent, et de nouveaux colons augmentèrent le nombre des plus anciens ; il introduisit à S. Vincent nos diverses espèces d'animaux domestiques ; il y fit transporter de Madère la canne à sucre, qui de là se répandit dans les autres parties du Brésil, et il ordonna la construction de la première sucrerie qui ait existé dans cet empire (1).

Les efforts intelligents de Martim Affonso firent fleurir la nouvelle colonie. L'agriculture y prospéra bientôt d'une manière remarquable, et un commerce suivi s'établit avec le Portugal, favorisé par la fondation d'une seconde ville, celle de Santos, dont le port peut recevoir les plus grands bâtiments. Le numéraire, il est vrai, fut d'abord extrêmement rare ; mais on payait avec du sucre les marchandises que l'on recevait d'Europe ; cette denrée était devenue la seule monnaie courante.

Malgré les progrès très-sensibles que nous venons de signaler, la nouvelle colonie ne tarda pourtant pas à se

---

(1) Vasconcellos, *Chronica*, I, 61. — Sous le nom d'*Affonsea*, j'ai consacré à la mémoire de Martim Affonso un beau genre brésilien de la famille des Légumineuses, distingué par la pluralité de ses ovaires et ses calices vésiculeux (voir mon *Voyage dans le district des Diamants*, etc., I, 388). On voudra bien me permettre de répéter les expressions dont je me suis servi dans la dédicace de ce genre : *In honorem dixi illustrissimi ducis Martim Affonso de Souza qui, maximo incolarum beneficio, saccharum officinale in Brasiliam introduxit. Monumentum splendidius grati consecrent Brasilienses !* Je ne sache pas que, jusqu'à présent, mes vœux aient été remplis.

ressentir de l'absence de son illustre propriétaire. Il avait parfaitement compris que, si les Portugais, cédant au désir de changer de place, quittaient le littoral et se dispersaient dans l'intérieur des terres, ils n'auraient plus la même force et ne pourraient envoyer leurs denrées en Europe. En conséquence, il avait défendu aux blancs l'entrée de la plaine de Piratininga et n'avait fait d'exception qu'en faveur de João Ramalho. Mais lorsqu'il fut parti pour l'Inde, dont le gouvernement lui avait été confié, sa femme, D. Anna Pimentel, leva cette défense; alors les Portugais se mêlèrent avec les Indiens, et aux vices d'une civilisation très-incomplète ils joignirent bientôt ceux de la vie sauvage.

Les fondés de pouvoir de Martim Affonso n'étaient ni assez forts ni assez sages pour maintenir la police, les bonnes mœurs et les règles d'une exacte probité parmi des hommes de deux races différentes, les uns entièrement sauvages, les autres à demi civilisés, audacieux et cupides.

Tout en donnant aux Indiens le nom de compères (*compadres*), respectable à cette époque, les blancs fraudaient ces pauvres gens avec une impudeur révoltante, et, pour empêcher que ceux-ci ne connussent la vérité, les administrateurs, complices eux-mêmes de la mauvaise foi de leurs administrés, défendirent à tout chrétien, sous des peines graves, de dire, devant un indigène, du mal d'un autre chrétien ou de ses marchandises. Ce n'était pas seulement dans leurs rapports avec les Indiens que les Portugais violaient toutes les lois de la probité la plus vulgaire; ils étaient aussi peu scrupuleux quand ils traitaient les uns avec les autres, et le défaut de confiance alla si loin, que, pour s'assurer de la fidélité des hommes libres qu'on employait dans les sucreries, on leur faisait jurer devant le sénat municipal qu'ils ne déroberaient rien à leurs maîtres (1).

L'absence d'un chef loyal et puissant n'était pas la seule cause qui agît d'une manière fâcheuse sur les colons de S. Vincent ; une autre cause de corruption s'était introduite parmi eux dès les premiers jours de leur établissement : ils avaient admis l'esclavage des Indiens. En protégeant la liberté des indigènes, les lois portugaises permettaient pourtant qu'on la leur enlevât dans certaines circonstances ; les planteurs avaient toujours de bonnes raisons pour faire des esclaves. Peu soucieux de s'instruire eux-mêmes des préceptes de la religion chrétienne, ils laissaient croupir leurs esclaves dans une triste ignorance : ceux-ci, en perdant leurs allures sauvages, ne faisaient que s'abrutir ; les maîtres s'abrutissaient comme eux, et devenaient de plus en plus cruels.

Plusieurs Vicentistes, nom que l'on donna d'abord aux habitants de S. Paul, se mariaient avec des Indiennes ; d'autres prenaient des maîtresses parmi ces femmes, ou, même étant mariés, avaient, dans les aldées, des concubines que les Indiens traitaient comme de légitimes épouses. De ces diverses unions naquirent un grand nombre de métis, et ce fut à ces hommes connus par la barbarie de leurs mœurs que l'on donna le nom abhorré de Mamalucos emprunté à la milice musulmane qui dominait l'Égypte (2).

(1) Gaspar da Madre de Deos, *Mem. S. Vicente*, 66, 67.
(2) Voir quelques morceaux intéressants écrits par le P. Anchieta et

Les provinces septentrionales du Brésil étaient, à la même époque, dans une position bien plus fâcheuse encore que la capitainerie de S. Vincent. Leurs donataires, faibles et isolés, avaient de la peine à se défendre contre les attaques incessantes des indigènes, et en même temps ils profitaient de l'autorité sans contrôle dont ils étaient revêtus pour se livrer envers les colons aux actes de despotisme les plus intolérables. Le roi Jean III fut enfin sensible aux plaintes de ses sujets ; il envoya au Brésil un gouverneur général, THOMÉ DE SOUZA, homme ferme et prudent, qui devait le représenter en toutes choses, et il lui confia les pouvoirs les plus étendus.

Avec Thomé de Souza arrivèrent dans la baie de Tous les Saints, en l'année 1549, cinq religieux de la compagnie de Jésus ayant à leur tête MANOEL DE NOBREGA, leur provincial, qui à la noblesse de la naissance unissait les plus hautes vertus, une activité prodigieuse et le talent de conduire les affaires. Ces hommes courageux se livrèrent sans réserve au bonheur des Indiens; mais, comme ils ne pouvaient suffire à la tâche difficile qu'ils s'étaient imposée, on leur adjoignit, quatre ans plus tard, sept de leurs confrères, parmi lesquels JOSÉ DE ANCHIETA, qui mérita d'être surnommé l'apôtre du Brésil. « Anchieta
« fut tout à la fois poëte, guerrier, naturaliste; pour se
« rendre utile, il savait prendre toutes les formes; il fai-
« sait l'école aux petits enfants, commandait des troupes,
« composait des cantiques, soignait les malades et ne
« dédaignait même pas le travail le plus vulgaire. On

---

publiés dans le précieux recueil intitulé, *Revista trimensal de historia e geographia, Rio de Janeiro.*

« peut le compter parmi les hommes les plus extraordi-
« naires de son temps (1). »

Nobrega était à peine arrivé au Brésil, qu'il avait fondé un collége à S. Vincent; bientôt, comme nous venons de le dire, il fut suivi par le P. Anchieta, et alors commença pour la capitainerie de Martim Affonso une ère nouvelle. Les jésuites faisaient tous leurs efforts pour ramener les colons portugais à la dignité d'homme et à leurs devoirs de chrétiens trop longtemps oubliés; ils s'opposaient à leurs injustices, plaidaient courageusement en faveur de la liberté des Indiens et séparaient de la communion des fidèles les oppresseurs de ces infortunés. C'était surtout le désir d'attirer les indigènes à la connaissance de la vérité qui leur avait fait quitter leurs familles et leur patrie; ils ne négligèrent rien pour remplir ce noble but. Ils allaient chercher les Indiens au fond des forêts, bravaient leur cruauté, les attiraient à eux par des bienfaits, les conso-laient dans leurs afflictions, les soignaient dans leurs maladies et les rendaient chrétiens. Les enfants, comme fascinés par leurs chants, les suivaient, se pressaient autour d'eux, et les pères de la compagnie de Jésus leur enseignaient les principes de la religion, la lecture, l'écriture, les calculs, la musique, les arts les plus utiles (2).

---

(1) *Voyage dans le district des Diamants et sur le littoral du Brésil*, II, 4.

(2) . . . .
O Nobrega famoso, o claro Anchieta,
Por meio de perigos e de erpantos,
Sem temerdo gentio a cruel selta,
Todo ovasto sertão tem penetrado,
E a fé com mil trabalhos propagado.
. . . .

Les jésuites sentirent bientôt que, pour se rendre véritablement utiles aux Indiens, ils ne devaient point se confiner sur le littoral habité seulement par les Portugais et par leurs esclaves ; Nobrega résolut de former un nouveau collége dans la plaine de Piratininga, et il chargea de ce soin Anchieta, qui alors n'avait pas beaucoup plus de vingt ans. A une époque moins reculée, les mineurs, uniquement attirés par la présence des diamants et de l'or, se fixèrent presque toujours dans des contrées montagneuses, au fond de tristes et arides vallées ; les jésuites, au contraire, s'établissaient au milieu des terres les plus fertiles, sur des éminences où les merveilles de la nature, se déroulant dans un vaste horizon aux yeux du spectateur charmé, l'excitaient à élever ses pensées jusqu'à son Créateur (1). Ce fut une position de ce genre que les disciples de saint Ignace choisirent dans la plaine de Piratininga pour y fonder leur collége.

Le 24 janvier 1554, jour de la conversion de S. Paul, la première messe fut célébrée dans le nouvel établissement, et on lui donna le nom de *S. Paulo*.

Là où devait s'élever la ville charmante destinée à jouer un si grand rôle dans l'histoire du Brésil, on ne vit d'abord qu'une cabane longue de 14 pieds et large de 10, construite en terre et couverte en chaume. « C'est là, écrivait An-

Soffrem riscos trabalhos, fomes, frios,
Sem recear os barbaros insultos ;
Penetram mattos, atravessam rios,
Buscando nos terrenos mais incultos,
Com immensa fadiga e pio ganho,
Esse perdido misero ribanho.
   (*Carumurá*, canto X, est., 55, 56.)
(1) Voir les trois précédentes *relations* de l'auteur.

« chieta, que nous tenons notre école, qu'est notre in-
« firmerie, notre dortoir, notre cuisine, notre réfectoire,
« notre garde-manger. » Des feuilles de bananier servaient de table, une natte tenait lieu de porte.

La colonie naissante ne tarda pas, au reste, à prendre
de l'accroissement. Un grand nombre d'Indiens, de métis
et de Portugais vinrent se grouper autour d'elle, et le
grand chef des Guaianazes, Tebyreça, qui avait reçu
au baptême le nom de son compère, Martim Affonso,
transporta près du collége des jésuites son aldée tout
entière.

Cependant de tels progrès firent naître bientôt une riva-
lité dangereuse. Dès le temps où Martim Affonso de Souza
était encore à Saint-Vincent, João Ramalho avait formé,
à l'entrée de la plaine, un village qu'il avait appelé S. André et qui, un peu plus tard, fut érigé en ville. A lui et à
ses nombreux enfants, tous métis, s'étaient joints un assez
grand nombre d'autres métis et même des Portugais. Ces
hommes, qui s'abandonnaient à toutes sortes de vices et
ne cessaient de faire des esclaves parmi les indigènes, ne
purent entendre sans colère les prédications des jésuites
contre cette infâme pratique, et par d'absurdes calomnies
ils excitèrent contre eux diverses tribus indiennes. S. Paul
fut attaqué ; mais les indigènes, convertis à la foi chrétienne, repoussèrent les ennemis, et la victoire accrut encore l'influence des jésuites.

Ils en montrèrent bientôt toute l'étendue dans une occasion importante. On commençait à savoir en Europe ce
que valait le Brésil ; les Français voulurent avoir leur part
de cette riche colonie, et sous la conduite du chevalier de
Malte Nicolas de Villegagnon ils formèrent un établisse-

ment dans la baie de Rio de Janeiro (1). Loin d'opprimer les indigènes, Villegagnon les traitait avec beaucoup de justice et de générosité (2); les belliqueux Tamoyos, qui occupaient tout le pays situé entre Rio de Janeiro et S. Vincent, devinrent pour lui de puissants et utiles alliés. D'abord les Portugais firent peu d'attention aux entreprises de ces dangereux voisins; mais enfin Nobrega leur ouvrit les yeux, et la cour de Lisbonne donna ordre au gouverneur MEM DE SÁ de chasser les nouveaux venus. Les colons portugais voulaient temporiser; Nobrega repoussa avec force leurs timides conseils; la guerre fut résolue. Les jésuites décidèrent les habitants de S. Vincent à y prendre part, et ils amenèrent à Mem de Sá des vivres, des pirogues et un grand nombre de blancs, de Mamalucos et d'Indiens, qui tous étaient accoutumés à faire la guerre aux Tupinambas et aux Tamoyos amis des Français. Ceux-ci furent battus, leurs fortifications furent détruites, et l'armée portugaise, emportant les canons de l'ennemi,

(1) Le véridique et judicieux Léry, qui faisait partie de cette expédition et en a écrit les détails, appelle le pays où elle eut lieu la *terre du Brésil, autrement dite Amérique;* mais deux auteurs beaucoup moins recommandables se sont avisés de donner à ce pays le nom de *France antarctique.* En racontant cette particularité, Southey s'élève avec aigreur contre *l'arrogance ordinaire aux Français* (*Hist.*, I, 272); il oublie que, avant même d'avoir fait le moindre établissement sur la côte de l'Amérique septentrionale, les Anglais avaient déjà consacré le nom de *Virginie* (Robertson, *Virginia*, 25), assez ridiculement emprunté à une qualité dont se vantait leur reine. Les crimes et les travers dont une nation accuse une autre nation, elle pourrait presque toujours les trouver dans ses propres annales. Au lieu donc de s'adresser réciproquement des reproches, toutes devraient travailler à éviter les fautes dont elles sont à peu près également coupables.

(2) Mem de Sá, *Litt.*, in Pizarro, *Mem. hist.*; I, 14.

se retira à Santos, où l'infatigable Nobrega avait préparé des secours pour les blessés et des vivres pour tous.

Mem de Sá avait accompagné son armée à Santos; les jésuites profitèrent de sa présence pour se débarrasser d'un voisinage dangereux. Ils représentèrent au gouverneur que la ville de S. André, qui avait été bâtie sur la limite des forêts et des montagnes, était exposée aux attaques incessantes des sauvages, tandis que S. Paul, situé sur une hauteur, dans un pays découvert, avait peu de chose à craindre de leurs hostilités. Mem de Sá ordonna la destruction de S. André; S. Paul fut érigé en ville, l'année 1560, sous le nom de *S. Paulo da Piratininga*, et les Pères de la compagnie de Jésus transportèrent le collège qu'ils avaient formé sur le littoral (1).

Cependant un orage se formait sur la capitainerie de S. Vincent. Les Tamoyos avaient été battus en même temps que les Français leurs alliés, mais ils n'avaient point été

(1) Les erreurs du P. Charlevoix, sur les commencements de la ville de S. Paul (*Hist. Paraguay*, I, 307-9), répétées par une foule de compilateurs, ont été très-bien réfutées par Dom Gaspar da Madre de Deos (*Mem. S. Vicente*, 119 et suiv.), et il serait inutile de revenir ici sur ce sujet. Je crois cependant devoir faire observer que le dernier de ces écrivains, entraîné par son patriotisme, a quelquefois abondé dans son sens, comme Charlevoix dans le sien, lorsqu'il dit, par exemple, des Paulistes destructeurs impitoyables des Indiens : « Ces vassaux « zélés, loin de s'opposer à la conversion des gentils, furent l'instru- « ment choisi peut-être par Dieu lui-même pour faire entrer dans le « sein de son Église la plus grande partie de ces millions d'âmes que « nos Paulistes obligèrent d'abandonner leur barbare pays. » — L'historien du voyage de l'amiral Anson est encore bien plus inexact que Charlevoix lorsqu'il parle de l'origine de la ville de S. Paul, car voici comme il s'exprime : « On dit que les Paulistes sont les descendants des « Portugais qui quittèrent le nord du Brésil quand les Hollandais s'en « emparèrent. » (Richard Walter, *Voyage round the world*, 52.)

détruits. Exaspérés par les injustices des Portugais et leurs chasses aux esclaves, ils résolurent de se venger, et se jetèrent sur la colonie de Martim Affonso. Les uns, après avoir gravi les montagnes, se répandaient dans la plaine de Piratininga ; les autres, à l'aide de leurs longues pirogues qui pouvaient contenir jusqu'à 150 guerriers, faisaient des descentes sur le littoral, ravageaient les plantations de leurs ennemis, détruisaient les maisons, enlevaient les esclaves.

De tels succès attirèrent à eux des tribus qui d'abord étaient restées neutres, et un corps considérable d'alliés vint attaquer la ville de S. Paul. La terreur s'empara aussitôt de tous les habitants ; mais Anchieta releva leur courage par ses discours. Devenu, pour quelques instants, homme de guerre d'homme de paix qu'il avait toujours été (1), il prit de sages mesures pour la défense de la ville, mit Tebyreça à la tête des Indiens fidèles, et les assaillants furent vigoureusement repoussés.

La ville de S. Paul avait à peine échappé à ce danger, qu'elle perdit son plus généreux défenseur, Martim Affonso Tebyreça. Quoique issu d'une race à laquelle on a justement reproché une extrême inconstance, ce noble chef n'avait jamais cessé d'être le protecteur et l'ami des Portugais, surtout des pères de la compagnie de Jésus. Après avoir recommandé à sa femme et à ses fils de ne jamais s'écarter des principes de justice qu'on leur avait enseignés, il mourut dans les sentiments les plus chrétiens, et fut amèrement regretté de toute la colonie (2),

(1) Pereira da Silva, *Plutarco bras.*, I, 44.
(2) José de Anchieta, *Litt.*, in *Revist. trimens.*, II, 544. — Vasconcellos, *Chron.*, l. II, 260.

qui attendait de lui de nouveaux efforts contre les Tamoyos.

Ces derniers étaient trop belliqueux et nourrissaient contre les Portugais une haine trop implacable (1) pour que l'échec qu'ils avaient essuyé devant S. Paul les fît renoncer à leurs projets de vengeance; ils se liguèrent avec un grand nombre d'autres indigènes, et c'en était fait de la colonie de S. Vincent, sans le dévouement héroïque de Nobrega et d'Anchieta.

Ces hommes généreux résolurent de se rendre chez les Tamoyos pour les amener à des sentiments pacifiques, et, s'étant embarqués, ils s'approchèrent de la côte occupée par les sauvages. Aussitôt que ceux-ci aperçurent le vaisseau ennemi, ils s'avancèrent dans leurs pirogues pour l'attaquer; mais, ayant reconnu les jésuites, qu'ils regardaient comme les amis de Dieu et les protecteurs des Indiens, ils abaissèrent leurs arcs. Anchieta leur adressa la parole dans leur langue, se livra à eux avec son noble compagnon, et leur persuada d'envoyer douze jeunes gens en otage à la ville de S. Vincent.

Entièrement seuls parmi les Tamoyos, les deux religieux se hâtèrent de construire une chapelle. Les Indiens, en voyant célébrer les saints mystères pour la première fois, sentirent en eux une sorte de terreur qu'ils n'avaient jamais éprouvée au milieu des combats, et commencèrent à regarder leurs hôtes comme des êtres surnaturels. La sainteté de ces prêtres excitait leur respect et leur admiration, en même temps que les marques de dévouement et de bien-

---

(1) Hans Stade, *Hist. Amér.*, in Ternaux-Compans, *Voyages, relations.*

veillance qu'ils en recevaient sans cesse faisaient naître en eux une affection presque filiale.

Pendant que les deux jésuites vivaient au milieu des Tamoyos, soumis aux caprices souvent cruels de ces hommes-enfants, exposés à tous les dangers, supportant mille fatigues, endurant la faim et la soif, le gouvernement de la colonie négociait pour obtenir la paix. Avant de rien conclure, il témoigna le désir de s'entendre avec Nobrega et son compagnon ; mais les sauvages ne laissèrent aller que le premier d'entre eux et gardèrent Anchieta (1). Ce fut alors que ce dernier, fort jeune encore, promit à la Vierge de composer un poëme en son honneur, s'il conservait sa vertu exposée à de continuelles attaques. N'ayant ni encre ni papier, il traçait sur le sable les vers qu'il composait, il les apprenait par cœur, et il les écrivit plus tard, lorsque, après cinq mois de négociations, la paix le rendit enfin à sa chère Piratininga (2).

Pendant que ces événements se passaient dans la capi-

---

(1) Southey, *Hist.*, I, 287-293.
(2) « Ce poëme, dit M. João Manoel Pereira da Silva (*Plutarco bras.*, « I, 47), montre qu'Anchieta avait une connaissance profonde des clas-« siques anciens, qu'il n'était point étranger à la littérature hébraïque « et avait étudié les Pères de l'Église. Son style est pur, correct et élé-« gant ; ses pensées, ingénieuses et poétiques, sont toujours appro-« priées au sujet qu'il traite ; mais il faut bien convenir qu'il a adopté « un plan très-défectueux. Il se contente, en effet, de retracer les uns « après les autres, dans un ordre didactique, les événements qui se « sont succédé dans la vie de la mère du Sauveur, et le poëme tout « entier ne présente réellement qu'une suite de cantates, dont chacune « est consacrée à l'un de ces événements. L'auteur n'a ni l'imagination « de Milton ni la sublimité de Klopstock..... C'est une âme pure, pro-« fondément religieuse, qui se répand en harmonieuses modulations ; « les vers d'Anchieta semblent s'échapper de son cœur, comme une

tainerie de S. Vincent, les Français continuaient à fréquenter la côte du Brésil; ils trafiquaient avec les Tamoyos, dont ils avaient su se faire aimer, les encourageaient dans leur haine contre les colons portugais, et s'étaient fortifiés une seconde fois dans la baie de Rio de Janeiro. La cour de Portugal voulut enfin se débarrasser de ces dangereux intrus et fit partir pour le Brésil une flotte commandée par Estacio de Sá, neveu du gouverneur général. Estacio arriva à Bahia en 1564, et, après avoir exploré la côte, il jugea qu'il n'avait pas assez de forces pour attaquer l'ennemi. Espérant obtenir quelques renforts à S. Vincent, il se hâta de s'y rendre; mais il trouva les habitants peu disposés à seconder ses efforts. Il connaissait l'influence que les jésuites exerçaient sur eux; il eut recours à Nobrega. Celui-ci, par ses éloquentes prédications, ranima l'ardeur des Paulistes; Anchieta décida environ 800 hommes à le suivre, et s'embarqua avec eux.

« musique suave, expression d'une douce tristesse. » On trouvera certainement dans ceux qui suivent une noble poésie.

O Deus omnipotens, vasti quem machina mundi
  Auctorem ac Dominum prædicat esse suum,
Cujus inaccessam tenet ingens gloria lucem,
  Cui velut innatus lumine amictus inest.
Quem nequit immenso comprendere corpore mundus
  Conclusit ventris te brevis arca mei,
Egressusque meæ tenere penetralibus aldi,
  In vili recubas, lux mea, nate, solo.
Nonne tua ingentem manus inclyta condidit orbem?
  Nonne polus Domino servit uterque tibi?
Cur tibi tam vilem nascente deligis ædem
  Cur ortum regia non capit aula tuum?
Tu cœlum stellis, variis animali villis
  Induis et viridi gramine pingis agros!

Puissamment aidé par ces derniers et par leur chef, aussi intelligent qu'il était vertueux, Estacio de Sá battit à plusieurs reprises les Français et les Tamoyos, il les expulsa pour jamais de la baie de Rio de Janeiro, et sous le nom de S. Sébastien fut fondée, en 1567, la capitale actuelle de l'empire du Brésil.

Les Paulistes profitèrent de la paix pour étendre leur commerce et se mirent à trafiquer avec les Anglais; ils donnèrent aussi plus de soins à l'agriculture, favorisés par le climat tempéré de leur pays, qui leur permettait de recueillir à la fois les produits coloniaux et les fruits de l'Europe.

Cette tranquillité ne devait malheureusement pas être de bien longue durée. En 1581, le Portugal fut réuni à la monarchie espagnole; le Brésil suivit bientôt le sort de la mère patrie, et les ennemis de l'Espagne devinrent les siens. Alors le roi Philippe II était en guerre avec les Anglais; les corsaires de cette nation se mirent à ravager les côtes du Brésil.

Le fameux Thomas Cavendish, autrement Cadenish, qui, dans une première expédition, avait porté la terreur sur la côte de l'Amérique occidentale, arriva, le 25 août 1591, à la hauteur de S. Vincent et détacha deux de ses navires pour s'emparer de Santos. Lorsque Coke, le vice-amiral anglais, débarqua dans cette ville, les habitants assistaient tous au service divin; ils furent entourés, faits prisonniers et condamnés à une forte rançon. La plus vulgaire prudence voulait que les corsaires se la fissent payer sur-le-champ; ils n'y songèrent même pas; ils se livrèrent à la débauche, et pendant leur sommeil les colons s'enfuirent dans les terres avec ce qu'ils avaient de plus précieux. Huit jours plus tard, Cavendish lui-même entra à Santos; il n'y trouva ni habitants ni provisions. Forcé de se retirer, il mit le feu, pour se venger, à la ville de S. Vincent. Il faisait voile vers le détroit de Magellan, lorsqu'une tempête affreuse sépara son vaisseau du reste de la flotte. Se trouvant une seconde fois dans le voisinage et manquant de vivres, il fit débarquer vingt hommes pour en aller prendre les armes à la main; les Indiens les aperçurent, fondirent sur eux, les tuèrent tous à l'exception de deux, et entrèrent triomphants dans la ville, portant les têtes des vaincus. Cavendish, furieux de cet échec, se mit à ravager les côtes du Brésil; mais, ayant été courageusemment repoussé par les habitants de la capitainerie d'Espirito Santo, il mourut de chagrin avant d'arriver dans sa patrie.

A cette époque, les limites de la capitainerie de S. Vincent, qui ont singulièrement varié depuis son origine jusqu'à nos jours, n'étaient déjà plus les mêmes qu'au temps de Martim Affonso : quarante ans s'étaient à peine écoulés, que l'on avait retranché une vaste portion du territoire de cette capitainerie pour la joindre à celui de la province de Rio de Janeiro nouvellement fondée (1). Lorsque, vers 1572 ou 1574, le gouvernement général du Brésil fut divisé en deux, celui de Bahia et celui de Rio de Janeiro, la province de S. Vincent devint une annexe de ce dernier (2).

Les descendants de Martim Affonso de Souza conservèrent la propriété du pays, mais ils étaient obligés de rendre foi et hommage (3) aux gouverneurs de Rio de Ja-

---

(1) Cazal, *Corog. Braz.*, I.
(2) Piz., *Mem. hist.*, II, 116. — Abreu e Lima, *Synopsis*, 47.
(3) Piz., *Mem. hist.*

neiro ; d'ailleurs ils continuaient à nommer les chefs militaires et les magistrats principaux (*capitães móres, ouvidores*), et les villes ne cessèrent point d'être administrées par un sénat municipal et des juges ordinaires (*juizes ordinarios*) élus par le peuple, suivant les us et coutumes du Portugal (1). Les Vincentistes reprochaient sans cesse aux gouverneurs de Rio de Janeiro, et, plus tard, aux surintendants des mines d'or, d'empiéter sur l'autorité de leurs magistrats (2) ; mais il est permis de croire que leurs plaintes ne furent pas toujours exemptes d'injustice ou d'exagération.

Fiers de la noblesse de leurs pères, animés de cet esprit de liberté sauvage qui caractérise la race américaine et qu'ils avaient puisé dans leur origine maternelle, accoutumés à commander à de nombreux esclaves, passant une partie de leur vie dans les déserts loin de toute surveillance, les Paulistes n'avaient jamais été un peuple bien soumis ; sous la domination espagnole ils devinrent à peu près indépendants (3).

La colonie n'était pas entièrement fondée, que déjà ils avaient commencé à réduire les Indiens en esclavage, et ils avaient continué depuis, s'inquiétant aussi peu des nombreux édits rendus à Lisbonne en faveur de ces infortunés (4) que des exhortations des pères de la compagnie de Jésus. Mais il n'en est pas des Indiens comme des nègres : aussi imprévoyants que ces derniers, ils réfléchissent da-

---

(1) Gasp. da Madre de Deos, *Mem. S. Vicent.*, 129.
(2) Diogo de Toledo Lara Ordoñez, *Adn.* in *Not. ultram.*, I, 166.
(3) Abreu e Lima, *Synopsis*, 100.
(4) Raynal en énumère dix ; José de Souza Azevedo Pizarro e Araujo, près de vingt.

vantage sur le présent, et en sentent plus profondément les misères; ils se résignent moins facilement, sont plus attachés à la liberté et n'ont pas la même vigueur pour supporter les rudes travaux de l'esclavage. Les Paulistes eurent donc bientôt épuisé les tribus les plus rapprochées d'eux ; alors ils étendirent au loin les chasses qu'ils faisaient aux indigènes comme à des bêtes sauvages, et ils devinrent les pourvoyeurs des habitants de Rio de Janeiro (1), à l'époque où ceux-ci furent forcés, par la prise d'Angola sur les Portugais, de renoncer momentanément à la traite des noirs.

L'intérieur du Brésil n'a pas toujours été sillonné par des chemins et parsemé d'habitations hospitalières; il fut un temps où l'on n'y découvrait pas une cabane, aucune trace de culture, et où les bêtes féroces s'en disputaient l'empire; alors les Paulistes le parcoururent dans tous les sens. Ces audacieux aventuriers, comme on le verra plus tard avec détail, pénétrèrent plusieurs fois dans le Paraguay, découvrirent la province de Piauhy, les mines de Sabará, celles de Paracatú, s'enfoncèrent dans les vastes solitudes de Cuyabá et de Goyaz, parcoururent la province de Rio Grande do Sul, arrivèrent dans le nord du Brésil jusqu'au Maranhão et à la rivière des Amazones, et ayant franchi la Cordillère du Pérou attaquèrent les Espagnols au centre de leurs possessions (2). Quand on sait par expérience combien de fatigues, de privations, de dangers attendent aujourd'hui même le voyageur qui se hasarde dans ces contrées lointaines, et qu'ensuite on lit le détail des cour-

---

(1) Southey, *Hist.*, II, 306.
(2) Fernandes Pinheiro, *Annaes de S. Pedro*, 2ª ed., 40.

ses interminables des anciens Paulistes, on est saisi d'une sorte de stupéfaction ; on serait tenté de croire que ces hommes appartenaient à une race de géants.

Il ne faudrait pas croire que S. Paul fût une vaste cité, qui, comme les anciennes villes de la Grèce, versait l'excédant d'une population trop considérable sur des contrées désertes. Il est à présumer que des habitations rurales assez nombreuses s'étaient élevées dans la plaine de Piratininga ; mais, vers la fin du xviie siècle, la capitale elle-même de la province de S. Vincent ne contenait encore que 700 habitants (1). Dans une de leurs expéditions contre le Paraguay, les Paulistes n'étaient pas moins de 8 à 900 ; mais il ne paraît pas qu'en général leurs bandes vagabondes se composassent d'un grand nombre d'hommes. Un personnage distingué du pays, connu par son courage et sa persévérance, annonçait qu'il voulait faire une expédition lointaine ; quelques parents se réunissaient à lui ; des Mamalucos, d'audacieux vagabonds et même des étrangers venaient grossir la troupe (2). On se mettait en marche,

---

(1) Southey, *Hist.*, II, 668.

(2) Suivant des traditions que l'auteur a trouvées établies, en 1817, dans la province de Minas Geraes, il y avait des Français parmi les Paulistes qui couraient les déserts (Aug. S. Hil., *Voyage dans les provinces de Rio de Janeiro et de Minas Geraes*, I) ; ce fut seulement sous le règne de Philippe II que le Brésil fut interdit aux étrangers. Dans le maladroit pastiche, imprimé en 1736 sous le titre de *Relation des voyages de François Coreal*, on lit (I, 220) ce qui suit : « Lorsque des « fugitifs se présentent pour devenir habitants de la république de S. » Paulo, on leur fait faire une espèce de quarantaine... pour savoir à « quoi on pourra les employer... Après un long examen, on les envoie « faire de longues courses, et on leur impose pour tribut deux Indiens « par tête, qu'ils doivent amener pour esclaves... Si l'on ne soutient « pas bien l'examen ou si l'on vient à être surpris en désertion, on est

muni de plomb et de poudre, les uns portant un fusil, les autres un arc et des flèches, tous armés d'un long couteau, dont on se servait à la fois pour se défendre, couper les branches des arbres et dépouiller les animaux sauvages. On marchait pieds nus avec une ceinture de cuir autour des reins, et sur la tête un chapeau de paille à larges bords, sans autre vêtement qu'un caleçon de toile de coton grossière, et une chemise courte dont les pans flottaient sur le caleçon, quelquefois une cuirasse et des cuissards de peau de cerf (*gibbão perneiras*). Chacun portait en bandoulière un sac de cuir où il mettait ses provisions, une corne de bœuf en guise de coupe, et une gourde ou une calebasse coupée longitudinalement qui tenait lieu d'assiette. La chasse et la pêche fournissaient à la troupe une nourriture abondante; au midi de la province on trouvait un mets délicat dans les fruits des pins du Brésil (*Araucaria brasiliensis*); dans le nord c'étaient d'autres fruits, les bourgeons savoureux de quelques palmiers, des racines et du miel sauvage. Quand les coureurs de déserts (*sertanistas*) croyaient devoir ne revenir qu'au bout de quelques années, ils emportaient avec eux des grains de maïs, les semaient, continuaient leur marche et revenaient, après quelques mois, faire la récolte (1). Rien n'arrêtait ces hommes entreprenants, ni l'immensité des *campos* ou pays déserts, ni les sombres forêts embarrassées de lianes et d'é-

---

« assommé sans miséricorde. » L'histoire de S. Paul est aujourd'hui trop bien établie pour qu'il soit nécessaire de réfuter ces fables ridicules, quoiqu'elles aient été copiées par beaucoup d'écrivains, entre autres par la Harpe (*Abrégé de l'histoire des voyages*, éd. 1814, V, 150), et le déclamateur Raynal (*Histoire établissements*, V, 142).

(1) Eschwege (*Pluto bras.*, 6).

pines, ni les monts escarpés ; rien ne les effrayait, ni la flèche du sauvage, ni la férocité des jaguars, ni le venin mortel des reptiles. Par la force ou par la ruse, ils se rendaient maîtres des Indiens, les garrottaient et les emmenaient par centaines sur le marché de S. Paul. Malheur à ceux de ces infortunés qui résistaient ! ils étaient exterminés avec une atroce barbarie ; des tribus entières disparaissaient comme l'herbe des *campos* disparaît à mesure qu'avance le feu qui la consume. Dans ces expéditions, les Mamalucos se distinguaient surtout par leurs cruautés ; ils espéraient, sans doute, faire oublier que, du côté de leurs mères, ils appartenaient à la race proscrite (1).

Tant que les Paulistes, en parcourant l'intérieur du Brésil, n'eurent d'autre but que la chasse aux Indiens, ils ne s'établirent guère hors de leur province; mais, vers la fin du xvie siècle, une nouvelle importante se répandit tout à coup parmi eux : il y a de l'or dans les déserts. A partir de ce moment, s'opéra un changement notable.

De précieuses mines existaient réellement bien loin du littoral; la cupidité et l'amour du merveilleux en exagérèrent encore l'importance. On ne rêva plus que richesses; c'étaient des rivières roulant des paillettes d'or, des montagnes renfermant dans leur sein des trésors inépuisables; il fallait trouver la ville de Manoa où resplendissait partout le métal objet de tant de désirs ; il fallait trouver le *lac du bois doré* (*Lagoa do Pão Dourado*), qui promettait à ses possesseurs une fortune qu'auraient enviée les potentats

(1) Ce qu'on lit dans les auteurs brésiliens eux-mêmes, José de Souza Azevedo e Pizarro, José da Cunha Mattos, Joaquim Machado de Oliveira, prouve assez que je suis loin de me permettre quelque exagération, en parlant de la manière dont les Indiens furent traités par les Paulistes.

les plus puissants (1). Des hommes de toutes les conditions, les pauvres comme les riches, les vieux aussi bien que les jeunes, les blancs et les métis, abandonnèrent en foule leurs foyers domestiques, leurs femmes et leurs enfants, et se précipitèrent dans les vastes solitudes du Brésil. On se conformait, autant qu'il était possible, aux mystérieux et laconiques itinéraires des plus anciens *sertanistas* (2); partout on éprouvait le sable des ruisseaux ou la terre des montagnes, et, lorsqu'on avait trouvé quelque terrain aurifère, on construisait des baraques dans son voisinage, afin de l'exploiter. Ces espèces de campements (*arreaes*) devenaient des bourgades, puis des villes, et c'est ainsi que les Paulistes commencèrent à peupler l'intérieur des terres, ajoutant à la monarchie portugaise des provinces dont chacune est plus vaste que bien des empires.

Mais tandis que ces hommes courageux jetaient loin de leur patrie les premiers fondements d'une foule de villages et que, pour les récompenser, les souverains du Portugal leur accordaient d'honorables priviléges, leurs champs cessaient d'être cultivés, leurs troupeaux se dispersaient, leurs habitations n'étaient plus réparées, la discorde s'introduisait dans leurs familles, leur ville natale tombait en décadence, et il fallut ensuite un temps considérable pour qu'elle reprît quelque splendeur (3).

Nous donnerons, un peu plus tard, quelques détails sur les principales expéditions des Paulistes.

(1) *Voyage dans les provinces de Rio de Janeiro et de Minas Geraes*, II, 189.
(2) L. c., 190 et suiv.
(3) Diogo de Toledo Lara Ordoñez, *Adnot.* in *Not. ultramar.*, II, 167.

Ces hommes n'étaient pas les seuls qui se répandissent dans les déserts; les jésuites les parcouraient aussi, mais dans un but bien différent. Ils tâchaient d'arracher quelques Indiens à la barbarie cupide des Mamalucos; ce n'est point les armes à la main, mais avec la croix du Sauveur qu'ils se présentaient à eux; ils ne les garrottaient point, ils les retenaient par des paroles de consolation, de paix et d'amour (1).

Furieux de se voir enlever quelques-unes de leurs victimes, les Paulistes résolurent de se venger en allant porter la guerre dans le Paraguay, centre de la puissance des jésuites. Ils avaient encore un autre but : animés, contre les Espagnols, d'une haine dont les habitants de Rio Grande ont hérité depuis (2), ils prétendaient les refouler chez eux et les empêcher d'empiéter sur des terres qu'ils considéraient comme appartenant au Brésil (3). Les possessions espagnoles de l'Amérique et les colonies portugaises dépendaient, à la vérité, du même roi; mais aucune fusion ne s'était opérée, et, comme on l'a déjà vu, les Paulistes, devenus sujets des souverains de l'Espagne, s'inquiétaient fort peu de déplaire à leurs nouveaux maîtres.

Ce fut en l'année 1628 qu'ils commencèrent à attaquer les établissements des jésuites espagnols; ils pénétrèrent dans le Guayra, province qui bornait leur pays du côté du nord-est; mais, n'étant probablement pas très-nombreux, ils furent obligés de se retirer.

Les Paulistes avaient trop de persévérance et d'intrépi-

---

(1) Southey, *Hist.*, II.
(2) Mon voyage dans le sud du Brésil et sur les bords de la Plata en fournira des exemples.
(3) Gaspar da Madre de Deos, *Mem. S. Vicente*, 120.

dité pour se laisser décourager par un premier échec. Ils préparèrent secrètement une nouvelle expédition : 900 hommes blancs ou Mamalucos se rassemblent accompagnés de 2,000 Indiens ; tous s'élancent dans des déserts presque inconnus, traversent plusieurs grandes rivières, surmontent mille obstacles et arrivent, pour la seconde fois, dans le Guayra.

La réduction de S. Antonio est bientôt attaquée par eux ; ils la pillent, la détruisent et enchaînent ses habitants. Le jésuite Mola se jette aux pieds d'Antonio Raposo, commandant des Mamalucos, et le conjure, par tout ce qu'il y a de plus sacré, d'épargner ses chers néophytes. « Plusieurs fois, dit un historien, il avait désarmé des an-
« thropophages par ses prières et par ses larmes ; il
« éprouva que des chrétiens qui ont foulé aux pieds les
« lois divines et humaines ont le cœur plus dur que les
« infidèles et les barbares. » Il n'obtint que des réponses aussi cruelles qu'impies.

Après avoir saccagé la réduction de S. Antonio, les Paulistes en ruinèrent encore trois autres et se retirèrent emmenant avec eux un nombre prodigieux d'Indiens.

A la vue de ses disciples enchaînés comme les plus vils criminels, le père Maceta accourt les embrasser ; on l'accable de coups, on le menace de le tuer ; rien ne peut le faire retourner en arrière : lui et le père Mansilla avaient pris la résolution d'accompagner les prisonniers jusqu'au Brésil, et d'y plaider la cause de ces infortunés. Ils marchaient à quelque distance de la troupe, vivant de racines et de fruits sauvages, et toutes les fois que quelques-uns des captifs, accablés de fatigue et de souffrances, étaient abandonnés par les Mamalucos, les deux missionnaires leur prodiguaient leurs soins, leur donnaient de tendres consolations, leur montraient le ciel et les aidaient à mourir.

On arrive enfin à S. Paul ; les Indiens sont répartis entre leurs persécuteurs ; on les vend, et bientôt ils sont dispersés non-seulement dans la province de S. Paul, mais encore dans celle de Rio de Janeiro. C'est en vain que les jésuites Mansilla et Maceta font entendre en faveur de ces malheureux la voix de l'humanité, de la justice, de la religion ; ils ne sont point écoutés. Ils se rendent à Rio de Janeiro ; on ne les écoute pas davantage. Ils s'embarquent pour Bahia et implorent la commisération du gouverneur général. Celui-ci les accueille avec bienveillance ; mais, tout occupé de la guerre qui avait éclaté entre les Hollandais et les habitants du Brésil, il prenait peu d'intérêt au sort des Indiens, et ne fit presque rien pour leurs défenseurs. De retour à S. Paul, les deux missionnaires furent jetés dans une prison ; mais, ayant ensuite été délivrés, ils retournèrent dans le Guayra, accablés de douleur, après avoir montré inutilement ce que la charité chrétienne peut inspirer de dévouement et de courage.

Lorsqu'ils faisaient la chasse à des Indiens sauvages disséminés au milieu des forêts, les Paulistes n'en pouvaient prendre qu'un petit nombre à la fois ; dans les réductions des jésuites, au contraire, ils trouvaient réunie une population considérable ; et, comme le gouvernement espagnol ne permettait pas l'usage des armes à feu aux indigènes, ceux-ci ne faisaient, pour ainsi dire, aucune résistance. Les Paulistes n'avaient guère d'autre peine à prendre que celle de les charger de chaînes.

A peine donc ces infatigables aventuriers furent-ils de retour du pays qui leur avait fourni tant d'esclaves, qu'ils brûlèrent d'y retourner. Ils préparent une nouvelle expédition, s'enfoncent encore une fois dans les déserts, arrivent inopinément à la réduction de S. Paul, la pillent, la détruisent, enchaînent les habitants, et détruisent successivement plusieurs autres réductions.

Outre les bourgades fondées par les jésuites, il existait encore, dans le Guayra, deux villes, *Ciudad Real* et *Villa Rica*, qui avaient été bâties par les Espagnols et qu'habitaient leurs descendants. Les Indiens qui avaient échappé aux ennemis se réfugièrent à Villa Rica ; mais les habitants de cette ville les réduisirent en esclavage, comme auraient fait les Mamalucos eux-mêmes. Les jésuites se plaignirent vainement aux magistrats, ils n'obtinrent aucune justice. Ils députèrent l'un d'eux vers le gouverneur de l'Assomption pour le supplier de leur envoyer des secours; ils ne reçurent qu'une réponse insultante.

Deux des réductions du Guayra étaient encore intactes, celle de S. Ignace et celle de Lorette. C'étaient les plus anciennes ; elles n'étaient point inférieures aux meilleures villes du Paraguay ; on y voyait de belles églises, et leurs habitants, depuis longtemps civilisés, étaient devenus d'excellents cultivateurs. Les jésuites se voyant abandonnés par les Espagnols leurs compatriotes, et ne doutant pas que les habitants de Lorette et de S. Ignace ne tombassent bientôt, comme ceux des autres réductions, entre les mains de l'ennemi, les décidèrent à prendre la fuite. Ces pauvres gens, guidés par leurs pasteurs, pleins de confiance dans la protection des saints dont ils emportaient les images vénérées, quittèrent, sans se plaindre, leurs demeures, les temples où ils offraient, chaque jour, leurs prières à Dieu, les champs qui leur avaient donné tant de fois d'abondantes récoltes. Poursuivis par les Mamalucos, ils passèrent le Paranná, et, après avoir été décimés par la famine et d'affreuses épidémies, ils allèrent bien loin former deux réductions nouvelles, auxquelles ils donnèrent les noms si chers de S. Ignace et de Lorette.

Cependant les Paulistes, désespérés de se voir ravir une proie qui devait contribuer à les enrichir, ne trouvant plus de réductions à saccager ni d'Indiens à mettre aux fers, se jetèrent avec une sorte de rage sur les deux villes espagnoles de Villa Rica et Ciudad Real, les pillèrent, les détruisirent de fond en comble, et, comme ils ne pouvaient réduire en esclavage les habitants qui appartenaient à la même race qu'eux, ils les dispersèrent. C'est ainsi que ces derniers furent punis de leur lâche égoïsme. Si, au lieu de profiter, comme nous l'avons dit, du malheur des indigènes, ils se fussent réunis à eux pour repousser les barbares étrangers qui avaient envahi leur territoire, ils ne seraient pas morts dans l'exil, et les villes de Ciudad Real et de Villa Rica seraient aujourd'hui florissantes. Depuis cette triste époque, le Guayra est resté désert.

Quoique la fuite des habitants de Lorette et de S. Ignace eût trompé les espérances des Paulistes, ils emmenèrent avec eux un grand nombre d'esclaves pris dans les réductions qu'ils avaient détruites au commencement de leur expédition (1). Mais les Indiens captifs ne résistaient pas

---

(1) Manoel Ayres de Cazal, en réfutant les erreurs de quelques écrivains sur la prétendue république de S. Paul, dit que, « si les Paulistes « actuels sont de bonnes gens, il n'en était certainement pas ainsi de « leurs ancêtres, qui avaient une réputation détestable et se montraient « fiers de leurs richesses acquises généralement par des moyens peu « honnêtes. » Ce géographe, cependant, ne paraît pas croire que ceux

longtemps aux rudes travaux auxquels on les condamnait, et il fallait les renouveler sans cesse. Les Paulistes avaient dépeuplé le Guayra ; ils allèrent chercher des esclaves dans des pays plus éloignés, et se présentèrent successivement chez les Indiens-Itatines, dans les missions du Paranná, le Tapé et les missions de l'Uruguay. Partout ils faisaient preuve de la plus grande intrépidité, partout aussi ils commettaient les actions les plus atroces, ils saccageaient les bourgades habitées par les Indiens, et pour s'emparer de ces malheureux il leur était indifférent d'employer la force ou de recourir à la perfidie.

En 1632, de nombreux Paulistes, suivis d'une armée de Tupis, leurs alliés, se présentent inopinément devant S. Joseph, réduction des Itatines. Comme le jésuite qui la dirigeait était absent, ils s'adressent au corrégidor indien ; lui ayant persuadé qu'ils sont venus pour venger les habitants de la réduction des injures des sauvages, ils l'invitent à se rendre à leur camp avec ses guerriers, et là tous sont mis aux fers. Les Paulistes ne se contentèrent pas de détruire la bourgade de S. Joseph, ils en saccagèrent encore trois autres, malgré la courageuse résistance que firent quelques-uns des néophytes.

des habitants de S. Paul qui avaient envahi le Guayra aient emmené des esclaves avec eux, et il ajoute que, selon deux manuscrits qu'il a eus entre les mains, ils ne rapportèrent qu'une cloche de leur expédition. On sait trop bien quel était le but des courses que les Paulistes faisaient dans les déserts pour se persuader qu'après avoir essuyé les plus grandes fatigues, s'être exposés à une foule de dangers ils ne voulurent d'autre indemnité *qu'une cloche*. D'ailleurs, si cela était nécessaire, on pourrait opposer aux manuscrits de Cazal ceux qu'a lus le baron de S. Leopoldo, et où il était dit que les Paulistes conduisirent 15,000 Indiens du Guayra sur le marché de S. Paul ; que le seul Manoel Preto en possédait 1,000 dans son habitation (*Annaes*, 2ª ed., 231).

La même année, les Paulistes osèrent s'avancer jusqu'aux missions du Paranná ; mais, aussitôt qu'on sut qu'ils approchaient, on fit évacuer les deux réductions les plus voisines de la frontière ; ils craignirent de s'engager dans un pays qui leur était entièrement inconnu, et ils retournèrent sur leurs pas.

Il leur arriva même d'essuyer quelques échecs ; mais ils ne se découragèrent point ; ils avaient renoncé à la culture de leurs terres, aux soins de leurs troupeaux, aux douceurs du foyer domestique ; la chasse aux Indiens était devenue leur unique occupation ; c'était une passion pour eux, c'était en même temps une source de richesse. Non-seulement ils vendaient leurs prisonniers aux habitants de Rio de Janeiro et des pays circonvoisins, mais encore ils avaient établi un marché dans le sud du Brésil ; il fallait bien qu'ils l'approvisionnassent.

Si les Espagnols, comme j'ai déjà eu occasion de le dire, s'étaient franchement réunis aux Indiens des réductions, ils seraient sans doute parvenus à expulser pour jamais les Paulistes ; mais ils avaient dégénéré du courage de leurs ancêtres, et ils n'étaient guère plus favorables à la liberté des indigènes que les Mamalucos eux-mêmes. Sous le nom de *commandes*, on avait donné un certain nombre d'Indiens aux Espagnols qui, les premiers, étaient arrivés dans le pays, et, malgré les sages ordonnances des rois d'Espagne, ces infortunés avaient été bientôt traités comme des esclaves. Les habitants du Paraguay auraient voulu réduire en *commandes* les indigènes qui s'étaient mis sous la direction des pères de la compagnie de Jésus ; ceux-ci défendaient courageusement leurs néophytes ; de là cette haine que leur portaient les Espagnols et qui n'était pas moins vive que celle des Paulistes, quoiqu'ils la manifestassent avec moins de franchise.

Dans une foule d'occasions les jésuites avaient sollicité du secours des gouverneurs du Paraguay ; ils n'avaient presque jamais été écoutés ; on refusait même de donner des fusils aux Indiens, qui étaient incapables de se défendre contre les Mamalucos toujours bien armés. Le plus souvent il suffisait à ces derniers de se présenter devant les réductions pour faire prisonniers des milliers d'indigènes qu'ils chassaient ensuite devant eux comme un vil bétail. Le marquis de Grimaldi affirme que, de 1820 à 1840, les habitants de S. Paul s'emparèrent de quatre-vingt mille bêtes à cornes qui appartenaient aux Indiens-Guaranis et détruisirent vingt-deux réductions, nombre porté à trente et un par Gaspar da Madre de Deos et à trente-deux par Manoel Ayres de Cazal que l'on n'accusera ni l'un ni l'autre de partialité (1).

Les pères de la compagnie de Jésus, voyant que, dans la contrée où ils avaient établi leurs néophytes, ceux-ci ne pouvaient échapper à leurs barbares ennemis, rassemblèrent les hommes, les femmes, les enfants qui restaient de leurs premières réductions ; ils les décidèrent, non sans peine, à s'expatrier pour jamais, et les emmenèrent entre le Paranná et l'Uruguay, à l'endroit où ces deux grandes

(1) Je puis invoquer ici le témoignage de Cazal (*Corographia*, I, 223), et à plus forte raison celui de Gaspar da Madre de Deos (*Mem.*, 120) ; mais je ne citerai pas, à cause de l'exagération dont elle est évidemment empreinte, la lettre que D. Pedro Estevan d'Avila, gouverneur du Rio de la Plata, écrivait au roi d'Espagne le 12 octobre 1637, et dans laquelle il dit que, vérification faite, les Paulistes avaient enlevé aux réductions plus de 60,000 individus de 1628 à 1630.

rivières se rapprochent l'une de l'autre (1). Là, sans doute, les néophytes se trouvaient puissamment protégés par la nature contre les invasions des Paulistes ; mais les jésuites connaissaient l'intrépidité de ces derniers et leur passion pour la chasse aux Indiens ; ils voulurent s'assurer encore d'autres moyens de protection.

Leur provincial envoya DIAZ TANO à Rome, et RUIZ DA MONTOYA à Madrid. Chacun de ces religieux, étant arrivé en Europe, peignit sous les plus vives couleurs les misères des Indiens convertis, et ils n'eurent aucune peine à toucher ceux qui les écoutaient. Le roi d'Espagne déclara les Indiens des réductions vassaux immédiats de la couronne; il défendit qu'on les obligeât à aucun service personnel, il autorisa les jésuites à leur donner des armes à feu, renouvela les décrets qui avaient déjà été rendus en leur faveur et déclara libres ceux qui avaient été réduits en esclavage. Diaz Tano ne fut pas accueilli à Rome moins bien que Montoya ne l'avait été à Madrid. Le pape Urbain VIII le combla de faveurs pour lui-même, pour ses chers néophytes, pour les compagnons de ses travaux, et, plein d'indignation, il fit expédier un bref où il menaçait de toutes

(1) Charlevoix, *Hist. Paraguay*, I, 367-445. — Southey, *Hist.*, II, 309, 318. — Warden, *Brésil*, I, 419. — D. Gaspar da Madre de Deos reconnaît (*Mem. S. Vicente*, 127) que les récits de Charlevoix sur les incursions des Paulistes dans le Paraguay sont exacts, beaucoup plus exacts même que certaines relations portugaises ; il excuse ces hommes aventureux par les encouragements que leur donnait le gouvernement lui-même et surtout par des récriminations. Mais s'il est vrai, comme le dit D. Gaspar, que les jésuites eux-mêmes aient tyrannisé les Indiens au Maranhão et dans le Pará, cela prouve que les Paulistes n'ont pas été les seuls coupables, mais cela ne prouve nullement, ce me semble, qu'ils ne l'aient pas été.

les foudres de l'Église les impies qui attenteraient à la liberté des Indiens convertis ou même infidèles.

Le père Tano, porteur de ce bref, s'embarqua à Lisbonne pour Buenos-Ayres ; mais des vents contraires l'obligèrent de relâcher à Rio de Janeiro. A peine était-il arrivé, que le décret du souverain pontife fut lu dans l'église des jésuites. On n'avait pas songé que plusieurs des habitants de la ville avaient d'intimes rapports avec la capitainerie de S. Vicente. Ces hommes ameutèrent la populace, qui se précipita sur le collége des pères de la compagnie de Jésus ; les portes furent enfoncées, et l'on aurait égorgé Tano et les compagnons qu'il avait amenés d'Espagne sans l'intervention du sage gouverneur SALVADOR CORREA DE SÁ E BENAVIDES. Celui-ci fit décider que l'on s'assemblerait le lendemain pour discuter l'affaire avec plus de maturité ; la réunion eut lieu, et, d'après les conseils de Salvador Correa, on en appela du bref du pape au pape lui-même mieux informé.

Le père Diaz Tano et ses compagnons s'échappèrent promptement de Rio de Janeiro ; mais un orage plus terrible les attendait à Santos. Le vicaire général y eut à peine publié le bref du pape, que des séditieux se jetèrent sur lui, le terrassèrent, lui mirent sur la gorge la pointe d'une épée et le menacèrent de le tuer, s'il ne révoquait l'excommunication qu'il avait lancée contre l'un d'entre eux. Il resta inflexible ; son courage les désarma.

Le supérieur des jésuites, entendant le bruit que faisaient les mutins, se présente devant eux revêtu des ornements sacerdotaux, le ciboire à la main, et leur adresse un discours pathétique. Quelques-uns se prosternent ; les autres restent debout, disant qu'ils adorent sincèrement le corps de J. C., mais que jamais ils ne souffriront qu'on les prive des esclaves, qui font toute leur richesse. Un d'entre eux s'écrie du milieu de la foule qu'il faut tuer le supérieur des jésuites, et l'on ne peut savoir à quelles extrémités ces furieux se seraient portés, si quelques religieux d'un autre ordre ne fussent parvenus à leur persuader, par des subtilités, que le bref du pape ne pouvait avoir aucune valeur pour eux, puisqu'ils refusaient de le recevoir (1).

Les habitants de S. Paul savaient que cette pièce avait été dirigée spécialement contre eux ; leur vengeance ne se fit pas attendre. Le peuple se souleva ; toutes les villes de la province furent invitées à envoyer des délégués à une assemblée générale, et, en conséquence d'une résolution qui fut prise, à l'unanimité, le 13 juillet 1640, les jésuites furent chassés de tous leurs colléges (2) : soixante ans plus tôt, les Paulistes ne voulaient pas d'autres pasteurs que ces religieux.

Pendant que ces choses se passaient en Amérique, une révolution s'opérait à Lisbonne. Le duc de Bragance y fut proclamé roi sous le nom de Jean IV ; le peuple portugais recouvra sa nationalité.

La nouvelle de cet événement excita au Brésil le plus grand enthousiasme ; cependant la capitainerie de S. Vicente fit exception. Sous les rois d'Espagne, les Paulistes étaient devenus, comme je l'ai déjà dit, presque indépendants ; ils conçurent l'idée de profiter du premier moment de trouble et d'indécision pour rompre les faibles liens qui

---

(1) Charlevoix, *Hist. Paraguay*, I, 431. — Southey, *Hist.*, II, 321.
(2) Pedro Taques d'Almeida Paes Leme, *Noticia da expulsão dos jesuitas* in *Revist. trim.*, 2ª ser., V, 17. — Abreu e Lima, *Synopsis*, 97.

les attachaient encore à la domination européenne. Au milieu d'eux s'étaient établis un assez grand nombre d'Espagnols ; ceux-ci, voyant sans doute avec peine qu'ils allaient être forcés d'obéir au souverain du Portugal, fortifièrent les habitants du pays dans leurs projets d'indépendance. Parmi les fils de ces étrangers était un homme noble, puissant et respecté, AMADOR BUENO DE RIBEIRA, qui avait occupé des emplois fort importants et dont la famille était aussi riche que nombreuse ; les Paulistes voulurent le mettre à leur tête. Ils accourent devant sa maison, poussent des cris d'enthousiasme et le proclament leur roi. Bueno, fidèle à ses devoirs, refuse la couronne avec persévérance, et conjure le peuple de reconnaître pour son souverain celui dont les droits avaient paru incontestables à tous les autres Brésiliens. On insiste, on le presse, et l'on va jusqu'à le menacer de lui donner la mort, s'il ne veut pas devenir roi. Il se saisit d'une épée, s'échappe par une porte de jardin et s'enfuit précipitamment vers le couvent des bénédictins. Le peuple le poursuit en criant, *Vive Amador Bueno, notre roi!* mais lui, toujours inflexible, persistait à répondre, *Vive Jean IV, pour lequel je suis prêt à répandre mon sang!* Il arrive au couvent ; il entre et ferme les portes. L'abbé se présente avec ses moines ; quelques personnes importantes s'unissent à eux ; on pérore le peuple, et le jour même Jean IV était proclamé roi dans toutes les rues de S. Paul. La mobilité que les habitants de cette ville montrèrent alors indique assez que Bueno agit très-prudemment en refusant la couronne. Cependant S. Paul était si facile à défendre et ses habitants si intrépides, que, si le chef qu'ils s'étaient donné avait eu de l'ambition, de l'audace et une grande énergie, ils seraient bientôt devenus, comme le dit un historien, un peuple indépendant, le plus formidable de l'Amérique du Sud (1).

A peine l'ordre eut-il commencé à régner dans la ville de S. Paul, que ses habitants écrivirent à leur nouveau souverain pour se justifier de l'expulsion des jésuites ; mais l'étrange pièce qu'ils lui adressèrent ne put manquer de produire dans l'esprit du conseil l'effet contraire à celui qu'avaient attendu ses auteurs. JORGE MASCARENHAS, marquis DE MONTALVÃO, alors vice-roi du Brésil, la réfuta avec modération, et par un décret du mois de juillet 1643 le roi de Portugal ordonna que tous les biens des jésuites de S. Paul leur fussent restitués. Les Paulistes gagnèrent du temps; le décret ne fut point exécuté, et, malgré de nouveaux ordres datés de 1647, ce fut seulement en 1655 que, après avoir été forcés de souscrire à des conditions aussi dures qu'humiliantes, les pères de la compagnie de Jésus rentrèrent dans leurs monastères et leurs propriétés (2).

Après l'expulsion de ces religieux, les Paulistes n'eurent plus à craindre qu'on leur reprochât sans cesse leur conduite envers les Indiens, et la guerre que se firent l'Espagne et le Portugal, à l'avénement de Jean IV, les autorisa à diriger de nouvelles attaques contre les réductions du Paraguay; ils ne pouvaient plus être considérés comme des bandits; c'étaient des guerriers qui prenaient les armes pour défendre les intérêts de leur pays et de leur souverain. Un parti considérable de Paulistes accompagnés de Tupis,

---

(1) Gasp. da Madre de Deos, *Mem. S. Vicente*, 130. — Southey, *Hist.*, II, 327.

(2) P. Taques d'Almeida Paes Leme, *Noticia hist. da expulsão dos jesuitas* in *Revist. trim.*, 2ª ser., V, 17, 34. — Abreu e Lima, *Synopsis*, 118.

leurs alliés, s'avance vers les réductions du Paranná ; ils arrivent et aperçoivent de loin une troupe de néophytes ; ils croient qu'ils vont, comme autrefois, s'emparer d'eux, et que bientôt ils les vendront sur le marché de S. Paul ; mais on avait profité de la permission accordée par le roi d'Espagne, on avait armé les nouveaux convertis ; le canon se fait entendre ; un grand nombre de Paulistes tombent ; les autres, surpris d'une défense aussi inattendue, prennent la fuite, et les Indiens alliés désertent à l'ennemi (1). Depuis cette époque, les Paulistes ravagèrent encore les Itatines, ils pénétrèrent même jusque dans le Chaco ; mais ils n'osèrent plus attaquer les réductions du Paranná, qui, pendant de longues années, jouirent d'une paix profonde.

Comme les Paulistes, malgré quelques rares échecs, continuaient avec ardeur à chasser les Indiens, il était facile de les indisposer contre ceux de leurs magistrats que l'on voulait perdre dans leur esprit ; il suffisait de dire que ces derniers étaient favorables à la liberté des indigènes. Tel fut le moyen qu'employèrent les habitants de Rio de Janeiro pour impliquer leurs voisins dans une révolte qu'ils avaient projetée contre le sage gouverneur Salvador Correa de Sá e Benavides. Celui-ci était parti vers le mois de novembre pour la ville de Santos, d'où il devait aller inspecter les mines de Paranaguá. On écrivit de Rio de Janeiro aux Paulistes qu'il devait être leur ennemi, puisqu'il était l'ami des jésuites ; qu'il savait parfaitement la langue des Indiens, qu'il armerait les esclaves des propriétaires contre leurs maîtres, et qu'il fallait bien se garder de le recevoir. Les Paulistes ajoutèrent foi à ces discours et résolurent de

---

(1) Southey, *hist.*, II, 330.

chasser le gouverneur, s'il se présentait. Correa ne s'en émut point ; il continua son voyage vers le sud, et, pendant qu'il resta dans le pays, il rendit aux habitants tous les services dont il était capable, ouvrant des chemins, construisant des ponts, faisant placer des barques sur le bord des rivières, et toujours aussi affable qu'intelligent et courageux.

Les Paulistes, qui, au milieu des actions iniques qu'ils commettaient sans cesse, n'étaient point étrangers à tout sentiment généreux, furent touchés de la noble conduite de Correa; ils lui témoignèrent vivement leur reconnaissance, et lui offrirent même leurs services contre les rebelles de Rio de Janeiro, qui d'abord avaient su les séduire (1).

On savait mal, dans le nord du Brésil, ce qu'étaient les Paulistes (2); cependant il n'était personne qui n'eût entendu

(1) *Catalogo dos governadores* in Revist trim., II, 53. — *Excerpto de uma manuscrita* in Revist. trim., III, 24. — Pizarro, Mem. hist., III, 209.

(2) On est véritablement excusable d'avoir eu si longtemps en Europe des idées erronées sur les anciens Paulistes ; car voici les traditions que recueillirent à Fernambouc, en l'année 1667, deux religieux, les pères Michel-Ange de Gattine et Denis Carli de Plaisance, qui relâchèrent dans cette ville en se rendant en Afrique : « La ville de S. Paul et les en-
« virons au plus reculé du Brésil est ce qu'on peut appeler le véritable
« pays de cocagne. Quelque étranger qui y aborde, pour misérable
« qu'il soit, y est bien venu, et trouve incontinent une femme à son gré,
« pourvu qu'il s'assujettisse à ces conditions, de ne penser qu'à manger
« et à boire et à se promener... Que, s'il donne le moindre indice de se
« sauver, elle ne manque pas de l'empoisonner, comme, au contraire,
« s'il s'entretient bien avec elle, ils en sont chéris et bien traitez à l'envy
« les uns des autres. La source de leurs richesses est un fleuve qui ar-
« rose ce pays, et qui est si riche, qu'il peut tirer de la nécessité le plus
« misérable de ceux qui implorent son ayde : car, en ce cas-là, ils n'ont

parler de leur courage et de l'habileté avec laquelle ils faisaient la guerre aux indigènes. Les habitants de la province de Bahia, ne pouvant parvenir à se délivrer des attaques continuelles de la formidable tribu des Guerens, eurent recours aux Paulistes, appelèrent un des plus fameux chefs de ces hommes aventureux, nommé João Amaro. Il fallait que celui-ci rassemblât sa troupe, et que, pour arriver à Bahia, il traversât d'immenses déserts sans habitants, sans chemins, où l'on ne pouvait vivre que du gibier que l'on tuait et de fruits sauvages. Deux années s'étaient écoulées, et on ne l'avait pas encore vu paraître. Il arrive enfin (1673) avec une troupe de Mamalucos exercés dans l'art de faire la chasse aux hommes, et avec des Indiens qui, moins intelligents que leurs maîtres, étaient aussi actifs, aussi intrépides et aussi cruels qu'eux. Toutes les troupes du pays se réunissent à celle de João Amaro ; on part, on traverse des pays incultes jusqu'alors inconnus ; on immole les Indiens qui résistent ; on envoie des milliers de prisonniers à Bahia, et l'on délivre, pour de longues années, les habitants de cette ville de la crainte des sauvages. Les captifs étaient si nombreux, qu'on les vendait 30 fr. par tête, et le chagrin, les mauvais traitements, le désespoir les firent périr si promptement, que les acheteurs trouvèrent que, même à un si bas prix, ils avaient encore fait un très-

« qu'à prendre les sables de cette rivière, et en tirer l'or qu'elle porte,
« ce qui est capable de payer leur peine avec usure, ne devant, pour cela,
« rien à leur roi que la cinquième partie. On raconte mille autres cho-
« ses surprenantes de ce pays-là ; mais....... rien ne doit paraître in-
« croyable à ceux qui sont bien informez des manières contre le bon
« sens et des coutumes extravagantes qu'on voit être en usage dans ces
« pays barbares. » (*Relation curieuse et nouvelle d'un voyage de Congo fait ès années* 1666 *et* 1667, 39.)

mauvais marché. Outre la somme considérable que l'on avait promise à João Amaro, on lui donna une vaste étendue de terre et la suzeraineté d'une ville dont il avait été le fondateur. Mais pour les Paulistes, chasseurs d'hommes, le repos était un supplice ; João Amaro vendit ses terres et retourna à S. Paul, tout prêt à courir après de nouvelles aventures (1).

A peu près vers la même époque (1674), un autre chef de Paulistes non moins fameux que João Amaro, l'intrépide DOMINGOS JORGE, part de sa ville natale, parcourt les déserts en pourchassant les Indiens et arrive, après d'incroyables fatigues, à une distance énorme de sa patrie, dans le pays qui forme actuellement la province de Piauhy. Lorsqu'il se croyait séparé de tout l'univers, il aperçoit une troupe d'hommes blancs qui venaient vers lui. C'était une autre bande qui s'était enfoncée dans l'intérieur des terres sous la conduite du Portugais Domingos Affonso, auquel son amour pour les déserts avait fait donner le sobriquet de *Sertão*. Les deux chefs éprouvèrent une joie indicible en se voyant réunis; ils se racontèrent leurs aventures, continuèrent ensemble leurs courses et se rendirent réciproquement les plus grands services. Ils firent prisonniers un grand nombre d'Indiens, en mirent en fuite un nombre plus considérable encore, et enfin, après de longs travaux, ils se séparèrent. Domingos Affonso Sertão avait des vues plus élevées que son compagnon ; dans le pays qu'il avait conquis, c'était ainsi qu'on s'exprimait alors, il forma cinquante *fazendas* destinées à l'élève du bétail ; il en donna quelques-unes, en vendit d'autres et en laissa trente à la

---

(1) Southey, *Hist.*, II, 565.

compagnie de Jésus pour que le revenu fût employé à de bonnes œuvres. Quant à Domingos Jorge, il emmena avec lui la plus grande partie des captifs et se retira dans sa patrie (1).

Il me serait impossible de raconter avec détail toutes les expéditions que firent les Paulistes pendant près de deux siècles dans l'intérieur de l'Amérique du Sud; mais il en est une qui fut tellement gigantesque, que je me reprocherais de la passer entièrement sous silence. Sous le commandement d'Antonio Raposo, soixante de ces hommes audacieux, accompagnés d'un parti d'Indiens, traversent le Brésil du sud-est au nord-ouest, franchissent les Andes et arrivent au Pérou, où ils livrent aux Espagnols plusieurs combats sanglants. Ils se retirent ensuite et se dirigent vers la rivière des Amazones ou l'un de ses affluents; là ils construisent des radeaux, s'abandonnent au cours du fleuve et débarquent à la petite ville de Gurupa, où ils furent reçus avec une hospitalité généreuse par les habitants émerveillés; et pour se rendre chez eux à travers les déserts il fallait qu'ils fissent encore un voyage de plusieurs années (2)!

Les Paulistes tenaient à honneur d'ajouter des déserts à la monarchie portugaise; ils allaient bientôt faire une découverte plus importante, celle des riches mines d'or de la vaste contrée qui depuis a reçu le nom de Minas Geraes.

L'histoire de cette découverte, quoique assez récente,

---

(1) Cazal, *Corog. Braz.*, II, 239. — Southey, *Hist.*, II, 565. — Ferd. Denis, *Brésil*, 277.

(2) Southey, *Hist.*, II, 668. — José Fel. Fernandes Pinheiro, *Annaes*, 2ᵉ ed., 40.

est pleine d'incertitude. Les Paulistes, comme les Grecs des temps héroïques, couraient après les aventures, s'exposaient à tous les dangers, se battaient avec courage, mais ils n'écrivaient point. On sait cependant que, vers le milieu du XVIIe siècle, un homme entreprenant, appelé Marcos de Azevedo ou Azeredo, ayant remonté le Rio Doce, rapporta de son voyage des échantillons de mines d'argent et des pierres vertes que l'on prit pour des émeraudes. Azevedo mourut sans qu'on sût où il avait fait sa découverte; bientôt cependant les imaginations s'exaltèrent; tous les hommes aventureux voulurent retrouver la *montagne des émeraudes* où avait puisé Azevedo, et le gouvernement favorisa les recherches par des secours et des promesses de récompenses.

Il est inutile de dire que les Paulistes furent les premiers à se mettre en campagne. Parmi eux vivait un vieillard âgé de quatre-vingts ans, que son énergie et ses chasses aux Indiens avaient rendu célèbre; aux récits merveilleux que l'on faisait autour de lui de la montagne des émeraudes et des richesses qu'elle renfermait, son sang circule avec plus de rapidité, ses forces se raniment; il croit sentir encore l'ardeur de la jeunesse. Ayant obtenu du gouverneur général la permission de faire à ses frais une grande expédition pour tâcher de retrouver la montagne tant vantée, il consacre à des préparatifs bien combinés la plus grande partie de sa fortune, et se met en marche. Il fallait pénétrer dans un immense désert hérissé de hautes montagnes, couvert de forêts gigantesques, traversé sans cesse par des peuplades barbares; rien n'arrête son courage. En quelques années, il explore une partie considérable de la vaste contrée appelée aujourd'hui Minas Geraes; il y forme un grand nombre d'établissements, et enfin, lorsqu'il croit avoir atteint le but de son voyage, lorsqu'il arrive au lac fameux appelé Vupabussú, près duquel on supposait qu'étaient les émeraudes de Marcos Azevedo, l'insalubrité du pays et la désunion qui s'était mise parmi ses compagnons épuisés le forcèrent de reprendre le chemin de S. Paul. Mais il ne put arriver jusqu'à cette ville; il mourut, vers l'année 1678, près du Rio das Velhas, laissant à son gendre Manoel Borba Gato les outils de mineur qu'il avait emportés avec lui, la poudre, le plomb qui lui restaient encore, et l'itinéraire de son voyage ; il avait eu la gloire de découvrir la province la plus importante de l'intérieur du Brésil.

Ce fut, à ce qu'il paraît, Rodrigues Arzão, natif de Tacubaté, qui, le premier, trouva de l'or dans cette province. Il avait pénétré dans les déserts de *Cuyaté*, et en l'année 1695 il présenta trois *oitavas* d'or au sénat municipal du chef-lieu de la province d'Espirito Santo. Avec son or on fit deux médailles, et il en emporta une à S. Paul ; les habitants de la capitainerie de S. Vincent ne pensèrent plus qu'aux trésors de Cuyaté.

Arzão, en mourant, remit l'itinéraire de sa dangereuse excursion à son beau-frère, Bueno de Cerqueira, qui, à son tour, s'enfonça dans les déserts. Au milieu de ses courses, il rencontra une autre bande qui chassait aux Indiens ; les hommes qui la composaient, ayant su l'objet de ses recherches, renoncèrent à leur chasse, se réunirent à lui, et tous ensemble ne songèrent plus qu'à découvrir de l'or. Ils en trouvèrent en abondance ; mais ils ignoraient comment il fallait faire pour le tirer de la terre et pour le nettoyer. Au lieu de pioches, ils se servaient de morceaux aigus de fer ou même de bois, et séparaient le métal précieux des corps étrangers à l'aide d'assiettes d'étain.

Bientôt, cependant, des bandes nombreuses d'hommes de tous les âges et de toutes les conditions sortirent de S. Paul et des villes voisines pour aller à la recherche de l'or; il leur était indifférent de gravir les montagnes les plus escarpées, de traverser des fleuves rapides, de s'enfoncer dans des forêts épaisses remplies de serpents venimeux et de bêtes sauvages : la cupidité semblait doubler leurs forces et leur cachait tous les dangers.

Ces hommes eurent d'abord le bon esprit de suivre des routes différentes et de laisser les premiers arrivants en possession de leurs trésors; de cette façon, ils se répandirent en peu de temps sur toute la surface du pays nouvellement découvert; partout ils y trouvèrent de l'or, et de là le nom de *Minas Geraes* qu'ils lui donnèrent.

Les Paulistes ne formèrent d'abord aucun établissement fixe dans la contrée qui leur prodiguait ses richesses. Quand ils avaient trouvé de l'or en quelque endroit, ils y construisaient à la hâte de chétives cabanes, et, lorsque le métal précieux était épuisé, ils allaient ailleurs. Mais certaines localités étaient tellement riches, qu'ils y restaient plus longtemps ; ils y bâtirent des maisons, et des villages se formèrent, dont plusieurs, avec le temps, sont devenus des villes. C'est à des Paulistes qu'est due la fondation de Marianna d'Ouro Preto, de Sabará de Caité, de Pitangui, de S. José et de beaucoup d'autres encore qui toutes ont été, dans l'origine, des lieux de campement, nom que l'on applique encore par habitude à tous les villages de Minas Geraes.

Quoique les mineurs paulistes eussent pris quelques précautions pour éviter les sujets de querelles, il était difficile qu'ayant des mœurs également rudes, étant également possédés de la soif de l'or, se livrant aux mêmes recherches pour la satisfaire, ils vécussent toujours en paix. Dès que la ville de Taubaté avait cessé d'être un village d'Indiens, elle était devenue la rivale de S. Paul dont elle était voisine. La découverte des mines d'or fit naître de nouvelles haines entre les habitants des deux villes, et, à l'époque du voyage de l'auteur, leurs descendants conservaient encore le souvenir des querelles de leurs pères.

Des dissensions bien plus graves ne tardèrent pas à éclater dans le pays des mines.

La nouvelle de la découverte importante qu'on y avait faite s'était répandue avec une extrême rapidité : de toutes les parties du Brésil accoururent des nuées d'aventuriers, de déserteurs, de criminels poursuivis par la justice, et bientôt ces hommes furent suivis d'un grand nombre d'Européens à peu près aussi méchants qu'eux. Les Paulistes avaient quelques idées généreuses que ne pouvaient partager ce ramas de gens sans aveu, l'écume du Portugal et du Brésil; cependant on ne peut nier que l'habitude d'être entourés de nombreux esclaves, leurs chasses aux Indiens, la licence à laquelle ils se livraient, loin de toute surveillance au milieu des déserts, ne les aient également corrompus. Tous les vices semblèrent s'être donné rendez-vous dans le pays des mines; toutes les passions s'y déchaînèrent; on y commit tous les crimes.

Les Paulistes ne voyaient point sans indignation des étrangers s'établir dans la riche contrée qu'ils considéraient comme étant à eux. Fiers de leurs nombreux esclaves et des richesses que la plupart d'entre eux possédaient avant même que les mines d'or eussent été découvertes, ils traitaient les nouveaux venus avec un profond mépris, leur faisaient essuyer des vexations continuelles et leur avaient donné le sobriquet ridicule d'*embuabas*, parce que, portant des bottes ou des guêtres, ces intrus ressemblaient, disaient-ils, à certains oiseaux dont les plumes descendent jusque sur les pieds. Tant d'affronts finirent par révolter les nouveaux venus ; deux partis se formèrent ; les étrangers ou *forasteiros* mirent à leur tête l'un d'entre eux, MANOEL NUNES VIANNA, homme puissant, actif, doué d'un esprit pénétrant, et qui, quoique plein de douceur et d'affabilité dans ses rapports habituels, savait, en cas de besoin, déployer une grande énergie. Quelques moines qui, oubliant leurs devoirs, s'étaient introduits dans les mines, attirés par la soif de l'or, se réunirent aux *forasteiros*, et les poussèrent à la révolte ; l'un d'eux, un certain père ANTONIO DE MENEZES, de l'ordre de la Trinité, agitateur subalterne, les rendit maîtres des armes des Paulistes à l'aide d'une trahison, et ils proclamèrent Nunes gouverneur du pays. La guerre civile éclata ; on se battit dans les environs du Rio das Mortes ; les *forasteiros* restèrent vainqueurs, mais ils souillèrent leur victoire en massacrant un parti de Paulistes qui venait de se rendre.

Le gouverneur de Rio de Janeiro, D. FRANCISCO MARTINS DE MASCARENHAS, ayant appris ce qui se passait dans le pays des mines, y arrive bientôt. Nunes va au devant de lui avec une troupe considérable d'hommes armés, et l'étonne par sa contenance pleine de hardiesse. Dans une entrevue qu'ils ont ensemble, il assure au gouverneur qu'il n'a jamais cessé d'être un sujet fidèle; il lui persuade que, s'il s'est mis à la tête des séditieux, c'est uniquement pour les contenir, et il le décide à se retirer.

Après le départ de Mascarenhas, Nunes exerça sans contrôle les fonctions de gouverneur. Il nomma aux emplois les hommes les plus capables qu'il put trouver, rétablit l'ordre autant qu'il était possible de le faire, et fit regretter aux gens de bien que son autorité n'eût pas une source plus légitime.

Pendant ce temps-là, les Paulistes se préparaient à la vengeance. Les femmes y excitent les hommes avec fureur, en les traitant de lâches; des prêtres oubliant, dit le P. Manoel da Fonseca, que la paix est le patrimoine de l'Église font retentir les temples de cris de guerre ; on s'arme, on sort de S. Paul, et l'on marche vers Taubaté pour y faire des recrues.

Sur ces entrefaites arrive de Lisbonne à Rio de Janeiro Antonio de Albuquerque Coelho qui devait remplacer Mascarenhas comme gouverneur (1809).

Les hommes les plus sages du pays des mines, tout en rendant justice à Manoel Nunes Vianna, sentaient combien leur position était fausse et dangereuse. Secrètement ils députent vers Albuquerque un religieux qui avait été son secrétaire, et le supplient de rétablir au milieu d'eux l'autorité légale. Ce gouverneur était un homme capable et actif. Pour inspirer plus de confiance aux habitants des mines, il arrive dans leur pays presque sans suite ; ils se soumettent, et bientôt une amnistie générale est accordée à tous les rebelles, à l'exception du moine trinitaire, d'un compagnon de Nunes Vianna, et de Nunes lui-même, qui mourut en prison, et qui peut-être méritait un meilleur sort (1).

Il était plus difficile de faire rentrer dans l'ordre les Paulistes, toujours exaspérés par la trahison dont ils avaient été l'objet. Albuquerque le tenta cependant ; il se rendit au milieu de leur petite armée ; mais voyant qu'il les invitait inutilement à la paix, et craignant peut-être pour sa sûreté, il jugea prudent de faire retraite, se hâta d'arriver à Rio de Janeiro, et de là il fit dire secrètement aux Embuabas du pays des mines de se préparer à recevoir les Paulistes.

Ceux-ci effectivement arrivèrent bientôt près du Rio das Mortes et attaquèrent un petit fort où s'étaient retirés les Embuabas. Des deux côtés on se battit avec acharnement ; mais les Paulistes se distinguaient dans toutes les rencontres par l'habileté avec laquelle ils ajustaient leurs ennemis. Cependant, ayant bientôt appris que de nombreux renforts arrivaient au secours de ces derniers, ils profitèrent de la nuit pour se retirer, et retournèrent dans leur pays, ravageant tout sur leur passage.

Cette expédition avait calmé la fureur des Paulistes. Albuquerque profita habilement de l'heureuse disposition où ils se trouvaient ; il envoya aux membres du sénat municipal de la ville de S. Paul le portrait de Jean V, et il leur écrivit que, si le roi ne pouvait visiter leur ville, il voulait du moins que son image restât au milieu d'eux, pour montrer qu'il les prenait sous sa protection spéciale. Les

(1) Southey et Baltasar da Silva Lisboa disent que l'on accorda à Nunes la permission de se retirer dans les établissements qu'il avait formés sur les bords du S. Francisco ; mais Pizarro cite un document officiel qui contredit cette opinion.

Paulistes, qui étaient réellement attachés à leur souverain, furent sensibles à la distinction dont on les honorait, et tout rentra dans l'ordre (1).

Albuquerque s'empressa de rendre compte à son gouvernement de tout ce qui venait de se passer. Le ministère portugais sentit que le même homme ne pouvait gouverner la contrée immense qui s'étend depuis l'embouchure du Parahyba jusqu'aux colonies espagnoles, et de l'Océan jusqu'aux sources de l'Arassuahy; on détacha de la province de Rio de Janeiro le territoire de S. Paul, ainsi que celui des mines, et de tous les deux on forma (9 novembre 1709) un gouvernement distinct.

Albuquerque avait appris à connaître les Paulistes; ce fut lui qui fut mis à leur tête. On l'avait laissé libre de résider où il jugerait convenable; il préféra aux bourgades de Minas Geraes, nouvellement fondées, S. Paul, dont la position était plus agréable, et où l'on avait toujours conservé quelque déférence pour les magistrats nommés conformément aux lois. La ville de S. Paul fut honorée du titre de *cité*, et l'on donna son nom à la nouvelle capitainerie (*capitania de S. Paulo*).

Jusqu'à cette époque l'administration du pays n'avait cessé d'être entravée par les disputes et les procès des héritiers des deux premiers donataires; le roi mit fin (1711) à leurs longues querelles en achetant du marquis de Cascaes les 50 lieues de terrain que celui-ci possédait dans la capitainerie de S. Paul comme successeur de

---

(1) Cazal, *Corog. Braz.*, I, 224, 358. — Southey, *Hist.*, 44, 84. — Pizarro, *Mem. hist.*, VIII, part. 2ª, 4, 22. — Baltasar da Silva Lisboa, *Annaes*, II, 179, 347. — Manoel da Fonseca, *Levantamento em Minas*, in *Revist. trim.*, III, 262.

Lopes de Souza. Alors l'autorité tout entière se trouva concentrée dans la personne du capitaine général de la province; les tiraillements ne furent plus à craindre, et l'administration commença à suivre une marche régulière.

Depuis ce moment, les Paulistes ont presque toujours été un peuple soumis et fidèle, mais sans rien perdre de leur goût pour les aventures et les courses lointaines, et ils n'ont cessé de faire des découvertes que lorsqu'il n'y a plus rien eu à découvrir.

Ils s'étaient fixés d'abord dans les parties du territoire de Minas Geraes les plus voisines de la haute chaîne de montagnes qui le parcourt du nord au sud; bientôt ils se répandirent sur toute la surface du pays; ils ne se contentèrent pas d'y chercher de l'or; ils formèrent, dans les vastes pâturages de S. Francisco, des établissements où ils se mirent à élever du bétail. D'un autre côté, les étrangers continuaient à arriver à Minas; au préjudice des véritables intérêts du pays, des propriétaires de la province de Bahia abandonnaient leurs sucreries et venaient chercher de l'or dans la contrée qui en fournissait à tous ceux d'entre eux qui prenaient la peine d'en chercher. On y introduisit de nombreux esclaves, et en peu de temps des déserts se couvrirent de belles habitations, de riches églises et d'une population considérable. Alors il devint impossible aux capitaines généraux qui résidaient à S. Paul de gouverner le pays des mines, d'y faire respecter les lois, d'y maintenir le bon ordre et la police; on fut obligé de faire de ce pays un gouvernement séparé et on donna à ce gouvernement le nom de capitainerie de Minas Geraes.

La province de S. Paul perdait ainsi une partie de son territoire ; mais de nouvelles découvertes la dédommageaient bientôt avec usure.

Dès le temps où les Paulistes avaient commencé à parcourir les déserts, quelques-unes de leurs bandes, passant d'une rivière dans une autre, franchissant une foule de catadupes, traversant les marais les plus malsains, guerroyant sans cesse contre des hordes de sauvages, étaient parvenues jusqu'à la rivière du Paraguay et aux vastes contrées qu'arrosent ses affluents. En l'année 1748, ANTONIO PIRES DOS CAMPOS, le plus terrible des exterminateurs d'Indiens, remonta le Rio Cuyabá pour tâcher de réduire la vaillante tribu des Curhipos. Cet homme était probablement trop occupé de ses chasses aux esclaves pour s'occuper d'autre chose. L'honneur de découvrir les trésors du pays qu'il parcourait était réservé à PASCOAL MOREIRA CABRAL, autre coureur de déserts qui marchait sur ses traces. Pascoal, en remontant le Rio Curhipomirim, vit des grains d'or briller au milieu des terres qui bordent cette rivière ; il laissa une partie de sa suite dans l'endroit où il avait fait cette découverte, et, la considérant comme le prélude d'autres découvertes plus importantes, il continua sa route. Il ne s'était pas trompé ; bientôt, en effet, il rencontra quelques Indiens qui, pour ornement, portaient des paillettes d'or. Il fait des recherches, et en très-peu de temps il réunit une quantité considérable de ce métal. Alors il revint au lieu où il avait laissé ses compagnons ; ils n'avaient pas été tout à fait aussi heureux que lui, mais tous étaient contents. Ces hommes, entourés d'immenses richesses, prirent la résolution de ne quitter le pays qu'après les avoir épuisées ; ils se mirent à construire des cabanes sur le bord des rivières, et semèrent une partie du grain qu'ils avaient encore avec eux. Ils n'avaient point emporté d'outils ; la cupidité leur donna des forces et du courage ; ils se servaient de leurs mains pour creuser la terre.

Une autre bande qui parcourait aussi les déserts fut conduite par le hasard au lieu de campement où s'était fixée la première. C'étaient encore des Paulistes ; ils se réunirent à Pascoal et à ses compagnons ; tous ensemble se trouvèrent alors au nombre de vingt-deux. Ces hommes tinrent conseil et résolurent d'envoyer l'un d'entre eux à S. Paul pour donner avis de ce qui se passait au gouverneur et pour prendre ses ordres. Provisoirement ils mirent Pascoal à leur tête, en lui accordant une autorité presque absolue, et lui promirent une entière obéissance.

Pascoal était complétement illettré ; mais il s'en fallait de beaucoup que ce fût un homme ordinaire ; à une grande valeur il réunissait de la prudence, beaucoup d'activité, une intelligence remarquable, et, ce qui était rare chez les Paulistes de ces temps-là, un cœur compatissant. Il avait l'art d'apaiser les querelles qui s'élevaient souvent parmi ses compagnons, sut se faire aimer d'eux, et les dirigea avec une grande sagesse depuis l'année 1719 jusqu'en 1723, époque à laquelle il fut remplacé par deux magistrats qu'envoya dans le pays D. Rodrigo Cesar de Menezes, gouverneur de S. Paul.

Aussitôt qu'on eut reçu dans cette ville la nouvelle des découvertes que Pascoal et ses compagnons avaient faites aux environs de Cuyabá, tous, jeunes et vieux, voulurent partir pour une contrée qui promettait tant de richesses. Les émigrants, divisés en plusieurs bandes, s'embarquèrent sur le Tuté et sur d'autres rivières ; mais ils ne songeaient qu'au but du voyage. La cupidité les aveugla sur les besoins qu'ils devaient nécessairement éprouver bientôt, et les dangers qu'ils allaient courir ; ils ne prirent aucune des précautions les plus indispensables. Des fièvres les atteignirent au milieu des marais ; ils ne s'étaient point munis de remèdes ; leur séjour dans les déserts devait être de plusieurs mois, leurs provisions se trouvèrent insuffisantes, ils n'avaient pas même emporté d'engins pour la pêche ni assez de fusils pour aller à la chasse ; ils furent continuellement harcelés par des hordes d'Indiens ennemis, les armes leur manquaient ; la faim, les maladies, d'affreuses fatigues firent périr la plupart d'entre eux, d'autres succombèrent dans leurs luttes avec les sauvages. Il n'arriva à Cuyabá qu'un très-petit nombre de ces malheureux, hâves, épuisés, pouvant à peine prendre part aux travaux de ceux qui les avaient précédés.

Un si triste exemple n'arrêta point les émigrations ; la cupidité se décourage plus difficilement que les autres passions dont notre cœur est agité sans cesse. Pendant une longue suite d'années, des hommes tourmentés du désir de devenir riches partirent pour Cuyabá, non-seulement de S. Paul, mais encore de Minas et de Rio de Janeiro. Les Indiens-Guaycurus, toujours à cheval, les Payaguas, habiles conducteurs de pirogues, attaquaient les émigrants avec fureur et en tuaient un très-grand nombre ; d'une bande de 300 hommes, qui était sortie de S. Paul en 1825, il n'échappa que deux blancs et un nègre. Ces malheurs étaient connus de tout le monde ; mais l'or, disait-on, était si commun à Cuyabá, que les chasseurs s'en servaient en guise de plomb. Comment ne pas courir quelques chances pour arriver à une terre qui offrait à ses habitants des trésors si faciles à acquérir? Dans l'espérance de devenir riche, on se mettait soi-même à la loterie.

Pendant que se passaient toutes ces choses, les compagnons de Pascoal avaient continué leurs recherches. En l'an 1722, le nommé Miguel Sutil, faisant une plantation sur les bords du Cuyabá, eut faim, et envoya deux Indiens, ses serviteurs, lui chercher du miel dans les troncs des arbres. Ces hommes revinrent vers le soir; ils n'avaient point trouvé de miel, mais ils remirent à leur maître un paquet de feuilles dans lesquelles ils avaient enveloppé des grains d'or qu'ils avaient trouvés à la surface de la terre et qui valaient ensemble environ 120 *oitavas*. Le lendemain, à la pointe du jour, Sutil et son compère João Francisco dit le Barbu se rendirent, accompagnés de tous leurs esclaves, à l'endroit où la découverte avait été faite; Sutil revint avec une demi-arrobe d'or, le Barbu avec plus de 400 oitavas. Toute la colonie se précipita vers le lieu où se trouvaient tant de richesses, et, sans être obligé de faire de profondes excavations, on tira de la terre, dans l'espace d'un mois, 400 arrobes d'or. C'est là qu'est aujourd'hui la ville de Cuyabá.

Dans le courant de l'année où Miguel Sutil fit sa brillante découverte, arriva à S. Paul le gouverneur Rodrigo Cesar de Menezes, dont j'ai déjà dit quelques mots. Son premier soin fut de prendre des mesures pour faire payer au roi l'impôt du quint dû sur l'or des mines de Cuyabá. Quand les Portugais s'occupaient du Brésil, c'était le plus souvent pour lui enlever ses richesses. Deux hommes puissants furent choisis par Menezes pour ses agents dans la colonie nouvelle : l'un d'eux, Lourenço Leme, partit avec le titre de procureur de l'impôt du quint; l'autre, João

Leme, son frère, avec celui de mestre de camp des mines de Cuyabá. Menezes n'était point sans mérite; mais il arrivait, il ne connaissait pas le pays; il crut, sans doute, qu'il ne pouvait mieux être représenté que par deux personnages auxquels il voyait leurs compatriotes prodiguer toutes sortes de respects. Il ignorait que la crainte seule attirait aux Leme les marques de déférence dont ils étaient l'objet, et que jamais ils n'avaient fait usage de leurs richesses que pour violer impunément les lois et opprimer les faibles. Lorsque ces hommes furent arrivés à Cuyabá et qu'ils se virent loin de toute surveillance, ils ne mirent plus de bornes à leur insolence et à leur audace. Ils se livraient à tous leurs caprices, commettaient les actes de violence les plus insensés, et prétendirent même chasser des mines tous ceux qui n'étaient point Paulistes. Le chapelain de la colonie naissante s'éleva courageusement contre cette dernière injustice; ils ordonnèrent qu'on lui tirât un coup de fusil. Un nommé PEDRO LEITE avait eu le malheur d'exciter leur jalousie; ils le firent maltraiter de la manière la plus barbare au pied même de l'autel, pendant qu'il assistait au service divin. Menezes apprit enfin ce qui se passait à Cuyabá, et, voulant délivrer ce pays des deux monstres dont la tyrannie était devenue intolérable, il donna ordre à un officier supérieur de les prendre et de les envoyer à S. Paul. Les deux frères, avertis à temps, prirent la fuite avec leurs amis et leurs serviteurs; on envoya des soldats contre eux; mais ils s'étaient fortifiés dans un lieu désert; on les attaqua, ils se défendirent, il y eut des hommes tués de part et d'autre; eux s'enfuirent encore. Une balle atteignit enfin Lourenço; son frère, fait prisonnier, fut exécuté à Bahia en 1724 (1).

La mort de ces deux hommes ne mit point un terme aux malheurs des habitants de Cuyabá ; pendant longtemps ils n'eurent à leur tête que des oppresseurs. On exigeait d'eux des sommes énormes pour le quint et les autres impôts ; on mettait en prison ceux qui ne pouvaient satisfaire aux demandes exorbitantes qu'on leur faisait, et l'on traitait ces malheureux avec la dernière barbarie. Le peuple tout entier arriva enfin à un tel degré de désespoir, qu'il conçut un moment le projet de fuir un pays où, au lieu des immenses richesses qu'il s'était promises, il ne trouvait, en définitive, que la désolation et la misère.

Sur ces entrefaites, le gouverneur Menezes reçut de son souverain l'ordre d'aller inspecter les mines de Cuyabá. Il avait déjà fixé l'époque de son départ ; mais, lorsqu'il était sur le point de s'embarquer sur les rivières, il fut effrayé de la longueur de ce dangereux voyage, et il fit ouvrir un

(1) L'histoire des deux Leme a été racontée par Cazal d'après Rocha Pita, et admise par M. Ferdinand Denis. Je dois dire cependant que Pizarro n'en fait aucune mention, et ses récits sont extraits d'un mémoire qui, composé à Cuyabá en 1765 par l'avocat José Barbosa de Sá, a été corrigé depuis, sur les pièces les plus authentiques, par le savant Diogo de Toledo Lara Ordoñes, que j'ai déjà eu occasion de citer. Pizarro dit seulement que, pour remplacer Pascoal Moreira Cabral, D. Rodrigo Cesar de Menezes envoya à Cuyabá, en 1724, João Antunes Maciel avec Fernando Dias Falcão, le premier comme régent, le second comme surintendant des terrains aurifères, et que, depuis ce moment, les mineurs de Cuyabá furent horriblement tourmentés par les gens de justice. Dans le résumé historique qui précède sa précieuse statistique, D. P. Müller nomme, parmi ceux qui ont découvert les mines de Cuyabá, Lourenço Leme avec Fernando Dias Falcão, et c'est seulement en dernier lieu qu'il fait mention de Pascoal Moreira Cabral ; mais il est évident que ce résumé, extrêmement succinct, ne saurait faire autorité.

chemin par terre. On y travailla pendant deux ans ; ce temps écoulé, Menezes put se mettre en route, et il arriva à Cuyabá le 15 novembre 1726, cinq mois après son départ.

Ce chemin que Menezes avait fait faire fut un grand bienfait pour la population ; il rendit plus faciles, moins lentes et beaucoup plus sûres les relations entre S. Paul avec sa colonie naissante, et c'est celui que suivent encore aujourd'hui les caravanes qui se rendent à Goyaz et à Matogrosso (1).

A peine Menezes fut-il à Cuyabá, qu'il donna à ce village le titre de ville ; mais sa présence n'améliora point le sort des habitants. Ses agents, lorsqu'il était encore à S. Paul, extorquaient l'or de ces malheureux, pour se faire valoir auprès de lui ; il ne les obligea point à changer de conduite, voulant aussi se faire valoir auprès de son souverain, auquel, en définitive, devaient arriver toutes ces richesses.

Mille personnes qui, sans doute, ne pouvaient plus vivre dans un pays où elles étaient exposées à des vexations continuelles quittèrent Cuyabá au mois d'avril 1828, et prirent le chemin de S. Paul. Menezes avait à envoyer en Portugal quatre caisses, chacune de 7 arrobes d'or ; il profita, pour les faire partir, de l'occasion qui se présentait, et prit toutes les précautions possibles pour qu'elles parvinssent sûrement à leur destination. Elles furent remises au roi Jean V lui-même, parfaitement fermées et munies des sceaux qu'on y avait apposés au moment du départ. Le roi, dans

---

(1) L'auteur a passé par ce chemin en se rendant de la cité de Goyaz à S. Paul (*Voyage aux sources du Rio de S. Francisco, etc.*, vol. II).

son orgueil, les fit ouvrir en présence de quelques ministres étrangers ; on y trouva du plomb. On ne négligea rien pour découvrir le coupable ; toutes les recherches furent inutiles. Le peuple de Cuyabá resta persuadé que, par une transformation miraculeuse, le ciel lui-même avait pris soin de le venger de ses tyrans ; mais sa joie ne fut pas de longue durée. Le receveur des impôts, voulant mériter les bonnes grâces du gouverneur et du monarque lui-même, rendit les mineurs responsables de la disparition qui avait eu lieu, et leur enleva tout ce qu'ils possédaient, même leurs esclaves. Quand cette triste opération fut achevée, Menezes partit pour S. Paul (septembre 1728) ; mais, auparavant, il modifia la perception de l'impôt et fit d'utiles réformes. Les Cuyabanais n'avaient plus rien ; mais, du moins, dit un historien, ils purent en paix répandre des larmes (1).

Ils se remirent avec courage à creuser la terre, et elle leur prodigua de nouveaux trésors. Mais les Paulistes, qui formaient le noyau de la population, n'avaient rien perdu de leur goût pour les aventures et de cette soif de l'or que rien ne pouvait satisfaire ; il leur fallait d'autres déserts, il leur fallait des mines plus riches encore que celles de Cuyabá. En l'année 1734, deux frères, FERNANDO PAES DE BARROS et ARTUR PAES, natifs de Sorocába (2), pénétrèrent, à l'ouest des Campos Parexis, dans une contrée couverte d'épaisses forêts, où jamais un homme blanc n'avait porté ses pas ; c'est celle qui porte aujourd'hui le nom de Matogrosso.

(1) Cazal, *Corog. Braz.*, I, 248. — Pizarro, *Mem. hist.*, 3, 11, 43, 46. — Abreu e Lima, *Synopsis*, 191.

(2) On trouvera, dans la relation du voyage de l'auteur, des détails sur la ville de Sorocába, voisine de S. Paul.

Ils s'arrêtent sur le bord d'un des affluents du Guapoú, ils y construisent des cabanes, et de là ils se répandent dans le voisinage, essayant partout le sable des ruisseaux et celui des rivières. Un an s'était à peine écoulé, que les deux frères envoyèrent à Cuyabá une quantité d'or considérable. A cette vue, le peuple est transporté de joie; tout le monde veut partir pour les nouvelles mines. Des milliers d'hommes se mirent effectivement en route; mais ils éprouvèrent à peu près le même sort que ceux qui les premiers étaient partis de S. Paul pour Cuyabá : les uns s'égarèrent au milieu des déserts et périrent misérablement de fatigue et de faim, d'autres tombèrent sous les coups des Payaguás et des Guaycurus; il n'en arriva qu'un petit nombre au but tant désiré (1).

Pendant que des bandes de Paulistes ajoutaient à la monarchie portugaise le vaste territoire de Cuyabá et celui de Matogrosso, d'autres Paulistes faisaient une découverte non moins importante, celle de Goyaz.

Dès l'année 1680, Bartholomeu Bueno da Silva, dit le *mauvais esprit*, était arrivé au milieu des Indiens-Goyás, dont les femmes ornaient leurs chevelures de paillettes d'or. Il avait soumis sans aucune peine ces hommes pacifiques dignes d'un sort plus heureux, et il était retourné à S. Paul avec de l'or et un nombre de captifs assez considérable pour en peupler une ville.

Pendant longtemps les richesses de Minas Geraes firent oublier Goyaz; mais les mines de Cuyabá rappelèrent à Menezes celles que Bueno avait découvertes, et il excita les habitants de S. Paul à tâcher de les retrouver.

(1) Pizarro, *Memorias historicas*, IX, 81.

Il paraît que les anciens Paulistes accoutumaient leurs enfants de bonne heure aux fatigues des courses lointaines et de la chasse aux Indiens. Lorsqu'il avait pénétré dans le pays des Goyás, Bueno avait avec lui un fils âgé de douze ans; ce fils, qui s'appelait également Bartholomeu Bueno, avait vieilli, mais il n'avait pas perdu le souvenir de son voyage; il alla offrir ses services à Menezes, qui lui promit que, s'il réussissait, il aurait pour récompense le péage fort important de plusieurs rivières.

Le second Bueno part à la fin de 1721; mais malheureusement il échoue dans son entreprise, et après une foule d'aventures il revient à S. Paul désespéré et presque seul.

Menezes ranime son courage; il lui fait des promesses séduisantes, le décide à repartir, et lui accorde les secours nécessaires. Cette fois, Bueno est plus heureux que la première. Après de longues courses et d'incroyables fatigues, il retrouva enfin, en l'année 1726, l'endroit où étaient les mines découvertes par son père.

La renommée des richesses de Goyaz y attira bientôt des bandes d'aventuriers qui fondèrent de nombreux villages. Quant à Bueno, il fut dignement récompensé. Cet homme entreprenant posséda de grandes richesses; mais, comme la plupart des mineurs, il ne sut pas les conserver, et il mourut pauvre. Il avait abandonné à son fils les péages concédés à sa famille pour la durée de trois vies. En 1825 la troisième venait de s'éteindre, et les arrière-petits-enfants d'un homme qui avait ajouté à l'empire du Brésil une province aussi vaste que l'Allemagne vivaient dans l'indigence (1). Ils descendaient vraisemblablement aussi

---

(1) Aug. de S. Hil., *Voyage aux sources du Rio de S. Francisco et*

d'Amador Bueno, qui avait repoussé l'offre que les habitants de S. Paul lui faisaient de la couronne.

C'étaient des Paulistes qui avaient découvert Goyaz, Cuyabá et Matogrosso ; jusqu'en l'année 1748, ces vastes pays firent partie de la capitainerie de S. Paul.

On finit cependant par reconnaître que le même homme ne pouvait gouverner une contrée environ quatre fois grande comme la France et dont les parties étaient séparées par des déserts. On forma, en conséquence, une capitainerie distincte de Goyaz, une autre de Cuyabá et de Matogrosso ; mais en même temps on eut la malheureuse idée de supprimer la capitainerie de S. Paul et de la réunir à celle de Rio de Janeiro (1). Les gouverneurs de cette dernière province avaient bien assez de leur administration particulière. S. Paul fut négligé.

Quand autrefois les chasseurs d'hommes quittaient le pays, c'était pour y revenir ; il n'en avait pas été de même des chercheurs d'or ; ces derniers faisaient des établissements fixes dans les contrées où ils trouvaient le métal objet de leur convoitise, et ils ne revoyaient plus leur patrie. Depuis la découverte de Minas Geraes, la population de la province de S. Paul n'avait cessé de diminuer ; les émigrants l'appauvrissaient par les dépenses qu'ils étaient obligés de faire pour leurs préparatifs de voyage ; faute de bras, les terres restaient sans culture, les troupeaux étaient abandonnés ; les habitations tombaient en ruine. Pour remédier à tant de misères, il aurait fallu une administration forte, active, réparatrice ; depuis la suppression de leur

dans la province de Goyaz, I, 308, II, 65. — Pohl, *Reise*, I, 332. — Raimundo da Cunha Mattos, *Itinerario*, II, 70.

(1) Pizarro, *Mem. hist.*, VIII, 1ª parte, 285.

capitainerie, les Paulistes n'eurent plus au milieu d'eux que des agents dont le pouvoir était extrêmement limité et qui n'osaient prendre sur eux la responsabilité d'aucune mesure de quelque importance. Une des plus belles provinces du Brésil déclina chaque jour davantage.

En 1758, le roi D. Joseph rendit un décret qui honorera à jamais sa mémoire, celui qui rendait la liberté définitive à tous les Indiens du Brésil (1). Une foule d'autres décrets les avaient déjà déclarés libres, mais ils avaient été constamment éludés. On n'avait point d'esclaves, disait-on, c'étaient des *administrés*, et les malheureux qu'on appelait ainsi étaient condamnés aux travaux du plus rude esclavage. Sous le règne de D. Joseph, Pombal était ministre; ce n'était pas lui que l'on pouvait tromper par des mots; il avait voulu sincèrement que les Indiens fussent libres, ils ne tardèrent pas à le devenir. Cependant la suppression de l'esclavage des indigènes porta un nouveau coup à la prospérité de la province de S. Paul. Un grand nombre de familles n'avaient pas d'autres richesses que leurs esclaves indiens; elles furent complétement ruinées. La province de S. Paul, disait, dès l'année 1737, un de ses gouverneurs, n'est qu'une belle sans dot (2); plus que jamais elle mérite ce surnom.

Le premier vice-roi de Rio de Janciro, Antonio Alvares da Cunha, connut enfin l'état de misère où elle était tombée; il jugea que, si l'on y rétablissait un gouverneur uniquement occupé des besoins des habitants, elle reprendrait quelque splendeur. Un mémoire qu'il adressa, à ce sujet,

(1) Abreu e Lima, *Synopsis*, 258.
(2) Pizarro, *Mem. hist.*, VIII, 1ª parte, 275.

au gouvernement de la métropole convainquit le roi D. Joseph ; le pays des Paulistes reprit le titre de capitainerie qui lui avait appartenu si longtemps, et D. Luiz Antonio de Souza Botelho arriva, en 1765, pour le gouverner, muni des sages instructions du marquis de Pombal (1).

A cette époque ou quelques années auparavant, un changement notable commença à s'opérer chez les Paulistes. Les terrains aurifères avaient été partagés, la chasse aux Indiens était interdite ; ils furent obligés de renoncer à leurs habitudes de plus de deux siècles. L'agriculture fut leur ressource; ils construisirent de nombreuses sucreries, et où la nature leur offrait des pâturages ils élevèrent des chevaux et du bétail. Les occupations sédentaires auxquelles ils étaient contraints de se livrer les accoutumèrent à la vie de famille ; leurs anciennes rivalités s'éteignirent, et peu à peu leurs mœurs devinrent plus douces. Toujours fiers de la gloire de leurs ancêtres, ils ne pensèrent cependant plus à les imiter. Ils durent nécessairement perdre les défauts des anciens coureurs de déserts, et rien ne les empêcha de conserver les qualités brillantes qui distinguaient ces hommes extraordinaires. Ils eurent du courage sans cruauté, de la fermeté sans rudesse, de la franchise sans insolence. Pour pouvoir communiquer avec les magistrats qu'on leur envoyait d'Europe, ils devinrent aussi polis qu'eux. Quelques-uns cultivèrent noblement leur intelligence, et, si la province de S. Paul ne produit plus d'Antonio Raposo, de Fernando Dias Paes, de Pascoal Moreira Cabral, elle peut se glorifier d'avoir donné le jour, dans les temps modernes, aux Alexandre Gusmão, aux

---

(1) L. c., 286.

Gaspar da Madre de Deos, aux José Feliciano Fernandes Pinheiro, et à ces illustres frères, les trois Andrada, qui ont tant contribué à rendre au Brésil son indépendance.

Quoique le temps des expéditions lointaines fût passé pour les Paulistes, leur nouveau gouverneur, Luiz Antonio de Souza Botelho, leur procura bientôt une occasion de revenir à leur ancien goût pour les aventures. Le marquis de Pombal, sachant quelles immenses ressources présente le Brésil, s'occupait sans cesse de cette belle contrée ; il la connaissait mieux que tous les ministres ses prédécesseurs, et il paraît même qu'il eut un moment le désir d'y transporter le siége de la monarchie portugaise. Il craignait que les Espagnols ne finissent par s'emparer du Guayra, qui était resté désert depuis les invasions des anciens Paulistes, et que de là ils ne s'étendissent peu à peu sur le territoire brésilien ; cette crainte lui inspira un projet qui tendait à assurer un bel avenir à la province de S. Paul. Il ordonna à Botelho de faire explorer les Rios Hyguaçu, Hyvai et Tibahy, destinés à offrir un jour des moyens précieux de communication, et de former, dans les contrées inhabitées où coulent ces rivières, un établissement qui pût protéger les possessions brésiliennes et permettre de les étendre. Les ordres de Pombal furent exécutés par le gouverneur de S. Paul ; une troupe de Paulistes parcourut les immenses déserts arrosés par les affluents méridionaux du Paranná, et sur une des rives de l'Igatimi, dans un canton fertile, on construisit le petit fort de Nossa Senhora dos Prazeres, parfaitement situé pour arrêter les invasions des Espagnols. Malheureusement Pombal fut disgracié ; Martim Lopes Lobo de Saldanha remplaça Botelho ; il affectait un profond mépris pour ce qu'avait fait son prédécesseur ;

il abandonna le fort de Nossa Senhora dos Prazeres. Les Espagnols ne tardèrent pas à s'en emparer, et ils le détruisirent douze ans après sa fondation (1). Si le projet grandiose du marquis de Pombal avait été poursuivi avec persévérance, la province de S. Paul se serait agrandie sans effusion de sang ; de fertiles contrées encore désertes seraient aujourd'hui parsemées de *fazendas* et couvertes de troupeaux, et une foule de rivières faciliteraient les relations des habitants de S. Paul avec le Paraguay.

Je n'ai pas besoin de dire qu'ils n'échappèrent pas aux rigueurs du système colonial. Leur commerce fut même entravé, à diverses époques, par des prohibitions qui n'atteignirent pas les autres parties du Brésil. Dès l'année 1701, une ordonnance royale défendit aux Paulistes d'envoyer des vivres et du bétail de leurs mines à la province de Bahia. En 1743, lorsque les habitants de Minas Geraes dépendaient de S. Paul, on limita le nombre de leurs fabriques de tafia, afin de favoriser le commerce du Portugal. Beaucoup plus récemment enfin Antonio José da Franca e Horta, qui commença à gouverner S. Paul en 1802, défendit le cabotage aux habitants de la côte, et ne voulut pas que les cultivateurs envoyassent leurs denrées ailleurs qu'à Santos ; par là il ruina tous les autres ports, et il mit les colons à la merci de trois ou quatre marchands qui, se coalisant, devinrent entièrement maîtres des prix (2). Il n'est point à notre connaissance que l'on ait mis en doute la probité d'Horta ; mais, s'il n'y eut au-

---

(1) Pizarro, *Mem. hist.*, VIII, 1ª parte, 287. — D. P. Müller, *Ensaio estatistico*, 4. — Milliet et Lopes de Moura, *Diccionario*, I, 447; II, 161.

(2) Pizarro, *Memorias historicas*, VIII, 1ª parte, 275, 277, 278.

cune connivence entre lui et les marchands de Santos, il faut convenir qu'il fit tout pour qu'on le soupçonnât de cette indignité, et qu'il céda à un caprice malfaisant, aujourd'hui tout à fait inexplicable.

L'arrêté destructeur d'Antonio José da Franca e Horta eut son exécution jusqu'en l'année 1808. Alors le roi Jean VI, fuyant devant l'armée française, arriva au Brésil. Un de ses premiers actes fut d'ouvrir les ports de cet empire aux nations amies, de supprimer le système colonial avec toutes ses prohibitions, en un mot d'égaler au Portugal son ancienne colonie. Ce n'était point encore l'indépendance du Brésil, c'en était le prélude.

La capitainerie de S. Paul profita des bienfaits du nouvel ordre de choses. Ses relations commerciales s'étendirent et devinrent plus importantes ; le cabotage reprit son ancienne activité ; les agriculteurs, vendant leurs denrées plus avantageusement, cultivèrent davantage ; les sucreries et les plantations de café se multiplièrent ; des hommes de toutes les nations arrivèrent dans le pays ; ils donnèrent aux habitants quelques idées nouvelles, et les arts mécaniques se perfectionnèrent. Mais, il faut le dire, les étrangers abusèrent plus d'une fois de la confiance des Paulistes; ceux-ci conçurent une juste défiance, et ils perdirent quelque chose de leur ancien abandon, de leur franchise et de leur hospitalité.

Ce ne fut pas pendant bien longtemps que les Paulistes jouirent en repos des avantages d'une liberté plus étendue. La guerre éclata, en 1811, entre le Brésil et les Espagnols-Américains du Rio de la Plata. Pour repousser les attaques de ces derniers, on ne pouvait guère tirer des soldats du Pará ou de Fernambouc ; la capitainerie de Rio

Grande et celle de S. Paul étaient les plus rapprochées du pays ennemi; ce furent elles qui fournirent des troupes. La justice aurait exigé que celles-ci fussent entretenues par les autres provinces; il n'en fut pas ainsi : S. Paul fut forcé non-seulement de fournir des hommes, mais encore de subvenir à toutes leurs dépenses (1).

Lorsque l'on commença à faire des levées pour l'armée du Sud, les Paulistes jouissaient depuis longtemps d'une paix profonde; la consternation fut d'autant plus générale que l'on prenait les gens mariés comme les célibataires. Pour défendre leur propre pays, tous, n'en doutons pas, seraient accourus sans hésiter; mais il fallait que les hommes qu'on demandait allassent se battre pour une cause qui leur était étrangère, contre un peuple dont ils n'avaient peut-être jamais entendu parler; il fallait qu'ils se transportassent à plusieurs centaines de lieues de leurs familles, sans espérance de les revoir de longtemps ni même de pouvoir leur donner de leurs nouvelles; un grand nombre d'entre eux n'eurent pas ce courage. Il y eut des émigrations considérables; la population de Minas Geraes s'accrut d'une manière sensible aux dépens de celle de la capitainerie de S. Paul. Une légion entièrement composée de soldats tirés de cette capitainerie prit part cependant aux campagnes de l'armée du Sud. Une fois sous les armes, ces hommes surent se plier aux nécessités d'une guerre de partisans; ils montrèrent que c'était encore le sang des vieux Paulistes qui circulait dans leurs veines. On leur donnait une nourriture à laquelle ils n'étaient point

---

(1) Eschw., *Journ. von Bras.*, II, tab. II.

accoutumés, de la viande sans farine (1) et sans sel; pendant plus de deux ans ils ne reçurent point de solde (2); leurs vêtements tombaient en lambeaux, on ne les renouvelait point. Ils supportèrent toutes les privations, toutes les fatigues avec une admirable constance; ils combattaient tantôt à pied, tantôt à cheval; ils n'étaient point inférieurs à leurs ennemis, les Gauchos, dans l'art de jeter le lacet, et comme eux ils parcouraient les vastes campagnes de la Bande orientale, en galopant avec une inconcevable rapidité; enfin, non moins intrépides que les soldats de Rio Grande, leurs compagnons d'armes, ils observaient beaucoup mieux que ces derniers les lois de la discipline. Ils se distinguèrent en plusieurs rencontres, et l'on dut principalement à leur valeur les résultats heureux de l'affaire décisive de Catalan (3), qui bientôt amena la reddition de la ville si importante de Montevideo.

La légion de S. Paul était encore cantonnée sur les bords de la Plata, lorsque, à la fin de l'année 1820, arriva à Rio de Janeiro une nouvelle qui, malgré la difficulté des communications, se répandit avec la rapidité de l'éclair dans

(1) Les Brésiliens remplacent le pain par de la farine de manioc ou celle de maïs.

(2) Il y avait vingt-sept mois que les soldats de S. Paul n'avaient rien touché lorsque l'auteur les vit, vers la fin de l'année 1820, sur les bords de la Plata. S'il lui était donné de rédiger la relation de son voyage dans la province de Rio Grande, la campagne de Montevideo et les missions de l'Uruguay, il reviendrait sur la légion de S. Paul, commandée alors par le colonel Manoel Marques de Souza.

(3) L'affaire de Catalan eut lieu le 4 janvier 1817 (Abreu e Lima, *Synopsis*, 308). Les Paulistes y étaient commandés par le général de brigade (*brigadeiro*) Joaquim de Oliveira Alvares que l'auteur a eu l'avantage de connaître, et dont il trace le portrait dans la relation de son voyage à Sainte-Catherine.

toutes les parties du Brésil, celle d'un événement qui devait bientôt changer les destinées de ce vaste empire ; le Portugal avait secoué le joug du gouvernement absolu et allait se donner une constitution libérale.

La révolution qui venait de s'opérer au sein de la mère patrie excita chez la plupart des Brésiliens un vif enthousiasme, et pendant quelques instants ils s'unirent aux Portugais dans les sentiments d'une étroite fraternité. Mais, il faut bien le dire, les gens éclairés savaient seuls ce dont il s'agissait ; le peuple ne comprenait pas même le sens du mot *constitution* qui était dans toutes les bouches ; on lui répéta que, par là, on entendait la réforme des abus dont il avait eu si longtemps à se plaindre, et il jura fidélité à la constitution avant même qu'elle fût faite.

Lorsque la révolution commença à éclater, les capitaines généraux se trouvèrent dans l'alternative embarrassante de se rendre odieux au peuple en cherchant à maintenir l'ancien ordre de choses ou de déplaire au roi en ne soutenant pas son autorité par tous les moyens possibles. Mais, aussitôt que le souverain lui-même eut renoncé au pouvoir absolu, il est clair qu'eux, ses représentants, devaient agir de même dans les provinces. Cependant, accoutumés à gouverner despotiquement et à recevoir des hommages qui tenaient presque de l'adoration, il leur en coûta de partager leur puissance, de n'être plus que les présidents des juntes provisoires que l'on créa partout, et de devenir presque les égaux de quelques-uns de ceux qu'ils avaient traités, si peu de temps auparavant, avec tant de hauteur. Ils se persuadèrent que la révolution finirait par être étouffée, et ne se prêtèrent qu'avec répugnance à l'exécution des nouveaux décrets. On ne vit plus en eux que des défenseurs intéressés de la tyrannie; ils ne pouvaient avoir de partisans; la plupart furent expulsés (1).

Les choses ne se passèrent pas tout à fait ainsi dans la province de S. Paul. Un gouvernement provisoire y fut installé au mois de juin 1821 (2) et eut pour président João Carlos Augusto d'Oeynhausen, l'ancien capitaine général. L'illustre José Bonifacio de Andrada exerçait la plus grande influence dans la province de S. Paul où il était né; il pensa avec raison que ses compatriotes, toujours attachés au roi et à sa famille, respecteraient davantage la nouvelle administration, si elle semblait encore dirigée par l'homme qui, originairement, avait été choisi par le souverain, et qui, d'ailleurs, s'était fait aimer de tous par ses qualités personnelles; il soutint donc puissamment João Carlos d'Oeynhausen, et celui-ci resta beaucoup plus longtemps dans son gouvernement que les autres capitaines généraux (3) dans les leurs. Par ce moyen, le passage de l'ancien ordre de choses au nouveau se fit moins brusquement à S. Paul qu'ailleurs et n'y causa aucune secousse.

Il est indispensable que nous donnions une idée juste de la révolution du Brésil; dans ses commencements, il faut

---

(1) Ce serait sortir de notre sujet que de raconter les événements qui eurent lieu dans chacune des provinces du Brésil; nous ne parlons donc ici que d'une manière tout à fait générale.

(2) **Date** empruntée à Daniel Pedro Müller (*Ensaio estatistico*, 3).

(3) L'auteur le vit encore au mois d'avril 1822 dans le palais des anciens capitaines généraux que jusqu'alors il n'avait pas quitté. Cet homme excellent, dont l'auteur trace ailleurs le portrait, s'était fait tellement aimer et respecter dans toutes les provinces dont il avait été gouverneur, qu'encore aujourd'hui les habitants de Matogrosso prononcent rarement son nom sans porter la main à leur chapeau (Castelnau, *Expédition*, II, 362).

le dire, elle fut plutôt portugaise qu'américaine. Jusqu'au mois de décembre 1821, ce qui se passa à Rio de Janeiro fut l'ouvrage des Européens, et ils contribuèrent beaucoup aussi aux révolutions partielles des provinces, aidés par quelques familles brésiliennes riches et puissantes qui voulaient se substituer aux anciens gouverneurs. Quant à la masse du peuple, séduite d'abord par de brillantes promesses dont l'accomplissement se fit vainement attendre, elle devint bientôt indifférente à tout ce qui se passait; elle semblait dire : Ne faudra-t-il pas toujours que je porte mon fardeau? Elle ne tarda même pas à regretter l'administration toute personnelle de ses capitaines généraux.

La majorité des Français gagnait immensément à la révolution de 1789, qui supprimait les priviléges légaux dont avait joui une classe favorisée; au Brésil l'inégalité n'avait réellement été consacrée par aucune loi; les injustices dont les classes inférieures avaient si souvent à se plaindre étaient des abus de pouvoir que se permettaient sans cesse les employés et les hommes riches; mais ce furent précisément ces hommes qui, dans les premiers temps, se mirent à la tête de la révolution; ils ne songèrent qu'à diminuer l'autorité du roi pour augmenter la leur; ils chassèrent les capitaines généraux, ne s'occupèrent du pauvre en aucune manière, et celui-ci demandait sans cesse de qui il pourrait implorer la protection.

Les Paulistes avaient nourri si longtemps un si profond amour pour leur roi, qu'en 1822, plusieurs mois après son départ, les habitants de la campagne le considéraient encore comme l'arbitre suprême de leur existence et de celle de leurs enfants; c'était toujours au roi qu'appartenaient les impôts, le péage des rivières, le pays tout entier. Il n'était pas un seul cultivateur de la province de S. Paul qui ne répétât ces paroles : « On nous promettait tant de « bonheur de cette constitution, et nous vivons dans des « craintes continuelles. Chacun restait autrefois tranquille « dans sa maison ; à présent il faut que sans cesse nous « quittions nos femmes et nos enfants pour aller mettre la « paix à Rio de Janeiro ou à Minas. Ne valait-il pas mieux « être gouverné par notre roi, et notre capitaine général « décidant de tout à lui tout seul, que de l'être par tant « de gens qui se disputent entre eux, nous renvoient de « l'un à l'autre quand nous présentons notre requête, et « n'ont aucune pitié des pauvres (1)? »

Cependant l'époque était arrivée où la révolution allait prendre un noble caractère ; elle allait devenir complétement brésilienne.

Le peuple portugais s'était soulevé bien moins peut-être pour affaiblir l'autorité royale que pour faire rentrer sous le joug son ancienne colonie, dont l'émancipation avait été pour lui un sujet de douleur. « Cette émancipa-« tion, en effet, le rejetait au second rang, et tarissait « une des sources principales de ses richesses ; elle le « blessait tout à la fois dans son orgueil et dans ses inté-« rêts. L'assemblée des cortès de Lisbonne crut donc que, « pour se rendre populaire, il fallait qu'elle replaçât le « Brésil sous la domination de la métropole. Aveuglés par « la vanité nationale, les législateurs portugais n'avaient

(1) Après avoir assisté à l'expulsion des troupes portugaises qui eut lieu à Rio de Janeiro, l'auteur voyagea en 1822 à Minas et à S. Paul ; depuis près de six ans, il vivait au milieu des Brésiliens ; il n'était plus un étranger pour eux ; on s'ouvrait à lui sans aucune réserve, et il croit pouvoir répondre de tout ce qu'il dit ici.

« pas même daigné sans doute jeter les yeux sur la carte
« du Brésil. Un décret maladroitement hypocrite rétablit
« l'ancien système colonial ; et, comprenant dans un même
« anathème le royaume du Brésil et le jeune prince au-
« quel Jean VI en avait confié la régence, les cortès or-
« donnèrent que don Pedro, déjà marié et père de famille,
« reviendrait en Europe, pour voyager sous l'aile d'un
« gouverneur et pour lire avec lui les *Offices de Cicéron*
« et les *Aventures de Télémaque* (1). »

D. Pedro parut d'abord prêt à obéir aux ordres des cortès ; mais c'était sans doute pour faire mieux sentir aux
Brésiliens combien sa présence leur était nécessaire. Sans
ce prince, en effet, il n'y avait plus pour eux de centre
commun ; les provinces se seraient séparées les unes des
autres, chacune d'elles se serait démembrée, et le Brésil,
livré à une affreuse anarchie, aurait eu le triste sort des
colonies espagnoles.

Dans des circonstances aussi difficiles, la province de
S. Paul donna un noble exemple. Le 24 de décembre 1821,
la junte qui la gouvernait vint exposer au prince tous les
inconvénients qu'entraînerait son départ, et le conjura de
rester au milieu d'une population qui lui était dévouée.
Les Mineiros montrèrent qu'ils partageaient les sentiments
des Paulistes, et, le 9 janvier 1822, le sénat municipal de
Rio de Janeiro obtint de D. Pedro cette réponse célèbre :
*Puisque le peuple pense que ma présence ici peut faire le
bien de tous, dites-lui que je reste.*

Par l'énergie avec laquelle ils se prononcèrent contre les

---

(1) Auguste de Saint-Hilaire, *Précis des révolutions du Brésil, etc.*,
dans le *Voyage sur le littoral du Brésil*, II, 378, et dans la *Revue des
deux mondes*.

cortès de Lisbonne et la fidélité dont ils firent preuve envers le prince, les Paulistes acquirent des droits éternels à la reconnaissance du reste des Brésiliens. Mais, nous devons le dire, leur inexpérience des affaires était telle, qu'ils seraient probablement restés dans l'inaction, si la Providence n'avait permis qu'ils eussent à leur tête deux hommes aussi remarquables par leurs talents que par leur patriotisme. José Bonifacio de Andrada et son frère Martim Francisco subjuguèrent leurs collègues par leur ascendant, ils les dirigèrent, et le Brésil fut sauvé.

Quelques mois plus tard, don Pedro accourut à S. Paul avec une rapidité qui témoignait à la fois de sa force physique et de l'énergie de son caractère; la plaine d'Ypiranga retentit de ce noble cri : *Vivre indépendants ou mourir!* Le Brésil est pour jamais séparé du Portugal.

Depuis cette époque, une génération s'est écoulée. Don Pedro, fondateur d'un des plus vastes empires qu'il y ait au monde, avait fait des ingrats; il est allé mourir dans le petit pays où il était né. Son fils est monté sur le trône, et les peuples du Brésil, après avoir passé par les plus rudes épreuves, trouvent aujourd'hui, dans une constitution parfaitement appropriée à leurs besoins, les avantages du système monarchique constitutionnel et ceux d'une union fédérative.

Devenu indépendant, le Brésil a fait, au sein de la paix, des progrès sensibles; sa population s'est accrue, son commerce a pris de l'extension, l'agriculture commence à y fleurir.

Ces changements heureux ne sont rien cependant en comparaison de ceux qu'on peut attendre encore. Par sa vaste étendue, la grandeur de quelques-uns de ses ports, la fertilité de son territoire, la variété de ses productions, l'intelligence de ses habitants, le Brésil est appelé aux plus hautes destinées ; mais c'est à une condition qu'il pourra les remplir : il faut que toutes ses provinces, libres chacune dans son administration particulière, restent unies entre elles et se rattachent toutes à un centre commun.

Si jamais les Brésiliens, séduits par d'hypocrites déclamations et des promesses trompeuses, cessaient de reconnaître un pouvoir central, leur pays serait bientôt la proie d'une affreuse anarchie, ou, pour mieux dire, il n'y aurait plus de Brésil.

Dans les provinces séparées les unes des autres se répéteraient en petit les scènes qui auraient amené la désunion générale; toutes se démembreraient. Ainsi, à l'instant même où s'opérerait leur dislocation, Curitiba se déclarerait indépendant de S. Paul ; la ville de Paranaguá, séparée de celle de Curitiba par des montagnes presque inaccessibles, refuserait de se soumettre à la même administration que cette dernière ; originairement peuplée par des Mineiros, Franca ne voudrait rien avoir de commun avec les autres parties de la province actuelle ; peut-être même verrait-on se ranimer les anciennes querelles de S. Paul et de Taubaté, et du beau nom de Pauliste il ne resterait plus qu'un souvenir historique.

Que les Brésiliens se liguent donc contre les ambitieux qui travailleraient à les désunir. Qu'à l'approche du danger les Paulistes se serrent les uns contre les autres ; qu'ils se rappellent la gloire de leurs pères, la belle journée du 24 décembre 1821, le nom des Andradas; qu'ils marchent et sauvent encore une fois la patrie commune, en répétant ces paroles d'un guerrier généreux, qui leur conviennent si bien : *Noblesse oblige.*

§ II. — Limites, montagnes, cours d'eau, climat.

Après avoir compris dans ses limites environ un tiers du Brésil, la province de S. Paul, moins vaste aujourd'hui que celle de Goyaz ou de Matogrosso, offre cependant encore une surface de 15 à 18,000 *legoas* carrées, de 18 au degré (1). Ses contours sont fort irréguliers; tantôt elle forme une avance dans la province limitrophe, tantôt c'est celle-ci qui semble empiéter sur son territoire. Presque entièrement située en dehors du tropique du Capricorne, elle s'étend des 20° 30′ latitude méridionale aux 28°, et elle a 135 *legoas* de longueur du sud au nord, sur une largeur moyenne de 100 *legoas* d'orient en occident (2). Au nord

(1) Eschewege estime cette surface approximativement à 15,000 *legoas* (*Brasilen*, II, 68); l'auteur de l'*Ensaio d'um quadro estatistico da Provincia de S. Paulo*, à 19,400, de 20 au degré.

(2) J'emprunte ces chiffres à l'abbé Manoel Ayres de Cazal, dont le livre a été publié vers l'époque de mon voyage (v. *Corog. Braz.*, I, 200); mais je dois dire que l'auteur de l'*Ensaio*, ouvrage qui a paru de 1838 à 1839, place la province de S. Paul entre les 19° 40′ et les 27° 12′ latitude sud, et ajoute qu'elle a, de l'est à l'ouest, 235 lieues, de 20 au degré. La différence de latitude chez les deux auteurs est due, sans doute, à des erreurs de calcul ou à quelque changement qui aura eu lieu, depuis mon voyage, dans les limites des provinces; peut-être même est-elle due aux deux causes réunies. Quant à celle de près de deux tiers qui existe, pour l'étendue de l'est à l'ouest, entre les deux ouvrages cités, elle vient probablement de ce que Cazal aura moins tenu compte que l'auteur de l'*Ensaio* du vaste territoire occupé par les Indiens sauvages. — MM. Milliet et Lopes de Moura placent (*Dicc.*, II, 611) le territoire de S. Paul entre les 23° et les 26° : peut-être ont-ils pris pour base du premier de ces chiffres la réunion que, à la suite de la révolte insen-

elle est bornée par les provinces de Minas Geraes et de Goyaz; au nord-est, par celle de Rio de Janeiro; à l'est, par l'Océan; au midi, par les provinces de Rio Grande de S. Pedro do Sul et de Sainte-Catherine; à l'ouest, par Matogrosso et une portion des anciennes colonies espagnoles (1), ou, pour mieux dire, de ce côté, elle se confond avec des déserts.

Plus heureusement située que les provinces centrales de Minas Geraes et Matogrosso, S. Paul possède une vaste étendue de côtes, et, quoiqu'en général ses ports n'admettent pas de grands bâtiments, elle peut cependant entretenir des relations directes avec l'Europe et exporter facilement l'excédant de ses produits.

Le port de *Santos*, qui forme, en quelque sorte, une dépendance de la ville de S. Paul, est le seul de la province qui reçoive des bâtiments de guerre; les bricks de commerce entrent à *S. Sebastião*, à *Cananea*, à *Paranaguá*; *Ubatuba, Itanhaem, Iguapé, Guaratuba* ne sont que des ports de cabotage (2).

La Cordilière, qui, comme je l'ai dit ailleurs (3), se pro-

---

sée de 1842, l'on fit d'une partie de la province de S. Paul à celle de Rio de Janeiro; mais cette réunion ne fut que momentanée, et n'a, en définitive, rien changé aux limites des deux provinces (v. les discours prononcés à l'ouverture des assemblées législatives provinciales de S. Paul de 1843 à 1847).

(1) J'ai déjà dit (*Voyage aux sources du Rio de S. Francisco et dans la province de Goyaz*, II) que, sur la route de Goyaz, le Rio Grande forme la limite septentrionale de S. Paul; je ferai connaître, d'une manière également précise, plusieurs de ses autres limites, à mesure que j'avancerai dans ma relation.

(2) Eschw., *Bras.*, I; — Piz., *Mem., hist.*, VIII, 304; — *Ensaio*, 10.

(3) Voir mon *Voyage dans les provinces de Rio de Janeiro et de Minas Geraes*, vol. I.

longe à peu de distance de l'Océan dans une grande partie du Brésil (*Serra do Mar*) (1), divise la province de S. Paul en deux parties fort inégales, le littoral (*a Beiramar*) et le plateau (*Serra a cima*). Cette dernière expression suffirait presque pour indiquer que, à l'ouest de la Cordilière maritime, on ne retrouve point le même niveau qu'au bord de la mer ; après avoir franchi la chaîne, on arrive, en effet, à cet immense plateau qui forme une si grande partie du Brésil, et dont la hauteur moyenne est, suivant Eschwege, de 761^m,72 (2,500 pieds anglais) (2) ; par conséquent, on n'a jamais à monter autant du côté de l'occident que du côté opposé. Il est même évident qu'au-dessus de la ville de Santos la Serra n'est que la pente très-accidentée et très-abrupte du plateau, puisque, arrivé au point culminant, on ne trouve plus, dans un espace de 7 à 8 *legoas*, jusqu'à S. Paul, qu'une plaine ondulée dont la pente est à peine sensible (3).

J'ai dit ailleurs (4) que, lorsqu'on se rend de Rio de Janeiro à Minas Geraes, et qu'après avoir traversé la Serra do Mar on se dirige à peu près vers le nord-nord-ouest, on rencontre une seconde chaîne qui va se perdre dans le nord du Brésil. Cette chaîne (Serra do Espinhaço, Eschw.), d'où s'élèvent quelques pics remarquables par leur hauteur et

---

(1) Ce nom de *Serra do Mar* est celui que l'on donne le plus généralement à la Cordilière maritime. Dans la province de S. Paul, on l'appelle aussi *Serra de Cubatão;* mais ces mots s'appliquent plus spécialement à la partie de la chaîne qui se trouve entre Santos et S. Paul. L'ancien nom emprunté aux Indiens, *Serra da Paranapiaçaba*, n'est pas non plus tout à fait hors d'usage.

(2) *Brasilien*, II, 165.

(3) Varnh. in Eschw., *Journ.*, II, 224.

(4) *Voyage dans les provinces de Rio de Janeiro, etc.*, I, 68.

par la végétation variée qui les couvre, paraît commencer dans la province de S. Paul, avec la montagne de *Jaraguá*, voisine de la capitale de la province (1). Avant de prendre la direction presque septentrionale qu'elle suit à Minas, elle en a d'abord une beaucoup plus orientale, et la conserve tant qu'elle appartient à la province de S. Paul (2). Entièrement comprise, à son origine, dans cette dernière province, elle la sépare bientôt de celle de Minas Geraes, sous le nom de *Serra da Mantiqueira*, qu'elle conserve dans une portion notable de son étendue. L'espace compris dans la province de Minas Geraes et celles de Rio de Janeiro et d'Espirito Santo entre la Cordilière maritime et la Serra da Mantiqueira n'a pas moins de 3 à 4 degrés ; il présente un réseau de montagnes et de vallées profondes, et est couvert, sans interruption, de sombres bois vierges ; dans la province de S. Paul, la Serra da Mantiqueira se rapproche bien davantage de l'Océan. Ici l'intervalle qui sépare les deux chaînes n'est plus qu'une sorte de bassin étroit qui souvent n'a pas 1 degré ou même 1/2 degré de largeur, qui, vers la limite de Rio de Janeiro, est encore, il est vrai, montagneux et uniquement boisé (3), mais qui, au delà de Taubaté, devient généralement très-égal ou simplement ondulé, et offre une agréable alternative de forêts et de pâturages. De ce que les deux chaînes sont fort rapprochées, il n'en faut pourtant pas con-

(1) *Ensaio d'um quadro, etc.*, 10 ; — Kidd., *Skett.*, 238.

(2) *Voyage aux sources du Rio de S. Francisco et dans la province de Goyaz*, I, 56.

(3) Je n'ai pas besoin de dire que je comprends ici les terres aujourd'hui en culture ou qui jadis furent cultivées ; si l'on n'y voit plus de bois, elles en furent couvertes il y a bien peu de temps encore.

clure qu'à son extrémité la Serra da Mantiqueira forme un angle aigu avec la chaîne maritime et se confond avec elle. J'ai parcouru la province de S. Paul dans toute sa longueur, depuis la limite de Rio de Janeiro jusqu'à celle de Sainte-Catherine, et je me suis convaincu que si, en certains endroits, des contre-forts existent entre les deux chaînes, celles-ci ne partent pas d'un nœud commun. Lorsque, pour se rendre à la ville de S. Paul, on s'éloigne du Morro de Jaraguá, qui en est distant d'environ 3 *legoas*, et que l'on considère, ainsi que je l'ai dit, comme l'extrémité de la Serra da Mantiqueira, on voit le sol s'aplanir par degrés et finir par n'être plus qu'une vaste plaine ondulée bornée par les montagnes qui se rattachent à celles de Jaraguá; au-dessous de S. Paul, est un changement de niveau de 50 à 100 pieds (1); puis jusqu'à la descente de la Serra do Mar, sur le chemin de Santos, s'étend une autre plaine ondulée de quelques lieues.

La province de S. Paul est au moins aussi bien arrosée que celle de Minas Geraes et le midi de Goyaz. On n'y trouve pas, à la vérité, un cours d'eau qui, dès ce moment, soit navigable, sans interruption, dans une aussi grande étendue que l'Araguaya, le Tocantins ou le S. Francisco; mais, située sur le bord de la mer, elle a moins besoin que les provinces centrales d'une navigation intérieure; et, avec le temps, plusieurs de ses rivières, dégagées des obstacles qui aujourd'hui les embarrassent, ou accompagnées, dans les endroits difficiles, d'un canal latéral, deviendront d'utiles moyens de communication entre les colons plus nombreux.

(1) Fried. Varnh. in Eschw., *Journ.*, II, 246.

Une foule de rivières les conduiront au Paranná, qui répandra dans le Paraguay et dans l'Entre Rios les produits des parties tropicales de la province, tandis que le Parahyba portera, au nord, jusqu'aux Campos dos Goitacazes, les productions européennes et caucasiques des *Campos Geraes* et de *Curitiba*. Il y a même très-longtemps que les Paulistes ont profité du Tieté pour commencer cette navigation gigantesque et périlleuse qui les conduisait à Cuyabá, et, si, lors de mon voyage, le commerce avait abandonné la voie des fleuves par les raisons que je dirai plus tard, le gouvernement s'en servait encore quelquefois pour faire parvenir à Matogrosso des troupes et des munitions de guerre. C'est, comme le Tieté, dans le Paranná que se jettent médiatement ou immédiatement les rivières qui, au sud de la latitude où commence la Serra da Mantiqueira, naissent du versant occidental de la Serra do Mar, et parmi elles il y en a de fort importantes. Celles qui descendent du versant oriental ne peuvent avoir qu'un cours de très-peu d'étendue; mais elles sont très-utiles aux propriétaires riverains pour le transport de leurs denrées aux ports les plus voisins. Les eaux qui, dans le bassin compris entre la Sérra da Mantiqueira et la Serra do Mar, s'échappent des deux versants opposés se rendent, au midi, dans le Tieté, au nord dans le Parahyba, fleuves qui, après avoir coulé tous les deux du côté de l'ouest, s'éloignent l'un de l'autre en se dirigeant, le premier vers le nord-ouest, et le second vers le nord-est.

Peut-être est-il permis de dire, d'une manière très-générale, que le climat de la province de S. Paul convient mieux à notre espèce que celui de la plupart des autres parties du Brésil; mais il est facile de concevoir que la même température ne saurait régner dans une contrée qui, à la fois intra et extratropicale, comprend 8 degrés de latitude, et dont une partie s'étend au niveau de la mer, tandis que l'autre s'élève pour former un plateau plus ou moins inégal. Sous le rapport du climat comme sous d'autres rapports, la province de S. Paul se trouve naturellement divisée en deux régions par la chaîne maritime. L'une, qui embrasse tout le littoral, est beaucoup plus chaude que l'autre et beaucoup moins saine; celle-ci, formée par le plateau, est plus tempérée et plus salubre. Dans la première la température ne varie pas excessivement du nord au sud; sur le plateau, au contraire, elle présente les différences les plus sensibles, et, si nous cherchons à apprécier celle des diverses parties de la province par l'examen de leur végétation, nous trouverons que, sous le rapport des produits du sol, particulièrement des produits cultivés, l'extrémité sud du littoral ne correspond, sur le plateau, qu'aux districts les plus septentrionaux.

Au delà des monts qui forment la chaîne maritime, les différences de température dans les différents mois de l'année sont beaucoup plus sensibles que sous des parallèles moins éloignés de la ligne équinoxiale; mais sur les bords de la mer la même inégalité n'existe pas, ce qui, au reste, ne fait que confirmer une règle générale bien connue des météorologistes.

Comme à Minas et à Goyaz on distingue, sur le plateau de S. Paul, deux saisons : celle des pluies, qui, suivant les cantons et peut-être les années, commence en octobre ou en novembre; celle de la sécheresse, qui commence en mars ou en avril. Le même partage n'est point aussi marqué sur le littoral (1). Il y pleut à peu près dans tous les temps, et l'on assure même qu'à Santos il tombe de très-fortes pluies pendant une très-grande partie de l'année, ce que Mawe et d'Eschwege attribuent à la position de cette ville construite, disent-ils, au milieu des hautes montagnes (2).

Le paragraphe suivant, où je traite de la végétation de la province de S. Paul, achèvera peut-être de faire comprendre ce que je viens de dire de la température de cette province.

§ III. — Végétation.

Des forêts continues couvrent la partie de la province la plus voisine de Rio de Janeiro, tout le littoral ainsi que la Serra do Mar, et s'avancent plus ou moins sur le plateau. La Serra da Mantiqueira est également couverte de forêts

---

(1) Voici comment s'exprimait, à ce sujet, le vénérable P. Anchieta en 1560 : In hac parte Brasiliæ quæ S. Vincentius dicitur... nec veri certum tempus, nec hyemi potest assignari; perpetuâ quâdam temperie conficit sol cursus suos, ita nec frigore horret hyems, nec calore infestatur æstas; nullo tempore anni cessant imbres, adeo ut quarto, tertio, aut secundo etiam quoque die alternis vicibus sibi pluvia solque succedant... Paratiningæ autem et aliis quæ ipsam versus occasum subsequantur locis ita a naturâ comparatum est, ut si quando ardentiore calore (cujus maxima a novembri ad martium vis est) dies æstuaverint, pluviæ infusione capiat refrigerium, quod et hic usu venit.... Hyeme vero (exacto autumno qui a martio incipiens mediâ quâdam temperie conficitur) suspenduntur pluviæ, frigoris autem vis horrescit, maximâ junio, julio et augusto; quo tempore et sparsas per campos pruinas omnem fere arborem et herbam perurentes sæpe vidimus (*Epistol.* in *notic. ultramar.*, I, 133, 137).

(2) *Travels*, 60. — *Journ. v. Bras.*, 76.

qui, avec les premières, ne forment qu'un vaste ensemble. Quant au plateau lui-même, il présente une alternative de grands bois et de riches pâturages.

La province de Minas Geraes, qui, entièrement située entre les tropiques, ne connaît pas d'hiver, et qui est traversée par la chaîne de montagnes la plus élevée de tout le Brésil, doit naturellement posséder une Flore beaucoup plus riche que celle de S. Paul, et je suis persuadé que, terme moyen, on trouverait une différence énorme entre le nombre d'espèces croissant sur 1 lieue carrée dans la première de ces deux provinces et celui que l'on compterait à S. Paul sur un terrain d'une étendue semblable. Cependant, si nous nous bornons à comparer les deux pays sous le rapport des différentes formes qui, suivant les cantons, caractérisent l'ensemble de la végétation, nous trouverons que la province de S. Paul n'offre pas moins de diversité que celle de Minas. On chercherait vainement à S. Paul ces forêts naines de 3 ou 4 pieds, où domine le *Mimosa dumetorum*, Aug. S. Hil., et qu'on appelle *carrascos* (1); on y chercherait vainement ces *catingas* qui, sous les feux des tropiques, présentent, en juin et juillet, l'image de nos forêts dépouillées de feuillage (2); mais, d'un autre côté, Minas ne connaît pas la végétation maritime, et les *Araucaria* (*pinheiros*) dispersés dans quelques bois de la *comarca* de S. João d'El Rei ne sauraient donner qu'une

---

(1) Du côté de Castro, ville qui appartient aux Campos Geraes, les broussailles qui croissent dans de très-mauvais terrains et dans les pâturages trop souvent broutés par le bétail ont assez l'aspect des *carrascos*, mais elles n'en ont que l'aspect.

(2) Voir mon *Voyage dans les provinces de Rio de Janeiro et de Minas Geraes*, II, 2, 98 et suiv.

idée bien imparfaite des immenses forêts formées, dans les Campos Geraes, par cet arbre majestueux.

Parcourant rapidement la province de S. Paul du nord au midi, je vais tâcher de donner une idée des diverses formes végétales qui s'y succèdent.

Depuis la frontière de Rio de Janeiro jusqu'au chemin de Minas Geraes par *Santa Maria de Baependi*, nous avons, avec un pays montagneux, des bois vierges qui rappellent exactement ceux des environs de la capitale du Brésil; les arbres y ont la même vigueur, les palmiers et les *Cecropia* y croissent avec une égale abondance, la verdure des végétaux offre des teintes aussi foncées. Au delà du village de *Cachoeira*, dans les alentours de *Lorena* et de *Guaratinguetá*, environ par les 22° 46' latitude sud, le terrain, marécageux et généralement mêlé d'un peu de sable, n'offre presque partout qu'une végétation assez maigre, mais qui pourtant appartient encore, jusque dans les moindres détails, à la Flore de Rio de Janeiro; ici, comme au milieu des marais de la paroisse de S. Antonio da Jacutinga, on ne voit que des arbres et des arbrisseaux peu feuillés, à tige grêle, à rameaux presque dressés et assez courts. A environ 1 lieue de Guaratinguetá, la végétation des marais disparaît entièrement; mais il nous est difficile de déterminer si celle que nous avons sous les yeux est partout le résultat des travaux destructeurs de l'homme, ou si, dans quelques parties, elle a toujours été telle que nous la voyons aujourd'hui; nulle part nous ne découvrons de véritables forêts vierges; souvent les arbrisseaux et les arbres sont épars au milieu du gazon, quelquefois ils sont plus rapprochés; dans des espaces considérables, ils forment un épais fourré entremêlé de Mimosées épineuses, et, lorsque le chemin traverse ces bois, on le dirait bordé de haies charmantes semblables à celles qui entourent les jardins des environs de Rio de Janeiro.

C'est *Pindamonhongaba*, par les 22° 55' latitude sud, qui forme la limite de la Flore de cette capitale. Plus loin, la campagne offre une merveilleuse alternative de bois, les uns très-vigoureux, les autres plus ou moins maigres, de pâturages secs ou humides, de marais complétement découverts, et d'autres où s'élèvent des arbres et des arbrisseaux à tiges grêles. Le pays situé entre Pindamonhongaba et S. Paul est un de ceux où l'on observe le plus de variété dans la végétation ; j'y trouvai des plantes que je n'avais encore vues nulle part, et cependant alors il y avait près de six ans que je parcourais le Brésil, herborisant en tout lieu avec un zèle infatigable.

Si, venant de Villa Boa, nous nous rendons du Rio Grande, limite de la province de S. Paul, à la ville du même nom, nous verrons la végétation tropicale des *campos* de Goyaz et du S. Francisco s'altérer par degrés. En deçà de la frontière, environ par les 22° latitude sud, l'élégant *bority* (*Mauritia vinifera*) cessera de s'élever majestueusement au milieu des marais ; ceux-ci n'offriront plus au botaniste que d'humbles herbes rampant sur ce terrain spongieux. Pendant longtemps nous traversons encore des *campos* parsemés d'arbres tortueux et rabougris appartenant, à de légères différences près, aux espèces que nous observons depuis les 14° ou les 15°. Peu à peu, cependant, d'autres pâturages, simplement composés d'herbe et de sous-arbrisseaux, se mêlent aux premiers, qui deviennent de plus en plus rares ; à mesure que nous avançons vers le sud, les mêmes espèces se répètent plus souvent, et par conséquent nous trouvons moins de variété dans la végétation ; le *capim frecha* se mêle aux autres Graminées, comme dans les campagnes élevées de S. João d'El Rei, et fournit également ici un fourrage précieux pour le bétail.

Vers la ville de Mogimirim, par les 22° 20′ latitude australe, les bouquets de bois, disséminés dans les pâturages, prennent une étendue qu'ils n'ont eue nulle part depuis Santa Cruz de Goyaz, et dans les défrichements faits jadis au milieu de ces bois nous retrouvons cette grande fougère (*Pteris caudata*, ex Mart.) qui, à l'orient de Minas, succède aux forêts vierges, mais que nous n'avions point aperçue dans celles de Goyaz. Ces bouquets de bois si multipliés et dans une étendue si considérable, qui caractérisent les environs de Mogi, ne sont que les précurseurs d'un changement total dans la végétation ; à 4 *legoas* environ de cette petite ville les *campos* disparaissent entièrement, et nous entrons dans une immense forêt. On sait qu'à Minas la *région des campos* a pour limite le pays des montagnes, et que celle *des forêts* lui succède lorsque le terrain cesse d'être égal ou ondulé (1) ; il n'en est pas de même ici : quand les grands bois commencent, le pays est aussi plat qu'auparavant, et ce n'est qu'après avoir fait une douzaine de lieues que nous trouvons de petites montagnes, celles de Jundiahy, par les 23° 2′ de latitude sud. A environ 6 ou 7 lieues de S. Paul, nous ne voyons plus que la grande fougère, dont les anciennes feuilles, complétement desséchées et plus nombreuses que les nouvelles,

---

(1) Voir mon *Tableau de la végétation primitive dans la province de Minas Geraes*, imprimé dans les *Annales des sciences naturelles* de septembre 1831 et dans les *Annales des voyages*.

donnent à la campagne un aspect triste et grisâtre. Ce canton était jadis entièrement boisé; il y a déjà près de trois siècles qu'il a commencé à être habité par des hommes de notre race; il ne faut pas s'étonner que les arbres y aient été détruits. Nous approchons de S. Paul; le pays devient moins inégal; il finit par n'être plus qu'une vaste plaine ondulée, et alors la campagne nous offre, au milieu d'une pelouse presque rase, des bouquets de bois nombreux, fort peu élevés, très-rapprochés les uns des autres, mais d'une faible étendue, sorte de marqueterie de deux nuances de vert fort différentes : celui du gazon, tendre et ami de l'œil; celui des bois, d'une teinte très-foncée. Nous nous demandons si ces bouquets de bois ne sont pas les restes de la forêt que nous avons vue commencer près de Mogimirim, et si le pays ne fut pas jadis boisé jusqu'à S. Paul. La nature de la végétation tendrait à l'indiquer ; mais la disposition des terrains et tous les documents historiques militent contre cette opinion. Sans les lumières que ceux-ci nous fournissent, nous serions dans l'incertitude où l'on se trouve en Europe relativement à l'état originaire de la plupart des campagnes, et par conséquent je n'ai pas été inutile à la science en faisant connaître la topographie botanique des divers pays que j'ai visités, et dont la végétation primitive n'a point encore disparu. On saura ce qu'étaient ces belles campagnes avant de n'offrir que les champs de maïs, de manioc ou de cannes à sucre qui les couvriront un jour ; et peut-être alors quelque ami de la nature regrettera-t-il les fleurs brillantes des *campos*, la majesté des forêts vierges, les lianes qui s'étendent en festons élégants d'un arbre à un autre arbre, et la voix imposante du désert.

La ville de S. Paul est située, par les 23° 33′ 10″, à 2,462 pieds anglais (753^m,19) au-dessus du niveau de la mer (1); c'est dire assez que son climat convient parfaitement aux plantes européennes et caucasiques, et que sa Flore ne saurait être celle du Pará, de Bahia ou de Pernambouc, ni même de Minas Novas ou des déserts voisins de Contendas et de Salgado (2). Le groupe des Chicoracées, à peu près étranger aux provinces septentrionales du Brésil (3), trouve deux représentants dans les pâturages humides de S. Paul : la plupart des espèces que j'ai recueillies aux environs de cette ville se rapportent à des familles qui appartiennent également à la France; il en est même qui se rapportent à des genres de notre Flore, telles que le *Viola gracillima*, Aug. de S. Hil., un *Juncus*, le *Villarsia communis*, l'*Anagallis tenella*, var. *filiformis*, Aug. de S. Hil. et Gir., l'*Utricularia oligosperma*, Aug. de S. Hil., qu'on prendrait, au premier coup d'œil, pour l'Utriculaire commune (*Utricularia vulgaris*, L.). Des plantes européennes transportées, sans doute, avec des semences de légumes se sont naturalisées dans ce canton. Le *Polycarpon tetraphyllum*, L., croît sur les murs; l'*Antirrhinum Orontium*, L., et le *Silene gallica*, L., formaient deux des mauvaises herbes d'un jardin que j'ai visité, et j'ai trouvé, dans la ville même

---

(1) Eschw. *Brasilien die neue Welt*, II, 80. — D'après les observations du capitaine King (in Pedro Müller, *Ensaio d'um Quadro estatistico*, 7), le point le plus élevé de la ville de S. Paul correspondrait au sommet de la Serra do Mar sur la route de Santos, ce qui ferait 375 *braças* ou 825 mètres.

(2) Voir mon *Voyage dans les provinces de Rio de Janeiro et de Minas Geraes*, II.

(3) J'ai trouvé une seule Chicoracée dans toute la partie de la province de Goyaz où j'ai herborisé.

de S. Paul, le *Marrubium vulgare*, L., et le *Conium maculatum*, L. Toutes les plantes d'ornement qui embellissaient nos anciens parterres se cultivent avec succès aux alentours de cette ville.; à la fin de novembre y fleurissent les œillets, qui sont ici la plante favorite, les boutons d'or, les pavots, les pois odorants, les scabieuses, les soucis, les œillets d'Inde, etc. (1). Les fraises, aussi agréables au goût que celles de France et d'Allemagne, abondent, à la même époque, dans tous les jardins. Les pêchers fleurissent, m'a-t-on dit, vers la fin du mois d'août ; alors ils viennent de perdre leurs feuilles ; mais bientôt ils en reprennent de nouvelles. Sans parler des orangers, des citronniers, des figuiers, des grenadiers, tous les ans les pruniers, les abricotiers, les cognassiers, les noyers, les châtaigniers donnent, avec plus ou moins d'abondance, des fruits, les uns bons, les autres médiocres, qui se mangent en février ou au commencement de mars. A la fin de novembre 1819, les pommiers et les mûriers étaient encore en fleur. Mais, si le climat tempéré de S. Paul favorise la culture de ces différents arbres, il n'est pas aussi favorable à la vigne que certaines contrées tropicales; car, tandis qu'à Sabará, à Meiaponte, à Paracatú, etc., elle donne des raisins deux fois dans l'année, et produirait peut-être plus souvent encore si l'on multipliait les tailles (2), ici elle ne rapporte qu'une fois, et elle reste dépouillée de son feuillage pendant tout le temps des froids. La floraison commence, m'a-t-on assuré, vers la fin d'octobre, et les fruits sont

---

(1) *Dianthus caryophyllus*, L., *Ranunculus acris*, L., *Papaver orientale*, *Lathyrus odoratus*, L., *Scabiosa atropurpurea*, L., *Calendula officinalis*, L., *Tagetes patula*, L., etc.

(2) Voir les trois *Relations* que j'ai déjà publiées.

mûrs en janvier et en février. De tous nos arbres fruitiers le pêcher est celui qui réussit le mieux, et est le plus commun non-seulement dans les environs de S. Paul, mais encore dans tout le Brésil extratropical. Le poirier, au contraire, rapporte moins et plus difficilement ici et même à la Plata que la plupart des autres arbres de nos contrées, et l'on m'a assuré que, pour donner des fruits, il fallait qu'il fût plus vieux à S. Paul qu'en Europe; les cerisiers ne sont pas fort multipliés et ne donnent pas non plus de bons fruits. On ne doit point, au reste, s'étonner de la différence que je signale ici : en s'avançant vers le nord de l'Europe on voit des poiriers et des cerisiers chargés de fruits bien longtemps après qu'ont disparu les abricots, les pêches, et surtout les figues et les grenades.

Après avoir quitté S. Paul, nous nous dirigeons, sur le plateau, vers la frontière méridionale de la province; mais d'abord nous nous détournons un peu vers le nord-ouest pour visiter les villes d'Hytú et de Porto Felis.

Dans un espace d'environ 12 *legoas*, le pays est presque semblable à celui que nous avons traversé immédiatement avant d'arriver à S. Paul en venant de Goyaz; il est encore agréablement coupé de pâturages et de bouquets de bois peu élevés, où dominent des Myrtées, la Térébinthacée appelée *Aroeira* (*Schinus*), le *Baccaris* si commun, qu'on nomme *Romarin des champs* (*alecrim do campo*), etc. Des espaces assez considérables sont couverts de *barba de bode* (barbe-de-bouc, *Chætaria pallens*, var. γ, Nees), graminée qui croît en société et qu'on trouve en plusieurs endroits élevés de la partie méridionale de Minas Geraes.

A environ 12 *legoas* de la ville d'Hytú, le terrain devient très-montagneux, et la végétation change entièrement d'aspect; une grande forêt succède aux petits bouquets de bois entremêlés de pâturages.

Comme nous marchons un peu vers le nord pour nous rendre à Porto Felis, et surtout que nous descendons toujours, puisque nous suivons le cours du Tieté, nous devons naturellement entrer dans un pays beaucoup plus chaud que la ville de S. Paul ; aussi, à 3 *legoas* d'Hytú, environ par les 23° 27', retrouvons-nous un *campo* où, au milieu des herbes et des sous-arbrisseaux, s'élèvent, assez près les uns des autres, des arbres rabougris, à écorce subéreuse, aux feuilles dures et cassantes. Ici nous revoyons encore les espèces que nous n'avons cessé d'observer, depuis les 14° et les 15°, dans des localités semblables, telles qu'une Guttifère et une Légumineuse amies des températures très-élevées; le *peque*, dont on mange les fruits (*Caryocar Brasiliensis*, Aug. de S. Hil., Juss. Camb.); des *Qualea* et même le *boralé* (*Brosimum*), habitant des déserts septentrionaux de Minas Geraes (1).

De semblables *campos* (*taboleiros cobertos*) existent aussi auprès de Sorocabá, ville située à peu près par les 23° 20', à environ 5 *legoas* 1/2 de Porto Felis. Ici est la limite de ce genre singulier de végétation qui appartient essentiellement aux contrées septentrionales. Les pâturages naturels que nous traverserons jusqu'aux limites de la province de S. Paul, et plus loin dans celles de Rio Grande, dans les missions de l'Uruguay, enfin les campa-

(1) Par une exception fort remarquable, nous retrouverons un *campo* du même genre fort loin vers le sud, près du lieu appelé Cachambú.

gnes de Montevideo et de Buenos-Ayres, sont simplement herbeux.

Il ne faut pourtant pas croire que nous ne trouvions absolument aucun intermédiaire entre les *campos* parsemés d'arbres rabougris et tortueux et les pâturages proprement dits ; il est rare que la nature procède sans transition. A quelque distance de Sorocába, un petit palmier à feuilles sessiles croît en abondance entre les touffes de Graminées, et dans quelques endroits s'élèvent de petits arbres, parmi lesquels on reconnaît beaucoup de Myrsinées.

A quelques lieues de Sorocába, nous retrouvons aussi dans des lieux marécageux un genre de végétation que nous avons souvent observé à Minas et à Goyaz (1). Des bouquets de bois, qui occupent toujours la partie la plus basse de ces marécages, forment ordinairement une lisière allongée, et offrent un épais fourré d'arbrisseaux et d'arbres à tiges grêles et élancées, souvent rameuses dès la base. D'ailleurs, ici comme à Minas, les marécages ne m'ont point paru offrir une variété de plantes aussi grande qu'en Europe.

Les pâturages herbeux que nous traversons au delà des environs de Sorocába sont entremêlés de bouquets de bois d'une étendue plus ou moins considérable. Les premiers, excellents pour le bétail, se composent principalement de Graminées, et non-seulement il n'y croît point d'arbres, mais encore on y voit peu de sous-arbrisseaux. Parmi les bois, il en est qui offrent une végétation très-vigoureuse ;

---

(1) Voir mon *Voyage dans les provinces de Rio de Janeiro et de Minas Geraes*, et mon *Voyage aux sources du Rio de S. Francisco et dans la province de Goyaz*.

I. 7

mais nulle part nous ne retrouvons l'imposante majesté des forêts primitives de Rio de Janeiro. Un naturaliste sédentaire pourra seul faire connaître avec détails les arbres de ces bois, et nous dire à quels genres et à quelles espèces il faut les rapporter tous : il est plus facile d'étudier les plantes des *campos*. Parmi celles-ci, nous en trouvons beaucoup qu'on ne voit point au nord du tropique ; mais il y en a beaucoup aussi qui croissent également à Minas, à Goyaz et dans les parties septentrionales de la province de S. Paul.

Pour nous faire une idée plus précise de la végétation du pays dont je viens de parler, nous prendrons cent trente-deux espèces de plantes recueillies, en janvier, dans un espace de 32 ou 34 *legoas* des environs de Sorocába, par les 23° 20′ à peu près jusqu'au Rio Tareré ou Itareré par les 24° approximativement, et nous les comparerons avec un égal nombre d'espèces récoltées, de la fin de juin au commencement d'août, entre Meiaponte, la cité de Goyaz, l'aldea de S. José et le Rio Claro, contrée qui n'est certainement pas moins élevée que la partie de S. Paul qui nous occupe, puisqu'elle avoisine le grand diviseur des eaux du nord du Brésil de celles du sud (Serra do Corimbá et do Tocantins). Les cent trente-deux espèces de S. Paul se répartissent entre quarante familles, celles de Goyaz entre quarante-six. Parmi les premières il n'y a que sept groupes qui n'appartiennent pas à la Flore de la France ; parmi les secondes, il y en a quinze. Les Mélastomées et les Malpighiées, si communes sous les tropiques, deviennent rares entre Sorocába et le Tareré, et d'un autre côté, au lieu de quatorze Papilionacées que nous avons dans cette dernière contrée, nous n'en trouvons que six dans les cent trente-deux plantes de Goyaz. Pour trois Labiées que nous avons à S. Paul, nous en comptons neuf à Goyaz ; mais toutes appartiennent à la tribu des Hyptidées, étrangère à l'Europe. Deux groupes à peine représentés en Europe, les Acanthées et les Myrtées, comprennent plus d'espèces à Goyaz qu'à S. Paul. Dans les deux pays la famille des Composées est celle qui offre le plus d'espèces ; après elle viennent, à Goyaz, les Myrtées, les Labiées, les Acanthées, les Mélastomées ; à S. Paul, les Papilionacées, presque aussi nombreuses que les Composées elles-mêmes. Je n'ai pas besoin de dire que d'autres saisons nous offriraient des différences plus ou moins sensibles ; une Flore complète des deux pays pourrait seule nous donner les moyens d'établir une comparaison parfaitement exacte ; nous sommes loin de la posséder ; il faut bien nous contenter aujourd'hui d'une statistique approximative.

Une famille essentiellement européenne, absolument étrangère à Goyaz, celle des Conifères, trouve dans la partie de la province de S. Paul qui nous occupe un noble représentant, le majestueux *Araucaria Brasiliensis*, le plus utile et le plus beau de tous les arbres du Brésil extratropical. C'est à environ 9 *legoas* en deçà du Tareré que nous commençons à l'apercevoir ; ainsi nous pouvons considérer les 23° 39' ou 40' comme étant, sur le plateau de S. Paul, sa limite septentrionale. On le trouve, dans la partie la plus méridionale de la province de Minas Geraes, entre les 21° 10' et 21° 55', mais c'est à une hauteur de 1,066^m,450 (1), tandis qu'il nous est difficile d'estimer la hauteur moyenne du pays qui s'étend directement de S.

---

(1) Voir mon *Voyage aux sources du Rio de S. Francisco, etc.*, I, 84.

Paul à Curitiba à plus de 4 à 600 mètres (1) ; c'est ainsi qu'une élévation plus considérable compense un plus grand éloignement de la ligne équinoxiale.

Au delà du Tareré, la campagne change entièrement d'aspect ; nous entrons dans les *Campos Geraes*, le pays le plus beau et le plus intéressant peut-être de tout le Brésil méridional. Les *Campos Geraes*, qui commencent à peu près par les 25° 40', finissent approximativement par les 25°, à environ 8 à 10 *legoas* de Curitiba. Montueux et très-boisés aux deux points externes, ils présentent, en général, un terrain plat et ondulé où, aussi loin que la vue peut s'étendre, on découvre d'immenses pâturages dont le vert tendre contraste d'une manière charmante avec les teintes sombres des petits bouquets de bois qui s'élèvent dans les enfoncements : tantôt le seul *Araucaria* forme ces bouquets de bois ; tantôt il y est mêlé avec d'autres arbres d'un vert généralement aussi obscur que son propre feuillage. Tandis qu'en Europe il ne croît presque aucune plante dans les bois de pins, ici une foule d'arbrisseaux, de sous-arbrisseaux, de plantes herbacées naissent entre les *Araucaria*, et contrastent de diverses manières avec la roideur de ces grands arbres et leurs teintes rembrunies.

Ce sont les Graminées qui forment l'ensemble des pâturages naturels. Les autres plantes qui croissent au milieu d'elles ne sauraient être les mêmes partout ; les plus ordinaires sont principalement des *Vernonia*, des Mimosées, un *Convolvulus*, la Composée appelée vulgairement *Char-*

(1) La ville de S. Paul, probablement beaucoup plus élevée que tout le pays compris entre elle et Curitiba, est, comme je l'ai dit plus haut, à 753 mètres au-dessus du niveau de la mer ; Curitiba, à 402^m,60 (183 *braças*) (King. in P. Müller, *Ensaio*, 7).

rua, une Verbénacée, un *Cassia*, une Labiatiflore. En janvier, en février, et même au commencement de mars, la verdure des *campos* est aussi fraîche que celle de nos prairies ; mais ils ne sont pas émaillés d'un aussi grand nombre de fleurs. Cependant quelques pâturages nous offrent aussi des fleurs extrêmement nombreuses ; ce sont celles d'un *Eryngium* et d'une Composée qui s'y montrent le plus abondamment, et, tandis que le jaune et le blanc dominent dans nos prés, ici c'est le bleu céleste qui colore les campos très-fleuris.

Les botanistes trouveront une grande diversité de plantes sur les pentes marécageuses voisines d'Igreja Velha, et probablement dans toutes les localités analogues ; mais, en général, il s'en faut qu'il y ait dans les Campos Geraes un grand nombre d'espèces. Parmi celles qui y croissent il en est que l'on chercherait en vain sous les tropiques ; mais aussi on en voit beaucoup qui appartiennent à des pays situés à une grande distance, du côté du nord. On retrouve même, du côté de Cachambú, un *campo* où des arbres tortueux et rabougris sont, comme à Minas et à Goyaz, disséminés au milieu des herbes et des sous-arbrisseaux, et dans le nombre de ces plantes il y en a plusieurs qui appartiennent aux campos des provinces équinoxiales ; exception fort singulière dont il nous est impossible de donner une explication satisfaisante. On peut dire, en général, que la Flore des Campos Geraes a quelques rapports avec celle de la province limitrophe plus méridionale et moins élevée de Rio Grande de S. Pedro do Sul, mais qu'elle se rapproche davantage de celle des parties les plus septentrionales du Brésil.

Si nous comparons les espèces des Campos Geraes avec

celles que l'on trouve dans la *région des forêts*, aux alentours de la capitale des Mines, par les 20° 23' latitude sud, de Marianna par les 20° 21', et de S. Miguel de Mato Dentro, nous n'aurons pas, sans doute, à en noter beaucoup qui soient communes aux deux pays; nous observerons aussi de grandes différences dans l'ensemble des formes végétales, mais la statistique des familles d'une des deux contrées, dépouillée de tout accessoire, nous frappera par ses rapports avec celle de l'autre. Trois cent quinze espèces recueillies dans les Campos Geraes, du 29 de janvier au 9 de mars, se répartissent en soixante-sept groupes, dont dix-sept n'appartiennent nullement à la France ; sur trois cent vingt-sept espèces que nous ont fournies, du 1er janvier au 24 février, les environs de Villa Rica, de Marianna, de S. Miguel de Mato Dentro, et qui se partagent en cinquante-cinq familles, dont seize seulement sont entièrement tropicales, sur lesquelles neuf existent également dans les Campos Geraes. Parmi les cinquante familles communes à cette dernière contrée et à l'Europe, il n'y en a que quatorze que nous ne retrouvions point parmi les cinquante-cinq de Minas. Dans les Campos Geraes, les Corymbifères (Jus.) forment le groupe le plus nombreux en espèces; ils font environ le sixième du total, et après elles arrivent les Papilionacées. A Minas, ce sont les Mélastomées qui dominent; mais elles ne font que le dixième de l'ensemble des espèces ; après elles, se présentent les Fougères, puis les Graminées; les Corymbifères ne viennent qu'en quatrième ligne. Les familles qui, sans être uniquement tropicales, n'ont, en Europe, que de rares représentants offrent à peu près le même nombre d'espèces dans les deux contrées qui nous occupent. Parmi les trois cent vingt-cinq espèces de Minas, nous ne trouvons point de Paronychiées, de Chicoracées, de Caryophyllées, de Renonculacées, de Primulacées, de Polygonées, de Salicinées, d'Alismacées, de Liliacées, Juss., ni d'Asphodélées, Juss., et ces groupes ont leurs représentants dans les Campos Geraes ; la seule espèce de Valérianée que nous ayons recueillie dans le Brésil nous est fournie par cette dernière contrée. La seule Cistinée américaine (1) commence à se montrer dans le même pays et s'étend beaucoup plus loin vers le sud ; mais à toutes ces plantes, qui appartiennent à la Flore de la France, viennent s'unir dix Mimosées, cinq Cassiées, deux Guttifères (2), une Vochysiée, six Mélastomées, le *Sauvagesia erecta*, L., qu'on retrouve presque sous la ligne équinoxiale, un Turnera, deux Hippocraties, une Anonée (3), une Cunoniacée, etc. (4). Les genres qui, ayant des représentants en Europe, se retrouvent à Minas ont, pour la plupart, une place dans le catalogue des plantes des Campos Geraes, mais, de plus, nous avons ici un *Salix*, deux *Paronychia* (5), un *Clematis* (6), un *Cerastium* (7), deux *Anagallis* (8), six *Hypericum*, etc. (9).

Si, au lieu de comparer les plantes des Campos Geraes

---

(1) *Helianthemum Brasiliense*, Pers. (*Cistus Brasiliensis*, Lam.).
(2) L'une des deux est le *Clusia Criuva*, Aug. de S. Hil., Juss., Camb.
(3) *Gualteria australis*, Aug. de S. Hil.
(4) *Weinmannia hirta*, Sw.
(5) *Paronychia communis*, Aug. de S. Hil., Juss., Camb., et *Paronychia camphorosmoides*, Aug. de S. Hil., Juss., Camb.
(6) *Clematis campestris*, Aug. de S. Hil.
(7) *Cerastium Commersonianum*, Ser.
(8) *Anagallis alternifolia*, Cav., *Anagallis tenella*, var. *ascendens*, Aug. de S. Hil. et Gir.
(9) *Hypericum ternum, teretiusculum, laxiusculum, rigidum, denudatum, tenuifolium*, Aug. de S. Hil.

avec celles de la *comarca* de Villa Rica, nous avions pu les comparer avec des espèces recueillies sous une latitude à peu près semblable à celle de cette ville, mais dans un canton beaucoup moins élevé, par exemple sur les bords du Rio de S. Francisco, il est clair que nous aurions eu des différences plus sensibles. Bien moins éloignée, il est vrai, de la ligne équinoxiale que les Campos Geraes, Villa Rica, ou Ouro Preto, est située à 1,152 mètres (630 toises) au-dessus du niveau de la mer, Marianna à 729 (398 toises 1/2) (1), S. Miguel de Mato Dentro probablement à la même hauteur que Marianna, et nous ne pouvons guère, comme je l'ai dit, porter la hauteur des Campos Geraes à plus de 4 à 600 mètres. Au reste, il est à croire que, si nous avions basé notre comparaison sur des plantes récoltées en d'autres mois que janvier et février, nous serions arrivé à des résultats différents. J'ajouterai, comme je l'ai dit plus haut du pays qui précède les Campos Geraes, que de telles comparaisons ne sauraient être rigoureuses, si ce n'est dans le cas où l'on posséderait une Flore parfaitement complète des deux contrées comparées entre elles; notre travail ne doit être considéré, par conséquent, que comme une simple ébauche : on n'a point fait une route pour avoir planté quelques jalons, mais c'est l'opération par laquelle il faut nécessairement que l'on commence.

A quelque distance de la limite des Campos Geraes, le pays devient déjà plus montueux et plus boisé ; au delà de cette limite, on entre dans une sombre forêt, et cependant Curitiba, où nous arrivons bientôt, est encore situé dans une plaine découverte et riante. Dans les bois voisins de

---

(1) Eschw., *Journal von Brasilien*, I, 37.

cette ville croît en abondance le Maté (*Ilex Paraguariensis*, Aug. de S. Hil.) (1), dont les feuilles et les ramules forment un objet de commerce important. Les habitants de Curitiba se vantent de posséder aussi le quinquina du Pérou ; mais l'écorce, excessivement amère, à laquelle ils appliquent ce nom, et qu'ils emploient réellement avec succès dans les fièvres intermittentes, est celle d'un *Solanum* (*Solanum pseudoquina*, Aug. de S. Hil.) (2).

À mesure que nous nous sommes éloignés de Sorocába nous avons mis une plus grande distance entre nous et le tropique du Capricorne ; la température moyenne du pays que nous avons parcouru est nécessairement devenue de plus en plus basse, et nous avons vu s'arrêter successivement la culture des diverses productions coloniales dont les limites sont ici le résultat combiné de la nature de chaque espèce, de l'élévation du sol et de l'éloignement de l'équateur. Au delà de Sorocába, environ par les 23° 20′ latitude sud, on ne cultive plus le caféier ; Itapitininga, à peu près par les 23° 38′, forme la limite de la canne à sucre ; Itapeva, situé de 15 à 18 lieues plus au sud, celle des bananiers ; vers la Serra das Furnas, à 30 lieues environ d'Itapeva, s'arrêtent les cotonniers, qui déjà, depuis le Tareré, gèlent, chaque année, après la cueillette des semences ;

---

(1) Les botanistes, qui ne sont pas toujours fort scrupuleux sur les règles de la grammaire, le deviennent merveilleusement quand il s'agit de la régularité des noms spécifiques. Quelques-uns ont donc cru qu'il fallait changer *Paraguariensis* en *Paraguayensis* ; ils ignoraient que le mot *Paraguariensis* a été consacré depuis un très-grand nombre d'années, et que, par conséquent, *Paraguayensis* est une sorte de barbarisme.

(2) Voir mon ouvrage intitulé, *Plantes usuelles des Brésiliens*, n° XXI.

enfin à Curitiba, par les 25° 51', les oranges sont très-acides, et on ne peut plus cultiver l'ananas (1).

Mais, si les plantes de culture tropicale disparaissent des Campos Geraes et du district de Curitiba, en revanche le froment y réussit très-bien, et nos arbres fruitiers, même les cerisiers et les poiriers, y donnent des fruits avec plus ou moins d'abondance. Il est à regretter, cependant, que l'époque des plus grandes pluies coïncide avec celle du développement des fruits; car de là il résulte que, à l'exception des figues, ils arrivent rarement à une maturité parfaite. De tous les arbres fruitiers, le pêcher est le plus commun; il n'exige absolument aucun soin, et on l'emploie même pour former des clôtures; il fleurit dès le mois d'août et produit une prodigieuse quantité de fruits dont quelques-uns sont mangeables au commencement du mois de février.

Au lieu de prolonger au delà de Curitiba notre voyage sur le plateau, nous descendons la Serra do Mar, qui porte ici le nom de Serra de Paranaguá, et nous arrivons sur le littoral.

Là tout change à nos yeux : les plantes d'Europe ont disparu; nous revoyons des cotonniers, des bananiers, la canne à sucre, les caféiers, les *Cecropia*, et une foule d'espèces qui appartiennent à la Flore de Rio de Janeiro.

(1) J'ai dit ailleurs, probablement à tort, que la Serra das Furnas forme la limite des ananas (*Aperçu d'un voyage au Brésil. — Introduction à l'histoire des plantes les plus remarquables du Brésil et du Paraguay*, pl. XL); on mange des ananas dans les environs de Castro, et la Serra das Furnas se trouve à 2 lieues de cette ville. Je dois ajouter qu'en choisissant, sans doute, de bonnes expositions on a, depuis mon voyage, porté un peu davantage vers le sud les diverses limites que j'indique.

Ainsi, tandis que, sur le plateau, presque à 1 degré en deçà du tropique, cette Flore a fait place à une autre, nous la retrouvons, par les 25° 51′, sur le littoral, et elle s'étend avec des modifications non-seulement jusqu'aux frontières maritimes de la province de S. Paul, mais encore jusque dans l'île de Sainte-Catherine. Ceci achève de prouver que la végétation des côtes présente une uniformité bien plus grande que celle de l'intérieur des continents, phénomène qui, au reste, ne doit point étonner, puisque la température et les autres agents extérieurs y sont, comme l'on sait, sujets à des variations bien moins sensibles.

§ IV. — Population.

Nous avons, sur la statistique de la province de S. Paul, des documents plus précis et plus nombreux que sur celle de Goyaz ; mais, on doit le dire, ils sont bien loin de mériter une entière confiance. S'il se trouve au Brésil des hommes qui savent aligner des chiffres aussi bien qu'on le fait en France et en Allemagne, il s'en faut qu'ils aient les mêmes moyens que nous de les rendre exacts. La paresse générale dans ce pays, l'ignorance qui ne l'est guère moins, surtout en certains cantons de la province de S. Paul, l'extrême dissémination des habitants, sont autant d'obstacles qui s'opposent à ce que, dans les états de population en particulier, on obtienne autre chose que des indications très-approximatives ; mais en discutant ces approximations, en les comparant entre elles on peut espérer pourtant d'arriver à quelques résultats curieux et utiles.

D'après des pièces probablement toutes officielles, il y aurait eu dans la province de S. Paul :

En 1777, 116,975 individus
En 1805, 192,729 »
En 1812, 205,267 »
En 1813, 209,219 »   répartis en 26,150 feux.
En 1814, 211,928 »
En 1815, 215,021 »   »   35,767
En 1820, 239,290 »   »   40,726
En 1826, 258,901 »   »
En 1838, 326,902 »   »   50,968 (1).

Si nous opérons sur le dernier de ces chiffres, qui appartient à l'époque la plus rapprochée de celle où nous

---

(1) Le chiffre de 1777 et celui de 1812 sont empruntés à Southey (*Hist.*, III, 857-58); on doit ceux de 1805 et de 1826 à Nicolao Pereira de Campos Vergueiro (Piz., *Mem.*, VIII, 314); le chiffre de 1813 est le résultat d'un tableau communiqué à d'Eschwege par le comte da Barca, ministre de Jean VI, et imprimé tout à la fois dans le *Journal von Brasilien* (II, 160) et dans le *Patriota*, (3, 6). C'est à Spix et Martius qu'appartiennent les indications de 1814 et 1815 (*Reise*, I, 224); enfin à Pedro Müller, celles de 1826 et de 1838. J'aurais pu placer le nombre 200,468 entre ceux de 1805 et de 1812; mais, comme d'Eschwege a montré, par la comparaison de ce nombre avec celui de l'année 1813, que l'un ou l'autre renferme des absurdités notables, comme le dernier a une grande authenticité, enfin que 200,478 est admis pour l'année 1808 par Martius, cité par Ferdinand Denis, et pour 1811 par Southey et d'Eschwege, j'ai cru qu'il était prudent de le rejeter entièrement. Je ne dis rien non plus de la population de 1816, parce que les indications officielles données par Antonio Rodriguez Veloso de Oliveira (*Annaes flum.*, *Mappa*, 3) et par Pizarro (*Mem.*, VIII, 313) n'embrassent pas la province tout entière. Pour 1814, j'ai dû préférer le chiffre 211,928, indiqué par Spix et Martius, à celui qu'on trouve dans le *Diccionario do Brazil* (II, 608). Les états authentiques de 1813 portent la population de cette époque à 209,219, ceux de 1815 nous donnent le nombre 215,021; par conséquent, il est impossible que le chiffre 199,364 soit exact pour 1814.

écrivons, et que, d'un autre côté, nous admettions 17,000 lieues carrées, de 18 au degré, comme formant la superficie de la province de S. Paul, nous aurons, pour chaque lieue, une population spécifique de 19 $\frac{23}{100}$ individus.

On compte en France 34,230,178 habitants sur les 527,656 $\frac{10}{100}$ kilomètres (1) ou 13,848 $\frac{596}{1000}$ lieues carrées, de 18 au degré, dont la surface de ce pays se compose (2), ce qui fait 2,471 $\frac{172}{100}$ individus par chaque lieue carrée; par conséquent, la population spécifique de la province de S. Paul est à celle de la France comme 19 $\frac{23}{100}$ est à 2,471 $\frac{172}{100}$, ou, si l'on aime mieux, on compterait à S. Paul, en négligeant les fractions, 19 individus sur une surface où en France il y en aurait 2,471. On trouvera peut-être quelque chose de piquant dans cette comparaison; mais elle rapproche des objets tellement disparates, qu'elle ne saurait nous conduire à des résultats vraiment utiles : j'ajouterai même que, sous le rapport de la population, il y a une sorte d'injustice à rapprocher de notre vieille Europe un pays qui ne date que de trois siècles. Il n'en sera pas de même si, sous le même rapport, nous comparons la province de S. Paul avec celle d'une autre partie du Brésil; alors nous partons à peu près du même point, et le rapprochement fera ressortir les différences qui, ici, existent pourtant au milieu des rapports les plus sensibles.

La province de Minas Geraes, probablement la plus peuplée du Brésil, forme une sorte de parallélogramme, et est

---

(1) *Annuaire long.*, 1846, p. 168.
(2) Le quart du méridien est de 90° ou 10,000 kilomètres, ou encore de 1,620 lieues (*legoas*) de 18 au degré; donc 1 kilomètre équivaut à 0^l,1620.

située entre les 13ᵉ et 23ᵉ degrés latitude sud et entre les 328ᵉ et 336ᵉ de longitude, à partir du méridien de l'île de Fer (1). Elle comprendrait donc 10 degrés du nord au sud, et 8 de l'est à l'ouest, ou 25,920 lieues carrées, de 18 au degré, si ses contours étaient parfaitement réguliers; mais nous tiendrons compte de leur irrégularité, nous n'oublierons pas non plus que quelques-unes de ses parties sont entièrement désertes ou, du moins, à peine parcourues par quelques tribus errantes d'Indiens sauvages, et nous ne porterons sa surface qu'à 18,000 lieues (*legoas*) carrées (2). On fait monter la population de Minas à 730,000 individus pour 1838 (3); par conséquent, où à S. Paul il y a 19 individus, il s'en trouve 40 à Minas (4).

On est surpris d'abord de trouver une si grande différence entre la population de Minas et celle de S. Paul, province plus ancienne d'un siècle; mais les faits histori-

(1) Piz., *Mem. hist.*, VIII, part. 2ᵃ, 58. — Aug. de S. Hil., *Voyage Rio de Jan.*, I, 78.

(2) D'Eschwege admet ce chiffre (18,000 *quadrat meilen*) dans le *Pluto Brasiliensis* à la page 589, et un peu plus loin, à la page 596, il n'indique que 17,000 lieues. L'écrivain allemand est certainement l'homme qui a le mieux étudié la statistique de Minas Geraes; une pareille contradiction montre combien sont peu certaines les données sur lesquelles cette statistique repose. Nous descendrions à une évaluation bien plus faible encore que celle de d'Eschwege, si nous admettions le chiffre du *Diccionario do Brazil* (II, 99), car il ne s'élève qu'à 15,000 legoas carrées. La province de Minas Geraes est probablement la mieux connue de tout le Brésil; que par là on juge des autres.

(3) Mill. et Lop. de Mour., *Dicc.*, II, 99. — Kidder, dont le livre a été imprimé en 1845, fait monter la population de Minas à 760,000, mais sans indiquer à quelle année ce chiffre se rapporte.

(4) La population de Minas est évaluée, par d'Eschwege, à 28 individus pour chaque mille carré (*quadrat meile*) (*Plut. Bras.*, Worwort, III); mais cet écrivain ne dit point si, par le mot *meile*, il entend ici,

ques nous auront bientôt expliqué cette différence. Lorsqu'on sut que l'or abondait dans la première de ces provinces, des nuées d'aventuriers brésiliens et portugais couvrirent aussitôt son territoire ; ces hommes, afin de rendre leurs travaux plus prompts et plus faciles, s'entourèrent d'esclaves africains, et de nombreux métis ne tardèrent pas à augmenter ce noyau déjà très-considérable. Les Paulistes, au contraire, sortaient sans cesse de chez eux ; ils allaient chercher des richesses ailleurs, et c'est aux dépens de leur pays que se sont peuplés Matogrosso, Goyaz et même une partie de Rio Grande do Sul et de Minas Geraes.

Nous ne pouvions donner une idée plus exacte de la population relative des deux provinces qu'en prenant, dans notre comparaison, la lieue carrée (*legoa*) pour unité fixe ; mais qu'il s'agisse de l'Amérique ou de l'Europe, la base d'une comparaison de ce genre n'est réellement autre chose qu'une fiction, puisque, dans aucun royaume, dans aucune république, le nombre d'individus n'est également réparti entre les lieues carrées dont la surface du pays se compose. La population spécifique des contrées peuplées très-anciennement, de la France par exemple, s'écarte bien moins de la vérité que celle des pays nouveaux, où notre espèce n'a pas encore été forcée, par un accroisse-

---

comme Spix et Martius, la *legoa* de 18 au degré, ou s'il veut indiquer le mille allemand ou bien encore le mille géographique. J'ai eu un tort du même genre, lorsque, négligeant d'indiquer sur quels chiffres j'avais opéré, j'ai porté à 10 individus la population spécifique de Minas pour 1817 à 1818 (*Voyage Rio de Jan.*, I, 80). La différence de 10 à 40 étonnera moins quand on saura que non-seulement je prenais pour base le nombre 500,000, mais encore que j'admettais une superficie de 50,000 lieues carrées, de 25 au degré.

sement très-considérable, de se répandre partout; et cependant, si on descend à des détails, on trouvera qu'elle diffère aussi chez nous, dans les divers départements, dans les divers cantons, suivant la division plus ou moins grande du territoire et le degré de fertilité du sol. Au Brésil, les différences, bien plus sensibles, de la population spécifique dans une même province tiennent à des causes purement locales et se modifieront, avec le temps, d'une manière notable. A Minas, on cherchait de l'or; la population a dû naturellement s'agglomérer là où on en trouvait. Le désert (Sertão), c'est la partie qui n'est point aurifère. A Saint-Paul, au contraire, il n'y avait point d'or ou il y en avait fort peu; les premiers colons y étaient venus par mer, ils s'établirent où ils avaient débarqué, ils y formèrent des établissements agricoles, et peu à peu le littoral se peupla, longue bande de terre séparée du plateau par une chaîne de montagnes. Cette chaîne, qui présentait de grands obstacles, resta inhabitée, mais on ne tarda pas à la franchir; les fondements de la ville de S. Paul furent jetés; dans ses alentours s'élevèrent des sucreries, des villages, puis des villes; on profita de la vallée du Parahyba pour se répandre vers le nord-est et des intervalles les moins boisés pour s'étendre vers le sud-ouest; une seconde langue de terre parallèle au littoral se couvrit de cultivateurs ou d'éleveurs de bétail plus ou moins nombreux, et l'on peut dire, je crois, que, sauf quelques exceptions dues à des circonstances particulières, la population spécifique des différents districts de la province de S. Paul est d'autant plus considérable que ces districts sont plus anciens.

Si nous comparons entre elles, sous le rapport de leur population respective, les lieues carrées dont se compose un pays situé en Europe, nous trouverons des différences énormes pour celles qui comprennent des villages, des bourgs et surtout des villes. Des différences du même genre se reproduisent, sans doute, au Brésil; mais elles sont infiniment moins sensibles. En Europe, la population des villes est presque tout entière permanente; il n'y a qu'un petit nombre de personnes riches qui possèdent, outre leurs maisons de ville, des habitations rurales, où elles vivent pendant la belle saison, et c'est à peine si, les dimanches et les jours de fête, le reste de la population va passer quelques heures à la campagne. Dans l'intérieur du Brésil, au contraire, la population permanente des villages et des bourgs est excessivement faible; la plupart des maisons dont ils se composent appartiennent à des cultivateurs qui, n'y venant que les dimanches pour assister au service divin, les tiennent fermées pendant le reste de la semaine, et elles ne forment réellement qu'un double emploi (1).

On sait qu'à moins de circonstances perturbatrices, telles que les guerres, les émigrations, les épidémies, la famine, la population de tous les pays augmente sans cesse, mais

---

(1) D'Eschwege compte qu'en 1813 il y avait 150 individus par *legoa* carrée dans la *comarca* d'Ouro Preto, province de Minas Geraes, et il indique seulement 50 individus par lieue carrée en dehors des villes et des villages. Cette proportion, admise pour la France (Benoiston de Châteauneuf, *Notes*, 47), ne doit être appliquée, je crois, à aucune partie de l'intérieur du Brésil; mais, quand elle serait exacte pour la *comarca* d'Ouro Preto, il ne faut pas oublier que cette *comarca* est peut-être de tout le Brésil, le littoral excepté, la partie qui, sur une surface égale, contient le plus grand nombre de bourgs et de villages, et qu'il s'y trouve, ce qu'on ne voit point ailleurs, deux grands centres de population très-rapprochés l'un de l'autre, Villa Rica et Marianna.

que l'accroissement n'a pas lieu partout dans les mêmes proportions. En 1777, comme nous l'avons dit, la province de S. Paul comprenait 116,975 habitants; en 1838 elle en contenait 326,902; c'est donc, en 62 ans, une augmentation de 209,927; ainsi, dans cet espace de temps, la population a presque triplé. A Minas, on comptait environ 319,769 habitants en 1777, et en 1838 on en comptait 730,000 (1); ici l'espace de 62 ans aurait produit une différence de 410,231 habitants, et par conséquent l'augmentation aurait été, proportion gardée, moindre qu'à S. Paul; elle aurait seulement plus que doublé ou, pour parler d'une manière plus rigoureusement exacte, l'accroissement a été, à S. Paul, comme 1 à $2\frac{704}{1000}$, tandis qu'il a été seulement à Minas comme 1 à $2\frac{282}{1000}$. La différence serait infiniment plus sensible encore, si nous prenions la France pour terme de comparaison, puisque l'accroissement moyen annuel, pris sur 27 années, de 1817 à 1841, a été, chez nous, de $\frac{1}{200}$ ou $\frac{5}{1000}$ (2), d'où il faudrait nécessairement conclure que, si ce chiffre restait sans altération pendant 62 années, l'accroissement total ne serait, pour la France, que $\frac{310}{1000}$ du nombre primitif, tandis qu'il a été, à S. Paul, durant le même laps de temps, de $\frac{1704}{1000}$. En France, la population ne s'accroît point par des immigrations; celle de S. Paul, au contraire, reçoit sans cesse des renforts d'esclaves africains, qui y multiplient plus ou moins, et depuis plusieurs années quelques immigrations d'Européens et de Mineiros sont, quoique faibles, venues

(1) Ce chiffre est emprunté au *Diccionario do Brazil*, II, 99. Pour la même année, Fabregas (in Sigaud, *Annuario*, 1846) indique 760,000; on trouve également 760,000 dans Kidder.

(2) Mathieu, *Annuaire longit.*, 1846, p. 139 et suiv.

augmenter aussi le nombre des habitants ; mais ce qui contribue surtout à l'accroissement, c'est que l'on trouve encore, dans ce pays, d'immenses espaces inoccupés, lorsque, chez nous, toutes les places sont prises, c'est que les femmes y sont fécondes, c'est enfin que l'Américain n'est point sans cesse tourmenté par cette cruelle prévoyance qui dévore l'Européen, et met de si grands obstacles à la multiplication de l'espèce. A Minas, il y a également d'immenses terrains qui n'attendent que des bras pour les fertiliser; les femmes n'y sont pas moins fécondes qu'à S. Paul, l'insouciance de l'avenir n'y est pas moins grande; mais, à mesure que les minières ont moins produit, les importations de nègres ont dû devenir moins considérables, des blancs ont quitté un pays où l'espoir de s'enrichir très-promptement ne les retenait plus; enfin un certain nombre de cultivateurs ont été chercher à S. Paul et à Goyaz des terres qu'ils croyaient meilleures que celles de leur patrie.

Nous nous sommes borné jusqu'ici à considérer, dans son ensemble, l'accroissement qu'a éprouvé la population de S. Paul pendant un certain laps de temps; nous allons rechercher à présent dans quelles proportions il s'est effectué. En 1777, comme nous l'avons vu, on comptait, dans cette province, 116,975 habitants, et en 1838 on en comptait 326,902; par conséquent, l'augmentation annuelle a été, terme moyen, de $3,385 \frac{57}{62}$ pendant 62 ans. Dans le même intervalle de temps, l'augmentation a été, à Minas, de $6,616 \frac{39}{62}$ par année, à partir du chiffre primitif 319,769, celui de l'année 1777.

Mais nulle part la population n'augmente, tous les ans, d'un nombre égal d'individus. Dans les pays anciens où elle est déjà très-considérable, où toutes les terres sont occupées et où il existe une industrie manufacturière très-développée, l'accroissement sera nécessairement soumis à une progression décroissante; la France en fournit la preuve, puisque, pendant 14 ans, depuis 1817 jusqu'à 1830, elle a été, terme moyen, de $\frac{1}{160}$ par année (1), et que pendant 27 ans, de 1817 à 1845, elle n'a pas été de plus de $\frac{1}{200}$ (2). Dans les pays nouveaux, au contraire, où l'agriculture et le soin du bétail sont presque la seule occupation des habitants, où tout le monde peut encore trouver des terres, et où rien ne s'oppose au développement de notre espèce, la population doit nécessairement augmenter dans une progression croissante, altérée, suivant les années, en plus ou en moins, par des circonstances souvent inappréciables. Dans un espace de 62 ans, nous n'avons malheureusement, pour S. Paul, que les chiffres de 9 années; mais les termes moyens, pour les divers intervalles, seront pourtant moins éloignés de la vérité que le terme moyen obtenu pour les 62 ans. Le tableau suivant, résultat de celui que nous avons formé plus haut, nous fournira le chiffre des accroissements successifs:

De 1777 à 1805, la population s'est accrue, en 28 ans, de 75,754 individus; terme moyen annuel.   2,705 indiv.

De 1805 à 1812, 7 ans; augmentation totale, 12,538 individus; terme moyen annuel. 1,790

De 1812 à 1815, augmentation. . . 5,952

---

(1) Mathieu, *Annuaire long.*, 1833, p. 111, 114.
(2) Mathieu, *Annuaire long.*, 1846, p. 139, 140, 148.

De 1813 à 1814, augmentation. . . 2,709
De 1814 à 1815, augmentation. . . 3,093
De 1815 à 1820, 5 ans; augmentation totale, 24,269 individus; terme moyen annuel. 4,853
De 1820 à 1826, 6 ans; augmentation totale, 19,611 ind.; terme moyen annuel. 3,268
De 1826 à 1838, 12 ans; augmentation totale, 68,000 ind.; terme moyen annuel. 5,668

La différence la plus considérable est celle qui nous est offerte en moins par l'intervalle de 7 années de 1805 à 1812; un fait historique nous l'expliquera : dans cet intervalle, on fit partir des troupes de S. Paul pour les réunir à l'armée qui se battait dans le Sud contre Artigas, et un nombre considérable d'hommes, afin de se soustraire au recrutement, s'enfuirent à Minas avec leurs familles ou allèrent se cacher dans les déserts. D'ailleurs, si des oscillations sensibles ont encore eu lieu, nous voyons cependant qu'en somme l'accroissement de la population de S. Paul est, comme nous l'avons établi, en progression ascendante. Si donc nous prenons pour base de cette progression le terme moyen de 1815 à 1820 et celui de 1826 à 1838, excluant le chiffre de l'augmentation de 1820 à 1826, qui, par son extrême différence avec celui de 1826 à 1838, nous conduirait à des résultats peut-être exagérés, nous trouverons qu'à partir de 1838 la population de S. Paul aura dû être, indépendamment de toute perturbation, en 1848 ce qu'elle sera au bout de cent ans.

Voulant considérer à présent la population de la province qui nous occupe sous le rapport de l'habitation, nous prendrons pour base de notre calcul le tableau de la page 108, et nous arriverons à établir qu'en 1813 il y avait 8 individus par feu ; en 1815, un peu plus de 6 individus; en 1820, près de 6; enfin, en 1838, plus de 6; ou, pour parler d'une manière exacte, 8,0007 en 1813, 6,291 en 1815, 5,887 en 1820, 6,413 en 1838.

En France on compte, dans les villes, 4,5 individus par feu, et 5,2 dans les campagnes (1), c'est-à-dire, terme moyen, un nombre moins considérable qu'à S. Paul. La fécondité des femmes de ce dernier pays et l'admission des esclaves, plus nombreux dans les familles que nos serviteurs libres, expliquent suffisamment la différence.

La comparaison du chiffre de la population avec celui des naissances, des mariages et des décès nous donnera les résultats suivants :

Naissances.

Années.	Population totale.	Naissances de l'année.	Rapports avec la populat. totale.
1777	116,975	5,074	1 sur 23,5 individus.
1813	209,219	9,020	1 » 23,19 »
1815	215,021	10,106	1 » 21,37 »
1838	326,902	17,220	1 » 18,98 »

Mariages.

Années.	Population totale.	Mariages de l'année.	Rapports avec la populat. totale.
1813	209,219	2,466	1 sur 84,84 individus.
1815	215,021	3,120	1 » 68,91 »
1838	326,902	3,103	1 » 105,35 »

Décès.

Années.	Population totale.	Décès de l'année.	Rapports avec la population totale.
1777	116,975	3,250	1 sur 35,99 individus.
1813	209,219	4,451	1 » 47,00 »
1815	215,021	4,636	1 » 46,38 »
1838	326,902	3,103	1 » 34,57 »

(1) Benoiston de Châteauneuf, *Notes*, 47.

Ce tableau achèverait de prouver, si cela était nécessaire, combien un pays nouveau, tel que la province de S. Paul, est plus favorable à la multiplication de notre espèce que la vieille Europe, où une population pressée se dispute sans cesse pour quelques ares de terre. Dans celle des 4 années où, à S. Paul, le nombre des naissances a été le plus faible, c'est-à-dire 1813, il était encore de 1 sur 23,5 individus, tandis qu'en France on compte 1 naissance sur 33,37 habitants (1), et dans la première de ces deux contrées il y a même eu, en 1838, 1 naissance sur 18,98 seulement. Quant à l'augmentation successive que nous observons pendant les quatre années sur lesquelles nous opérons, elle tient probablement à ce que, depuis 1777, les émigrations des Paulistes du sexe masculin vers les provinces aurifères ont diminué d'abord et qu'enfin elles ont entièrement cessé ; elle tient peut-être encore à ce qu'on a commencé à marier les esclaves, et qu'on les a traités avec plus de douceur.

Nous trouvons entre la France et la province de S. Paul une moindre différence dans le nombre des mariages que dans celui des naissances ; en effet, pour l'année la plus rapprochée de nous, nous avons, à S. Paul, 1 mariage sur 105,35 habitants, et en France on en compte 1 sur 127,8 (2). Mais, si nous comparons entre eux les chiffres que nous avons pour 1815 et 1838, il nous est impossible de ne pas être frappé de la diminution qui a eu lieu. Elle ne tendrait pas à prouver que les Paulistes, plus libres peut-être qu'en 1815, sont en même temps devenus plus religieux et plus moraux.

(1) Mathieu, *Annuaire long.*, 1846, p. 148.
(2) Mathieu, *Annuaire long.*, 1846, p. 148.

Quant au nombre des décès, si nous prenons le terme moyen des 4 années sur lesquelles nous avons déjà opéré, nous trouverons à peu près le même chiffre pour la province de S. Paul que pour la France : 1 sur 40,98, d'un côté; 1 sur 40, de l'autre. Le chiffre de 1815 serait même, selon Spix et Martius, en faveur de S. Paul, puisque, cette année-là, il y aurait eu, dans cette province, 1 décès seulement sur 46 individus (1) ; mais, par des circonstances que nous ne pouvons apprécier, la comparaison redevient, en 1838, favorable à la France; car, à cette époque, on a compté à S. Paul 1 décès sur 34,57 individus. Ici nous devons tenir quelque compte d'une observation faite par d'Eschwege, relativement à l'évêché de Marianna, et qu'on peut étendre, je crois, à une grande partie du Brésil, c'est qu'un bon nombre de colons enterrent leurs esclaves noirs dans leurs champs ; que, par conséquent, les décès de ces derniers, n'étant point inscrits sur les registres, ne sauraient entrer dans les états de population (2).

Si, à présent, nous comparons, sous les mêmes rapports, la province de S. Paul avec celle de Minas Geraes, les résultats nous prouveront combien, dans l'état actuel des choses, la culture des terres est, au Brésil, plus favorable au développement de la population que l'exploitation des mines, bien que, pour l'une et pour l'autre, on n'emploie, en général, que des esclaves. Tandis qu'en 1777 les naissances étaient, à S. Paul, comme 1 à 23,5, on ne comptait, dans

---

(1) *Reise*, I, 224.
(2) *Journ. von Brasilien*, II, 157. M. d'Eschwege porte à la moitié du nombre réel celui des décès d'esclaves noirs qui, pour une raison ou pour une autre, n'est pas porté sur les registres ; mais il est facile de sentir qu'une telle évaluation est purement arbitraire.

la *comarca* d'Ouro Preto, province de Minas, que 1 naissance sur 40,44 habitants. Cette différence est énorme sans doute ; mais elle cessera d'étonner, si on se rappelle que la *comarca* d'Ouro Preto est le pays du Brésil où les minières ont été exploitées avec le plus d'ardeur ; que pour l'extraction de l'or on emploie beaucoup plus d'esclaves que pour la culture des terres et l'éducation du bétail auxquelles se livraient les Paulistes ; qu'enfin, à l'époque dont il s'agit, il y avait, à Ouro Preto, pour 7,847 blancs et 4,832 blanches, 33,961 noirs, et seulement 15,187 négresses. Il arriva donc à Ouro Preto la même chose qu'à Goyaz (1) : l'or ne venait point comme la canne à sucre ou le maïs ; des blancs, qui ne pouvaient plus espérer de s'enrichir avec la même facilité, se retirèrent ailleurs ; une foule de nègres moururent sans postérité, et en 1815, c'est-à-dire dans un espace de 39 ans, la population du pays se trouva avoir diminué de 6,409 individus, ou un peu plus de $\frac{1}{13}$. Mais, tandis que les minières de la *comarca* d'Ouro Preto s'épuisaient, l'agriculture s'étendait dans les autres parties de la province ; on plantait des cotonniers, on élevait des bestiaux, on faisait des fromages, on exportait des toiles grossières ; à une population factice et passagère avait succédé une population permanente, et déjà, en 1816, en prenant tout l'ensemble de l'évêché de Marianna, où se trouve compris Ouro Preto et qui est formé par les deux tiers environ de la province de Minas Geraes, on pouvait compter 1 naissance sur 27,35 individus (2). Si, pour une époque bien

---

(1) Voir mon *Voyage aux sources du Rio de S. Francisco et dans la province de Goyaz*, I, 329.

(2) Ayant conçu des doutes sur l'exactitude des chiffres qu'on trouve

plus rapprochée de nous, 1838, nous opérons sur les chiffres admis par les auteurs du *Diccionario do Brazil* (1), nous n'aurons plus, pour la province entière de Minas Geraes, que 1 naissance sur 44,76 individus, proportion inférieure encore à celle qu'avait donnée la seule *comarca* d'Ouro Preto en 1776, et par conséquent S. Paul serait tout à fait en progrès sur Minas Geraes. Aucune guerre, aucune révolution n'ont fait disparaître les hommes de cette province, aucune épidémie n'a attaqué les femmes; mais, d'après le *Diccionario do Brazil*, il n'y aurait plus, à Minas, que 3,313 mariages sur 730,000 individus, c'est-à-dire 1 sur 220,34, tandis qu'à S. Paul on en compte encore, comme je l'ai dit, 1 sur 105,35, et en France 1 sur 127,8 : il ne faut pas chercher ailleurs la cause de la diminution du nombre des naissances. En dehors du mariage il naît, sans doute, un grand nombre d'enfants; mais, dans leur bas âge, ceux-ci n'ont presque toujours sous les yeux que l'exemple du vice, ils ne connaissent point les liens de la famille et ne savent même pas ce que c'est que la patrie ; les filles se prostituent, les garçons deviennent des vagabonds (*vadios*), classe extrêmement nombreuse à Minas Geraes, et qui, tout en comptant dans la population, en est le plus grand fléau (2). Que l'administration de Minas y prenne garde ; à côté de cette province, en est une autre, celle de Goyaz, dont les habitants sont

---

dans divers auteurs, je n'ai cru devoir opérer que sur deux nombres indiqués par d'Eschwege (*Journ. Bras.*, II, 159. — *Brasilien die Neue Welt*, II, 156), qui a longtemps vécu dans la province de Minas Geraes, qui y a occupé des emplois éminents et était intimement lié avec toutes les autorités du pays.

(1) Voir plus haut.

(2) A différentes époques, le gouvernement portugais a rendu de sé-

tombés dans le plus triste état d'abaissement, et c'est le mépris des liens du mariage qui en est une des causes principales. Qu'on tâche de préserver d'un tel malheur le peuple mineiro, qui donnait de si belles espérances (1) ; que les emplois publics ne soient confiés qu'à des hommes mariés ; que les cures soient enlevées aux prêtres qui vivent dans un état habituel de concubinage; qu'une instruction solide, basée sur les principes de la religion, soit distribuée au peuple ; enfin que des hommes de bien s'unissent, comme on a fait en France, pour arracher au désordre les malheureux qui s'y plongent, pour les faire rentrer dans la société chrétienne et donner une famille à leurs enfants.

La population de la France, comme celle de toute l'Europe occidentale, est parfaitement homogène : une seule race d'hommes et point d'esclaves. Il n'en est malheureusement pas de même au Brésil. Non-seulement l'esclavage y est admis, mais trois races entièrement distinctes, et les

vères ordonnances contre les *vadios* ; mais elles ont toujours été inutiles. On peut consulter ce que j'ai écrit sur eux dans ma deuxième et ma troisième relation, et ce qu'en a dit le général Raimundo José da Cunha Mattos en plusieurs endroits de son *Itinerario*. D'Eschwege partage la population de Minas en cinq classes, les mineurs, les cultivateurs, les éleveurs de bétail, les marchands, les vagabonds (*vadios*). « Ceux-ci, ajoute-t-il, sont peut-être plus nombreux, proportion gardée, dans la province de Minas Geraes que dans toute autre partie du monde…; c'est surtout l'hospitalité des habitants qui encourage ces hommes dans leur amour pour l'oisiveté ; ils inquiètent les colons, assassinent pour de l'argent, rendent de faux témoignages, volent les chevaux, mettent le trouble partout, et peuvent être considérés comme la lie de l'espèce humaine. » (*Journal von Brasilien*, I, 10, 11.)

(1) A une époque très-fâcheuse, un publiciste célèbre, feu mon ami M. Silvestre Pinheiro Ferreira, disait que le Brésil pourrait être sauvé par la province de Minas.

nombreux métis qu'elles ont produits s'y partagent la population. Des esclaves noirs, les uns créoles, les autres africains ; des nègres libres africains ou créoles ; quelques Indiens baptisés, un nombre considérable d'Indiens sauvages ; des mulâtres libres, des mulâtres esclaves ; des hommes libres, tous légalement considérés comme appartenant à la race caucasique, mais parmi lesquels se trouvent une foule de métis de blancs et d'Indiennes : tels sont les habitants de la province de S. Paul, étrange bigarrure d'où résultent des complications également embarrassantes pour l'administration et dangereuses pour la morale publique. Les deux tableaux qui suivent feront connaître dans quelle proportion se trouvent mêlés les divers éléments que je viens d'énumérer :

Année 1815.

Individus blancs du sexe masculin. . . .	53,663	
» » » » féminin.	59,302	112,965
Mulâtres libres.	21,074	
Mulâtresses libres.	22,979	44,053
Mulâtres esclaves.	5,173	
Mulâtresses esclaves. . . .	5,470	10,643
		54,696
Nègres libres.	1,771	
Négresses libres.	2,180	3,951
Nègres esclaves.	21,326	
Négresses esclaves.	16,276	37,602
		41,553
Total. . .		209,214

Libres.

Blancs et blanches.	112,965	
Mulâtres et mulâtresses.	44,053	160,969
Nègres et négresses.	3,951	
A reporter. . . .		160,969

DE SAINT-PAUL ET DE SAINTE-CATHERINE.

      Report. . . . 160,969

    Esclaves.

Mulâtres et mulâtresses. . . . . 10,643 } 48,245
Nègres et négresses. . . . . 37,602 }

      TOTAL. . . . 209,214

Année 1838.

Individus blancs du sexe masculin. . . . . 84,892 } 172,879
 » » » » féminin. . . . . 87,987 }

Mulâtres libres. . . . . 28,158 } 59,454
Mulâtresses libres. . . . . . . 31,296 }   } 74,176
Mulâtres esclaves. . . . . . . 7,360 } 14,722
Mulâtresses esclaves. . . . . . 7,362 }

Nègres libres créoles. . . . . 2,443 } 4,517
Négresses libres créoles. . . . 2,074 } } 6,811
Nègres libres africains. . . . . 1,145 } 2,294
Négresses libres africaines . . . 1,149 }   } 79,022
Nègres esclaves créoles. . . . 17,110 } 34,210
Négresses esclaves créoles. . 17,100 } } 72,211
Nègres esclaves africains. . . 23,826 } 38,001
Négresses esclaves africaines. 14,175 }

Indiens catéchisés. . . . . . . 380 }   825
Indiennes catéchisées.. . . . . 445 }

      TOTAL. . . 326,902

    Libres.

Blancs et blanches. . . . . 172,879 }
Mulâtres et mulâtresses. . . . . 59,454 } 239,969
Nègres et négresses.. . . . . 6,811 }
Indiens et Indiennes.. . . . . 825 }

    Esclaves.

Mulâtres et mulâtresses. . . . . 14,722 } 86,933
Nègres et négresses.. . . . . 72,211 }

      TOTAL. . . 326,902

L'examen de ces deux tableaux nous fournit les résultats suivants :

1° Dans l'espace de 26 ans le nombre relatif des esclaves, au lieu de diminuer, a augmenté d'une manière sensible; car, en 1813, il n'était, à celui des blancs, que comme 1 à $\frac{200}{1000}$, tandis qu'à présent (1838) il est comme 1 à $\frac{360}{1000}$, et les seuls créoles sont aujourd'hui presque aussi nombreux que l'étaient, en 1813, les créoles et les Africains réunis (34,210 nègres créoles esclaves en 1838, 37,602 nègres créoles et africains esclaves en 1813). De là nous ne conclurons pas que les hommes libres sont devenus plus oisifs, il est vraisemblable, au contraire, qu'ils travaillent davantage; mais nous conclurons que l'aisance a augmenté, car, dans un pays où les terres n'ont encore qu'une très-faible valeur et où l'esclavage est admis, le nombre des esclaves est le signe le moins incertain de la richesse. Il est évident encore que l'accroissement du nombre des hommes privés de la liberté tient à ce qu'on les marie bien plus qu'autrefois ; en 1838 il s'est fait, parmi eux, 760 mariages, et à des époques plus reculées il n'y avait guère entre ces infortunés que des rapports passagers et illicites. Nous devons croire aussi que les négresses sont ménagées davantage pendant leur grossesse, et qu'en général on traite les esclaves avec plus de douceur. En effet, toujours en 1838, le nombre des naissances, chez ces derniers, a été comme 1 à 0,0471 (2,594 sur 86,933), et parmi les hommes libres il a été seulement comme 1 à 0,0546 (6,862 sur 239,969), ce qui ne fait pas une différence extrêmement sensible (1). Pour les dé-

(1) Parmi les causes que d'Eschwege assignait, en 1820 (*Bras.*, II,

cès, la différence est beaucoup moindre encore, puisqu'ils ont été, chez les hommes libres, comme 1 à 34,54 (6,947 sur 239,969), et comme 1 à 34,64 chez les esclaves (2,509 sur 86,953) (1); nous pourrions, à la vérité, retrancher quelque chose de ce dernier chiffre, en tenant compte de l'omission de quelques inscriptions sur les registres; mais, d'un autre côté, nous ne devons pas oublier que l'air froid des montagnes de S. Paul et la fraîcheur que l'on ressent pendant les nuits dans plusieurs parties de cette province sont moins favorables à la santé des nègres que l'extrême chaleur du Brésil tropical (2).

2° Si l'on ne faisait attention qu'au rapport extrêmement faible du nombre des nègres créoles et libres avec le reste de la population, et que, d'un autre côté, on se rappelât que la province de S. Paul est une des plus anciennes du Brésil, on pourrait croire que les affranchissements y ont été extrêmement rares; mais cette manière

---

158), au peu de fécondité des négresses de Minas, et dont quelques-unes ressemblent un peu à des épigrammes, il compte les mauvais traitements qu'on leur faisait souvent subir pendant leur grossesse et la barbare coutume qu'avaient ces femmes de se faire avorter pour ne pas augmenter leurs misères par les soins qu'exige un nourrisson; il est bien clair, d'après tout ce que nous venons de dire, que, si ces indignités se répètent encore aujourd'hui dans la province de Saint-Paul, elles ne sauraient y être extrêmement fréquentes.

(1) Les divers calculs que présente cet alinéa sont basés sur le tableau 6 de l'*Ensaio d'um quadro estatistico* de Pedro Müller et l'appendice du même tableau; mais je dois faire observer que, d'après cet appendice, le nombre des décès s'élèverait, pour 1838, à 9,456, tandis que, suivant le tableau lui-même, il ne monterait qu'à 9,256. J'ai préféré le premier de ces chiffres, parce qu'il est plus difficile d'y soupçonner de l'exagération, et que P. Müller lui-même lui a donné la préférence.

(2) Spix et Mart., *Reise*, I, 224.

de juger manquerait d'exactitude. Les nègres qu'on affranchit sont, en général, ceux dont on veut récompenser les longs services, et trop souvent des vieillards qui n'en rendent plus aucun (1); de très-jeunes affranchis sont une sorte d'exception. Les premiers ne peuvent songer à se marier; les seconds rencontrent difficilement des personnes de leur caste auxquelles ils puissent s'unir : d'ailleurs, n'ayant point été préparés à la liberté par l'instruction, ils préfèrent à une vie réglée et casanière la vie errante des *camaradas* (2), le libertinage ou même le crime.

3° De 1815 à 1838 l'augmentation du nombre des mulâtres esclaves a été comme 1 à $\frac{728}{1000}$, et celle des hommes libres comme 1 à $\frac{635}{1000}$ seulement. Nous admettons que, dans cet intervalle de temps, les blancs ont traité leurs esclaves avec douceur, mais nous ne pouvons pas supposer qu'ils les aient ménagés plus qu'eux-mêmes : il faut donc nécessairement reconnaître que le nombre des mulâtres esclaves ne s'est pas seulement accru par des unions entre des individus métis des deux sexes, mais par un renfort d'enfants issus de négresses et de blancs ; ainsi il existe encore des hommes libres de notre race qui ont assez peu d'âme pour laisser leurs fils dans l'esclavage.

4° Lorsque les Portugais découvrirent le territoire de S. Paul, il était habité par de nombreuses tribus indiennes,

---

(1) C'est ce qui arrive à Minas, et il n'est guère vraisemblable qu'il en soit autrement à S. Paul. Voyez ce que j'ai écrit à ce sujet dans mon *Voyage au district des Diamants, etc.*, I, 260.

(2) Les *camaradas* sont des serviteurs libres qu'on emploie principalement dans les caravanes, *Voyage aux sources du Rio de S. Francisco, etc.*

et bientôt les nouveaux colons amenèrent chez eux, des différentes parties du Brésil, des renforts d'Indiens réduits en esclavage ; il est impossible de ne pas avoir le cœur serré lorsqu'on pense que, de toute cette population, il ne restait plus, en 1838, que 825 individus, qui, pour la plupart, n'existeraient même pas aujourd'hui, si leurs pères n'avaient été placés par les jésuites sous la double égide du Christ et de la liberté. La terre de Minas a été le tombeau d'innombrables Africains ; mais ils étaient déjà esclaves chez eux, et, si les Mineiros violaient les lois de l'humanité en perpétuant l'esclavage de ces infortunés, du moins ils ne contrevenaient point à celles de leur pays. Lorsque les anciens Paulistes anéantissaient les Indiens avec tant de barbarie, ils enfreignaient les sages ordonnances de leurs souverains, faisaient acte de rébellion, et c'était leur propre pays qu'ils dépeuplaient.

5° En 1824, le nombre des blancs était, à Goyaz, 5 fois moindre que celui des hommes de couleur, noirs ou mulâtres, libres ou esclaves (1) ; en 1808, il était, à Minas Geraes, moindre que le tiers des individus des mêmes castes ; en 1816, il surpassait à peine le tiers de ces individus dans l'évêché de Marianna, la province de Minas le plus essentiellement aurifère (2). A S. Paul, au contraire (1838), le nombre des hommes appelés blancs est plus élevé de près de 1/5 que celui des mulâtres et des noirs réunis. Il est incontestable que, excepté Missões, Rio Grande do Sul et Rio Negro (3), S. Paul est, de tout le Brésil, la province

---

(1) Voyez mon *Voyage aux sources du Rio de S. Francisco et dans la province de Goyaz*, I, 328.
(2) Eschw., *Jour. von Bras.*, I, tab. 5. — *Bras. neue Welt*, II, 155.
(3) Spix et Martius, *Reise*, 1.

où l'on a introduit le moins de nègres ; cependant on se tromperait, si l'on considérait comme réellement blancs tous les individus indiqués comme tels dans les états de population. Les indigènes ont été anéantis ; mais de l'alliance de leurs filles avec les premiers colons sont nés des métis, que l'on confond avec les hommes de race vraiment caucasique. Le sang indien ne peut plus se renouveler, et de nouveaux croisements tendent à en faire disparaître les traces de plus en plus ; cependant il est encore une foule de métis qu'un œil un peu exercé distingue sans aucune peine et qui sont même repoussés, en certains cantons, par les blancs véritables.

Nous possédons malheureusement bien peu de documents sur le rapport numérique des naissances de l'un et l'autre sexe ; nous savons seulement qu'en 1838 il y a eu, dans la population libre, 6,700 naissances de garçons et 6,345 de filles, et que parmi les esclaves il est né 2,230 garçons et 1,800 enfants du sexe féminin, c'est-à-dire que, dans la première catégorie, le nombre des naissances d'individus du sexe féminin a été à celui des naissances de garçons comme 1 à 1,053, et, dans la seconde, comme 1 à 1,238, différence extraordinaire dont il me semble impossible de donner une explication raisonnable (1). Pour comparer ensuite la différence du nombre des individus des deux sexes au moment de la naissance avec le chiffre qui exprime la même différence dans l'ensemble de la population, nous sommes obligé de nous borner à la classe des blancs, parce qu'elle seule n'est point exposée à des

---

(1) Le calcul par lequel nous avons obtenu ces chiffres est basé sur le tab. 6 de l'*Ensaio estatistico* de Pedro Müller.

perturbations continuelles. Nous trouvons, pour l'année 1813, que, dans cette classe, le nombre des femmes est à celui des hommes comme 905 est à 1, et qu'il est, pour 1838, comme 964 à l'unité ; ainsi, rapprochant ces chiffres de ceux qui ont été notés plus haut, nous avons là confirmation d'une observation faite pour l'Europe, savoir, qu'il naît plus de filles que de garçons (1), mais qu'au bout d'un certain temps il existe plus de femmes que d'hommes, par la raison bien simple que la nature de leurs travaux expose ces derniers à des chances plus nombreuses de mortalité. Mais les états statistiques de la province de S. Paul pour 1838 nous prouvent que, dans la partie de la population libre comprise entre 50 et 70 ans, le nombre des hommes redevient plus considérable, ce qui s'expliquerait par des considérations médicales faciles à saisir.

§ V. — Administration générale, division de la province.

Il n'y avait autrefois aucune homogénéité entre les différentes provinces du Brésil : elles communiquaient très-difficilement les unes avec les autres, et le seul lien qui les unissait était un égal respect pour le même souverain, celui du Portugal. Cependant toutes, à quelques différences près, avaient une administration semblable.

La province de S. Paul, qui, comme celle de Minas Geraes, Goyaz, Rio Grande, etc., portait le nom de capitainerie (2), était, comme ces dernières, gouvernée par un

(1) Milne-Edwards, *Zoologie*, I, 34.
(2) Le nom de province (*provincia*) était réservé pour des portions

capitaine général (*capitão general*), dont l'autorité ne connaissait, pour ainsi dire, pas de bornes.

Pendant un certain temps, elle n'avait été divisée qu'en deux *comarcas*; depuis 1811, elle le fut en trois, celles de *S. Paul*, d'*Hytú*, de *Curitiba e Paranaguá*, ainsi appelées du nom des villes qui en étaient les chefs-lieux. La première, avec sa capitale qui avait le titre de cité (*cidade*), comprenait 22 villes (*villas*), savoir,

Du nord au sud, sur le bord de la mer,

Ubatubá,
S. Sebastião,
Villa da Princeza,
Santos,
S. Vicente,
Stahen;

Et dans l'intérieur

Areas,
Cunha,
Parahytinga,
Lorena,
Guaratinguetá,
Pindamonhangába,
Taubaté,
S. José,
Sacarehy,
Mogi das Cruzes,
Bragança,
Atibaya,

du territoire brésilien moins grandes que les capitaineries, par exemple la province de Sainte-Catherine, celle des Missions, etc.

Mogimirim,
Jundiahy,
Paranahyba.

Dans la *comarca* d'Hytú, on comptait 7 villes, y compris le chef-lieu :

S. Carlos,
Porto Feliz,
Sorocába,
Itapitininga,
Itapéva,
Apiahy.

Enfin la *comarca* de Curitiba e Paranaguá comprenait, sur le plateau,

Curitiba,
Castro,
Lapa,
Lages, aujourd'hui réuni à la province de Sainte-Catherine,

Et sur le littoral

Iguápe,
Cananea,
Antonina,
Paranaguá,
Guaratúba; en tout 9 villes.

Chaque *comarca* était divisée en *termos*, et ceux-ci se composaient d'une ou plusieurs paroisses.

Le principal magistrat des *comarcas* était l'*ouvidor*, qui, par une étrange confusion, remplissait tout à la fois des fonctions judiciaires et des fonctions administratives. Un sénat municipal (*camara*) dirigeait les affaires des villes. A Guaratinguetá, à Taubaté, à Santos, S. Sebastião, Paranaguá résidait un *juiz de fora*, qui, nommé par le souverain, jugeait en première instance et dont les décisions pouvaient être infirmées par l'*ouvidor* de la *comarca*; dans les autres villes moins importantes, le *juiz de fora* était remplacé par des *juizes ordinarios* élus par leurs concitoyens (1).

Depuis la révolution qui a changé la face du Brésil, l'administration de la province de S. Paul a éprouvé successivement des modifications plus ou moins importantes. Conformément à la constitution de l'empire modifiée par la loi de l'assemblée générale de 1834, le pouvoir exécutif est aujourd'hui, à S. Paul, comme dans les autres provinces, entre les mains d'un président nommé par le gouvernement central. Le 7 de janvier de chaque année, le président convoque l'assemblée législative de la province, qui se compose de trente-six députés choisis par le peuple; il lui fait un rapport sur les différentes branches de l'administration : l'assemblée règle le budget et rend les décrets qui lui semblent nécessaires au bien du pays.

Il est clair que l'accroissement considérable qu'a éprouvé la population depuis trente ans a dû nécessiter des changements dans les divisions du territoire brésilien. En 1838 la province de S. Paul se composait de six *comarcas*; l'année suivante, on divisa la troisième d'entre elles, et par ce moyen on fit une septième *comarca* du territoire de Franca, ville où une révolte récente avait rendu nécessaire la présence d'un magistrat assez fort pour réprimer les tentatives criminelles.

(1) Dans mon *Voyage à Minas Geraes*, on trouvera des détails très-étendus sur l'organisation administrative des anciennes capitaineries.

En 1820 on comptait, comme on l'a vu, 38 villes dans la province de S. Paul; en 1838, ce nombre s'était accru de 8; en 1845, on l'avait porté à 54, et depuis il a encore été augmenté; comme on le verra dans la suite de cét ouvrage.

Voici, d'après un document officiel (1), quelles étaient, en 1845, les *comarcas* de la province de S. Paul, et comment les villes étaient réparties entre elles.

1re comarca, vulgairement de Taubaté.	*Bananal*, Aréas, *Queluz*, Lorena, *Silveiras*, Guaratinguetá, Cunha, Pindamonhangába, S. Luiz, anciennement appelé Parahytinga, Taubaté, Sacarehy, S. José, Parahybuna, Mogi das Cruzes, *Santa Isabel*.
2e, de S. Paul.	S. Paul, la capitale de la province, *S. Amaro*, Paranahyba, Atibaya, Bragança.
3e, dite de Campinas da de Jundiahy.	Jundiahy, Campinas, autrement dit S. Carlos, *Constitução*, autrement *Piracicaba*, Araraquára, *Limeira*.
4e, d'Hytú.	Hytú, Porto Feliz, *Pirapóra*, *Capivarhy*, *S. Roque*, Sorocába, Itapitininga, Itapéva, Apiahy.
5e, de Curitiba.	Castro, Curitiba, Villa do Principe, autrefois Lapa, Paranaguá, Guaratúba, Antonina, *Morretes*.

(1) Ce document est le tableau 4 du rapport du président de la province pour l'année 1845 (*Relatorio a presentado, etc.*). J'y ai ajouté les noms anciens de quelques villes, et j'indique en lettres italiques celles qui ont été créées depuis 1811. Les *comarcas* sont simplement indiquées

6ᵉ, vulgairement de Santos. { Iguápe, *Xiririca*, Cananea, Itahen, Santos, S. Vicente, S. Sebastião, Villa Bella da Princeza, Ubatubá.

7ᵉ, de Franca. { Mogimirim, *Casa Branca*, *Franca*, *Batataes*.

Un voyageur sérieux, M. d'Eschwege, s'est fortement élevé contre l'érection trop fréquente des villages (1) en villes; MM. Spix, Martius et moi avons trouvé la manière dont il s'exprime sur ce sujet empreinte de beaucoup d'exagération, et nous avons montré que notre opinion n'est pas parfaitement conforme à la sienne (2).

A la vérité, certaines villes de la province de S. Paul, telles qu'elles étaient à l'époque de mon voyage, n'auraient, ailleurs, porté d'autre nom que celui de hameau, et je ne prétendrai certainement pas que la création d'aucune ville n'ait eu pour cause ou une vanité malentendue, ou des intérêts particuliers; mais il faut aussi reconnaître que l'éloignement où sont les uns des autres les centres de population a souvent obligé les autorités supérieures d'ériger de chétifs villages en villes, parce que ce titre implique la présence de magistrats assez forts pour maintenir le bon ordre.

Quelque accroissement qu'éprouve la population dans la plus grande partie de l'Europe, le nombre des villes et des villages n'augmente pas ou augmente d'une manière peu sensible; à S. Paul, au contraire, ce nombre s'est ac-

---

par des numéros dans les documents officiels; j'emprunte leurs noms vulgaires à MM. Milliet et Lopes de Moura.

(1) Eschw., *Bras. die neue Welt*, II, 49.
(2) Spix et Martius, *Reise*, I, 194. — Aug. de S. Hil., *Voyage aux sources du Rio de S. Francisco, etc.*, I, 39.

cru, depuis 1820, dans une proportion qui n'est pas de beaucoup inférieure à celle que nous offre l'accroissement de la population elle-même. Il est à peine nécessaire d'indiquer la cause de cette différence. En Europe, il n'est pas de terrain qui n'ait son propriétaire ; la population, lorsqu'elle devient plus considérable, ne peut donc pas se répandre, elle se presse davantage ; à S. Paul, au contraire, et dans les autres pays où d'immenses espaces sont encore vacants, l'excédant de la population s'étend sur des terrains qui étaient restés déserts, et bientôt se forment de nouvelles agglomérations d'habitants.

§ VI. — Justice criminelle.

Dans tous les pays, lorsqu'un certain temps s'est écoulé entre le crime et le châtiment, l'horreur que le premier avait produite s'efface, et le public, ne voyant plus dans le coupable qu'un homme qui souffre, finit par lui accorder de l'intérêt et de la pitié. A l'époque de mon voyage, la compassion pour les coupables était poussée au dernier degré chez les Brésiliens, dont les impressions sont peut-être plus vives et plus passagères que les nôtres, et dont les mœurs, du moins dans l'état habituel, sont généralement plus molles. Les exécutions, fort rares à Rio de Janeiro, y produisaient toujours des espèces de soulèvements ; et il n'est personne, dans les rangs inférieurs de la société, qui n'eût aidé de grand cœur le criminel à s'échapper des mains de la justice. On sent que, dans une contrée où règnent des dispositions semblables, l'institution du jury doit amener des acquittements encore bien plus fréquents que chez nous. En 1839, des atrocités furent commises, à la suite d'une sédition, sur le territoire de Franca, ville de la province de S. Paul; les coupables parurent devant un jury; on avait la preuve la plus évidente de leurs crimes, et cependant ils furent acquittés à l'unanimité; aussi le président de la province pour 1840 disait-il avec amertume que la sédition ne pouvait manquer de s'enraciner dans un pays où elle obtenait un semblable triomphe (1). La crainte des vengeances, si faciles dans l'intérieur où la police est presque sans force, contribue à rendre les jurés indulgents; ils y sont portés aussi par l'habitude bien ancienne de céder à toutes les sollicitations (*empenkos*), et enfin jusqu'en 1847 la loi brésilienne elle-même a favorisé les jurés dans leur excessive mollesse (2).

On a cru pouvoir établir que les crimes contre les personnes sont les plus communs dans les pays où il y a le plus d'ignorance, et que ce sont ceux contre les propriétés qui prédominent là où l'instruction est le plus répandue. Ce qui arrive au Brésil, où malheureusement l'ignorance est encore fort grande, tendrait à confirmer cette espèce de loi. Le ministre de la justice disait, en effet, à l'assemblée législative de 1846, que « les crimes contre les personnes, tels que les homicides et les coups, sont les plus communs; » et il paraîtrait qu'à S. Paul, en particulier, les individus accusés pour vol sont, ou du moins étaient, il y a dix ans, aux accusés pour meurtre presque comme 1 est à 2 (3).

---

(1) *Discurso recitado pelo presidente Manoel Machado Nunes no dia 7 de Janeiro de* 1840, p. 3.

(2) *Relatorio do ministro da justiça do anno* 1847, *Annuario, segundo anno*, 92.

(3) C'est ce qui résulte de la table 7 de l'*Ensaio estatistico*. On peut

A l'époque de mon voyage, il ne se commettait pas un grand nombre de crimes à Minas et à Goyaz ; on n'y connaissait pas les vols à main armée, et, surtout loin des chefs-lieux, les propriétaires avaient rarement à se plaindre de toute autre espèce de vols. Les meurtres étaient, au contraire, assez fréquents dans la partie de la province de S. Paul qui forme le nord de la septième *comarca* actuelle, et cela ne doit point étonner, parce que ce pays, éloigné des grands centres de population, servait d'asile aux criminels échappés de Minas. Je crois aussi que le voisinage de la capitale du Brésil rendait les vols plus communs dans les cantons de la province de S. Paul, limitrophe de celle de Rio de Janeiro, qu'ils ne l'étaient ailleurs.

Il paraît qu'aujourd'hui les crimes sont plus multipliés non-seulement à S. Paul, mais encore dans tout le Brésil, qu'ils ne l'étaient de 1816 à 1822. Le ministre de la justice en indique la cause dans son rapport à l'assemblée législative générale de 1846. « Pour s'expliquer, dit-il,
« tant d'actes de férocité contraires au caractère essen-
« tiellement doux du peuple brésilien, il suffit de réflé-
« chir un moment aux révolutions dont notre pays a été
« le théâtre, aux désordres qui s'y sont succédé, aux
« dissensions, aux haines, aux vengeances qui ont dû
« être nécessairement le résultat de cet état d'agitation,
« à la perte des anciennes habitudes de discipline et d'o-
« béissance, au grand nombre d'étrangers qui, fuyant
« leur pays, ont abordé chez nous, à l'abandon dans
« lequel on laisse l'éducation religieuse, la démoralisa-

admettre, sans doute, qu'elle n'est pas en tout point d'une exactitude rigoureuse, mais il est clair qu'on ne doit pas la rejeter dans son ensemble.

« tion des esclaves, leur nombre beaucoup trop considé-
« rable, la facilité enfin avec laquelle les criminels peu-
« vent se dérober à l'action de la justice en se réfugiant
« dans les déserts (1). »

§ VII. — Finances.

Plusieurs des impôts qui, sous l'ancienne administration, se payaient à Goyaz (2) étaient également exigés des Paulistes ; mais il y avait certains droits que la différence des localités et celle des productions ne permettaient pas de percevoir également dans les deux provinces. Ainsi déjà longtemps avant 1820 on n'exploitait plus de minières à S. Paul ; par conséquent, on ne devait plus y connaître l'impôt du quint. D'un autre côté, les Paulistes allaient chercher à Rio Grande do Sul les mulets qui se vendaient dans plusieurs des provinces du nord ; ces animaux passaient nécessairement par celle de S. Paul, et l'on y payait, pour chacun d'eux, des droits qui ne pouvaient être exigés des Goyanais (3).

---

(1) J'aurais désiré comparer la statistique criminelle de la France avec celle de la province de S. Paul ; mais les présidents de cette province ne cessent de se plaindre de ce que l'organisation judiciaire de leur pays ne leur permet pas d'établir cette statistique, et les détails qui se trouvent dans ceux de leurs rapports que j'ai sous les yeux ne sont pas assez complets pour que je puisse en tirer quelque parti.

(2) *Voyage aux sources du Rio de S. Francisco*, I, 338.

(3) On trouvera, dans le premier volume de mon *Voyage à Minas*, de longs détails sur l'impôt du quint, et la relation que je publie aujourd'hui n'en contient pas de moins étendus sur les droits que l'on paye dans la province de S. Paul sur les chevaux, les mulets et le bétail

En 1813 (1), et probablement jusqu'à la révolution qui a changé la face du Brésil, la province de S. Paul avait pour revenu le produit des droits et impôts dont nous allons donner le détail.

Donatios de officios : les titulaires de certains offices ne touchaient point d'honoraires proprement dits ; le gouvernement, au contraire, recevait d'eux un tiers des rétributions qui leur étaient payées pour leurs peines par les parties intéressées ; c'est là ce qu'on appelait *donativos de officios* (2).

Novos direitos (nouveaux droits).

Novos impostos (nouveaux impôts) : ils avaient été créés en 1755 pour dix années, et le revenu qui pouvait en résulter devait être uniquement appliqué à la reconstruction de la douane de Lisbonne ; près d'un siècle s'est écoulé, et cette charge subsiste encore aujourd'hui (3).

Droits de la chancellerie.

Péage des rivières (4).

---

venant du sud (voir le chapitre intitulé, *La ville de Sorocába, etc.*, et celui qui a pour titre, *La ville de Castro. — Fin du voyage dans les Campos Geraes*).

(1) Voir un tableau officiel de l'an 1813, que le comte da Barca, ministre d'État, avait remis à d'Eschwege, et que celui-ci a publié en y joignant quelques notes explicatives (*Journ. von Bras.*, II).

(2) Avant l'arrivée du roi de Portugal au Brésil, les offices dont il s'agit étaient affermés et rapportaient au fisc des sommes considérables. Jean VI, cédant aux sollicitations des gens insatiables qui l'entouraient, leur avait donné la plupart de ces offices, et par là il avait tout à la fois mécontenté les Brésiliens et diminué ses revenus (voir mon *Voyage dans la province de Minas*).

(3) Voir, sur les *novos direitos* et *novos impostos*, la note de la page 143.

(4) On trouvera, dans un des chapitres de ce volume, des détails sur cet impôt et ses immenses inconvénients.

Direitos do contrato, *direitos da casa doada*; droits sur les mulets, les chevaux et le bétail qui entraient dans la province de S. Paul venant de celle de Rio Grande (1).

La dîme des produits de la terre, qui se payait dans tout le Brésil, et qui, comme je l'ai dit plusieurs fois, n'était plus perçue pour le compte du clergé, mais pour celui du fisc.

Cruzados de sal, droit sur le sel importé s'élevant à 1 cruzade ou 400 reis (2 fr. 50 c.) par *alqueire* (40 litres).

Subsidios literarios, impôt considérable qui avait été mis sur le sucre et le café pour subvenir aux frais de l'éducation de la jeunesse, et auquel on donnait, dit d'Eschwege, une tout autre destination.

Droits sur les marchandises qui entraient à Minas.

Droits de la douane du port de Santos.

La dîme des biens-fonds et bois de construction.

Siza e meia siza : l'accise, dit d'Eschwege, se payait sur les nègres venant d'Afrique; la demi-accise, sur les nègres créoles.

Droits du sceau.

Carnes verdes, taxe de 5 reis (3 c.) sur la livre de viande fraîche.

Ceux de ces impôts qui rapportaient le plus étaient la dîme, l'impôt sur le sel, les subsides littéraires, enfin les droits d'entrée sur les mulets, les chevaux et le bétail, qui, à eux seuls, produisaient un revenu à peu près égal au quart de celui que rapportaient les autres impôts. Après la révolution de 1822, la nature des impôts est restée à peu près telle qu'elle était auparavant. Voici ce qu'ils étaient

(1) Voir la note de la page 140.

en 1838 (1) et ce qu'ils sont probablement encore aujourd'hui, du moins à peu de différence près (2).

Novos e velhos direitos (nouveaux et anciens droits) sur les provisions, les diplômes et les actes.

Novos impostos comprenant un droit de 6,400 reis, au change de 320 (20 fr.) sur les magasins et les tavernes du chef-lieu et des autres villes du plateau ; un droit sur le bétail, les chevaux et les mulets qui passent par la douane de Sorocába, et enfin quelques autres droits de moindre importance (3).

Subsidios literarios, subsides littéraires se percevant sur les bestiaux abattus destinés à être vendus en entier ou par parties.

Carne verde, droit qui, au lieu d'être payé, comme autrefois, sur chaque livre de viande, l'est à raison de 1,600 reis (5 fr.) par tête de bétail abattu.

La dîme des produits de la terre (*dizimos*), se percevant aujourd'hui avec des modifications qui n'étaient pas admises autrefois.

La dîme des propriétés urbaines (*decimados predios urbanos*), exigée dans les villes qui ont cent maisons et plus.

---

(1) D. P. Müller, *Ensaio estatistico*, tab. 9.

(2) Voir les rapports des présidents de la province de 1840-43-44-45-47.

(3) Dans ses notes sur le budget officiel de 1813, que j'ai extraites plus haut, d'Eschwege dit que les *novos direitos* et *novos impostos* étaient des droits sur les marchandises ; mais il est à croire qu'il se trompe, du moins en partie, car on n'aurait certainement pas voulu conserver les anciens noms de ces impôts, si la nature en avait complétement changé, et Müller dit positivement que les *novos impostos* sont la continuation de la taxe créée sous ce nom après le tremblement de terre de Lisbonne.

Droits de 10 pour 100 sur les biens des personnes décédées qui ne laissent pas d'héritiers descendants ou ascendants (*decima dos legados e heranças*).

Droits sur les chevaux et les mulets qui entrent dans la province (*direitos do Rio Negro* remplaçant ceux dits autrefois *do contrato* et *da casa doada*).

Droits de 20 pour 100 sur les eaux-de-vie, quelle que soit leur origine.

Droit de 5 pour 100 (*meia siza*) sur la vente des esclaves déjà dressés. — *N. B.* Il est clair que l'on a dû supprimer celui qui existait autrefois sur les esclaves africains, puisqu'ils ne peuvent plus entrer qu'en contrebande.

Droits pour expéditions touchés par la secrétairerie de la province.

Droits pour les papiers délivrés aux bâtiments qui sortent des ports.

Contribução para Garapuáva, impôt mis sur le bétail, les chevaux et les mulets, afin de subvenir aux dépenses nécessitées par l'établissement de Garapuáva (1). — *N. B.* Pour cet impôt, les animaux élevés entre la ville méridionale de Curitiba et celle de Sorocába payent beaucoup moins que ceux venant du Sud ; mais il est à remarquer que sur ces derniers on prélève trois impôts différents, sans parler des droits de péage.

Péage des rivières.

Droit sur les maisons où se font les encans. — *N. B.* Le président de la province en l'année 1844 fait observer que cet impôt est tout à fait insignifiant, parce qu'il

---

(1) On trouvera, dans ce volume, des détails très-étendus sur la colonie de Garapuáva.

n'existe pas de maisons spécialement consacrées aux encans, et il propose de le remplacer par un droit de 2 pour 100 sur les objets vendus à l'enchère.

Droits de douane (*alfandegas*) sur les marchandises importées et exportées, auxquels on a ajouté une foule de petits droits de détail.

Droits de chancellerie.

Droits de sceau.

La taxe des lettres.

Puisque le Brésil est un État fédératif, il est bien clair que chaque province, celle de S. Paul comme les autres, doit avoir un budget spécial qui ne regarde absolument qu'elle, et qu'en outre toutes doivent, suivant leur position géographique et l'état de leurs finances, contribuer aux dépenses générales de l'empire ; de là deux sortes de revenus, les provinciaux (*provinciaes*) et les généraux (*geraes*).

Ces derniers, pour la province de S. Paul, se composent uniquement des produits de quatre des impôts dont j'ai donné la note tout à l'heure, savoir les droits de douane, ceux de la chancellerie, ceux du sceau, le produit de la poste aux lettres. Tous les autres sont provinciaux ; ils se perçoivent pour le compte de la province, et leur produit ne sort de ses coffres que pour être employé à ses besoins.

Le budget provincial de l'année 1813 présenta les résultats suivants :

Revenu.	182,754,054	reis, au change de	160.	1,142,212 fr.
Dépense.	178,130,369	» » »	160.	1,113,314
Excédant des recettes.	4,623,685	» » »	160.	28,898

De ces résultats nous allons rapprocher ceux de l'année financière de 1838 à 1839 :

Revenu. . . . . 248,215,284 reis, au change de 320. 775,672 fr.
Dépense.. . . . . 211,812,868 »   »   »   »

Excédant des recettes. 36,402,416   »   »   »   »

Si nous comparions la quantité de reis reçue en 1813 et celle de reis dépensée dans la même année avec la recette et la dépense de 1838 à 1839, également en reis, nous établirions que ces dernières ont été plus considérables que la recette et la dépense de 1813; mais une telle comparaison serait tout à fait erronée, puisque, dans l'intervalle des deux époques, les valeurs représentatives ont éprouvé au Brésil une très-grande dépréciation. Nous réduisons donc en francs les sommes indiquées pour 1813 et 1838, en opérant sur les changes cotés pour ces deux années (1), et nous trouvons qu'en 1838 la province de S. Paul a, en réalité, moins reçu et moins dépensé qu'en 1813, quoique, dans cet espace de temps, la population ait augmenté environ d'un tiers. La différence tient, je crois, à ce qu'en 1813 on fut obligé de faire des dépenses considérables à cause de la guerre du Sud, et, d'un autre côté, à ce que les finances sont aujourd'hui mieux administrées que sous le gouvernement absolu.

Ce n'est pas seulement en 1839 que les recettes ont offert un excédant sur les dépenses; ceux des budgets de ces dernières années que nous avons sous les yeux nous offrent des résultats semblables. Voici comment s'exprime, à ce sujet, le président de la province, MANOEL FELISARDO

---

(1) Horace Say, *Tableau synoptique* dans l'*Histoire des relations commerciales*.

de Souza e Mello : « Tandis que plusieurs des provinces
« de l'empire se voient privées de ressources, qu'elles
« luttent contre mille difficultés pour subvenir aux dé-
« penses les plus urgentes, et qu'elles sont forcées de solli-
« citer des secours de la caisse générale de l'empire, celle
« de S. Paul a des revenus suffisants, non-seulement
« pour satisfaire à ses besoins très-multipliés, mais en-
« core pour pouvoir mettre en réserve des sommes im-
« portantes. Nous devons attribuer l'état prospère de nos
« finances à la sagesse, à l'activité de notre administra-
« tion provinciale, au zèle des receveurs, surtout à la do-
« cilité du peuple pauliste, qui, plein de respect pour la
« loi et pour ses magistrats, paye presque toujours les
« impôts sans aucune difficulté, et chez lequel les exem-
« ples de fraude sont extrêmement rares. » Parmi les
causes auxquelles le président Manoel Felisardo attribue la
prospérité des finances de la province de S. Paul, il aurait
dû, je crois, mettre en première ligne l'extension du com
merce et les progrès de l'agriculture.

CHAPITRE II.

COMMENCEMENT DU VOYAGE DANS LA PROVINCE DE S. PAUL. — LE VILLAGE DE FRANCA, AUJOURD'HUI VILLE ET CHEF-LIEU DE COMARCA.

Esquisse rapide du voyage de la frontière de Goyaz à la ville de S. Paul. Vue dont on jouit sur les bords du Rio Grande. — Aspect de la campagne après les premières pluies. — Le hameau du *Rio das Pedras*; stupidité, malpropreté et apathie de ses habitants. — La maisonnette de *Pouso Alto;* ses habitants; fertilité du pays; un ouragan; le *Ribeirão do Inferno* et sa cascade; un nouveau serviteur. — La végétation des *queimadas*. — La rivière appelée *Ribeirão Corrente*. — Le hameau du même nom; mauvais gîte; humeur bizarre de José Marianno. — Le village de *Franca*; son histoire; il devient ville et chef-lieu de *comarca*; habitudes et mœurs de ses habitants. — José Marianno mordu par un serpent.

En terminant mon voyage à Goyaz, j'ai dit qu'après avoir passé le Rio Grande, limite de la province de S. Paul, j'avais commencé, le 24 septembre 1819, à parcourir cette immense province.

Pour me rendre à sa capitale, je fis 86 *legoas* (1), en suivant la route directe, celle que parcourent les caravanes

(1) Luiz d'Alincourt en compte 89 1/2 (*Mem. viaj.*, 113), et Antonio Joaquim da Costa Gavião, 88 (in Mattos, *Itinerario*).

qui vont à Goyaz et à Matogrosso. Je mis trente-six jours dans ce voyage, fort contrarié par les pluies et par les mauvais gîtes.

Cette route s'étend à peu près parallèlement à la frontière occidentale de Minas Geraes jusqu'à *Pirapitingui*; elle ne s'en éloigne pas de plus d'un degré, et en certains endroits elle en est fort rapprochée.

Par l'esquisse rapide que j'ai déjà tracée de ce voyage (1), on sait qu'entre le Rio Grande et S. Paul je traversai les trois villages de Franca, Casa Branca (2) et Mogiguaçu, puis les trois villes de Mogirim, de S. Carlos et de Jundiahy; qu'environ jusqu'à Mogi, dans un espace de 50 à 55 *legoas*, les campagnes sont peu habitées, presque sans culture, et que les colons, établis de loin en loin sur les bords de la route, sont généralement des hommes grossiers, ignorants et stupides (3). Au delà de Mogi, le pays est plus vivant et plus peuplé; sans cesse on rencontre des mulets chargés de marchandises européennes ou de denrées coloniales; les habitations deviennent beaucoup moins rares; l'on reconnaît qu'on se rapproche d'une grande ville. D'un autre côté, quelques différences dans les habitudes des colons, dans leur physionomie, leur costume, leur langage disent assez au voyageur qu'il n'est plus à Goyaz ou à Minas Geraes. L'aspect du pays éprouve aussi des

(1) *Voyage aux sources du Rio de S. Francisco et dans la province de Goyaz*, II, 170.

(2) On verra plus tard qu'à une époque assez récente Franca et Casa Branca ont été érigés en villes.

(3) « A mesure qu'on s'éloigne des villes, dit Luiz d'Alincourt (*Mem. viaj.*, 54), qui se rendait de S. Paul à Goyaz, les habitants des *campos* deviennent de plus en plus sauvages. »

modifications; ce n'est pas seulement parce que, à environ 20 *legoas* de S. Paul, les forêts succèdent aux *campos* ou pays découvert, mais parce qu'en général, depuis le Rio Grande, la végétation devient moins brillante et moins variée : on s'aperçoit que bientôt on sortira des tropiques; la nature prélude à une autre Flore.

Le jour même de mon arrivée sur les bords du Rio Grande (1), je le traversai, et couchai sous un grand *rancho* (2) couvert en tuiles, ouvert de tous les côtés. La nuit fut très-froide. Le lendemain matin, avant le lever du soleil, un brouillard épais me dérobait la vue des objets environnants; mais bientôt il se dissipa, et je pus jouir de la beauté du paysage.

A cette époque de l'année, c'est-à-dire à la fin du temps de la sécheresse, la rivière avait à peu près la même largeur que la Seine devant le jardin des plantes, et par conséquent, dans la saison des pluies, elle doit présenter l'aspect le plus imposant. Elle coule avec lenteur et décrit de larges sinuosités; ses bords, peu élevés, sont couverts de bois au milieu desquels un grand nombre d'arbres étaient, lors de mon passage, entièrement dépouillés de

---

(1) Itinéraire approximatif des bords du Rio Grande à la ville de Franca :

	Legoas.
Des bords du Rio Grande au Rio das Pedras, hameau.	3
Du R. das P. à Pouso Alto, sitio.	4
De P. A. à Ribeirão Corrente, hameau.	5
De R. C. à Franca, ville.	4
	16 legoas.

(2) Les *ranchos* sont des hangars sous lesquels le voyageur trouve un abri (*Voyage dans les provinces de Rio de Janeiro et de Minas Geraes*, I, 64).

feuilles, tandis que d'autres se couvraient d'une verdure naissante; une île, dont on aperçoit l'extrémité quand on est au lieu du péage, contribue à embellir la vue en y répandant une agréable variété.

Au delà du Rio Grande, le pays est très-plat. Dans un espace d'environ 2 *legoas,* je traversai un *campo* (1) parsemé d'arbres rabougris. Les pluies des jours précédents, quoique peu abondantes, les avaient déjà fait reverdir. La teinte de leur feuillage était d'une extrême fraîcheur et me parut moins mêlée de jaune que celle des feuilles qui, au printemps, se montrent sur nos peupliers, nos saules ou nos chênes.

Après avoir fait 2 *legoas,* je passai devant une misérable chaumière construite avec des perches rapprochées les unes des autres. J'entrai ensuite dans un bouquet de bois (*capão*), qui (2) me parut le plus étendu que j'eusse traversé depuis le Mato Grosso de Goyaz (3), et j'y fis 1 lieue.

Je m'arrêtai, pour y passer la nuit, au *Rio das Pedras* (rivière des pierres), espèce de petit hameau formé de quelques maisonnettes, qui toutes annonçaient la dernière indigence et étaient habitées par plusieurs frères et par

(1) On donne le nom de *campos* à des espèces de prairies ou savanes sèches, qui tantôt se composent uniquement d'herbe et de sous-arbrisseaux, et tantôt présentent, au milieu des herbes, des arbres épars çà et là, presque toujours tortueux et rabougris (voyez mes trois *relations* précédentes).

(2) Dans la plupart des *campos,* on voit des bouquets de bois d'une étendue plus ou moins considérable; on leur donne le nom de *capão,* d'un mot indien qui signifie *île* (*Voyage dans la province de Rio de Janeiro,* etc., II, 98).

(3) *Voyage aux sources du Rio de S. Francisco et dans la province de Goyaz,* II, 53, 174.

des *agregados* (1). Le *rancho* sous lequel je pris place était en meilleur état que ces chaumières ; mais il paraît qu'on ne se donnait jamais la peine de le balayer, car les chiques (*pulex penetrans*) nous y dévoraient.

Pendant que j'écrivais et que j'analysais des plantes, un homme vint s'établir sous le *mancho*, et passa plusieurs heures à me regarder sans proférer une seule parole. Depuis Villa Boa jusqu'au Rio das Pedras, j'avais peut-être eu cent exemples de cette indolence stupide. Ces hommes, abrutis par l'ignorance, par l'oisiveté, l'éloignement de leurs semblables, et probablement par des jouissances prématurées, ne pensent pas ; ils végètent comme l'arbre, comme l'herbe des champs.

Forcé, par le vent, de quitter le *rancho*, j'allai chercher un asile dans la principale des chaumières, et je fus frappé du désordre et de la malpropreté qui régnaient dans cette misérable demeure. Une foule d'hommes, de femmes, d'enfants m'entourèrent bientôt ; les premiers ne portaient qu'un caleçon et une chemise de toile de coton grossière, les femmes une chemise avec une simple jupe. Les Goyanais et même les Mineiros (2) d'une classe inférieure sont souvent habillés avec aussi peu de magnificence, mais du moins ils sont propres ; les vêtements des pauvres colons du Rio das Pedras n'étaient pas moins sales que leurs chaumières. Au premier coup d'œil, la plupart d'entre eux semblaient être des blancs ; mais la largeur

---

(1) Les *agregados* sont des hommes qui ne possèdent rien et s'établissent sur le terrain d'autrui (*Voyage dans la province de Rio de Janeiro*, I, 73).

(2) Les Mineiros sont les habitants de la province de Minas Geraes. Dans quelques cantons on dit aussi *Geralistas*.

de leur visage et la proéminence des os de leurs joues trahissaient bientôt le sang indien qui coulait dans leurs veines mêlé à celui de la race caucasique. Ces hommes, qui avaient l'air aussi malsain que les habitants des bords du Rio Grande (1), me dirent que leur pays était fort marécageux, et qu'ils avaient beaucoup à souffrir des fièvres intermittentes. A peu de distance de ce canton si peu salubre, ils auraient trouvé des terres fertiles et sans maîtres, ils auraient pu respirer l'air le plus sain de la terre ; mais les métis d'Indiennes et de blancs ont à peu près autant d'imprévoyance que leurs ancêtres maternels et peut-être plus d'apathie. On peut ajouter encore qu'à la nonchalance ces hommes joignent, en général, la niaiserie et l'impolitesse ; cependant ils ne montrent ni l'arrogance ni la méchanceté qu'on trouve trop souvent chez l'habitant de nos campagnes ; ils ont quelque ressemblance avec les paysans de la Sologne, tels qu'ils étaient à la même époque, mais ils sont encore plus indolents, et en même temps beaucoup moins lourds et moins embarrassés (2).

Au delà du Rio das Pedras, je traversai, dans un espace de 4 *legoas*, des *campos* où la végétation n'avait pas encore fait les mêmes progrès que dans ceux où j'avais passé la veille. Le pays est plat, et, comme dans d'autres parties du Brésil, la terre est d'un rouge très-foncé. Une poussière épaisse s'élève à mesure qu'on avance ; elle salit les

---

(1) *Voyage dans la province de Goyaz*, II, 311.

(2) Les Solognots, mieux nourris et mieux vêtus, sont peut-être aujourd'hui moins lourds et plus actifs ; mais, depuis qu'ils *se civilisent*, ils deviennent égoïstes, ne respectent plus autant la foi de leurs pères, et méconnaissent cette fraternité admirable qui caractérisait ces derniers.

vêtements, et, mêlée avec la sueur, elle barbouille le visage et les mains.

Je fis halte à une maisonnette appelée *Pouso Alto*, près de laquelle on avait construit un hangar pour les voyageurs (*rancho*). Les hommes que je vis à mon arrivée étaient encore des descendants de blancs et d'Indiennes, aussi apathiques que les habitants du Rio das Pedras; mais je sus bientôt que la chaumière ne leur appartenait pas, qu'ils demeuraient dans le voisinage, et que le propriétaire était un cultivateur, véritablement blanc, né à Minas Geraes. Celui-ci, au reste, avait adopté les habitudes du canton où il s'était fixé, car je trouvai sa maison tout aussi sale que celle où j'avais couché la veille.

Cet homme me dit que les terres du voisinage de Pouso Alto se font remarquer par leur fertilité, comme aussi celles du Rio Grande et du Rio das Pedras. Il vendait son maïs aux voyageurs; une fois l'année, il se rendait à la ville de S. Paul avec un char à bœufs chargé de lard et de coton, et il en rapportait du sel et du fer. C'était, pour l'aller et le retour, un voyage de 158 *legoas*, qui ne pouvait guère prendre moins de trois mois.

Pendant que j'étais à Pouso Alto, le temps devint très-mauvais; mes mulets prirent la fuite; José Marianno, mon muletier, fut atteint d'une fluxion, et je me vis forcé de rester trois jours dans ce triste lieu. Il ne se trouvait aux alentours aucune plante en fleur, je ne pouvais converser avec qui que ce fût; je périssais d'ennui.

Le lendemain de mon arrivée, j'essuyai un des ouragans les plus terribles que j'eusse jamais éprouvés. Des tourbillons d'une poussière rouge foncé nous enveloppèrent au milieu du *rancho*, et couvrirent nos malles et nos effets. Mes papiers, et les cuirs que l'on a coutume de mettre sur la charge des mulets pour la retenir, furent emportés par le vent, et, quoique fermées à clef, mes malles se remplirent de poussière. La grêle se mêla à l'ouragan; au bout de quelques instants la pluie lui succéda; des torrents d'eau inondèrent le *rancho*, et nous eûmes beaucoup de peine à empêcher que nos effets ne fussent mouillés. Vers le soir, la pluie cessa; mais l'eau avait délayé la poussière rouge, et nous ne pouvions toucher quoi que ce soit sans le salir ou sans en être sali.

Auprès de Pouso Alto coule une rivière qu'on appelait autrefois *Ribeirão do inferno,* mais dont les habitants s'efforcent de changer le triste nom contre celui de *Ribeirão de Nossa Senhora do Carmo* (torrent de Notre-Dame-du-Mont-Carmel). Cette rivière, m'a-t-on dit, prend sa source à 1 lieue portugaise du village de *Franca,* dont je parlerai bientôt, et après un cours de peu d'étendue elle se jette dans le Rio Grande.

A un quart de lieue de Pouso Alto, elle forme une cascade que j'allai voir. Au-dessus de l'endroit où la rivière se précipite, elle peut avoir cinquante pas de large; elle tombe d'une hauteur d'environ 3 à 4 mètres, mais elle ne présente, dans sa chute, rien de remarquable.

Je cherchais un *tocador* (1) pour remplacer celui qui m'avait quitté quelques jours auparavant (2). A peine

(1) Le *tocador* (toucheur) est celui qui, sous la direction du muletier principal (*arrieiro* ou *arreiador*), fait avancer les mulets, va les chercher dans la campagne, etc. (voyez mes *relations* précédentes).

(2) *Voyage aux sources du Rio de S. Francisco et dans la province de Goyaz,* II, 306.

étais-je arrivé à Pouso Alto, qu'un jeune blanc vint m'offrir ses services, et je m'empressai de les accepter. J'ai montré ailleurs combien on a de peine pour se procurer, au Brésil, des serviteurs libres ; je ne connaissais personne dans ce canton, je n'y étais connu de personne, je ne pouvais mieux faire que de prendre le premier qui se présentait. C'était un garçon qui paraissait alerte et disposé à tout faire ; je convins avec lui qu'il serait payé à raison de 5,000 reis par mois (18 fr. 75 c.).

Au delà de Pouso Alto, le pays est ondulé et présente, dans un espace de 5 *legoas*, une alternative de *campos* parsemés d'arbres rabougris, de bouquets de bois et de terrains marécageux de peu d'étendue où il ne croît que de l'herbe. La verdure des *queimadas* (1) variait suivant l'époque où on y avait mis le feu : les plus anciennes présentaient l'image du printemps de l'Europe ; les Graminées qui croissaient sous les arbres formaient un tapis charmant, et, si les feuilles de ces derniers n'étaient pas encore très-nombreuses, elles avaient une extrême fraîcheur ; d'autres *queimadas* offraient des arbres moins feuillés et des gazons plus ras ; enfin, dans les plus nouvelles, on voyait à peine une herbe naissante, et les arbres n'avaient encore que des boutons.

Nous passâmes devant deux misérables *sitios*. Près du premier appelé *Monjolinho,* coule une petite rivière qui, après un cours d'une quinzaine de *legoas*, se jette dans le Rio Grande, et qu'on nomme *Ribeirão Corrente* (torrent qui coule).

(1) Chaque année, on met le feu aux pâturages pour procurer au bétail de l'herbe fraîche, et l'on donne le nom de *queimadas* à ceux qui ont été récemment incendiés (voir mes *relations* précédentes).

Je retrouvai cette rivière à l'endroit où je fis halte. C'était une espèce de petit hameau également connu sous le nom de *Ribeirão Corrente*, qui se composait de plusieurs chaumières éparses, habitées par différentes familles. Ces maisonnettes n'annonçaient nullement l'opulence; mais j'y fus bien accueilli, ce qui me fit penser que les habitants étaient des Mineiros; car les Paulistes, fort hospitaliers en plusieurs cantons, le sont très-peu dans celui que je traversais alors.

A Ribeirão Corrente, je passai la nuit sous un petit *rancho* ouvert de tous côtés; nous étions dans un endroit bas, sur le bord d'un ruisseau; le froid fut extrêmement vif et me priva de sommeil. Lorsque je me levai, j'étais profondément découragé, et le muletier José Marianno vint augmenter ma tristesse par son humeur bizarre. Sans aucune raison, il se mit en fureur contre mon domestique français, le bon Laruotte, qui avait toujours été pour lui plein de complaisance, et il le menaça. Quand nous fûmes en route, il coucha en joue, toujours sans raison, l'Indien Firmiano; mais celui-ci, qui ne manquait ni de courage ni de sang-froid, l'ajusta également, et il devint plus traitable (1). Je savais que cet homme, inconstant comme tous les métis, était capable de me laisser au milieu d'un chemin au premier reproche que je lui adresserais, et, comme il m'aurait été impossible de le remplacer, je m'armais de patience.

Au delà du Ribeirão Corrente, le pays, toujours plat,

(1) Mes trois relations précédentes ont fait connaître Firmiano, qui appartenait à la nation des Botocudos. Quant au muletier José Marianno, j'ai tracé son portrait dans mon *Voyage aux sources du Rio de S. Francisco, etc.*, I, 20.

présente encore, dans un espace de 2 *legoas*, des *campos* parsemés d'arbres rabougris ; mais la terre, après avoir été longtemps d'un rouge foncé, devient un peu sablonneuse, et alors la campagne n'offre plus que d'excellents pâturages uniquement composés d'herbe et entremêlés de nombreux bouquets de bois.

Le village de Franca, où je fis halte, est agréablement situé au milieu de vastes pâturages, dans un pays découvert, parsemé de bouquets de bois et coupé de vallées peu profondes. Il occupe le milieu d'une croupe large et arrondie, baignée, de chaque côté, par un petit ruisseau (1). On n'y comptait pas, lors de mon voyage, plus d'une cinquantaine de maisons ; mais on avait déjà indiqué la place d'un grand nombre d'autres, et il était facile de voir que Franca ne tarderait pas à acquérir une grande importance.

Lorsque je séjournai dans ce village, il était entièrement habité par des Mineiros qui, vers l'année 1804, en avaient bâti les premières maisons. Les uns se trouvant trop à l'étroit dans leur patrie, les autres fuyant les poursuites de la justice ou celles de leurs créanciers, s'étaient avancés vers l'ouest ; ils étaient arrivés à un pays entièrement désert, mais où ils avaient trouvé des terres fertiles et d'excellents pâturages, et ils en avaient pris possession. Ce pays ne dépendait pas de la capitainerie de Minas Geraes, il ap-

---

(1) Le ruisseau de l'ouest s'appelle, dit d'Alincourt, *Ribeiro de Itambé*, et celui de l'est *Ribeiro do vigario* (*Mem. viag.*, 59). Suivant l'utile ouvrage intitulé, *Diccionario geographico dó Brasil* (I, 375), Franca serait *situé sur la rive gauche du Rio Mogi* ; j'avoue que je ne comprends pas bien cette phrase, qui, du reste, n'est peut-être que le résultat d'une faute de copiste.

partenait à celle de S. Paul ; les émigrants allèrent se mettre sous la protection d'Antonio José da Franca e Horta, qui gouvernait cette dernière, et ils donnèrent son nom au village dont ils avaient jeté les premiers fondements (1).

De nouveaux colons vinrent se joindre aux plus anciens, et avant l'époque de mon voyage (1819) Franca était déjà devenu le chef-lieu d'une paroisse dont les limites étaient, d'un côté, celles de la province elle-même, et, de l'autre, la paroisse de *Batataes*. En 1824, ce village fut érigé en ville sous le nom de *Villa Franca do Imperador* (2), et en 1839 la ville nouvelle devint le chef-lieu de la septième *comarca* de la province de S. Paul (3). De 1818 à 1823, la paroisse de Franca comprenait environ 3,000 individus en âge de se confesser (4) ; en 1838, on en comptait, dans tout le *termo*, 10,664 de tout âge, dont 9,149 libres et 1,515 esclaves (5) ; la ville seule a aujourd'hui, dit-on (6), 5,000 habitants.

Dans l'origine, les meurtres et une foule d'autres crimes se multiplièrent d'une manière effrayante au sein de la nouvelle colonie, qui, parmi ses habitants, comptait, comme

---

(1) Je crois que Luiz d'Alincourt se trompe quand il assure (*Mem. viag.*, 59) que Franca a été ainsi appelé parce qu'il s'y était établi, dans l'origine, des gens de toute sorte et de tout pays.

(2) Les auteurs du *Diccionario do Brasil* indiquent (I, p. 375) la date de 1836 ; j'ai préféré celle qu'a admise Pedro Müller (*Ensaio*, 43), qui habitait la province de S. Paul, et qui, par sa position, était plus en état que qui que ce fût de savoir ce qui s'y passait.

(3) P. Müll., *Ens. est.*, 43.

(4) D'Alinc., *Mem. viag.*, 60.

(5) P. Müll., *Ens. est., append., tabell.* 5.

(6) Mill. et Lop. de Mour., *Dicc. Braz.*, I, 375.

je l'ai dit, un grand nombre d'aventuriers et d'hommes poursuivis par la justice. A l'époque de mon voyage, l'état des choses n'avait pas encore beaucoup changé ; Franca était toujours considéré comme un repaire d'hommes dangereux et mal famés ; mais le gouverneur de la province, João Carlos Augusto d'Oeynhausen, venait de prendre des mesures sévères pour empêcher de nouveaux désordres. Peut-être eurent-elles momentanément un heureux résultat ; mais si, après des siècles et une longue série de révolutions, chaque peuple conserve encore quelque empreinte de son origine, comment les mœurs des pères ne se retrouveraient-elles pas, à la seconde ou à la troisième génération, chez une population extrêmement peu nombreuse, qui, jetée au milieu d'un désert, n'a aucune occasion de se retremper, et sur laquelle les lois et la police ne peuvent exercer qu'une action très-faible. En 1838, Franca devint le théâtre d'une révolte excitée par un nommé Anselmo Ferreira de Barcellos (1) ; des atrocités furent commises, les gens de bien prirent la fuite, et le crime triompha. La sédition finit cependant par être apaisée, et ce fut alors que l'on fit de Franca le chef-lieu d'une *comarca* et la résidence d'un *juiz de direito*, genre de magistrats d'un ordre supérieur, qui, étrangers au pays, formés à l'étude des lois et habitués à rendre la justice, sont plus capables d'imposer aux malfaiteurs que les autorités locales, faciles à intimider ou même à entraîner dans la complicité la plus dangereuse. Les rebelles de la ville de Franca furent traduits devant un jury qui, sans doute, redoutant leur haine, les déclara innocents à l'u-

---

(1) Mill. et Lop. de Mour., *Dicc. Braz.*, I, 373.

nanimité. Dans son discours à l'assemblée législative provinciale de janvier 1840, le président MANOEL MACHADO NUNES gémit de ce que l'autorité est impuissante pour faire régner l'ordre dans ces lieux éloignés. « Il aurait « fallu, dit-il, que les auteurs des atrocités que nous avons « à déplorer fussent punis d'une manière exemplaire, « que la terreur se fût dissipée, que les fugitifs eussent « pu retourner tranquillement chez eux, et que les gens « de bien eussent voulu accepter les emplois publics ; il « n'en a pas été ainsi...; la sédition a obtenu le triomphe « le plus complet, et il est à craindre que des habi- « tudes de désordre et d'insubordination ne s'enracinent « de plus en plus dans cette partie reculée de la pro- « vince (1). »

Pour être juste, je dois dire, cependant, que je trouvai chez les habitants de Franca plus de politesse et beaucoup moins de sauvagerie que parmi les colons plus anciens des bords de la route de Goyaz à S. Paul.

A l'exception d'un petit nombre, ouvriers et marchands de comestibles, ces hommes étaient tous des agriculteurs qui, suivant l'usage, n'avaient de maison au chef-lieu de la paroisse que pour y passer le dimanche, et qui, pendant la semaine, restaient dans leurs habitations. Ils cultivaient la terre, fabriquaient, dans leurs demeures, des tissus de coton et de laine (2), et s'appliquaient surtout à élever du bétail, des porcs et des moutons. Leurs occupations n'ont point changé depuis l'époque de mon voyage (3); mais

---

(1) *Discurso recitado no dia 7 de janeiro de 1840 por occasião da abertura da assemblea legislativa provincial*, 2, 3.
(2) Piz., *Mem. hist.*, VIII, 303.
(3) Ped. Müll., *Ensaio*, tab. 14.—Mill. et Lop. de Mour., *Dicc.*, I, 375.

l'éducation des bêtes à cornes a pris, dans le district de Franca, une grande extension, et en 1838 ce district était un de ceux qui fournissaient le plus de bêtes à cornes. C'est à leur vie d'éleveurs que les habitants de ce pays doivent l'avantage de n'avoir pas besoin d'un grand nombre d'esclaves (1). Ils lui doivent un autre avantage encore ; montant sans cesse à cheval pour courir après les bestiaux dans des campagnes où circule un air généralement pur, ils entretiennent ainsi leur santé, et il paraît qu'aucune autre partie de la province ne présente autant d'exemples de longévité que le district de Franca do Imperador (2).

Pendant que j'étais dans ce village, José Marianno alla chasser. Il revint assez tard, et me dit, en entrant, qu'il avait été mordu par un serpent à sonnettes; mais je ne crains rien, ajouta-t-il, on m'a préservé (*curado*) (3), et depuis cette époque j'ai déjà été mordu une fois, sans qu'il en soit résulté aucun mal. Il prononçait ces paroles d'un ton si tranquille, sa figure était si peu altérée, il assurait si positivement qu'il éprouvait à peine un léger engourdissement dans la jambe, que je n'eus d'abord aucune inquiétude ; mais, lorsque ensuite je vis l'animal et la morsure qu'il avait faite, je faillis, je l'avoue, tomber sans connaissance. Je me rappelai la perte douloureuse que j'avais éprouvée à S. João d'El Rei ; dans quelques heures,

---

(1) Voir plus haut.

(2) Voir mon *Voyage aux sources du Rio de S. Francisco et dans la province de Goyaz*, etc., I, 98.

(3) En 1838, on comptait dans ce district, selon Pedro Müller, su 10,664 habitants, 34 individus libres et 22 esclaves de 90 à 100 ans (*Ensaio*, tab. 5, *continuação*).

me disais-je à moi-même, je puis perdre encore José Marianno et d'un manière bien plus cruelle encore que Prégent (1); ce voyage me semblait réprouvé par la Providence ; mes yeux se remplirent de larmes. José Marianno me raconta que, lorsqu'il avait été mordu, il traversait un petit bois, qu'il avait mis le pied sur l'animal, que celui-ci, après l'avoir piqué, n'avait point changé de place, et qu'il l'avait fait assommer par Firmiano avec un morceau de bois, parce que celui qui a été préservé ne doit jamais tuer ni faire tuer avec un instrument de fer le serpent par lequel il a été mordu. José avait deux blessures un peu au-dessus du talon, l'une de la longueur de 1 ligne, l'autre de la longueur de 3. Les dents de l'animal n'étaient point restées dans ces plaies, et, d'après ce que me raconta Firmiano, il en était sorti un peu de sang. Le malade me dit que la douleur qu'il avait ressentie dans l'instant où il avait été mordu ne pouvait se comparer qu'à une très-vive brûlure. Je le décidai à prendre de l'alcali ; je lui en fis d'abord avaler trois gouttes dans une tasse d'eau, et avec une plume j'en fis couler deux ou trois gouttes sur la plaie. Dans le moment où j'appliquai ce dernier remède, le malade éprouva une douleur très-vive qui, dit-il, s'étendit comme un trait de feu dans toute la longueur de la jambe, mais qui ne fut pas de longue durée. Au bout d'un quart d'heure, je répétai le même traitement. Le malade était pâle et paraissait abattu ; je l'engageai à se reposer. Il resta couché pendant une demi-heure environ ; il se leva ensuite, et se mit à préparer des oiseaux et le serpent qui

---

(1) *Voyage aux sources du Rio de S. Francisco*, etc., I, 93, 103, 105, 113.

l'avait mordu. Il se plaignait d'un engourdissement dans la partie malade; mais sa jambe n'enfla point, et il soupa comme à l'ordinaire. Le surlendemain, il n'était plus question de rien. Je ne pouvais croire à la science des *curandeiros* (ceux qui prétendent préserver des suites de la morsure des serpents); j'attribuai à l'alcali la guérison de José Marianno. Cependant, bien longtemps après, Firmiano, dans un moment d'humeur, vint me dire : Vous avez cru que José Marianno avait été mordu par le serpent; il vous a fait des contes. Je ne répondis rien, pour ne pas encourager les délations; mais je restai dans le doute. José Marianno était fort capable d'avoir voulu me mystifier; Firmiano ne l'était guère moins d'avoir fait un mensonge.

CHAPITRE III.

DE FRANCA A MOGIMIRIM.

Tableau général du pays situé entre Franca et *Mogimirim* ; changement dans la végétation ; la campagne au commencement du printemps ; époques auxquelles les pluies commencent ; mœurs des habitants, leurs occupations ; monnaie de compte. — Les campagnes qui s'étendent au delà de Franca. — Accident arrivé à deux malles. — Le *Rio de Santa Barbara* et la *fazenda* du même nom. — Le *Rio Sapucahy*. — La *fazenda da Paciencia* ; son propriétaire. — La campagne au delà de Paciencia. — Le hameau de *Batataes* ; l'habitation du même nom ; son propriétaire ; aventure de Laruotte ; l'intérieur des maisons réservé aux femmes ; une anecdote. — Amulettes. — La campagne au delà de Batataes. — L'habitation de *Lages* ; son propriétaire. Hameau de *Cubatão*. — Un grand bois. — Bizarrerie de José Marianno. — Le *Rio Pardo* ; animal appelé *minhotoçu*. — Eaux minérales du Rio Pardo ; goût du bétail pour ces eaux. — Un marchand de diamants. — Inconstance des serviteurs libres. — *Fazenda da Paciencia*. — Le village de *Casa Branca* ; son histoire. — Un ouragan. — Végétation du pays qui s'étend au delà de Casa Branca. — Le *Jaguarhymirim*. — La *fazenda d'Itapéva* et la rivière du même nom. — Les chiens. — Le *rancho d'Urussanga* ; les *ranchos* en général. — Bohémiens ; une consultation. — Le village de *Mogiguaçu*. — Pays des sucreries. — Le *Rio Mogiguaçu*, rivière très-insalubre ; empoisonnement du poisson par le *timbó*.

Entre Franca et Mogimirim, dans un espace d'environ 40 lieues, le pays n'est plus ce qu'il avait été depuis la cité de Goyaz. Les arbres rabougris, qui presque partout arrêtaient la vue et la fatiguaient par leur monotonie, disparaissent généralement des *campos*, et d'excellents pâturages, caractérisés, comme ceux du canton de Rio Grande, par le *capim frecha*, permettent de découvrir un vaste horizon. Depuis les Caldas, le voyageur avait cessé de voir des montagnes (1); une petite chaîne dépendante de la Serra da Mantiqueira, et que j'appelle *Serra do Rio Grande et do Paranná* (2), se montre dans le lointain, du côté de l'ouest, et répand de la variété dans le paysage.

Les pluies, qui avaient commencé depuis très-peu de

---

(1) Voir, pour la montagne de Caldas, mon *Voyage aux sources du Rio de S. Francisco et dans la province de Goyaz*, vol. II, chap. xxv.

(2) Conformément aux règles que j'ai établies pour la nomenclature des fleuves du Brésil (*Voyage aux sources du Rio de S. Francisco, etc.*, I. — *Observations sur les diviseurs des eaux de quelques-uns des fleuves de l'Amérique, etc.*, dans le vol. des *Comptes rendus de l'Académie des sciences*), cette chaîne doit porter le nom que je lui donne ici, parce qu'elle envoie des affluents, du côté de l'est, au Rio Grande; et, du côté de l'ouest, au Paranná. Elle m'a paru avoir peu d'élévation, si même on la compare seulement avec les autres montagnes du Brésil, dont les plus élevées ne dépassent pourtant guère 2,000 mètres (Eschw., *Braz.*, II, 199; — Mart., *Physiognomie des Pflanzenreichs*, 23), et ne présentent qu'une végétation correspondant à celle que nous nommons *alpestre*. D'après tout ceci, il est clair que les habitants de Rio de Janeiro, qui font venir à grands frais de la glace de l'Amérique du Nord, auront été un peu étonnés d'apprendre, par deux ouvrages imprimés à Paris aux frais des contribuables, qu'aux portes de leur ville, à une hauteur qui ne dépasse pas 2,000 mètres, selon Eschwege (l. c., 165), ou 7,500 pieds anglais, selon Gardner (*Trav.*, 532), « la chaîne des *Orgues* « présente des sommets couverts de neige et des glaciers où se réflé-« chissent les rayons du soleil des tropiques (*Voyage Bonite, Relation*, « I, 161), » ou bien encore « que les Orgues sont quelquefois couvertes « de neige..., et que cette neige lointaine rappelle les frimas des ré-« gions polaires (*Voyage Vénus*, I, 52). »

jours, avaient rendu aux campagnes un aspect charmant ; l'herbe était déjà plus abondante, et un vert tendre succédait aux teintes grisâtres qui, pendant la saison de la sécheresse, avaient si longtemps affligé mes regards. Sans être aussi nombreuses et aussi variées que dans les pays décidément tropicaux, les fleurs devenaient pourtant plus communes ; les insectes s'agitaient au milieu des étamines et sur les feuilles naissantes ; la nature sortait de l'engourdissement calme et silencieux où elle était restée plongée durant plusieurs mois ; elle semblait dire, comme à la fin de nos tristes hivers : *Mortel, tu n'es pas oublié* (1).

Il s'en faut bien que les pluies commencent à la même époque dans les diverses parties du Brésil : on peut signaler, sous ce rapport, des différences extrêmement remarquables. Sur la ligne que je suivais alors, en me dirigeant du nord-ouest au sud-est, la sécheresse paraît finir d'autant plus tard qu'on se rapproche davantage des tropiques du Capricorne ; car, à mesure que j'avançais, on me disait, en chaque endroit, que la pluie de ce jour-là était la première qui fût un peu abondante.

On sait déjà que, à peu près depuis la ville de Santa Cruz, des émigrés de Minas Geraes sont venus s'établir dans les campagnes voisines de la route de Goyaz à S. Paul, et qu'ils ont fondé les villages de Farinha Podre (2) et de França. Entre ce dernier et la ville de Mogimirim, la population très-faible présente également un mélange d'anciens habitants et de nouveaux colons. Les premiers, tous Paulistes et probablement métis d'Indiennes et de blancs

---

(1) Rousseau.
(2) *Voyage aux sources du Rio de S. Francisco et dans la province de Goyaz*, vol. II, chap. XXVI, XXVIII.

à différents degrés, sont, comme les cultivateurs du Rio das Pedras, des alentours de Pouso Alto, etc. (1), des hommes grossiers, apathiques et malpropres. Les seconds, nés généralement dans la *comarca* de S. João d'El Rei, sans avoir à beaucoup près les qualités qui distinguent (1816-1822) les Mineiros des *comarcas* d'Ouro Preto, de Sabará, de Villa do Principe, diffèrent pourtant beaucoup de leurs voisins. La propreté règne dans leurs demeures ; ils sont plus actifs, bien plus intelligents, moins impolis, plus hospitaliers que les véritables Paulistes de ce canton ; en un mot, on retrouve chez eux toutes les habitudes et les mœurs de leur patrie (2).

Tandis qu'à Minas, ou du moins dans les parties les plus civilisées de cette province, les hommes des dernières classes se témoignent généralement beaucoup d'égards, j'entendais, depuis que j'avais passé la frontière de S. Paul, les gens du commun parler de tuer comme on parlerait ailleurs de donner des coups de canne. Du plomb dans la tête, un coup de couteau dans le cœur (*chumbo na cabeça, faça no coroção*), telles étaient les douces paroles qui sans cesse frappaient mes oreilles. Les anciens Paulistes faisaient à peu près aussi peu de cas de leur vie que de celle des autres : il est fort possible que, dans la contrée qui s'étend du Rio Grande à Mogi, les descendants de ces aventuriers audacieux prennent un peu plus de soin de leur propre existence que ne faisaient leurs pères ; mais il ne paraît pas qu'ils estiment davantage celle de leur prochain. Comment, au reste, perdraient-ils leur rudesse hé-

(1) Voir plus haut.
(2) Voir mon *Voyage dans le district des Diamants, etc.*, vol. I, et le *Voyage aux sources du Rio de S. Francisco, etc.*, vol. I.

réditaire? Ils ne reçoivent aucune instruction religieuse, les mauvais exemples des malfaiteurs de Minas qui se retirent parmi eux les excitent encore au mal, et dans ces contrées reculées les lois sont à peu près comme si elles n'existaient pas.

Les cultivateurs de tout ce pays profitent de leurs excellents pâturages pour élever des bêtes à laine, beaucoup de bétail, et ne négligent pas non plus l'éducation des porcs. Les *fazendeiros* (1) les plus riches envoient leurs élèves, pour leur propre compte, à la capitale du Brésil ; des marchands de la *comarca* de S. João d'El Rei achètent dans les habitations ceux des propriétaires les moins aisés. Un grand nombre de bœufs vont aussi de ce pays dans les environs de S. Paul, où on les emploie au service des sucreries et où la mauvaise qualité des pâturages, les faisant périr, force bientôt les propriétaires de les remplacer par d'autres. Quelques années avant l'époque de mon voyage, les bœufs ne valaient encore, dans tout ce pays, que 3,000 reis (18 fr. 75); en 1819, les marchands les payaient jusqu'à 5,000 (31 fr. 25).

On sait que, dans les contrées aurifères, on compte par *vintens* d'or (*vintens d'ouro*) de 37 reis 1/2, valeur en or du poids également appelé *vintem* (2) ; les pays, au contraire, où il n'existe point de mines n'admettent que le *vintem* d'argent de 20 reis (*vintem de prata*), comme on fait en Portugal ou à Rio de Janeiro. Dans les parties de la province de Goyaz que j'ai parcourues, le *vintem d'ouro*,

(1) Propriétaires de *fazendas* ou grandes habitations (voir mes *relations* précédentes).
(2) Voir mon *Voyage dans les provinces de Rio de Janeiro et de Minas Geraes*, vol. I.

monnaie fictive, est le seul en usage. Depuis le Rio das Velhas jusqu'à Farinha Podra inclusivement, on compte également par *vintem d'ouro* et *vintem de prata*; lorsque j'eus franchi la frontière de la province de S. Paul, je n'entendis plus parler que de ces derniers. Dans un pays où il n'y a pas de mines d'or en exploitation, on n'a aucune raison pour s'écarter de l'usage général et pour adopter le poids de l'or comme représentant les valeurs diverses ; à S. Paul, à Sainte-Catherine, à Rio Grande, personne ne sait ce qu'est le *vintem* d'or.

Le tableau général que je viens de tracer peut donner une idée du pays qui s'étend de Franca à la ville de Mogi; la suite de mon itinéraire le fera mieux connaître.

Après avoir quitté Franca (1), on trouve encore dans les alentours un assez grand nombre de maisons. C'est à peu de distance de cette petite ville que la campagne,

(1) Itinéraire approximatif de la ville de Franca à celle de Mogimirim :

	Legoas.
De Franca à Santa Barbara.	3
De S. B. à Paciencia, fazenda.	4 1/2
De P. à Batataes, fazenda.	2
De B. à Araraquara, fazenda.	3
D'A. à Lages, fazenda.	3
De L. à Cubatão, hameau.	3
De C. au Rio Pardo.	3
Du R. P. à Paciencia, fazenda.	4
De P. à Casa Branca, village, aujourd'hui ville.	3 1/2
De C. B. à Olhos d'Agua, fazenda.	4
D'O. d'A. à Itapéva, sitio.	3
D'I. à Urussanga, sitio.	4
D'U. à Mogimirim, ville.	2
	42 leg.

comme je l'ai déjà dit, change entièrement d'aspect ; que non-seulement elle ne présente plus que des graminées et des sous-arbrisseaux, mais aussi que l'on voit reparaître de petites montagnes.

A une 1/2 lieue de l'endroit appelé *Santa Barbara* (Sainte-Barbe), où je fis halte, est une des *fazendas* les plus considérables que j'eusse vues depuis longtemps.

Immédiatement avant d'arriver à Santa Barbara, on passe sur un pont une petite rivière (*Rio de Santa Barbara*) (1). Tandis que José Marianno prenait les devants pour aller demander l'hospitalité au *sitio* voisin (2), le nouveau *tocador*, qui manquait entièrement d'expérience, marchait lentement par derrière ; les mulets, n'ayant plus de conducteur, suivirent un chemin abandonné qui aboutissait au Rio de Santa Barbara, et l'un d'eux, chargé de deux malles remplies de plantes sèches, s'étant précipité dans l'eau, se mit à nager. Je crus que j'allais perdre, en un instant, presque tout le fruit de ce voyage si long, si pénible, qui me coûtait tant de privations ; ma philosophie m'abandonna ; j'étais au désespoir. Firmiano se jeta dans la rivière pour saisir le mulet, le *tocador* arriva ; mais l'on ne parvint à tirer l'animal de l'eau qu'après beaucoup d'efforts.

Les portefeuilles de plantes étaient placés dans les malles sur le côté ; un de leurs bords fut mouillé, et il fallut sécher chaque feuille de papier l'une après l'autre. Pendant que nous nous livrions à ce fastidieux travail, des

---

(1) Santa Barbara, ou sa rivière, a donné son nom à l'un des districts de la ville de Franca (Pedro Müller, *Ensaio*, 44).

(2) Les *sitios* sont des habitations beaucoup moins importantes que les *fazendas* (voir mes *relations* précédentes).

torrents de pluie tombaient du ciel ; l'eau pénétra dans la maison où nous avions trouvé l'hospitalité ; d'autres feuilles de papier furent encore mouillées. Nous fûmes obligés de les sécher à leur tour, et nous passâmes deux jours et demi à Santa Barbara, nous brûlant le visage et étouffés par la fumée. Entre Santa Barbara et Paciencia, dans un espace de 4 *legoas*, le pays est ondulé, et vers l'orient, du côté de la province des Mines, dont les limites sont très-rapprochées de la route, on voit de petites montagnes (Serra do Rio Grande e do Paranná) (1). Presque partout la campagne offre des pâturages simplement herbeux, entremêlés de petits bouquets de bois. Le terrain, en général sablonneux, cesse cependant de l'être en quelques endroits ; il devient alors d'un rouge foncé, et des arbres rabougris reparaissent au milieu des *campos*.

A 2 *legoas* de Santa Barbara, on trouve le *Rio Sapucahy*, la rivière des *Lecythis*, nom que ce cours d'eau doit, sans doute, aux arbres qui croissaient jadis, et peut-être croissent encore aujourd'hui sur ses bords. Je n'ai pas besoin de dire que le pont en bois sur lequel je traversai cette rivière était fort mal entretenu : dans l'intérieur du Brésil, on construit des ponts ; mais ensuite on les abandonne entièrement aux efforts des eaux, à l'intempérie des saisons et aux dégradations des mulets et du bétail. Les bords du Sapucahy sont couverts d'arbres dont les branches se courbent au-dessus des eaux, souvent baignées par elles. A l'endroit où cette rivière traverse la route, elle a peu de largeur ; elle prend, m'a-t-on dit, sa source à environ 16 *legoas* de Paciencia, près de Jacuhy, ville de la pro-

---

(1) Voir plus haut.

vince des Mines, et après avoir reçu dans son lit les eaux de plusieurs rivières, entre autres du Santa Barbara (1), dont j'ai parlé tout à l'heure, elle se jette dans le Rio Grande (2).

La *fazenda da Paciencia* où je fis halte, et qu'il ne faut pas confondre avec une autre du même nom dont je parlerai bientôt, ressemble exactement aux grandes habitations de la *comarca* de S. João d'El Rei, dans la province des Mines, comme les campagnes de ce nom ressemblent à celles d'Oliveira et de Formiga (3). Mes malles furent déchargées dans la grange; mais, à l'instant où j'y entrai, j'eus les pieds couverts de chiques (*Pulex penetrans*), et je me mis à travailler dehors. Le propriétaire de la maison s'approcha de moi; je sus bientôt qu'il était Mineiro. Je lui parlai de son pays, et aussitôt nous devînmes bons amis; il me permit de m'établir dans sa maison et d'y faire mon lit.

---

(1) Mill. et Lop. de Mour., *Dicc.*, II, 642.

(2) Suivant Luiz d'Alincourt (*Mem. viaj.*, 58), c'est dans le Rio Pardo que se jetterait le Sapucahy; mais Cazal et Milliet l'indiquent, avec moi, comme l'un des affluents du Rio Grande (*Corog. Braz.*, I, 366. — *Dicc.*, II, 642). Milliet ajoute qu'en 1843 une société s'offrit au gouvernement pour rendre le Sapucahy navigable dans un espace de 40 *légoas* jusqu'à son confluent, mais que le projet resta sans exécution, à cause de la difficulté de se frayer un passage à travers les rapides appelés *Itapiché*.

(3) Voir, sur ces deux villages qui appartiennent à Minas et ont été érigés en villes en 1839, ce que j'ai écrit dans le premier volume de mon *Voyage aux sources du Rio de S. Francisco*. Pour ce qui concerne la *comarca* de S. João d'El Rei en général, on peut consulter le même ouvrage et le premier volume du *Voyage dans le district des Diamants*, etc.

Le lendemain matin, il faisait à peine jour lorsque des vaches remplirent la cour de l'habitation, et les enfants du maître se mirent à les traire, confondus avec des négresses. La cour de la *fazenda* de Paciencia était fort grande et entourée de gros pieux, comme toutes celles des fermes de la *comarca* de S. João d'El Rei; en un mot, je retrouvai chez mon hôte toutes les habitudes de cette *comarca*.

Le pays que je traversai, au delà de Paciencia, diffère peu de celui que j'avais parcouru la veille. La verdure des *campos* était celle de notre printemps, et même dans les pâturages où on n'avait pas mis le feu pendant la sécheresse il y avait plus de feuilles nouvelles que de tiges et de feuilles desséchées. Partout le *capim frecha*, graminée essentiellement propice au bétail, se montre au milieu des autres herbes. Si la campagne est encore déserte, du moins on y découvre un bel horizon; des arbres rabougris n'y dérobent point aux yeux du voyageur les ondulations assez variées du terrain, et les petites montagnes qui s'élèvent du côté de l'orient achèvent de jeter de la diversité dans le paysage. Parmi ces dernières, il est impossible de ne pas remarquer la *Serra do Bahú* (la montagne du coffre), qui doit son nom à sa forme singulière.

A 2 *legoas* de Paciencia, je fis halte à l'habitation de *Bataes*, et pris place sous un *rancho* entouré de gros pieux qui le défendaient contre les bestiaux; depuis la cité de Goyaz je n'en avais encore vu aucun qui fût construit avec ce soin.

Batataes dépend d'un petit village du même nom qui est situé à peu de distance de la route, du côté de l'est, et que je n'ai point vu. Probablement, par des raisons politiques, ce village fut érigé en ville le 14 mars 1839 (1), et là furent déclarés innocents par un jury les hommes qui, une année auparavant, s'étaient rendus coupables de crimes atroces dans la révolte de Franca (2).

Sous le *rancho* de Batataes, je pouvais me livrer tranquillement à mes occupations habituelles, ce qui, malheureusement, ne m'arrivait pas toujours. Quand j'eus fini mon travail, j'allai me promener un instant dans la campagne. Le soleil venait de se coucher ; la nature entière était plongée dans un calme profond ; une délicieuse fraîcheur se faisait sentir ; cette soirée ressemblait à celles de notre printemps d'Europe.

Le lendemain matin j'allai faire ma visite au maître de l'habitation. C'était un vieillard gai et bien portant qui, par sa tournure, ressemblait à nos fermiers de la Beauce ; il me reçut à merveille, et voulut absolument me faire partager son déjeuner. *Manoel Bernardo do Nasamento*, c'est ainsi qu'il s'appelait (3), était encore un Mineiro né dans la *comarca* de S. João d'El Rei ; il élevait des bestiaux, faisait des fromages, et avait acquis de l'aisance par son activité. Sa maison était fort propre, bien rangée, et, en cela, très-différente de celles des Paulistes de tout ce pays. Cet homme possédait aussi une sucrerie où il distillait du tafia (*cachaça*), et où je remarquai également beaucoup d'ordre.

Un peu avant que je fisse ma visite, Laruotte s'était déjà

---

(1) *Discurso recitado no dia 7 de janeiro de 1840 por occasião da abertura da assemblea legislativa provincial*, 3.

(2) Voir plus haut, p. 138.

(3) D'Alinc., *viaj.*, 57.

rendu à la *fazenda* pour demander la permission d'y changer nos plantes qui, sous le *rancho*, étaient emportées de tous côtés par le vent. Oubliant les usages du pays, il était entré par une porte qui donnait sur le derrière de la maison, et une troupe de femmes s'étaient enfuies aussitôt qu'elles l'avaient aperçu. Malgré cela, il avait toujours continué à avancer, ce qui avait occasionné une grande rumeur. Le maître de la maison était survenu, et il s'était fâché ; mais le bon Laruotte avait fait des excuses, et, grâce à sa qualité d'étranger, il avait obtenu son pardon. Comme je l'ai dit ailleurs (1), l'espèce de cour ou de jardin appelé *quintal* et tout l'intérieur des maisons sont, à Minas, à Goyaz, dans le nord de S. Paul, réservés pour les femmes, et y pénétrer, c'est, de la part des hommes, la plus insigne témérité. La moindre cabane a, sur le devant, une pièce qu'on appelle *sala*, et c'est dans cette pièce qu'on reçoit les étrangers. Je me rappelle qu'à mon arrivée à Rio de Janeiro, en 1816, une dame que je rencontrai au jardin de botanique avec un officier supérieur m'engagea à aller la voir ; je me rendis à l'invitation, j'entrai dans le vestibule de la maison où elle demeurait, je le parcourus, je battis des mains, j'appelai ; tout fut inutile, personne ne vint. Au bout de quelque temps, un petit nègre parut enfin dans un escalier, et je me mis en devoir de monter ; mais l'enfant écarta aussitôt les jambes dans toute la largeur des marches, et étendit les bras pour me barrer le passage. La dame entendit heureusement quelque

---

(1) *Voyage dans les provinces de Rio de Janeiro et de Minas Geraes*, I, 209.

bruit, se montra au haut de l'escalier, et me tira d'embarras en éloignant le jeune esclave qu'animait un si grand zèle pour la conservation des vieux usages.

Comme j'ai déjà eu occasion de le dire, la plupart des habitants pauvres de l'intérieur du Brésil ont au cou non-seulement un rosaire, mais encore diverses amulettes. Dans la crainte de paraître ignorant ou indiscret, je demandai rarement à quoi servaient ces dernières; mais, pendant que j'étais à Batataes, un homme qui portait une longue dent suspendue à son cou me dit que c'était celle d'un loup, et que rien ne préservait plus sûrement du mauvais air.

Au delà de Batataes, le pays continue à offrir une alternative de pâturages et de bouquets de bois. L'un de ces derniers, que traverse la route, présente une végétation très-vigoureuse, et porte le nom de *Matogrosso*, parce qu'il a, m'a-t-on dit, une vaste étendue. Les montagnes qui s'élèvent à l'orient et parmi lesquelles on distingue toujours la Serra do Bahú répandent de la variété dans le paysage.

Du même côté, ce canton n'est qu'à quelques lieues des limites de la province de Minas Geraes; mais il n'en est pas ainsi du côté de l'occident. Depuis Santa Cruz de Goyaz (1) jusqu'ici, les descendants des Portugais n'occupent encore (1819) qu'une étroite lisière de terrain; au delà sont d'immenses solitudes où vivent des hordes d'Indiens-Coyapos. Dans les environs de Farinha Podre (2), les cultivateurs se sont déjà beaucoup rapprochés de ces

---

(1) *Voyage aux sources du Rio de S. Francisco et dans la province de Goyaz*, vol. II, 223.
(2) L. c., 302.

sauvages; mais, si ces derniers ne font aucun mal aux blancs, ils évitent pourtant de communiquer avec eux; ils n'ont point oublié, sans doute, les atrocités que les hommes de notre race ont exercées envers leurs pères.

A 3 *legoas* de Batataes, je m'arrêtai, pour y passer la nuit, à la petite *fazenda d'Araraquara*, autour de laquelle on voit quelques chaumières. Son nom, qui appartient à la *lingoa geral*, signifie *trou des aras*, et a aussi été donné, dans la province de S. Paul, à deux montagnes, une colline, une rivière, et une petite ville fort nouvelle qu'on trouve à 30 lieues S. O. de Mogimirim (1). Araraquara, situé dans un fond, est à peu près entouré de bois et dominé par un mamelon qui, taillé presque à pic, ressemble à un vieux château fort, et produit dans le paysage un effet assez pittoresque.

Le propriétaire de cette *fazenda* élevait du bétail, comme tous ses voisins. Au mauvais état de la maison, au désordre qui y régnait, à la niaise rusticité des habitants, je jugeai, dès le premier instant, qu'ils étaient des Paulistes, et je ne tardai pas à savoir que je ne m'étais point trompé.

Depuis plusieurs jours nous n'avions plus à nous plain-

(1) Luiz d'Alincourt écrit comme moi *Araraquara* (*Mem. viaj.*, 56), et c'est incontestablement ainsi qu'on appelle dans le pays même l'habitation dont il s'agit. Quant à la plus haute des deux montagnes qui portent le même nom, Cazal et Milliet l'appellent simplement *Araquara* (*Corog.*, I, 203.—*Dicc.*, I, 72); mais Pedro Müller écrit *Araraquara*, tout à la fois pour la montagne et pour la ville. Si l'on a dit *Araquara*, il me semble évident que c'est par corruption : ce dernier mot, comme l'a fait observer M. Francisco dos Prazeres Maranhão (*Revista trim.*, I, 71, *seg. ser.*), viendrait d'*ara*, jour, et *coara*, trou; mais cette composition, *le trou du jour*, ne présente pas de sens, et les mots composés tirés du guarani ou dialecte de la côte ont généralement une signification très-précise.

dre des *borrachudos*, insectes malfaisants qui nous avaient horriblement tourmentés dans la province de Goyaz (1) ; à Araraquara ils furent encore très-incommodes.

Dans un espace de 3 *legoas*, entre cette habitation et *Lages*, je ne vis qu'une chaumière. Le sol est très-sablonneux, et, tandis qu'ailleurs les terres de cette nature ne produisent que des herbes et des sous-arbrisseaux, ici des arbrisseaux rabougris s'élèvent dans plusieurs parties des *campos*. Un peu avant Lages, on passe par un bois très-épais où la végétation n'est guère moins vigoureuse qu'au milieu des grandes forêts vierges, et presque en y entrant on monte une côte extrêmement pierreuse qu'on appelle *Pé do Morro* (le bas du morne) (2).

L'habitation de Lages, où je fis halte, doit son nom, qui signifie pierres plates, à des rochers aplatis sur lesquels coule un ruisseau voisin (*Rio das Lages*) (3). Elle est fort considérable, et l'on y voit une sucrerie, une grande cour entourée de gros pieux, et un jardin (*quintal*) planté d'orangers. Comme le *rancho* qui en dépend était presque entièrement occupé par une caravane, José Marianno alla demander une petite place dans le moulin à sucre ; mais elle fut refusée : il fallut donc nous arranger, comme nous pûmes, sous le *rancho*, où le vent rendait mon travail

---

(1) Voir ma première et ma seconde *relation*.

(2) Luiz d'Alincourt (*Mem. viaj.*, 56) donne à cette côte le nom de *Serra do Morro* (montagne du morne), qui, ce me semble, n'est guère moins étrange que celui de *Pé do Morro*. C'est très-probablement de la même côte que M. Manoel Felisardo de Souza e Mello a voulu parler dans son discours à l'assemblée législative de 1844 (*Discurso recitado no dia 7 de janeiro* 1844), lorsqu'il dit que le sénat municipal de Batataes a fait sentir la nécessité de réparer la *Serra do Lages*.

(3) L. c.

presque impossible. J'allai à la *fazenda* pour acheter quelques provisions, et je trouvai, dans les propriétaires, des hommes grossiers : ils étaient, sans doute, du nombre des anciens habitants du pays.

Au delà de Lages, le terrain continue à être très-sablonneux, et la campagne offre une alternative de bouquets de bois et de pâturages : quelquefois ceux-ci ne présentent que des herbes ; plus souvent il y croît des arbres rabougris, d'une végétation très-maigre. Sur la droite, on voit de petites montagnes couvertes de bois.

Depuis longtemps mes mulets, je ne sais pour quelle cause, s'éloignaient beaucoup pendant la nuit ; il était fort tard quand on les trouvait, et, voyageant par la plus forte chaleur, nous arrivions très-fatigués à chaque halte. C'est encore ce qui eut lieu le jour où nous quittâmes Lages pour nous rendre à *Cubatão* (1), espèce de petit hameau composé de quelques chaumières bâties dans un fond, à l'entrée d'un pays boisé et montueux. Nous prîmes place sous un misérable *rancho* à moitié découvert, où j'aurais certainement eu beaucoup de peine à garantir mes effets s'il fût tombé de la pluie, et où j'étais, plus que partout ailleurs, dévoré par les *borrachudos*.

Le lendemain matin, j'allais quitter ce triste lieu, lorsqu'un cheval qui s'était cabré retomba de tout son poids sur le petit lit de camp portatif qui me servait depuis mon troisième voyage. Dans celui de Minas, j'avais d'abord fait usage d'un hamac ; mais étant tombé une belle nuit, lorsque j'étais plongé dans un profond sommeil, j'avais pris

---

(1) Nous retrouverons souvent le nom de *Cubatão* dans cette relation de voyage ; j'en ai inutilement cherché l'origine ; Pizarro dit qu'il signifie *un ravin entre des montagnes* (*Mem. hist.*, IX).

le parti de faire comme les muletiers, et de coucher par terre sur un cuir écru. De retour à Rio de Janeiro, je m'étais procuré le lit de camp dont je viens de parler, et je croyais devoir à ce petit meuble la santé dont je jouissais depuis neuf mois ; le bon Laruotte eut le talent de le faire servir encore, quoiqu'il fût tout brisé.

Au delà de Cubatão, je passai par le bois le plus beau, le plus vigoureux peut-être que j'eusse vu depuis huit mois, c'est-à-dire depuis que j'étais sorti des forêts vierges pour entrer dans les *campos* (1). Presque tous les arbres qui en font partie ont leur tronc enveloppé d'un lacis de lianes épaisses qui ensuite se répandent dans leurs branches et souvent retombent jusqu'à terre. Quand on a passé ce bois, qui s'étend, dit-on, très-loin d'orient en occident, on retrouve des *campos* où les *capões* sont très-multipliés (2). A l'époque de mon voyage (9 octobre), la végétation n'était pas encore avancée, ce qui achèverait de prouver que, dans cette partie du Brésil, les pluies commencent d'autant plus tard qu'on se rapproche davantage du tropique (3).

J'étais convenu avec le muletier José Marianno que nous passerions un jour sur les bords du Rio Pardo, pour qu'il eût le temps d'aller tuer des perroquets, oiseaux qui se rendent en troupes très-nombreuses à des sources d'eau minérale voisines de la rivière. José avait pris les devants pour demander l'hospitalité dans quelque maison, et, lors-

---

(1) *Voyage aux sources du Rio de S. Francisco, etc.*, vol. I.
(2) Ce mot désigne les bouquets de bois épars dans les *campos*, et, comme je l'ai dit ailleurs, il signifie *île* dans la langue des Indiens (*Caapoam*). C'est à tort que Luiz d'Alincourt écrit *campões*; car ce dernier mot, augmentatif de *campo*, voudrait dire *grand champ*, et bien certainement on ne s'est jamais avisé de donner ce nom à des bois.
(3) Voir plus haut.

que j'arrivai, il me dit qu'il n'avait trouvé aucun endroit où nous pussions placer nos effets; que, par conséquent, il fallait faire 1 lieue de plus. Cette proposition dérangeait mes plans, et d'ailleurs je ne croyais pas possible de passer la rivière et de gagner une autre halte avant la nuit. Je fis des objections avec toutes les précautions oratoires que je pus imaginer; ce fut inutile, mon homme persista: alors je consentis à aller plus loin; mais, à son tour, il voulut rester, et en définitive les malles furent déchargées dans une maisonnette habitée par une pauvre veuve, la seule habitation qu'il y eût en cet endroit. Pendant toute la soirée José Marianno continua à être d'une humeur insupportable, et peut-être changea-t-il d'idée plus de trois ou quatre fois, disant tantôt qu'il fallait se mettre en marche le lendemain, et tantôt qu'il fallait rester pour tuer des oiseaux. Je prenais soin de ne pas le heurter, parce que je commençais à concevoir des craintes pour sa raison. Il passait souvent vingt-quatre heures sans manger; il n'ouvrait les yeux qu'à demi; son teint était jaune, sa figure était farouche; il cherchait dispute à tout le monde, et si, par hasard, il adressait une parole honnête à quelqu'un, il était facile de voir que c'était en se faisant violence.

Le Rio Pardo, sur le bord duquel je passai deux jours, prend sa source dans les *campos* de la petite ville de Caldas, dont le territoire dépendait autrefois de la *comarca* de S. João d'El Rei, et fait actuellement partie de celle de Sapucahy (1), province de Minas Geraes. Dans son lit, qui est embarrassé par quelques rapides, il reçoit les eaux de plusieurs petites rivières, entre autres du *Rio Araraqua-*

---

(1) Mill. et Lop. de Mour., *Dicc.*, 1, 200.

ra (1), et va se jeter dans le Rio Grande (2). A l'endroit où le traverse la route de Goyaz à S. Paul, il est, m'a-t-on dit, éloigné de sa source d'une vingtaine de lieues, et peut avoir à peu près la largeur de nos rivières de quatrième ou cinquième ordre (3). Ses deux bords sont couverts de bois; ses eaux ont une couleur brunâtre et ne sont pas très-bonnes à boire. Le voisinage du Rio Pardo est beaucoup moins malsain que celui du Rio Grande; cependant il y règne aussi quelquefois des fièvres intermittentes. On prétend qu'à l'époque des crues on voit paraître, au milieu de ces rivières, des mammifères amphibies d'une taille monstrueuse, dont les uns ressemblent à des cochons, les autres à des taureaux; ces récits rappellent naturellement ceux qu'on fait à Goyaz du fameux *minhocão*, et tendraient à confirmer l'existence de cet animal (4). Elle est, ce me semble, mieux confirmée encore par un passage de Luiz d'Alincourt, qui, parlant de deux lacs situés à environ 15 lieues du Rio Pardo, auprès d'*Olhos d'Agoa*, ajoute que, suivant les cultivateurs du pays, ils sont habités par un animal monstrueux fait comme une barrique et appelé *Minhotoçu* (5).

Les eaux minérales dont j'ai déjà dit quelques mots prennent naissance dans un bois touffu, à environ 1 lieue de la rivière. Là se trouvent de grandes clairières rapprochées les unes des autres, où ne croît aucun arbre, et qui

---

(1) Caz., *Corog.*, I, 214. — D'Alinc., *Mem. viaj.*, 54.
(2) Luiz d'Alincourt dit (l. c.) qu'il porte ses eaux directement au Paranná; mais ici il est en contradiction avec Cazal et Milliet.
(3) Il aurait, selon d'Alincourt (l. c.), 150 *braças* (230 mètres).
(4) *Voyage au Rio de S. Francisco et dans la province de Goyaz*, II, 132, 135.
(5) *Mem. viaj.*, 50.

n'offrent, avec quelques touffes de gazon, qu'une boue épaisse pétrie par les pieds des bestiaux. Au milieu de cette fange, on voit de petites mares verdâtres et bourbeuses qui n'ont point d'écoulement; ce sont les eaux minérales du Rio Pardo. Ces eaux ne sont point amères comme celles d'Araxá (1); mais elles ont un goût d'œuf pourri très-prononcé. Je crois que leur malpropreté est uniquement due aux animaux qui les troublent sans cesse, car il y a une mare dont ils approchent moins que des autres, et celle-là est limpide, quoique d'une couleur rougeâtre. Les eaux du Rio Pardo, comme celles d'Araxá, sont fort goûtées des animaux, et attirent un grand nombre d'oiseaux, principalement des aras, des perroquets et des colombes. Les bêtes à cornes les boivent avec plaisir, et elles leur tiennent lieu du sel qu'on est obligé de leur donner, dans l'intérieur du Brésil, lorsqu'on veut les conserver; cependant il n'y a guère que les cultivateurs les plus voisins qui envoient leurs troupeaux au *bedouro*, nom que l'on donne à l'endroit où se trouvent les sources. Le sel n'est pas ici très-cher, et les bestiaux sont beaucoup moins sauvages, quand ils viennent de temps en temps en prendre leur ration à la *fazenda*, que lorsqu'on les envoie aux eaux minérales. Ce que j'ai dit plus haut du goût de ces eaux suffit pour montrer qu'elles sont essentiellement sulfureuses, et que, par conséquent, elles pourraient être employées avec succès dans le traitement des maladies cutanées, malheureusement trop communes au Brésil; cependant, tandis qu'on préconise les bains de Caldas Novas et Velhas, près Santa Cruz de Goyaz, qui, évidemment, n'ont

---

(1) *Voyage aux sources du Rio de S. Francisco*, etc., I, 248.

que de faibles propriétés (1), on ignore, si ce n'est dans le voisinage, l'existence des sources du Rio Pardo, et jusqu'ici aucun auteur n'en a parlé. J'oserai les recommander aux hommes de l'art et à l'administration de la province de S. Paul; peu éloignées de quelques centres de population assez importants, Mogimirim, Campinas, Jundiahy, elles pourraient rendre de grands services.

Les terres voisines du Rio Pardo sont propres à tous les genres de culture, principalement à celle de la canne à sucre. Je ne parle naturellement ici que des *capões*, puisque, dans le système d'agriculture adopté par les Brésiliens, on ne peut ensemencer les *campos*. Mais ceux-ci sont loin d'être sans utilité pour les colons; ils offrent d'excellents pâturages où l'on élève beaucoup de bétail.

Pendant que j'étais au Rio Pardo, un homme du voisinage vint mystérieusement m'offrir des diamants. Je lui dis que je ne demandais pas mieux que de les voir. Il commença par me montrer des cristaux blancs; puis, après avoir développé bien des petits papiers, il arriva à quelques diamants colorés, assez vilains, qui avaient été trouvés dans la rivière. Je le remerciai de sa complaisance, et ce fut ainsi que l'affaire se termina.

Avant que je partisse du Rio Pardo, Pedro, mon nouveau *tocador*, me dit qu'il était malade, et me quitta. Ces gens fatiguent par leur inconstance. Je ne me sentais plus le courage de faire, comme je l'avais projeté, le voyage du Rio Grande do Sul; avec d'autres serviteurs, je n'aurais pas hésité à aller jusqu'au bout du monde.

(1) *Voyage aux sources du Rio de S. Francisco et dans la province de Goyaz*, II, 247, 249.

En quittant la maisonnette de la pauvre veuve du Rio Pardo, je traversai cette rivière dans une pirogue. Le péage est affermé pour le compte du fisc ; on paye (1819) 400 reis (2 fr. 25 c.) par personne, 60 reis (37 cent.) par mulet, et 20 reis (12 c. 1/2) pour la charge de chacun de ces animaux, ce qui occasionne une dépense énorme aux propriétaires des caravanes.

Au delà du Rio Pardo s'étend une belle plaine à peine ondulée et couverte de pâturages. Au milieu de ces derniers on voit, en quelques endroits, des arbres rabougris ; ailleurs il ne croît que des herbes, parmi lesquelles on remarque toujours le *capim frecha*, si favorable aux bêtes à cornes.

La *fazenda da Paciencia* où je fis halte, et qu'il ne faut pas confondre avec celle du même nom dont j'ai parlé plus haut, a beaucoup d'importance et possède un très-beau moulin à sucre (1819). Mes effets furent placés dans ce moulin ; mais, à la fin du jour, le propriétaire, riche Mineiro, vint m'inviter à me rendre chez lui, et j'y soupai ; je retrouvai dans cet homme la politesse franche des habitants de Minas.

Quand on a quitté Paciencia, on s'aperçoit que l'on commence à se rapprocher des villes ; les maisons deviennent un peu moins rares. Le pays, ondulé et découvert, offre des *campos* entremêlés de bouquets de bois. A l'époque où je passai par ce pays (12 octobre 1819), la verdure des pâturages était toujours extrêmement fraîche ; mais les fleurs manquaient presque entièrement.

Le village de *Casa Branca* (maison blanche), où je m'arrêtai, se compose (1819) de quelques maisonnettes éparses, et d'une rue régulière, fort large, mais très-courte, à une extrémité de laquelle est une petite église également éloignée des deux rangs de maisons et consacrée à Notre-Dame des Douleurs (*Nossa Senhora das Dores*). C'est sur un plan analogue que sont construits la plupart des villages de Minas. Les maisons qui forment la grande rue de Casa Branca, au nombre de vingt-quatre, avaient été bâties pour autant de ménages d'insulaires açoriens que l'on avait fait venir pour peupler ce canton. Le gouvernement avait payé tous les frais de transport, et l'on avait donné à chaque ménage non-seulement une maison, mais des instruments aratoires et une demi-lieue de terrain couvert de bois. Ces hommes furent effrayés à la vue des arbres énormes qu'il fallait abattre avant de pouvoir planter ; dix-huit ménages prirent la fuite, traversèrent la province de Minas Geraes, et allèrent se jeter aux pieds du roi, le conjurant de les tirer de Casa Branca. On leur donna d'autres terres du côté de Santos, et le village de Casa Branca resta presque désert (1). Il y avait cependant, à l'époque de mon voyage, cinq ans environ que Casa Branca était devenu le chef-lieu d'une paroisse qui était peuplée d'un assez grand nombre de cultivateurs retirés dans les terres, et qui s'étendait depuis Cubatão jusqu'au *Rio Jaguarhymirim*, dans un espace d'environ 16 *legoas*. Cazal et Pizarro ne font aucune mention de ce village ; on vient de voir ce qu'il était en 1819 ; depuis cette époque jusqu'en 1825, il s'agrandit

---

(1) M. Luiz d'Alincourt dit (*Mem. viaj.*, 51) que les insulaires açoriens s'enfuirent de Casa Branca, parce que le gouvernement ne leur avait pas accordé tout ce qu'il leur avait promis. Il serait très-possible que cette raison se fût réunie à celle que j'indique pour décider ces hommes à prendre la fuite.

d'une manière remarquable (1), et une loi provinciale du 25 février 1841 l'a mis au rang des villes, lui formant un district particulier aux dépens de celui de Mogimirim (2).

Je m'étais logé à Casa Branca dans une maison assez grande qui n'avait encore que la carcasse et le toit. Au commencement de la nuit, un orage affreux éclata; l'eau tombait par torrents. La maison fut inondée; mais, grâce aux précautions qu'avait prises José Marianno en mettant les malles sur des pièces de bois, et les garantissant avec les cuirs écrus destinés à couvrir la charge de nos mulets, il n'y eut rien de mouillé. Pendant l'orage, je me trouvais chez le frère du curé que j'avais été voir sans le connaître; il m'eût été impossible de mettre le pied dehors, et j'étais, je l'avoue, dans une mortelle inquiétude pour les objets d'histoire naturelle que j'avais, depuis quelques mois, recueillis avec tant de peine. C'est un vrai supplice que de voyager au Brésil, avec des collections, dans la saison des pluies.

Au delà de Casa Branca, le pays est toujours ondulé, et présente encore une alternative de bouquets de bois et de *campos*, les uns simplement herbeux, les autres parsemés d'arbres rabougris, d'une végétation maigre. Il est à remarquer que ces arbres appartiennent à peu près tous aux espèces qui croissent éparses au milieu des pâturages, dans des pays bien plus rapprochés de la ligne équinoxiale, le midi de Goyaz et le nord-ouest de Minas Geraes.

A 4 *legoas* de Casa Branca, je fis halte à l'habitation

---

(1) Luiz d'Alincourt, *Mem. viaj.*, 51.
(2) Mill. et Lop. de Mour., *Dicc.*, I, 250.

d'*Olhos d'Agoa* (sources), où je ne trouvai d'autre abri qu'un *rancho* à demi découvert.

Je n'avais guère fait que 1 lieue 1/2 depuis Olhos d'Agoa, lorsque j'arrivai à la petite rivière de Jaguarhymirim, qui traverse la route et que je passai à gué. Cette rivière sépare la paroisse de Casa Branca de celle de *Mogiguaçu*; elle prend sa source dans la province de Minas, et va se jeter dans le *Mogi*, l'un des affluents du Paranná. Son nom, emprunté à la *lingoa geral* (1), signifie la petite rivière des jaguars.

Le rancho de la *fazenda d'Itapéva*, situé sur le bord d'un ruisseau (*Ribeirão d'Itapéva*), ne m'offrit pas un gîte beaucoup meilleur que celui d'Olhos d'Agoa. Le nom d'*Itapéva*, qui est aussi celui d'une petite ville de la province de S. Paul dont je parlerai plus tard, vient de deux mots de la *lingoa geral*, *ita* et *peba*, qui doivent être traduits en français par pierre plate (2).

Les terres de ce canton sont très-bonnes et propres principalement à la culture du maïs et de la canne à sucre. Les pâturages aussi sont excellents, et l'on y élève beaucoup de bêtes à cornes, qui se vendent à S. Paul et à Rio de Janeiro.

Dans ce pays, comme dans toutes les provinces de l'intérieur, les *fazendeiros* ont un grand nombre de chiens.

---

(1) La *lingoa geral*, dialecte du guarani, était parlée par les Indiens de la côte et fort en usage parmi les anciens Paulistes. Les jésuites en avaient composé la grammaire et le dictionnaire (voir mon *Voyage dans le district des Diamants et sur le littoral du Brésil*).

(2) Ce n'est pas, comme l'a cru Luiz d'Alincourt, *Itapeba*, qui signifierait *cascade plate*; il n'y a pas dans cet endroit de cascade, et une cascade n'est jamais plate.

En Allemagne et dans le nord de la France, ces animaux sont traités avec beaucoup de douceur; il n'en est pas de même au Brésil. Il arrive fréquemment qu'on leur donne à peine à manger; on ne les caresse point, et sans cesse on les bat sans raison. Entouré d'esclaves, le Brésilien s'accoutume à ne voir que des esclaves dans les êtres auxquels il est supérieur soit par la force, soit par l'intelligence. La femme est trop souvent la première esclave de la maison (1), le chien est le dernier.

Au delà d'Itapéva, un pays plat, des campos découverts et des bouquets de bois; une verdure ravissante, mais peu de fleurs (16 octobre). Les maisons deviennent encore moins rares; on rencontre quelques personnes dans le chemin. Je passai devant un pâturage entouré d'une haie sèche; enfin, pour la première fois depuis S. João d'El Rei, c'est-à-dire depuis environ sept mois, je vis une *venda* sur le bord de la route : tout cela annonçait que nous sortions des déserts et que nous nous rapprochions d'une ville importante.

A 4 *legoas* d'Itapéva, je fis halte au sitio d'Urussanga,

---

(1) Voici comment s'exprime un auteur brésilien qui, au milieu d'une foule d'exagérations, a pourtant dit quelques vérités : « Je crois qu'il « est de mon devoir de déclarer que les femmes brésiliennes ne font « point partie de la société; excepté dans les grandes villes, elles sont « traitées comme des esclaves... Les femmes qui appartiennent aux « classes inférieures méritent les plus grands éloges pour l'ardeur avec « laquelle elles se livrent au travail, tandis que leurs maris, oisifs et « efféminés, passent leur vie à dormir ou à se balancer dans les hamacs « qu'elles ont fabriqués. Principalement dans les provinces de Bahia, « Sergipe et Alagoas..., ce sont les femmes qui font vivre leurs maris... « Ce n'est point une compagne que cherche l'homme du peuple, il se « marie pour avoir une esclave. » (Antonio Muniz de Souza, *Viagens de um Brasileiro*, 63.)

qui appartenait encore à un homme de Minas Geraes, et dont le nom, dérivé du guarani *Urusangaï*, signifie *le ruisseau de la poule qui couve*. La pluie me força de séjourner trois jours dans cet endroit sous un *rancho* à demi découvert, que je partageai avec deux caravanes.

Nous n'avions que du bois humide pour entretenir nos feux ; la fumée nous incommodait horriblement, et j'étais sans cesse aux aguets, la nuit comme le jour, pour empêcher que les collections ne fussent mouillées. Il est véritablement affreux que les propriétaires qui vendent leur maïs aux voyageurs ne fassent pas la légère dépense d'entretenir leurs *ranchos*. On assurait que le nouveau gouverneur de S. Paul, M. João Carlos d'Oeynhausen, venait de donner à ce sujet des ordres très-sévères ; mais je doute fort qu'ils aient été exécutés.

Il y avait à Urussanga, pendant que j'y étais, une troupe nombreuse de Bohémiens (*Siganos*). Ces hommes étaient établis dans un village voisin, celui de Mogiguaçu ; mais ils se répandaient dans le pays pour faire, suivant l'usage de leur caste, des échanges de mulets et de chevaux. Ils avaient construit une cahute à Urussanga, et, lorsqu'ils n'avaient pas besoin de leurs mulets, ils les laissaient dans les pâturages des alentours, qui sont excellents. Ils paraissaient extrêmement unis, et furent pour moi d'une grande complaisance. Je ne les entendis jamais parler une autre langue que le portugais ; ils étaient habillés comme les Brésiliens, mais ils avaient les cheveux longs et la barbe longue. Je leur demandai pourquoi, contrairement à l'usage du pays, ils laissaient croître leur barbe ; mais, sur ce point, je n'en obtins que des réponses évasives. Tous étaient assez bien mis ; ils possédaient des esclaves, et un

assez grand nombre de chevaux et de bêtes de somme. A l'époque de mon voyage, c'étaient principalement des Bohémiens qui, à Rio de Janeiro, faisaient en seconde main le commerce des noirs, et il y avait parmi eux des hommes fort riches. « Les Bohémiens, dit d'Eschwege, furent in-
« vités aux fêtes que l'on donna dans la capitale du Bré-
« sil à l'occasion du mariage de la fille aînée du roi
« Jean VI avec un infant d'Espagne (1). Les jeunes gens
« de cette nation, ayant en croupe leurs fiancées, entrè-
« rent dans le cirque sur de beaux chevaux richement
« caparaçonnés. Chaque couple sauta par terre avec une
« incroyable légèreté, et tous ensemble exécutèrent les
« plus jolies danses que j'aie jamais vues. On n'avait des
« yeux que pour les jeunes Bohémiennes, et les autres
« danses semblaient avoir pour unique but de faire pa-
« raître les leurs plus agréables (2). »

Les Bohémiens d'Urussanga passèrent toute une journée à tâcher de faire des échanges avec les propriétaires des deux caravanes qui, avec moi, partageaient le *rancho*. En plaisantant, je parlai à l'un d'eux du peu de probité dont on accuse sa nation. Je trompe tant que je puis, me répondit-il sérieusement; mais tous ceux qui traitent avec moi font de même. La seule différence qu'il y ait entre nous est qu'ils jettent les hauts cris quand ils se voient attrapés, et que, si l'on m'attrape, je n'en dis rien à personne (3).

---

(1) La princesse qui depuis a épousé en secondes noces D. Carlos, frère du roi d'Espagne Ferdinand VII.

(2) *Brasilien die neue Welt*, II, 55.

(3) « Il existe dans les déserts de Bahia, Sergipe, Alagoas, et dans
« presque tout le Brésil, dit Antonio Muniz de Souza (*Viagens*, 38), cer-
« tains hommes appelés *Siganos*, qui naissent, vivent et meurent à che-

Le plus âgé de la bande, superbe vieillard, vint un soir me consulter. Vous êtes médecin, me dit-il. — Pas le moins du monde. — Vous ne voulez pas le dire; mais, si vous n'étiez pas médecin, vous ne cueilleriez pas ainsi toutes sortes d'herbes. — Je me défendis de mon mieux; ce fut inutile, et je me résignai à accepter le titre de docteur. — Eh bien! voyons, quel mal avez-vous? dis-je au vieillard. — Autrefois, me répondit-il, c'était un plaisir de me voir galoper dans ces campagnes, vous n'auriez pu vous empêcher de m'admirer; aujourd'hui je ne puis plus rien, les forces me manquent. Cette consultation était exactement celle qu'Irène fit à l'oracle (1), et je répondis comme lui : C'est que vous vieillissez; mais je n'eus pas la cruauté d'ajouter avec l'oracle : Il faut mourir; mon ordonnance fut beaucoup moins sévère. — Vous avez beaucoup travaillé; laissez vos fils travailler à leur tour. Je ne vous dirai pourtant pas de rester dans un repos absolu; continuez à monter à cheval, mais autant qu'il est nécessaire pour vous désennuyer, et arrêtez-vous quand vous vous apercevrez que la fatigue va commencer. Ne faites point

« val et qui n'ont d'autre pensée que tuer et voler... Ils vont en troupe,
« bien armés, cherchant les occasions de s'emparer du bien d'autrui et
« commettant les assassinats les plus cruels... A chaque moment on
« entend parler des larcins et des meurtres commis par ces hommes
« pervers qui ne sont jamais poursuivis par la justice... et qui commu-
« niquent leurs détestables habitudes aux Brésiliens eux-mêmes. »
Dans les pays que j'ai parcourus, j'ai entendu parler des vols et des friponneries des *Siganos* (*Voyage dans la province de Goyaz*, II, 179), mais jamais des crimes affreux que leur reproche Muniz. Si on prenait au pied de la lettre ce qui a été écrit par cet auteur et même par d'Eschwege, on ne pourrait, sans trembler, mettre le pied sur le sol brésilien.

(1) *Les Caractères de la Bruyère.*

de remède; prenez une bonne nourrriture, et de temps en temps buvez un peu de vin. La recette plut au malade; car, quelques instants plus tard, il m'envoya un plat de viande, présent qui me fut d'autant plus agréable que, depuis un mois, je n'avais mangé que du riz et des haricots noirs.

Entre Urussanga et Mogiguaçu, le pays offre encore des *campos* découverts et des bouquets de bois.

Le petit village de Mogiguaçu a été bâti sur la rive gauche d'une rivière de même nom, et possède une église dédiée à Notre-Dame de la Conception (*Nossa Senhora da Conceição*). Il est le chef-lieu d'une paroisse qui, autrefois, comprenait Franca, Batataes et Casa Branca, mais qui, depuis que la population s'est beaucoup accrue, a été peu à peu réduite au territoire situé entre le Jaguarhymirim et le *Rio Mogiguaçu* dont je parlerai bientôt. C'est avec la paroisse de Mogiguaçu que commence cette vaste étendue de terres assez peuplée qui, de toute la province de S. Paul, produit le plus de sucre et comprend les *termos de* Mogimirim, S. Carlos, Jundiahy, Hytú, Capivhary, Porto Felis et Constitução (1). Sur la seule paroisse de Mogiguaçu, il y avait déjà, en 1819, vingt sucreries, et les terres de ce canton passaient pour très-bonnes.

En sortant du village de Mogiguaçu, on passe la rivière de même nom sur un pont étroit et fort mal entretenu, qui, n'ayant point de garde-fou, est très-dangereux pour les mulets (1819). Le *Rio Mogiguaçu*, ou simplement *Mogi*, prend sa source dans la Serra da Mantiqueira ou dans l'un de ses contre-forts; il peut avoir, au-dessous du

---

(1) Pedro Müller, *Ensaio*, tab. 3.

village, la même largeur que nos rivières de quatrième ordre (1); son cours n'est point encore bien connu. Cette rivière fournit aux habitants du pays d'excellent poisson; mais elle est très-malsaine, et occasionne souvent des fièvres intermittentes (2). Telle est la principale cause du peu d'augmentation qu'a éprouvée le village de Mogiguaçu, tandis que des villes voisines se sont accrues d'une manière sensible.

Luiz d'Alincourt raconte (3) que, vers la fin du siècle dernier, une épidémie dévastatrice se déclara sur la paroisse de Mogiguaçu. Pour prendre le poisson plus facilement, les habitants avaient la pernicieuse coutume de l'empoisonner, en jetant dans leur rivière du timbó, nom que l'on donne à plusieurs espèces de lianes qui appartiennent à la famille des Sapindacées; cette année-là, une quantité prodigieuse de poissons fut tuée de cette manière; ces animaux pourrirent, l'air fut infecté de miasmes fétides, et il en résulta une affreuse maladie qui emporta un grand nombre de personnes (4).

(1) Luiz d'Alincourt estime cette largeur à soixante-huit pas (*Mem. viaj.*, 46).
(2) D'Alincourt, *Mem. viaj.*, 47.
(3) *Mem. viaj.*, 47.
(4) C'est aux Indiens que les Brésiliens actuels doivent la connaissance des propriétés des *timbós* comme celle des usages d'une foule d'autres plantes. Le P. Anchieta dit que, au temps de la ponte, une douzaine de poissons plus grands que les autres cherchent les criques resserrées pour y déposer leurs œufs, et que, lorsqu'ils en ont trouvé une qui leur convient, ils y amènent une quantité innombrable d'autres individus de leur espèce. Mais les Indiens, ajoute-t-il, ont soin, d'avance, d'enclore ces criques en n'y laissant qu'un étroit passage; ils y répandent *le suc d'un certain bois qu'ils appellent timbó, et les*

Entre Mogiguaçu et la ville de *Mogimirim*, le pays n'offre guère que des *capoeiras*, ce qui prouve qu'autrefois il était couvert de bois.

---

poissons, enivrés, se laissent prendre sans peine, souvent au nombre de douze mille (José Anchieta, *Litt.* in *Not. ultram.*, I, 41).

CHAPITRE IV.

MOGIMIRIM ET CAMPINAS.

La ville de *Mogimirim;* son histoire; ses rues; ses maisons; ses églises. —Fertilité de ses alentours; leurs productions.—Les *camaradas* qui accompagnent les caravanes allant de S. Paul à Goyaz. — Commencement d'un changement de végétation; le *Pteris caudata.* — Sucrerie de *Parapitingui;* culture de la canne à sucre. — Changement total de végétation; exception remarquable. — Le *Rio Jaguarhyguaçu.* — Les émigrants espagnols. — Le *Rio Tibaia;* réflexions sur les péages. — Le *barba de bode* (*Chœturis pallens*). — Pays beaucoup plus peuplé. — *Ranchos* royaux. — La ville de *Campinas;* son histoire; population de son *termo.* — Ce que produit la canne; manière de transporter le sucre. — Le *maté.* — La maison du *capitão mór* de Campinas. — Costume des femmes. — Le *rancho de Capivarhy;* grossièreté des habitants du pays. — Le commencement des habitudes des villes.

Mogimirim, ou simplement *Mogi* (1), comme on dit communément par abréviation, est situé par les 22°

---

(1) On écrit ce mot de diverses manières; j'ai adopté celle qui m'a paru la plus rationnelle. Un Espagnol-Américain très-versé dans la langue guarani a inutilement cherché l'étymologie de *Mogi*. Ce mot viendrait peut-être du guarani *mòangi*, qui signifie *petite quantité*, et aurait été donné aux deux rivières qui le portent, à cause de leur peu d'importance.

20′ 30″ latit. sud, et reçut le titre de ville en 1769, sous le gouvernement de D. Luis Antonio de Souza Botelho. Chef-lieu d'une paroisse et d'un *termo*, cette ville appartenait autrefois à la *comarca* de S. Paul, et était administrée par des juges ordinaires (*juizes ordinarios*) (1); depuis la révolution qui a changé la face du Brésil, elle a fait d'abord partie de la troisième *comarca* dont le chef-lieu est Jundiahy; mais, lorsqu'en 1859 on forma, comme je l'ai dit, une septième *comarca* en faveur de Franca, il fut décidé qu'elle comprendrait Mogimirim. Cette ville est située dans un pays plat, coupé de pâturages et de bouquets de bois. En 1819, elle se composait uniquement de deux rues parallèles, et dans la province des Mines on en eût fait à peine le chef-lieu d'une paroisse. Les maisons y sont basses, très-petites, bâties, pour la plupart, avec des bâtons croisés et une terre grise qui les rend extrêmement tristes. Je ne crois pas que, lors de mon voyage, leur nombre allât beaucoup au delà de cent, et je n'en ai vu que deux qui, avec le rez-de-chaussée, eussent encore un étage. Outre l'église paroissiale, qui est fort mesquine et a été dédiée à S. Joseph, il y en a encore, à Mogi, une seconde consacrée à Notre-Dame du Rosaire. On voit, dans cette petite ville, un assez grand nombre de *vendas* assez mal garnies, et une couple de boutiques (*lojas*), dont une fort jolie (1819). Les habitants de Mogi sont, pour la plupart, des agriculteurs qui ne viennent à la ville que le dimanche.

Ce sont eux, à ce qu'il paraît, qui, de toute la province,

---

(1) Voir ce que j'ai écrit sur les juges ordinaires dans mon *Voyage dans les provinces de Rio de Janeiro*, etc., I.

élèvent le plus de pourceaux (1). Leurs terres sont fort bonnes et propres surtout à la culture de la canne; aussi existe-t-il, dans ce canton, un assez grand nombre de sucreries. Les propriétaires riches envoient leur sucre à Rio de Janeiro, en le faisant embarquer au port de Santos; les moins aisés vendent celui qu'ils fabriquent à des marchands de S. Paul qui viennent le chercher chez eux, payent comptant et souvent font des avances (1819). Malgré la fertilité de ce district, les fréquentes maladies qui règnent à Mogi et dans ses alentours ont dû nécessairement arrêter les progrès de cette petite ville; ils ont été arrêtés aussi par le désavantage qu'ont les cultivateurs de payer, pour le transport de leurs produits, des droits énormes de péage auxquels ne sont point sujets les habitants des villes qui sont plus rapprochées de S. Paul. De 1818 à 1823, des Mineiros vinrent, il est vrai, s'établir dans le pays avec des fonds; cependant il paraît qu'aujourd'hui encore (1849) Mogi n'a pas une très-grande importance (2).

Cette ville, ainsi que celles de Campinas et de Jundiahy, qui sont situées sur la même route, mais plus près de S. Paul, fournit une bonne partie des serviteurs libres (*camaradas*) qui, avec les caravanes, vont de la capitale de la province à Goyaz et à Matogrosso. C'est là une des ressources de tout ce pays. Un *tocador* qui se loue pour aller de S. Paul à Villa Boa se paye (1819) de 20 à 30,000 reis (125 à 187 fr.) pour le voyage, qui dure environ quatre mois. Le maître de la caravane nourrit le cheval de tous ses *camaradas*; mais le retour est entièrement aux frais

(1) Pedro Müller, *Ensaio*, tab. 3.
(2) Luiz d'Alinc., *Mem. viaj.*, 15; — Mill. et Lop. de Mour., *Dicc.*, II, 114.

de ces derniers. L'*arrieiro* ou, comme on dit dans ce pays, l'*arreiador* est payé en raison du nombre de mulets qu'on lui donne à soigner et à diriger. Chaque *camarada* peut avoir, dans la caravane, un mulet chargé de marchandises qui lui appartient; avant le départ, le maître fait les avances nécessaires pour l'achat du mulet et des marchandises, et à l'arrivée la somme avancée au *camarada* se déduit de celle qui lui est due (1819).

Je fis halte à Mogi sous un grand *rancho* situé à l'entrée de la ville, et qui était assez bien couvert pour que nous n'eussions pas à craindre d'être mouillés pendant la nuit. C'est un avantage dont je n'avais pas toujours joui, depuis qu'avait commencé la saison de l'hivernage.

Je ne voulus pas quitter Mogi sans rendre visite au *capitão mór* du district. Je me présentai chez lui; on me fit attendre une grande demi-heure, et on finit par me dire qu'il était malade.

Le pays que je parcourus, après avoir quitté la ville de Mogi (1), est encore ondulé, et offre une alternative de pâturage et de bouquets de bois; mais ceux-ci sont beaucoup plus multipliés qu'ils n'avaient encore été depuis Santa Cruz de Goyaz; différence qui indique assez au voyageur que bientôt il va sortir entièrement des *campos*. Pour

---

(1) Itinéraire approximatif de la ville de Mogimirim à celle de Jundiahy :

	Legoas.
De Mogimirim à Parapitingui, fazenda.	3
De P. aux bords du Rio Tibaia.	4
Du R. T. à Campinas, ville.	3
De C. à Capivhary, rancho.	4
De C. à Jundiahy, ville.	3
	17 legoas.

la première fois, depuis bien longtemps, je vis, dans un de ces bois, dont les arbres avaient été brûlés, la grande fougère (*Pteris caudata*, ex Mart.) qui, à Minas, s'empare si souvent des terrains épuisés (1). Il paraîtrait que cette plante croît exclusivement dans les pays de grandes forêts, car je ne l'ai trouvée ni à Goyaz ni dans la partie de Minas qui appartient à la région des *campos* (2).

A 5 *legoas* de Mogi, je fis halte à la sucrerie de *Parapitingui* ou *Pirapitingui* (du guarani *pirapitagĭ*, poisson presque rouge) (3), qui a quelque importance. Le moulin est fort beau ; mais, quoique la maison du maître ait un étage outre le rez-de-chaussée, elle est très-petite (1819), et rien encore ne rappelle ici les *fazendas* de la province des Mines. Nous fûmes cependant très-bien reçus, et on nous logea dans le moulin.

Le gérant de la sucrerie (*feitor*) me dit que, dans ce canton, la canne produit deux années de suite ; qu'après cela on l'arrache, et qu'on en plante de nouvelle dans le même terrain, ce qui peut se répéter jusqu'à six fois ; qu'après cela on laisse reposer la terre pendant trois ans ; qu'enfin, au bout de ce temps, la *capoeira* est assez vigoureuse pour être coupée, brûlée (4), et fournir, par ses cendres, un engrais réparateur. On ne voit point ici de *capim gordura*,

(1) Voyez mon *Voyage dans les provinces de Rio de Janeiro*, etc., I, 114.
(2) L. c., vol. II, 311.
(3) C'est cette habitation qu'on a indiquée, sous le nom de *Pirapitanga*, sur la jolie carte topographique de S. Paul qui a paru à Rio de Janeiro en 1847.
(4) Comme je l'ai expliqué ailleurs, les *capoeiras* sont les bois qui poussent dans les terrains en jachère originairement couverts de bois vierges.

cette ambitieuse graminée qui s'empare, à Minas, de si immenses espaces (1), et la grande fougère dont j'ai parlé plus haut ne se montre que dans les plus mauvais terrains.

Au delà de Pirapitingui, je traversai, comme la veille, un pays coupé de *campos* et de bouquets de bois fort nombreux. Mais à peine avais-je fait 1 lieue, qu'à l'endroit appelé *Borda do Campo*, la limite du pays découvert, je vis la végétation changer entièrement, et j'entrai dans une forêt vierge qui a une très-grande étendue, et qui, sans offrir rien de remarquable pour la vigueur, n'est pourtant pas sans beauté. J'ai indiqué, ailleurs, la Serra da Mantiqueira comme formant la séparation des *campos* et des bois, et j'ai dit que ces derniers couvrent, en général, des montagnes roides et escarpées qui se garantissent les unes les autres contre les efforts des vents. A Borda do Campo, j'étais à 14 *legoas* de la *Serra de Jundiahy*, dont je parlerai plus tard; le terrain était aussi peu montueux que celui que j'avais vu les jours précédents, et cependant je retrouvais une vaste forêt continue, sans doute, avec celles de Minas, Rio de Janeiro, Espirito Santo : ici donc nous avons une exception fort remarquable, et j'avoue qu'il me serait impossible de l'expliquer d'une manière bien satisfaisante. Depuis plusieurs jours j'avais aussi remarqué que les bouquets de bois (*capões*) ne croissent pas particulièrement dans les fonds, comme ceux de la province de Minas, ce qui fait encore une autre exception.

A 2 *legoas* de Pirapitingui, la route est traversée par le *Rio Jaguarhyguaçu*, qu'il faut bien se garder de confondre

---

(1) *Voyage dans les provinces de Rio de Janeiro, etc.*, I, 194.

avec la rivière, plus septentrionale, de Jaguarhymirim, dont j'ai déjà parlé (1). On passe le Jaguarhyguaçu sur un pont étroit, mal entretenu, et sans garde-fou : ici encore on exige un péage; mais j'en fus exempté par mon passe-port royal (*portaria*).

L'employé chargé de recevoir l'argent des voyageurs me prit pour un Espagnol, comme avaient fait beaucoup d'autres personnes, depuis que j'avais commencé le voyage de Goyaz à S. Paul. Pendant longtemps il avait passé, par cette route, des émigrés espagnols de tous les partis qui, ayant traversé la province de Matogrosso, se rendaient à la capitale du Brésil : c'étaient les seuls étrangers que l'on eût vus; tout étranger devait donc être un Espagnol. Il paraît, au reste, que le gouvernement portugais avait accordé à ces hommes toutes les facilités possibles pour leur voyage, et que, de leur côté, les Brésiliens n'eurent jamais qu'à se louer de leur conduite.

Après une journée de 4 *legoas*, je fis halte sous un *rancho*, construit, au milieu des bois, sur le bord de la rivière de *Tibaia*. Le temps était superbe; jamais l'azur du ciel n'avait été plus brillant. La verdure des arbres, plus fraîche, peut-être, que celle de nos bosquets printaniers, reposait délicieusement la vue; les fleurs des orangers qui entouraient la maison du péage embaumaient l'air de leurs parfums.

Le *Rio Tibaia* ou, comme on écrit souvent, *Atibaia* (2)

---

(1) Voir plus haut.
(2) Le mot guarani *atibai* veut dire *tempe* ou *cheveux qui tombent sur les tempes* (Antonio Ruiz de Montoya, *Tesoro de la lengua*, 72); mais un Espagnol-Américain fort versé dans la langue guarani pensait que *Tibaia* pouvait venir de *Tobájay*, rivière du beau-frère.

prend sa source à environ 17 *legoas* de la route, près du lieu appelé *Nazareth*, et, réuni au Jaguarhyguaçu, il forme le *Piracicaba*, l'un des affluents du Tieté. A l'endroit où il traverse la route, il peut avoir la même largeur que nos rivières de quatrième ordre; de grosses pierres s'élèvent de son lit, et des bois couvrent ses deux rives. On le passe sur un pont qui, comme ceux des rivières de Mogi et de Jaguarhyguaçu, est fermé par une porte que l'on ouvre à ceux qui payent. Les gens à pied sont obligés de donner 40 reis (25 cent.); on exige 120 reis (75 cent.) pour les personnes à cheval et les animaux chargés, et enfin 1,200 reis (7 fr. 50 c.) pour les chars à bœufs. Percevant des droits aussi élevés, l'ancienne administration aurait dû au moins entretenir les ponts dans un état convenable ; mais c'est ce dont elle avait fort peu de souci.

Luiz d'Alincourt a déjà montré (1) que de Paciencia à S. Paul, dans un espace de 44 à 45 *legoas*, il y avait cinq passages de rivière à payer, et je dois ajouter que de Goyaz à Paciencia il y en avait cinq de plus ; de là il résulte que le coton expédié, par exemple, de Meiaponte à S. Paul aurait payé dix fois des droits, tandis que le sucre de Campinas et de Jundiahy ne payait pas un denier ; il résulte, par conséquent encore, que les droits augmentaient en raison de l'éloignement ; que plus s'élevaient les frais de transport, plus s'élevaient en même temps les sommes exigées par le fisc; il résulte enfin que moins la situation d'une ville était favorable, plus son commerce était chargé

M. Francisco dos Prazeres de Maranhão fait dériver *Tibaia* de *tyba*, factorerie, et *yg*, rivière; c'est lui qui, très-probablement, a rencontré la véritable étymologie.

(1) *Mem. viaj.*, 53.

d'impôts. On n'avait certainement aucune raison pour accabler Mogimirim et favoriser Campinas, ou bien pour écraser Meiaponte et ménager Mogimirim : une rivière traverse la route, il faut y établir un péage, parce qu'un péage augmente les revenus du trésor public; c'est là le seul raisonnement que l'on avait fait, et l'on n'avait pas songé qu'en agissant ainsi on paralysait complétement l'agriculture et le commerce dans des contrées lointaines où ils avaient surtout besoin d'être encouragés.

Entre le Rio Tibaia et la ville de Campinas, j'essuyai une très-forte chaleur ; c'était toujours dans des bois que je voyageais. Les bambous y sont fort communs; j'y vis aussi, en assez grande quantité, une Composée arborescente et alors en graine, qui, fort remarquable par sa hauteur, ne s'élevait pas à moins de 10 à 12 mètres, et me parut appartenir au groupe des Vernoniées. Dans une clairière assez considérable, je ne trouvai pas autre chose que la Graminée appelée vulgairement *barba de bode* (barbe-de-bouc, *Chœturis pallens,* var. y Mees et Mart.), qui passe pour un bon fourrage. Cette espèce forme des touffes fort épaisses, ordinairement écartées les unes des autres, et elle a des feuilles et des panicules spiciformes inclinées ; elle croît en société, et en certains endroits elle couvre à elle seule de très-grands espaces de terrain : je l'avais trouvée, pour la première fois, en 1816, près de Gama, route de Rio de Janeiro à Ouro Preto, et bien plus récemment je l'avais recueillie à Lages (1); certaines cartes indiquent de vastes *campos* de *barba de bode,* au nord-est de la Serra da Canastra.

(1) Voir plus haut.

A mesure que j'avançais vers la ville de S. Paul, je reconnaissais mieux que je n'étais plus dans les déserts; je rencontrais des voyageurs, je passais continuellement devant des terrains entourés de haies sèches, et de plantations immenses de cannes à sucre; enfin je suis persuadé que, dans un espace de 3 legoas, entre Tibaia et la ville de Campinas, je ne vis pas moins d'une demi-douzaine de sucreries dont quelques-unes me parurent importantes.

Arrivé à Campinas, je m'établis, à l'entrée de la ville, sous un vaste *rancho* couvert en tuiles et entouré de murs solides bâtis en pisé (*taipa*). Depuis cet endroit jusqu'à S. Paul, on compte un certain nombre de *ranchos* qui ont été construits de la même manière, et que l'on nomme *royaux*. L'administration en avait fait tous les frais, et sous ce rapport elle méritait les plus grands éloges. C'était accorder une protection signalée à l'agriculture que de soustraire les caravanes à la cupide incurie des propriétaires, et tâcher de préserver d'une détérioration malheureusement trop facile les riches produits de la terre. Plût au ciel que l'on se fût toujours appliqué à favoriser ainsi le commerce et les efforts des cultivateurs!

J'étais à peine établi sous le *rancho* de Campinas, que trois caravanes de mulets chargés de sucre vinrent s'y loger également.

C'est à la fabrication du sucre que la ville de Campinas doit son origine. Pendant longtemps on avait cru que les terres noires des environs d'Hytú étaient les seules de toute cette partie de la province qui fussent propres à la culture de la canne; cependant, malgré le préjugé qui s'était établi, quelques personnes essayèrent, vers 1770, de planter cette Graminée dans des terrains d'un rouge foncé qui dépendent du *termo* actuel de Campinas ; le succès couronna leurs travaux, et bientôt leur exemple fut suivi par un grand nombre de cultivateurs. On construisit, sous l'invocation de Notre-Dame de la Conception (*Nossa Senhora da Conceição*) (1), une église où la messe fut célébrée pour la première fois en 1776 (2) ; un village se forma, et fut appelé *Campinas* (vastes campagnes); bientôt l'église de la Conception devint paroissiale ; enfin, en 1797, le capitaine général Antonio Manoel de Mello Castro e Mendonça érigea en ville et en chef-lieu de *termo*, sous le nom de *S. Carlos*, le nouveau village qui jusqu'alors avait appartenu au *termo* de Jundiahy. Ce fut à des juges ordinaires nommés par le peuple que fut confiée l'administration de la justice (*juizes ordinarios*). De 1818 à 1823, la ville de S. Carlos ou Campinas prit un accroissement sensible ; ses progrès ont été bien plus remarquables encore depuis que le Brésil est devenu indépendant, et en 1840 le gouvernement provincial de S. Paul lui a donné le titre de cité (*cidade de S. Carlos*) (3).

Lors de mon voyage, le nom officiel n'avait point encore prévalu, et il paraît qu'aujourd'hui même il s'en faut qu'il soit généralement adopté, car on trouve seulement celui de *Campinas* dans les rapports des présidents de la province à l'assemblée législative (*relatorios*, etc., 1845, 1847) (4).

(1) Tel est le nom que Luiz d'Alincourt et Pizzaro donnent à cette église (*Mem. viaj.*, 34 ; — *Mem. hist.*, VIII, 302), et l'on sait combien de confiance mérite le dernier de ces écrivains pour tout ce qui a rapport aux églises du Brésil.
(2) Luiz d'Alinc., l. c.
(3) Mill. et Mour., *Dicc.*, I, 213.
(4) Voici comment s'exprime un Anglo-Américain au sujet du change-

Dans une étendue d'environ 8 *legoas*, le *termo* de Cam-
ment du nom de Campinas : « Quoique j'admire le nom de S. *Carlos*
« (S. Charles) autant que celui d'aucun saint du calendrier, je ne puis
« me réconcilier avec le système de nomenclature locale que la poli-
« tique sacerdotale a imposé aux Brésiliens en dépit de leur jugement
« et de leur bon goût. Si l'harmonie, le sens, la variété sont des qua-
« lités désirables dans les noms propres, il est difficile de trouver rien
« de plus parfait que ceux des rivières, des montagnes, des divers lieux
« de l'Amérique soit du Nord, soit du Sud (Kidder, *Sketches*, I, 265). »
J'ai dit ailleurs combien la langue des Indiens présente d'avantages, et
je déplore, avec M. Kidder, la suppression de quelques-uns des noms
qui lui avaient été empruntés. Il ne faut cependant pas s'exagérer l'harmonie de cette langue ; ainsi, quand aux noms d'*Itapitininga, Araraquara, Itaquaquecetuba, Pindamonhongába, Guaratinguetá* on aurait substitué ceux de quelques saints du calendrier grec ou romain, il
me semble qu'on n'aurait pas grand'chose à regretter. Je n'ai point
dissimulé les torts du clergé brésilien ; mais, par cela même, je crois
devoir le justifier de ceux qu'il n'a jamais eus. Les Portugais qui étaient
catholiques regardaient les saints comme des intercesseurs, et mettaient sous leur protection les lieux qu'ils découvraient ; on arrivait sur
le bord d'une rivière le jour de la fête d'un saint, c'était son nom que
l'on donnait à la rivière ; en agissant ainsi, on obéissait simplement à
sa foi, on ne cédait à aucune combinaison politique, à aucune violence,
et on ne songeait nullement qu'on fît le sacrifice de son bon goût et de
son jugement. Cet usage s'était encore conservé de mon temps. Julião
arriva sur les bords du Jiquitinhonha le jour de S. Michel ; il n'était
certes sous l'influence d'aucun prêtre, et il donna le nom de S. Miguel
au village dont il jeta les fondements (*Voyage dans les provinces, etc.*,
II). Au reste, si les premiers Paulistes ont changé quelques noms appartenant à la *lingoa geral*, ils en ont emprunté beaucoup d'autres à
cette même langue. Dans tous les cas, il me semble que l'exemple du
changement de Campinas en S. Carlos prouve peu de chose contre la
suppression des mots indiens, car Campinas est un mot portugais. Il
prouve encore moins contre l'idée d'honorer les saints en substituant
leurs noms à d'autres plus anciens, puisque ce ne fut point du tout en
mémoire de saint Charles, archevêque de Milan, qu'on changea le nom
de Campinas en celui de S. Carlos, mais pour faire honneur à la reine
D. CARLOTA JOAQUINA, épouse de Jean VI (Luiz d'Alinc., *Mem.*, 34),
comme les Français, en appelant *Sainte-Amélie* un village de l'Algérie,

pinas comprenait, en 1819, environ 6,000 individus (1), et en 1858 on y comptait 6,689 habitants, sur lesquels il y avait 3,917 esclaves tant nègres que mulâtres. L'accroissement de la population a, par conséquent, été, proportion gardée, bien moins grand ici qu'en beaucoup d'autres parties du Brésil, mais il ne faut pas s'en étonner : ce *termo*, resserré dans d'étroites limites, était déjà fort peuplé en 1819; il n'admettait plus d'immigrations importantes, et dans l'état actuel des choses les terres des sucreries ne sont pas susceptibles de grands morcellements.

La ville de Campinas est entourée de bois de tous les côtés. Les rues n'ont pas beaucoup de largeur; les maisons sont neuves (1819), rapprochées les unes des autres, couvertes en tuiles, et construites, pour la plupart, en terre battue; plusieurs d'entre elles peuvent passer pour fort jolies. L'église paroissiale, petite et mesquine (1819), s'élève sur une place qui forme un carré long. Lors de mon voyage, on bâtissait de tous les côtés, et il était facile de voir que la ville de Campinas acquerrait bientôt une importance notable.

La plupart des habitants des environs de Campinas sont des cultivateurs. C'est, de toute la province de S. Paul, le *termo* qui produit le plus de sucre. Dès 1819, il s'y trou-

n'avaient pensé qu'à Marie-Amélie, alors leur reine. Quant aux plaisanteries dirigées contre le catholicisme par lesquelles M. Kidder termine son article sur Campinas, je n'en dirai rien, elles n'appartiennent pas à notre siècle, où les diverses communions chrétiennes savent se respecter, et si, par hasard, quelque catholique en était blessé, je le renverrais au passage si noblement écrit, par lequel le même auteur commence son livre, et que tous les chrétiens liront avec bonheur.

(1) En 1822, Pizarro indique 5,999 âmes sur toute la paroisse (*Mem. hist.*, VIII, 302), et celle-ci a la même étendue que le *termo*.

vait une centaine de sucreries, y compris les distilleries, et en 1838 on y comptait quatre-vingt-treize moulins à sucre proprement dits, et un nombre égal d'établissements où se fabriquait du tafia (1). Parmi les propriétaires de sucreries (*senhores d'engenhos*) (2), il y en a de fort riches; Luiz d'Alincourt en nomme un, entre autres (3), dont le revenu ne s'élevait pas, en 1817, à moins de 80,000 cruzades (200,000 fr.). Les habitations que l'on considérait, lors de mon voyage, comme ayant quelque importance employaient environ vingt esclaves, et l'on assurait qu'avec ce nombre on faisait facilement 2,000 arrobes de sucre (29,480 kilog.). Plus le terrain est rouge, plus il est favorable à la culture de la canne. Elle produit ici pendant trois années consécutives (4); puis on l'arrache et on la remplace. De bonnes terres, après avoir été dégarnies de bois vierges, ont rapporté pendant vingt ans; la vingtième année, elles ont paru se fatiguer, on les a laissées reposer trois ans, mais on ne savait point encore, lors de mon voyage, si, cette seconde fois, elles rendraient sans interruption pendant un espace de temps aussi considérable que la première. Tout ce qui précède prouve que, si le sol du *termo* de Campinas n'égale point encore en fécondité celui des Campos dos Goitacazes, il est pourtant plus fertile que ne sont généralement les cantons de Minas Geraes, où l'on plante la canne à sucre. Je crois pouvoir garantir les détails que je donne ici sur les terres de Cam-

(1) Pedro Müll., *Ensaio*, tab. 4.
(2) *Voyage dans la province de Rio de Janeiro*, etc., I, 57.
(3) *Mem. viaj.*, 37.
(4) On donne, au Brésil, le nom de *planta* à la première production de la canne à sucre; la seconde s'appelle *soca*, et la troisième *resoca*.

pinas, car je les tiens du *capitão mór* de cette ville et d'un ecclésiastique qui paraissait ne pas être dépourvu d'instruction.

Quelques propriétaires du *termo* de Campinas possèdent (1819) des troupes de mulets dont ils se servent pour expédier leur sucre jusqu'au port de Santos; d'autres ont recours à des muletiers qui se chargent du transport, à raison de 340 à 400 reis (2 fr. à 2 fr. 50 c.) l'arrobe (14 kilog. 74). Les caravanes mettent douze jours à faire le voyage. Chaque mulet porte 8 arrobes divisées en deux sacs, dont chacun est renfermé dans un grand panier de bambou (*jaca*). Ces derniers sont aplatis et à peu près carrés, presque semblables à ceux dans lesquels on transporte les fromages de Minas Geraes à la capitale du Brésil (1).

Le soir du jour où j'arrivai à Campinas, j'allai rendre visite au *capitão mór* de cette ville, qui me reçut très-bien et m'engagea à dîner pour le lendemain. J'étais à peine entré, que l'on m'invita à prendre, en guise de thé, une décoction de maté (2) ou herbe du Paraguay. Comme on le verra par la suite, cette boisson finit par me paraître délicieuse; mais, cette fois-là, je la trouvai peu agréable, soit que l'*herbe*, comme on dit dans le pays, ne fût pas de bonne qualité, soit que j'eusse besoin de m'y accoutumer.

La maison du *capitão mór*, qui était neuve et très-jolie, annonçait assez que le propriétaire jouissait d'une grande aisance. Le salon et la salle à manger, les seuls appartements que l'on me montra, avaient des murs peints en

(1) Voyez mon *Voyage aux sources du Rio de S. Francisco*, I, 72.
(2) Ici et ailleurs j'écris ce mot comme on doit le prononcer en français.

façon de marbre jusqu'à hauteur d'appui, puis blanchis presque jusqu'au plafond, au-dessous duquel régnait un cordon de fleurs. A cette époque, ce genre de décoration, qui n'était pas sans quelque élégance, paraissait être assez en usage chez les Brésiliens riches.

Le lendemain de mon arrivée à Campinas était un dimanche; je vis passer devant le *rancho* un grand nombre de cultivateurs, hommes et femmes, qui venaient à cheval à la messe; la ville se remplit de monde.

Ici, comme dans tout l'intérieur du Brésil, les femmes se tiennent à cheval de la même manière que les hommes. Quand elles y montent, elles ont sur la tête un chapeau de feutre et portent une espèce d'amazone faite ordinairement de drap bleu. Depuis Mogi, je ne rencontrais pas un homme, surtout à cheval, qui n'eût son *poncho*, vêtement dont j'ai donné la description. Pendant la messe, les femmes de Campinas avaient, comme celles de la côte, le corps et la tête enveloppés dans une longue mante d'étoffe noire.

Au delà de Campinas le chemin continue à traverser le bois vierge que j'avais commencé à parcourir les jours précédents. Presque partout on avait coupé les arbres à droite et à gauche jusqu'à une certaine distance, afin que l'air, circulant avec plus de liberté, séchât facilement la terre.

Je passai devant plusieurs chaumières, et devant le *rancho de Jurabatuva*, construit de la même façon que celui de Campinas aux frais du trésor royal; puis, après avoir fait 4 *legoas*, je m'arrêtai au lieu appelé *Capivhary* (1). Le

---

(1) *Capivarhy* signifie la rivière du *cabiai*; c'est un nom qui se retrouve au Brésil en beaucoup d'endroits différents.

rancho qu'on voyait en cet endroit avait aussi été bâti aux dépens du fisc ; il était extrêmement grand et pouvait recevoir une immense quantité de marchandises, mais il était rempli de poussière et d'ordures au milieu desquelles pullulaient les puces et les chiques. Au bout de quelques instants, mes gens eurent les pieds et les jambes couverts de ces insectes, et mes bottes ne purent m'en garantir que très-imparfaitement. A quelques pas du *rancho de Capivarhy*, il y avait une petite *fazenda* où l'on vendait du maïs aux voyageurs. Je fis au propriétaire quelques reproches de ce qu'il ne faisait point balayer le *rancho* dont il retirait des avantages, et de ce qu'il laissait dévorer les voyageurs par les insectes malfaisants. Qui est-ce qui fait balayer son *rancho?* me répondit-il d'un ton grossier.

Je rencontrai bien certainement, sur cette route, quelques personnes complaisantes et polies ; mais, en général, ceux qui en habitent les bords sont peu honnêtes ; leurs manières sont communes : ils ont l'air froid, niais, triste, apathique, et une foule d'hommes de notre race se distinguent uniquement des paysans français, parce qu'ils n'ont ni leur gaîté ni leur vivacité ; bien différents des blancs des *comarcas* d'Ouro Preto, Sabará, Serro do Frio, dans la province des Mines, qui, presque tous, sont au-dessus de la dernière classe (1849). Je dois, au reste, m'empresser d'ajouter que, s'il est souverainement injuste de juger les Mineiros en général par ceux qui demeurent près du grand chemin si fréquenté de Rio de Janeiro à Diamantina, il n'y aurait pas moins d'injustice à prétendre assimiler tous les Paulistes à des hommes forcés, pour ainsi dire, de vivre au milieu d'une foule de muletiers, de nègres, de *ca-*

maradas ignorants, grossiers et vicieux, qui passent et repassent sans cesse.

Entre Campinas et Capivarhy, j'avais éprouvé une excessive chaleur ; le tonnerre s'était fait entendre, et, aussitôt après mon arrivée, l'orage éclata ; des torrents d'eau tombaient du ciel. Le lendemain le temps était extrêmement couvert ; mais les chiques tourmentaient tellement le pauvre Laruotte, il paraissait si triste, que je me décidai à partir. La pluie tomba bientôt, heureusement elle ne dura pas, et, comme cela arrive presque toujours, ce fut seulement dans l'après-dînée qu'il commença à pleuvoir sérieusement.

La même forêt continue à se prolonger entre Capivarhy et Campinas. Le terrain avait commencé à être un peu montueux, il le devint davantage, et enfin, autour de Jundiahy, je vis des montagnes assez élevées, qui, très-certainement, se rattachent à la Serra da Mantiqueira. Je fis halte à 1/2 *legoa* de cette ville, au lieu appelé *Ponte* (pont), où l'on trouve un pâturage enclos (*pasto fechado*), et de petites maisons dont on loue les chambres aux voyageurs. Ce sont là les habitudes des villes. Depuis que j'avais commencé à voyager dans les bois, mes mulets étaient beaucoup moins heureux : les *campos* leur avaient offert longtemps une herbe abondante et salutaire ; au milieu des bois il n'y avait plus que des pâturages fermés, obtenus artificiellement par la destruction des arbres, et qui étaient tellement broutés, que les animaux n'en pouvaient plus rien tirer.

CHAPITRE V.

JUNDIAHY. — ARRIVÉE A S. PAUL.

La ville de Jundiahy ; population de son *termo;* production de ses alentours. — Visite au *capitão mór* de Jundiahy ; comment s'organisent les caravanes qui vont de S. Paul à Goyaz et à Matogrosso. — Les goîtreux de Jundiahy. — Le *ferrador.* — *Rancho do Feliz.* — Végétation et aspect de la campagne entre ce lieu et le *rancho do Capão das Pombas.* — Le *Morro de Jaraguá* ; un paysage brésilien décrit par un Anglo-Américain ; les mines de Jaraguá. — Le pays charmant situé au delà du rancho das Pombas. — Le *Rio Tieté.* — Arrivée à S. Paul. — L'auberge de *Bexiga.* — De nouveaux arrangements pris avec José Marianno. — M. GRELLET. — L'auteur s'établit dans une maison de campagne voisine de la ville.

Jundiahy, que je visitai bientôt, est situé par les 23° 2' latit. sud (1), près de la rive gauche d'une petite rivière du même nom. Celle-ci, qui se jette dans le Tieté, a été appelée *Rio Jundiahy,* à cause de la grande quantité de *jundiá* (espèce de poisson) que l'on trouve dans son lit (2). C'est en 1656 que furent jetés les premiers fondements de

(1) Piz., *Mem. hist.,* VIII, 302.
(2) M. Francisco dos Prazeres Maranhão, qui a publié, dans l'ouvrage intitulé *Revista trimensal* (I, 75, *seg. ser.*), un morceau intéressant sur les étymologies brésiliennes, croit que *Jundiahy* vient de *jandy yg,*

Jundiahy; on les attribue au comte de Monsanto, qui s'était fait reconnaître comme héritier du premier donataire de la capitainerie de *S. Vincente* (1).

La ville de Jundiahy a fort peu d'étendue; ses rues ne sont pas très-larges; ses maisons, serrées les unes contre les autres comme dans nos villes, sont généralement basses et petites. Outre l'église paroissiale consacrée à Notre-Dame de l'Exil (*Nossa Senhora do Desterro*), il y en a encore, à Jundiahy, deux autres, dont une est celle d'un petit couvent de bénédictins (*hospicio*) (2).

Comme à Campinas et à Mogi, les fonctions judiciaires étaient autrefois exercées, dans le *termo* de Jundiahy, par des juges ordinaires (*juizes ordinarios*).

Dans tout ce *termo*, qui probablement n'est pas beaucoup plus grand que celui de Campinas, on comptait, lors de mon voyage, de 5 à 6,000 âmes, et la population ne paraît pas avoir beaucoup augmenté, puisqu'en 1858 on la portait encore à 5,885 individus (3). Il est évident que

---

rivière de l'huile. Jandy, dans la *lingoa geral* ou le dialecte de la côte, signifie, à la vérité, huile (*Diccionario portuguez e brasiliano,* 18); mais ce n'est pas *jandi* qui entre dans la composition du mot dont il s'agit ici, c'est *jundiá,* et, s'il est peu naturel de donner à un courant d'eau le nom de *rivière de l'huile,* il l'est extrêmement d'appeler rivière des *Jundias* celle où l'on trouve un grand nombre de ces poissons. — J'ai déposé un individu de cette espèce au muséum de Paris; M. Valenciennes l'a reconnu pour appartenir au genre *Platystome* de la famille des Sisuroïdes, et l'a nommé *Platystoma emarginatum* (Pois., XV, 19).

(1) Piz., *Mem. hist.,* VII, 302.

(2) En portugais le mot *hospicio* se prend dans le sens qu'il avait autrefois chez nous; il désigne de petits monastères où l'on recevait les religieux en voyage.

(3) Pedro Müll., *Ensaio,* tab. 5.

les causes qui l'ont empêchée de s'accroître d'une manière sensible sont celles qui ont amené le même résultat que dans le *termo* de Campinas, et que j'ai signalées plus haut (1).

Les habitants de Jundiahy sont, pour la plupart, des agriculteurs qui n'y viennent que le dimanche. Je passai un jour ouvrable dans cette ville; les maisons étaient toutes fermées; une fête survint, elles s'ouvrirent, et les rues se remplirent de monde.

Pendant longtemps on ne cultiva, dans les environs de Jundiahy, que le riz, les haricots, le maïs et d'autres denrées de même nature, qu'on allait vendre à S. Paul ou que l'on débitait sur les lieux; mais, depuis un certain nombre d'années, la culture de la canne à sucre s'est introduite dans ce canton. Les terres ne sont pas, à beaucoup près, aussi favorables à la canne que celles de Campinas; cependant on la plante aussi avec beaucoup de succès au pied de la *Serra de Japi* (2), chaîne de montagnes qui s'étend vers le sud de la ville (3).

Jundiahy fournit aux caravanes qui se rendent à Goyaz et à Matogrosso encore plus de *camaradas* (serviteurs libres) que Mogimirim (4), et, assure-t-on, on

---

(1) Page 209.
(2) Peut-être pour *iape*, massue (ind.).
(3) Luiz d'Alincourt dit (*Mem. viaj.*, 30) qu'en 1818 on comptait près de quarante sucreries dans le *termo* de Jundiahy, y compris les distilleries, et en 1838 Pedro Müller (*Ens.*, tab. 4) n'indique que deux distilleries et vingt-neuf sucreries où l'on faisait à la fois du sucre et du tafia. Il ne me semble pas vraisemblable que le nombre des sucreries ait été en diminuant de 1818 à 1838; par conséquent, il y aurait, sans doute, quelque erreur dans l'une ou l'autre des deux évaluations.
(4) Voir plus haut.

n'en trouve de meilleurs dans aucun des districts voisins.

Depuis que le *tocador* Pedro m'avait quitté (1), j'avais formé le projet de lui donner un successeur à Jundiahy, et de m'adresser, pour cela, au *capitão mór* du district de cette ville, qui s'occupait spécialement de procurer des *camaradas* aux caravanes. Il était à sa *fazenda*, située à 1 lieue et demie de la ville. Guidé par un nègre qui connaissait bien tout ce canton, je traversai un pays montueux, presque partout couvert de bois. En quelques endroits pierreux, il n'y avait cependant que des arbrisseaux; dans d'autres, où les arbres avaient été coupés et brûlés, on voyait d'humbles *capoeiras*; d'autres où les bestiaux paissaient souvent étaient devenus des pâturages; enfin quelques espaces bas et humides n'avaient jamais dû offrir que des plantes herbacées. Le *capitão mór* de Jundiahy m'accueillit à merveille; je trouvai en lui un excellent homme; il paraissait doué d'une complaisance extrême, et se montra entièrement disposé à faire tout ce qui pouvait m'obliger. Quelque temps auparavant, il avait reçu dans sa maison deux Prussiens fort distingués, M. Sellow, dont je parlerai plus tard, et M. d'Olfers, homme également instruit et spirituel, qui, après avoir rempli des missions diplomatiques au Brésil et en Portugal, est devenu directeur des musées de Berlin. C'est le *capitão mór* de Jundiahy qui, plus anciennement, avait réorganisé la caravane des savants Spix et Martius, lorsque la fuite de leur *arrieiro* leur avait fait craindre de ne pouvoir continuer leur voyage (2).

(1) Voir plus haut.
(2) Spix, Mart., *Reise*, I, 289.

Presque tout le pays que j'avais parcouru pour me rendre du *rancho* de Ponte chez le *capitão mór* de Jundiahy appartenait à ce magistrat, et c'est chez lui que s'organisaient la plupart des caravanes qui allaient de S. Paul à Guyabá et à Goyaz. Pour la saison des voyages, il achetait un millier de mulets, ou même davantage, à la ville voisine de Sorocába, qui est l'entrepôt de ce genre de commerce ; ensuite il revendait ces animaux, par parties, aux chefs des caravanes, et en même temps il procurait à ces derniers des provisions et des *camaradas*. Chaque caravane trouvait chez lui une certaine étendue de terrain où pouvaient paître les mulets dont elle était composée, et un *rancho* séparé, près duquel était un grand espace planté de longs bâtons disposés en quinconce. C'était là que l'on réunissait les marchandises destinées à être transportées, que l'on préparait les bâts des bêtes de somme, que l'on ferrait ces dernières et qu'on les chargeait au moment du départ. Le *rancho* et les pâturages où se forment ainsi les caravanes portent le nom d'*invernadas* (1).

Pendant leur séjour dans cette partie de la province, MM. Spix et Martius, me dit le *capitão mór* de Jundiahy, avaient fait usage du magnétisme animal pour guérir un homme menacé d'hydropisie ; deux années s'étaient écoulées, et il ne s'était encore manifesté chez cet homme aucun

---

(1) Le mot *invernada* signifie, à proprement parler, ce qui se passe pendant l'hiver (V. Mor., *Dicc. port.*, II, 3ª ed.), et ne pourrait, ce me semble, être traduit que très-imparfaitement par notre mot *hivernage*. Il est fort naturel qu'au Brésil on l'ait appliqué à ces espèces d'asiles dans lesquels les caravanes peuvent se retirer ou se former avant qu'arrive la saison des voyages.

symptôme de la maladie qui lui avait donné des craintes pour ses jours (1).

Je ne dois pas oublier de dire que les goîtres, malheureusement beaucoup trop communs dans certaines parties de la province de S. Paul, le sont peut-être encore davantage à Jundiahy ou dans ses alentours, et que l'on désigne même les habitants de cette ville par le sobriquet de *papudos de Jundiahy* (les goîtreux de Jundiahy). Comme l'ont très-bien fait observer MM. Spix et Martius, cette maladie n'est point, chez les Brésiliens, accompagnée de l'idiotisme complet qui caractérise les goîtreux des vallées suisses, et si ceux de certains cantons de la province de S. Paul, du pays, par exemple, qui se trouve situé entre Hytú et Itapéva, sont apathiques et peu intelligents, leurs voisins sans goîtres ne sont ni plus spirituels ni plus actifs (2).

(1) Les deux savants bavarois rendent compte, dans leur relation de voyage, de ce qu'ils ont fait à cet égard, et arrivent aux conclusions les plus curieuses (*Reise*, I, 258).

(2) On peut consulter, sur les goîtres des Brésiliens, ce qu'ont écrit MM. Sigaud, Faivre et Freire Allemão (*Du climat et des maladies du Brésil*, 162; — *Analyse des eaux de Caldas*; — *Memoria sobre o papo que ataca no Brazil os uomens e os animaes*). MM. Spix et Martius, et M. Kidder (*Reise*, I, 211; — *Sketches*, I, 271), disent que, dans la province de S. Paul, on fait boire, aux personnes affligées d'un goître, de l'eau dans laquelle on a laissé tremper des morceaux d'habitations de fourmis blanches, et qu'en même temps l'on applique, sur la partie malade, des cataplasmes faits, d'après le dernier de ces auteurs, avec la terre des mêmes habitations, et, d'après les premiers, avec de la citrouille. — M. Kidder, en parlant des goîtres, a cru devoir donner la traduction portugaise de ce mot; mais celui qu'il indique a une tout autre signification, comme il aurait pu s'en assurer par la lecture du chapitre de Pison, *De lue venereâ*; il aura, sans doute, été induit en

Après avoir quitté le *rancho* de Ponte (le 27 octobre), je passai d'abord par la ville de Jundiahy, et je traversai les montagnes qui environnent cette ville.

Tout le pays que je parcourus dans un espace de 4 *legoas* est montagneux et couvert de bois (1). Presque partout les grands arbres ont été coupés des deux côtés de la route, et l'on ne voit plus à droite et à gauche que des ar-

erreur par quelque mauvais plaisant d'une classe inférieure. Les voyageurs qui parcourent le Brésil, surtout quand ils savent mal la langue du pays, ne devraient accepter qu'avec beaucoup de précaution les renseignements que leur donnent les guides, les muletiers, les *vadios* et les *camaradas*. C'est bien certainement à des *loustics* de cette classe que nous devons l'histoire des Brésiliens qui se font un scrupule religieux de manger de la volaille le dimanche, celle des pygmées habitants des forêts de Minas, des fruits de *Solanum lycocarpum*, A. S. H., roulant par les chemins, gros comme des têtes d'enfants, des fourmis blanches prises pour des oiseaux, des nègres dévorés, sans qu'ils s'en doutassent, par des chauves-souris, etc. Quant à l'histoire d'un touriste qui monte à cheval sur un caïman, il faut, je n'en doute pas, l'attribuer à une autre cause, aussi bien que le récit suivant : Un voyageur traversant un bois vierge entend des bruits qui lui rappellent les villes manufacturières de son pays; des feux complètent l'illusion par leur ressemblance avec ceux des usines européennes; il se croit dans sa patrie, son cœur tressaille, il s'approche : le bruit des forges, c'est le coassement de quelques batraciens; les feux, c'est la lueur jetée par quelques lampyres. — On peut lire, à propos de tout ceci, ce qu'a écrit le véridique Gardner sur les contes que les Européens établis à Rio de Janeiro font souvent aux nouveaux débarqués (*Travels in the interior of Brazil*, 14).

(1) Itinéraire approximatif de la ville de Jundiahy à celle de S. Paul :

	Legoas.
De Jundiahy au rancho do Feliz.	4
Du R. do Feliz au rancho do Capão das Pombas.	3 1/2
Du R. do C. das P. à S. Paul.	3
	10 1/2 legoas.

brisseaux au milieu desquels la grande fougère croît en abondance. Pendant longtemps le chemin s'étend au-dessus d'une vallée étroite et profonde, sur le penchant des montagnes qui la bornent. Depuis que j'avais commencé à voyager dans les bois, j'avais le plaisir d'entendre encore, comme dans les forêts de Minas et de Rio de Janeiro, l'*araponga* ou *ferrador* (*Casmarhynchos nudicollis*), qui, tandis qu'il fait retentir l'air de ses chants alternativement semblables au bruit de la lime et à celui du marteau, reste presque immobile au sommet d'un arbre dépouillé de ses feuilles.

Ce jour-là, je passai devant quelques maisons et plusieurs *ranchos*. Je rencontrai un grand nombre de caravanes qui revenaient du port de Santos, où elles avaient transporté des sucres; les unes allaient à vide, les autres étaient chargées de sel.

Je fis halte sous un hangar royal appelé *rancho do Felis*, construit encore de la même manière que celui de Capivarhy, et également sale, mais où les chiques étaient un peu moins communes. Plusieurs caravanes y avaient déjà déchargé leurs marchandises; les sacs de sel et les paniers de sucre étaient disposés avec ordre dans un coin du *rancho*; des feux avaient été allumés çà et là; la fumée et la poussière remplissaient le *rancho*, et il était fort difficile d'y travailler.

Le lendemain matin, de bonne heure, nous quittâmes ce hangar; l'atmosphère était chargée de vapeurs, mais elles se dissipèrent bientôt et me laissèrent admirer toute la beauté du ciel, qui, dans cette saison, est brillant et d'un azur foncé. Pendant longtemps nous éprouvâmes une raîcheur délicieuse, et, lorsque le soleil commença à prendre de la force, il se couvrit de nuages; la journée fut extrêmement agréable.

Le pays, toujours montagneux, que je parcourus est l'un des plus anciennement peuplés de tout le Brésil méridional, et par conséquent on ne doit pas être surpris que les forêts qui le couvraient jadis aient été détruites. C'est la grande fougère (*Pteris caudata*) qui en a pris la place; ses anciennes feuilles persistent très-longtemps après s'être desséchées, et, comme elles sont plus nombreuses que les nouvelles, elles donnent à la campagne un aspect triste et grisâtre.

Du sommet de plusieurs mornes on jouit d'une vue très-étendue, et au milieu des campagnes aujourd'hui dépouillées de leur antique parure on ne découvre plus (1819) que quelques bouquets de bois épars çà et là, qui ont échappé au fer et à la flamme. De tous les mornes que l'on aperçoit, le plus élevé est celui de *Jaraguá* (*morro de Jaraguá*) (1), qui de loin présente l'aspect d'une espèce de cône divisé en deux pointes.

Pendant cette journée, je rencontrai encore beaucoup de caravanes, les unes, chargées de sucre, se rendant à Santos, les autres revenant à vide. Je vis aussi dans le chemin deux ou trois chars qui étaient partis de Franca pour S. Paul, chargés de denrées et traînés par des bœufs.

---

(1) Le nom de *Jaraguá* est également celui d'une petite ville de la province de Goyaz, et signifie *eau qui murmure* (voir mon *Voyage dans la province de Goyaz*, II, 49). On le retrouve encore dans la province des Alagoas et dans celle de Sainte-Catherine (Mill. et Lop. de Mour., *Dicc.*, I). C'est certainement à tort que d'Alincourt appelle *Jaraguay* le morne de la province de S. Paul.

Ces animaux avaient été dételés ; sous les voitures étaient des femmes qui mangeaient ou faisaient leur toilette. J'avais déjà rencontré sur la route plusieurs de ces chars, qui souvent viennent de fort loin et à l'aide desquels les colons transportent leurs denrées à la capitale de la province (1). Les maîtres de ces voitures s'en servent comme de tentes ou de *ranchos ;* ils se mettent dessous pour dormir et pour se garantir de la pluie, exemple que je suivis moi-même lorsque, plus tard, je voyageai avec une immense charrette dans la province de Rio Grande, la campagne de Montevideo et le pays des Missions.

Je m'arrêtai devant quelques chaumières pour prendre des renseignements et demander à boire ; mais je fus accueilli avec cette rusticité qui, dans toute cette partie de la province de S. Paul, paraît être l'apanage des hommes d'une classe inférieure. Comme je l'ai déjà dit, on ne peut guère s'attendre à trouver beaucoup de politesse sur une route aussi fréquentée et où passent sans cesse un si grand nombre de muletiers et de nègres.

Je m'arrêtai, pour y passer la nuit, au hangar royal appelé *rancho do Capão das Pombas* (le hangar du bouquet de bois des colombes). C'était le plus grand de tous ceux où j'avais fait halte jusqu'alors. Il avait 59 pas de longueur et 16 de large ; ses murs, où l'on avait ménagé trois grandes ouvertures, étaient construits en pisé comme ceux des autres *ranchos* royaux ; il était, comme eux,

---

(1) On a vu plus haut, au chapitre intitulé *Commencement du voyage dans la province de S. Paul, etc.*, qu'il y a des colons voisins du Rio Grande qui transportent leur lard et leur coton dans des chars à bœufs jusqu'à S. Paul, et mettent trois mois à faire ce voyage, qui est de 158 *legoas* pour l'aller et le retour.

couvert en tuiles et avait une assez belle charpente.

J'étais arrivé de bonne heure à ce *rancho*, et, comme je n'avais trouvé que deux plantes en fleur au milieu des fougères et des *baccharis* (*alerim do campo*) qui couvrent la campagne, j'allai faire une herborisation au Morro de Jaraguá, dont j'ai déjà parlé et qui est à peine à un demi-quart de lieue du *rancho*. On avait entouré ce morne de fossés et de haies sèches pour en faire un vaste pâturage ; je franchis cette clôture et commençai à monter. Presque partout croissent, sur le flanc du morne, de grandes fougères (*Pteris caudata*), auxquelles on met le feu de temps en temps pour permettre à une herbe plus tendre et plus utile de se développer; en quelques endroits sont encore des bouquets de bois, dans d'autres le rocher se montre à découvert. La montagne qui, avant que j'y arrivasse, m'avait paru, comme je l'ai dit, terminée par deux pointes a véritablement quatre sommets principaux. Traversant toujours des terrains où les fougères avaient été brûlées, j'arrivai sur le sommet le moins élevé, et de là je me dirigeai vers le plus haut. Avant d'y parvenir, je vis disparaître l'ambitieuse cryptogame qui forme presque toute la végétation de ce pays; mais, lorsqu'on avait brûlé les individus de cette espèce qui se trouvaient plus bas, le feu s'était étendu jusqu'au sommet du morne ; il avait tout consumé, et je ne trouvai pas, dans toute cette promenade, une seule plante en fleur. Sur le sommet le plus élevé est un trou profond dans lequel gisaient un très-grand nombre de fourmis ailées, engourdies probablement par l'humidité ; en m'approchant, je fis lever au fond du trou une perdrix probablement occupée à se nourrir de ces insectes. L'excavation dont il s'agit doit être, comme le pense un voyageur anglo-américain, l'ouvrage des anciens chercheurs d'or; mais, ajoute le même auteur, les gens du pays assurent que c'était en cet endroit que les Indiens enterraient leurs morts (1).

Jusqu'à ces derniers temps, tous les voyageurs qui ont cherché à nous peindre le Brésil étaient des Européens, et c'est constamment avec l'Europe qu'ils le comparent. Il ne sera peut-être pas sans intérêt de savoir quelles impressions fit naître la vue des campagnes voisines de Jaraguá chez un homme qui n'avait point visité l'ancien monde et qui ne connaissait que les États-Unis, terre encore plus neuve que le Brésil. Je laisserai parler ici M. Kidder : « La « vue dont je jouis sur le sommet du Jaraguá était, dit-il, « tellement variée, tellement belle, qu'il me serait im- « possible de la décrire ; elle me dédommagea cent fois « des fatigues que mon ascension m'avait causées. A peu « de distance, on découvre des lavages d'or où la terre a « été bouleversée et dépouillée de verdure par les anciens

---

(1) Kidd., *Sket.*, I, 237. — M. Kidder dit, à cette occasion, que les indigènes choisissaient pour lieux de sépulture les points les plus élevés. Je n'ai jamais entendu parler de cette tradition. Si le même auteur indique comme fort pénible la promenade du Morro de Jaraguá, c'est que probablement il n'avait pas l'habitude de parcourir les pays de montagnes ; je crois qu'il n'est pas beaucoup plus difficile d'arriver au sommet du Jaraguá qu'il ne l'aurait été de parvenir au haut de la montagne de Montlhéry ou de la butte de Montmartre, avant qu'on y eût tracé des chemins. Il est très-vrai que l'excellent botaniste français, M. Guillemin, dont j'aurai bientôt occasion de parler avec quelque détail, refusa de suivre M. Kidder dans son excursion au sommet du Jaraguá ; il avait herborisé dans les Alpes, et par conséquent il ne pouvait pas craindre une promenade aussi facile ; mais il fut retenu au pied de la montagne par les atteintes du mal qui, bien peu de temps après, l'enleva à ses amis.

« mineurs. Du côté opposé est située la capitale de la pro-
« vince qui s'étend sur le terrain qu'on appelait jadis la
« plaine de Piratininga. Je pouvais reconnaître les villes
« de Campinas, Hytú, Sorocába et Mogi das Cruzes. L'as-
« pect général du pays a de la ressemblance avec celui
« des campagnes de l'Amérique boréale; à l'exception de
« quelques plantes qui croissaient sur les précipices les
« plus voisins, l'éloignement ne me permettait pas de dis-
« tinguer parfaitement les objets, et je pouvais croire,
« pour la première fois depuis que j'étais au Brésil, que
« les paysages qui s'offraient à mes regards appartenaient
« à nos États-Unis. Lorsque cette espèce d'association se
« forma dans mon esprit, elle y fit une impression que
« je n'oublierai jamais. Je me trouvais alors à l'extrémité
« méridionale de la zone torride, et depuis l'équateur je
« n'avais peut-être pas aperçu un seul objet qui me rap-
« pelât ma patrie. Ici la proximité des régions tempérées
« du sud et la séparation momentanée des choses que
« j'avais laissées au-dessous de moi ravivaient dans mon
« esprit le souvenir d'autres temps et d'autres lieux. La
« nécessité de descendre de la montagne allait malheu-
« reusement dissiper des illusions si douces (*Sketches*,
« I, 239). »

La montagne proprement dite de Jaraguá et les mornes
voisins peuvent, ce me semble, être considérés comme formant l'extrémité méridionale de la longue chaîne connue
sous le nom de Serra da Mantiqueira (1). Le principal pic
a si peu d'élévation, que dans le pays on ne lui donne pas
d'autre nom que celui de morne (*Morro de Jaraguá*). Ce-

(1) Pedro Müller, *Ensaio*, 10.

pendant ces petites montagnes ont, dans l'histoire du Brésil, quelque célébrité, parce qu'elles contiennent des mines d'or dont l'exploitation remonte à une époque extrêmement ancienne. Leur découverte eut lieu, dit-on, en 1590, et est due à un nommé Affonso Sardinha, qui, la même année, aurait aussi reconnu l'existence du fer dans la montagne d'*Arrasoiába* (1). Pendant la durée du XVIIe siècle, on tira des quantités d'or considérables des mines de Jaraguá, et elles furent surnommées, à ce qu'on assure, le Pérou du Brésil. Elles étaient encore en exploitation lorsque l'Anglais Mawe les visita vers le commencement de l'année 1808, et, quoiqu'en 1859 M. Kidder n'y ait vu aucun travailleur, il ne paraît pas qu'à cette époque elles fussent entièrement abandonnées (2).

Les mines de Jaraguá et le pic du même nom dépendent d'une *fazenda* fort importante qui a appartenu, vers le commencement du siècle, au gouverneur de la province, Antonio José da Franca e Horta, et où il avait introduit quelques améliorations (3). En 1839, elle était entre les mains d'une dame veuve appelée Senhora dona Gertrude, qui la faisait valoir avec une grande intelligence, et accueillit de la manière la plus aimable le voyageur anglo-américain Kidder (4), ainsi que le naturaliste

---

(1) Mawe, Kidder et d'Eschwege considèrent les mines de Jaraguá comme celles qui furent le plus anciennement connues dans l'empire du Brésil (*Travels*, 77; — *Plut. Bras.*, 4; — *Sket.*, I, 235); mais celles de Paranaguá sont plus anciennes encore, car Pizarro, qui a constamment puisé aux sources originales, fait remonter leur découverte à l'année 1578 (*Mem. hist.*, VIII, 265).

(2) *Sketches*, I, 237.
(3) Mawe, *Travels*, 81.
(4) *Sket.*, I, 236, 247.

français Guillemin (1), et M. Houlet, jardinier sous-chef des serres chaudes du muséum de Paris.

A mesure que l'on s'éloigne du pic de Jaraguá et du Capão das Pombas, le pays devient moins inégal, et il finit par n'être plus qu'une vaste plaine ondulée, bornée, du côté du nord, par les montagnes que l'on vient de franchir. Cette plaine offre de petits bouquets de bois peu élevés, d'une étendue peu considérable, très-rapprochés les uns des autres, qui souvent se touchent par quelque point et sont disséminés au milieu d'une pelouse presque rase. Il est difficile de déterminer s'il y a plus de terrain couvert de bois qu'il n'y a de pâturages, ou si la quantité des pâturages l'emporte sur celle des bois. C'est une sorte de marqueterie de deux nuances de vert bien différentes et

---

(1) Antoine Guillemin était né à Pouilly-sur-Sâone, dans le département de la Côte-d'Or, le 20 janvier 1796, et est mort, à Montpellier, le 15 janvier 1842. Il fut l'un des disciples favoris de l'illustre de Candolle, et on lui doit divers écrits sur plusieurs branches de la botanique. En 1838, le ministre de l'agriculture et du commerce le chargea d'aller étudier au Brésil la culture du thé, et de rapporter de ce pays des plantes qu'on voulait essayer de naturaliser en France. Après avoir passé quelques mois dans la capitale du Brésil, il s'embarqua pour S. Paul, y visita les principales plantations de thé, alla voir, en retournant à Rio de Janeiro, celles d'Ubatúba, où s'est formée une petite colonie française, et enfin parcourut la Serra dos Orgãos si intéressante pour les botanistes. De retour en France, il publia sur sa mission un rapport où il parle de lui-même avec une modestie beaucoup trop rare, et des résultats de son voyage avec une sincérité plus rare encore. La figure ouverte de M. Guillemin annonçait la franchise de son caractère et l'égalité de son humeur. On ne le vit jamais avare de son érudition botanique dont tant d'autres se seraient montrés jaloux; il tendait une main généreuse aux jeunes gens qui débutaient; il s'opposait vivement à l'injustice, et a été regretté de tous les hommes aux yeux desquels la science a plus de prix encore quand elle est unie à des qualités aimables et à un noble cœur.

bien tranchées, celui du gazon d'une couleur tendre, celui des bois d'une teinte foncée. Telles sont les campagnes charmantes que les premiers habitants du pays désignèrent, avec les Indiens, sous le nom de plaine de Piratininga, et qu'ils appelaient aussi le *paradis terrestre* ou les *champs Élysées* du Brésil. Ce nom de Piratininga n'est plus en usage ; mais les campagnes qui le portèrent n'ont rien perdu de leur beauté, et aujourd'hui elles sont animées par la présence d'un grand nombre de mulets, de chevaux et de bêtes à cornes qui paissent, de tous les côtés, dans des espèces de grands parcs entourés de fossés creusés profondément (1). Si tous les témoignages historiques ne

(1) Le nom de *Piratinga* ou *Piratinim* est, suivant le P. Gaspar da Madre de Deos, celui d'un ruisseau qui se jette dans le Tieté (*Mem. S. Vicente*, 106). J'ajouterai qu'on le retrouve dans la province de Rio Grande do Sul, et qu'on peut lui attribuer, comme on va le voir, deux étymologies différentes. Suivant Diogo de Toledo Lara Ordoñes, l'annotateur de la lettre du P. Anchieta sur l'histoire naturelle de S. Vicente (*Not. ultram.*, I, 167), ce mot signifierait *poisson sec*, et il aurait été donné aux *campos* voisins de S. Paul, parce que, à la suite des inondations du Tamaudatahy, des poissons restaient autrefois dans la campagne, et y étaient bientôt desséchés par l'ardeur du soleil. Dans ce cas, *Piratininga*, ou plutôt *Piratinim*, viendrait des mots *pirá*, poisson, et *tinî*, sec (Ruiz da Montoya, *Te. leng. guar.*, 391 *bis*). C'est cette même étymologie que j'avais admise il y a déjà longtemps (*Voyage littoral*, I, 302) et qu'a adoptée M. Francisco dos Prazeres Maranhão, faisant dériver *Piratininga*, nom d'un lac de la province de Rio de Janeiro (*Revista trimensal*, I, 78, *seg. ser.*), de *pirá*, poisson, te*ing*, sécher; et effectivement on trouve, dans le *Diccionario portuguez brasiliano*, *motining* pour sécher, et *tining* pour sécheresse. Mais un Espagnol-Américain fort versé dans la langue guarani traduisait *Piratinim*, *Paratinim* ou, plus exactement, *Piratiny* par ces mots, *rivière du poisson qui fait du bruit* (de *pirá*, poisson, et *tinyni*, bruit, tintement, ex Montoya), et je serais d'autant plus porté à adopter aujourd'hui cette dernière étymologie, que *Piratininga* ou *Piratinim* a été

se réunissaient pour peindre la végétation de cette plaine à l'époque de la découverte telle qu'elle est aujourd'hui (1), j'aurais cru, je l'avoue, d'après les données que m'a fournies mon expérience, que jadis elle était couverte de bois; la possibilité de commettre une telle erreur prouve combien il est essentiel de constater, ainsi que je l'ai toujours fait, la nature de la végétation primitive dans les lieux où elle n'a point encore été détruite. Quoi qu'il en soit, si dans son aspect général la végétation des *campos* de Piratininga n'a pas éprouvé d'altération très-sensible depuis le temps de la découverte, l'observateur attentif concevra, au premier coup d'œil, qu'une différence réelle a dû s'y établir par la succession des années. Les gazons ras qu'on voit aujourd'hui dans ces *campos* ne sauraient avoir appartenu à la végétation primitive; bien certainement ils sont le résultat de la présence continuelle des mulets et des chevaux, et l'on peut dire, je crois, sans crainte de se tromper, qu'avant l'arrivée des Portugais une herbe plus haute croissait ici entre les bouquets de bois. La province de Minas présente, suivant l'élévation de ses diverses parties et leur éloignement de la ligne équinoxiale, des différences de végétation assez nombreuses et souvent fort tranchées; mais je ne me rappelle pas d'y avoir vu aucun

---

d'abord, comme je l'ai dit plus haut, le nom d'un ruisseau, qu'il n'est guère vraisemblable qu'on se soit avisé d'appeler un ruisseau *poisson sec*. Dans tous les cas, il est bien évident que *Piratininga* ne peut pas signifier *paradis terrestre*, explication que l'on trouve dans l'estimable *Diccionario do Brazil*, vol. II, p. 328.

(1) Josephi de Anchieta *Epistola* in *Not. ultramarim*, I, 136. — Gaspar da Madre de Deos, *Memorias para a Historia da cap. de S. Vicente*, 105. — João Mansel Pereira da Silva, *Plutarco brasileiro*, I, 34.

canton qui, pour l'aspect, puisse être exactement comparé à la plaine de Piratininga.

A environ 1 lieue de la ville de S. Paul, on passe sur un pont en bois (1819) la rivière de Tieté, qui, dans cet endroit, n'a pas une largeur considérable, mais qui coule avec rapidité. Presque sur ses bords on voyait, lors de mon voyage, une jolie maison de campagne qu'ombrageait le sombre *Araucaria* (1), et près de laquelle étaient des plantations de café disposées en quinconce. Depuis que j'avais quitté la *chacara* du curé de Santa Luzia à Goyaz (2), c'est-à-dire depuis le commencement de juin, et nous étions alors à la fin d'octobre, je n'avais pas encore vu une seule maison de campagne. Une régularité qui annonce la présence de l'homme industrieux ne saurait manquer de charmer le voyageur dont les regards ont été attristés, durant plusieurs mois, par l'aspect des déserts, de l'indolence et de la pauvreté.

Ici je crois devoir donner quelques détails sur le Tieté, rivière dont je viens de parler et qui jouit d'une grande célébrité dans l'histoire de la province de S. Paul. Originairement il fut appelé *Rio Grande* et *Anhambi* (3); mais, dans des temps moins anciens, on changea ces noms en celui de *Tieté*, qui se compose des mots guaranis *ti*, eau, et *été*, bon, véritable (bonne eau) (4).

---

(1) Voir mon *Voyage aux sources du Rio de S. Francisco, etc.*, I, 84.

(2) L. c., II, 17.

(3) Gaspar da Madre de Deos, *Mem. S. Vicente*, 105. — Dans l'*Orbis novus* de Van Laec, imprimé en 1630, on trouve constamment *Injambi*.

(4) Ruiz da Montoya, *Tes. leng. guar.*, 386, 126. — Il est bien évi-

Cette rivière prend sa source à environ 20 *legoas* de
S. Paul, entre la Serra do Mar et la Serra da Mantiqueira;
elle coule d'abord vers l'ouest, presque parallèlement à la
première de ces chaînes qui la repousse, puis elle se dirige
à peu près vers le nord-ouest; elle reçoit les eaux d'un
grand nombre d'affluents, décrit mille sinuosités, est interrompue par une longue suite de rapides et des cascades, et après un cours approximatif de 180 à 200 lieues
se jette dans le Paranná, qui, réuni à l'Uruguay et au Paraguay, finit par devenir le Rio de la Plata (1). Ainsi,
comme l'observe Frédéric Varnhagen, le Tieté, qui prend
sa source à 8 ou 10 lieues de l'Océan, fait presque un
millier de lieues avant de s'y jeter, tandis que le Parahyba
y arrive après un cours d'environ 200 lieues, et, comme,
vers leurs commencements, les deux fleuves se rencontrent presque au lieu appelé *Nossa Senhora da Escada*,
élevé de 2,000 pieds anglais au-dessus du niveau de la
mer (un peu plus de 200 mètres), il est bien clair que le
premier doit avoir, dans son ensemble, beaucoup moins de
rapidité que le second (2). Plusieurs aldées s'étaient formées jadis sur les bords du Tieté; on n'en voit plus la
trace; les indigènes qui y faisaient leur demeure sont
morts ou se sont dispersés. Celle d'*Arariguába* existe encore, il est vrai; mais elle s'appelle aujourd'hui *Porto Feliz*, et est devenue une petite ville, uniquement habitée
par les enfants des Portugais. Dans cet endroit s'embar-

---

dent, d'après l'étymologie indiquée ici, qu'il ne faut pas *Thyeté* et encore moins *Tiéli*, comme a écrit l'Anglais Mawe.

(1) Pour plus de détails sur le cours du Tieté, on peut consulter la *Corographia* de l'abbé Manoel Ayres de Cazal, I, 210.

(2) F. Varnh. in Eschw., *Journ. von Brasilien*, II, 239.

quaient les Paulistes qui, à travers mille dangers, descendaient le Tieté jusqu'au Paranná, et de là, toujours par eau, se rendaient à Cuyabá pour en rapporter de l'or (1).

A mesure que l'on s'éloigne du Tieté et qu'on se rapproche de S. Paul, les maisons deviennent plus communes; mais on n'en voit point de considérables (1819). Environ à une demi-lieue de la ville est encore un *rancho* royal, celui d'*Agua Branca* (eau blanche), extrêmement commode pour les voyageurs, qui à S. Paul ont autant de peine pour trouver à se loger que dans les autres villes de l'intérieur du Brésil (2).

On m'avait indiqué l'auberge d'un certain Bexiga (3), qui avait, dans S. Paul même, de vastes pâturages; ce fut vers cette hôtellerie que je me dirigeai. Nous entrâmes dans la ville (le 29 octobre 1819) par une rue large, bordée de maisons petites, mais bien entretenues, et après avoir passé devant une fontaine assez jolie, après avoir ensuite traversé sur le pont de *Lorena*, construit en pierres, le ruisseau d'*Hynhangabahu*, nous arrivâmes chez l'honnête Bexiga. On fit entrer mes mulets dans une cour fangeuse, entourée d'un côté par un fossé, et des deux autres côtés par de petits bâtiments dont les nombreuses

---

Voir plus bas le chapitre intitulé, *La ville d'Hytú; celle de Porto Feliz : la navigation du Tieté.*

(1) Depuis quelques années, on a ouvert, entre Jundiahy et S. Paul, une percée un peu plus courte que le chemin que j'ai suivi. Cette percée est destinée à devenir une route nouvelle, qui était déjà commencée en 1847 (*Discurso recitado pelo presidente da provincia de S. Paulo no dia 7 de janeiro de* 1847).

(2) Il existe à S. Paul un pont que l'on appelle *Ponte do Bexiga* et qui, peut-être, doit son nom à cet aubergiste ou à l'un de ses prédécesseurs.

portes ouvraient sur la cour; c'étaient celles d'autant de petites chambres destinées aux voyageurs. Bexiga donnait à ceux-ci la permission de placer leurs mulets dans ses pâturages moyennant 1 *vintem* (12 centimes) par nuit pour chaque bête, et le voyageur était logé par-dessus le marché. Lorsqu'on ne paye point, on n'a pas le droit d'être difficile; cependant je ne pus m'empêcher de frémir lorsque je me vis dans un cabinet humide, infect, d'une saleté dégoûtante, sans plafond, sans fenêtre, et si étroit, que, quoique nos malles fussent empilées les unes sur les autres, il ne nous restait pas assez de place pour nous retourner (1). Cet obscur réduit me fit regretter du fond de mon âme le *rancho* du désert; mais José Marianno eut encore moins de philosophie que je n'en avais, et ce fut sur moi, qui, certes, n'y pouvais rien, que tomba toute sa mauvaise humeur. Je suis bien aise, s'écria-t-il au milieu de la cour de Bexiga, d'être enfin arrivé à S. Paul; des deux choses dont j'ai été chargé jusqu'à présent, je ne veux plus en faire qu'une : ou je soignerai les mulets, ou je prépa-

(1) M. Kidder dit qu'en 1839 il y avait à S. Paul une auberge française, mais que le respectable Guillemin eut beaucoup de peine à s'y faire recevoir parce qu'il n'apportait pas de lettre de recommandation pour l'hôte; et, en attendant qu'on eût fléchi ce dernier, l'excellent naturaliste ne trouva d'autre asile qu'un cabaret rempli d'ordures où l'eau tombait par torrents (*Sket.*, I, 222). En 1846, Mme Ida Pfeiffer frappa inutilement à la porte de trois auberges, l'une allemande, l'autre française, la troisième portugaise; on ne la reçut nulle part, par la même raison qui avait fait repousser Guillemin; elle n'avait pas de lettre de recommandation (*eine Frauenfahrt um die Welt*, I, 116). La précaution que prennent les aubergistes de S. Paul ne prouve pas que, depuis mon voyage, le Brésil ait été visité par des hommes extrêmement honorables.

rerai les oiseaux. Depuis longtemps j'avais quelque envie de décharger cet homme des soins de la caravane, afin de lui laisser plus de temps pour la chasse, et lui ôter l'occasion de me témoigner aussi souvent sa mauvaise humeur; mais je me contentai de lui répondre que ce n'était pas le lieu de parler de toutes ces choses, que nous en traiterions dans un moment plus opportun.

Aussitôt que les malles furent déchargées, je m'empressai de me rendre chez un Suisse appelé Grellet, qui vendait des marchandises françaises pour le compte d'une maison établie à Rio de Janeiro, et auquel on avait dû adresser toutes mes lettres. Je ne trouvai point M. Grellet qui était en voyage, mais seulement un jeune commis, qui me parut sans ordre et sans expérience, et qui, après avoir cherché dans tous les coins du magasin, me remit deux lettres dont la date remontait à un an. Je m'étais attendu à recevoir des nouvelles récentes des personnes qui m'étaient chères; je tombai dans le découragement, et je fus un moment tenté de retourner à Rio de Janeiro.

Le lendemain matin, aussitôt que je fus levé, j'eus une conversation avec José Marianno, et nous convînmes que ses principales occupations seraient, à l'avenir, la chasse et la préparation des animaux; que cependant il continuerait à raccommoder les bâts (*atalhar as cangalhos*), ce qui exige une grande habitude, et à ferrer les mulets, mais que, d'ailleurs, tous les soins de la caravane seraient confiés à un serviteur libre que je louerais à cet effet (*camarada*).

Après avoir pris ces arrangements, je retournai chez M. Grellet pour savoir si son commis n'avait pas retrouvé quelque lettre à mon adresse. Il n'en avait découvert aucune ; mais M. Grellet était arrivé. C'était un homme honnête et complaisant ; il avait su se faire aimer des habitants de S. Paul, et, pendant que j'étais chez lui, les principaux d'entre eux vinrent le féliciter sur son heureux retour. Il me procura une maison de campagne charmante, qui n'était située qu'à quelques portées de fusil de la ville, et où je jouis, pendant mon séjour à S. Paul, de toute la liberté possible.

Je couchai une seconde fois chez Bexiga ; mais, aussitôt après m'être levé, je fis charger mes malles, et me rendis à mon nouveau logement. Je traversai la ville de S. Paul, incontestablement la plus jolie de toutes celles que j'avais visitées depuis que j'étais au Brésil. Arrivé au couvent des Carmes, d'où l'on découvre une très-belle vue, je descendis une rue pavée qui, par une pente assez roide, s'étend jusqu'à la petite rivière de *Tamandatahy*, et qui est bordée, d'un côté, par de petites maisons, et, de l'autre, par la terrasse du couvent. La rivière coule au-dessous de la ville et en forme la limite ; on la passe sur un pont en pierre et à une seule arche. Au delà de ce pont on découvre une vaste plaine qui, malgré un changement de niveau fort sensible, doit pourtant être considérée comme la continuation de celle de Piratininga, et qui, fort marécageuse dans le voisinage de la rivière, présente plus loin une alternative de pâturages et de bouquets de bois peu élevés. Dans un espace de quelques centaines de pas à partir du pont, le chemin est bordé et embelli par les touffes épaisses d'un grand Seneçon aux fleurs d'un jaune d'or ; puis, au delà de cette partie du chemin, on voit plusieurs maisons de campagne. Celle que je devais habiter et qui appartenait à un colonel de milice, M. Francisco Alves, était une des premières. J'y séjournai depuis le 1ᵉʳ de novembre jusqu'au 9 de décembre, et ce fut la même maison que j'occupai lorsque, au mois de février 1822, je revins encore à S. Paul.

CHAPITRE VI.

DESCRIPTION DE LA VILLE DE S. PAUL.

Histoire de la ville de S. Paul. — Sa population et celle de son district. — Les diverses classes qui composent cette population. — Le nombre des maisons. — Position de la ville. — Les différentes vues que l'on découvre en en faisant le tour. — Rues. — Places publiques. — Maisons. — Ameublement. — Églises; couvents; palais épiscopal. — L'hôtel de ville et la prison. — Le palais du gouverneur. — Hôpitaux. — Ponts. — Le jardin public. — Commerce; boutiques; banque. — La manufacture d'armes. — Climat; salubrité. — Médecins; pharmaciens; sages-femmes. — Société; politesse. — Les prostituées. — Comparaison des habitants de la ville avec ceux de la campagne S. Paul et à Ouro Preto. — Prononciation des campagnards paulistes. — Explication du mot *caipira*.

Les jésuites étaient à peine arrivés au Brésil qu'ils fondèrent un collége dans la ville de S. Vincent nouvellement fondée; mais cette ville était habitée par les Portugais, et les pères de la compagnie de Jésus avaient pour but principal de travailler à la conversion des indigènes. Ils résolurent donc de s'établir au milieu de ces derniers, et ayant découvert un site admirable à l'ouest de la chaîne maritime, dans la vaste plaine de Piratininga, ils y construisirent une chaumière. Tel fut le commencement de la ville dont les habitants devaient jouer un si grand rôle dans l'histoire du Brésil.

Une petite chapelle couverte avec des feuilles de palmier (1) s'éleva bientôt près de la chaumière qui abritait les religieux européens avec leurs néophytes; la première messe y fut célébrée le 25 janvier 1553, jour de la conversion de S. Paul, et l'on donna à la nouvelle colonie le nom de *S. Paulo da Piratininga,* dont on n'a conservé que la première partie (2).

Tebyreça, cacique des Guaianazes, abandonna l'ancienne aldée de Piratininga où avaient vécu ses pères; avec tous les Indiens qui lui étaient soumis, il vint habiter l'aldée des jésuites, et une des rues de S. Paul, celle de *S. Bento,* a même porté longtemps en l'honneur de ce chef les noms de Martim Affònso, qu'il avait reçus à son baptême. L'exemple de Tebyreça fut suivi par le vénérable cacique Cayobig et par plusieurs autres, qui tous habitaient la plaine de Piratininga (3) ; mais la population de S. Paul éprouva surtout une augmentation sensible, lorsque le gouverneur général, Mem de Sá, y adjoignit celle de S. André, petite ville dont il avait ordonné la destruction. Jusqu'à cette époque S. Paul n'avait été encore qu'une humble aldée; on lui accorda le titre de ville avec les priviléges qui y étaient attachés, et, comme signe de son nou-

---

(1) Diogo de Toledo Lara Ordoñez, *Adnotationes* in *Notic. ultram.,* I, 165.

(2) Voir le premier chapitre de cet ouvrage.

(3) Gaspar da Madre de Deos, *Noticia dos annos em que se descobra o Brasil,* etc., in *Revist. trim.,* II, 432. — Id., *Mem. S. Vicente,* 110.

veau rang, on planta devant la maison des jésuites le poteau de justice qui avait été enlevé à S. André.

On aurait alors vainement cherché dans les campagnes voisines de S. Paul et dans la ville elle-même cette douce tranquillité dont on y jouit de nos jours. Les habitants avaient sans cesse à redouter les attaques des sauvages; quelquefois ils entendaient dans les halliers les rugissements du lion d'Amérique (*Felis concolor*, S.); de nombreux jaguars les tenaient dans une anxiété continuelle, et poussaient souvent la hardiesse jusqu'à enlever des hommes endormis au milieu de leurs compagnons; partout pullulaient des serpents venimeux; le voyageur ne pouvait traverser la campagne sans courir le danger d'être mordu par ces reptiles (1).

A la même époque, les maisons des Paulistes étaient probablement construites avec de la terre et des bâtons croisés, ou différaient moins encore de celles des sauvages. Cependant nous apprenons, par une lettre du vénérable José de Anchieta, écrite, en 1563, au général de son ordre, le P. Lainez, que, dans ce temps-là, S. Paul avait une porte et que, pour défendre cette ville contre les Indiens ennemis, les Portugais l'avaient entourée de palissades. Alors les jésuites y possédaient un jardin potager; les campagnes des alentours commençaient à être cultivées, et déjà de nombreux troupeaux de vaches paissaient dans les pâturages (2).

Peu à peu les Paulistes, par les guerres qu'ils ne cessaient de faire aux Indiens sauvages, les rendirent moins redoutables; à l'aide de nombreux esclaves ils étendirent

---

(1) José de Anchieta, *Epistol.* in *Notic. ultramar.*, I, 146, 148.
(2) José de Anchieta, *Carta de S. Vicente, para o P. mestre Diogo Lainez* in *Revist. trim.*, I, 538.

leurs cultures, ils construisirent des sucreries et acquirent quelques richesses. Pendant que ces choses se passaient, la ville de S. Vincent, qui était peu favorablement située et à laquelle Santos avait enlevé tous ses avantages, s'appauvrissait (1); on jugea qu'elle ne méritait plus le titre de chef-lieu de la capitainerie, et en 1581 on le transféra à S. Paulo da Paratininga (2).

La population de S. Paul diminua cependant beaucoup lorsque, vers 1570, les Goyacazes se retirèrent (3); on ne comptait même dans la ville, en 1585, qu'environ 120 habitants, non compris les Indiens esclaves (4). Cette même population diminua sans doute encore à l'époque de l'expulsion des jésuites (1640); mais ce qui dut surtout en arrêter les progrès, ce furent ces excursions lointaines que firent les Paulistes pendant environ un siècle et demi pour réduire des Indiens en esclavage et pour trouver de l'or. Tandis que les habitants de la capitainerie de S. Paul parcouraient les déserts, les femmes restaient seules dans leurs maisons, et un grand nombre d'entre elles ne revirent jamais leurs maris.

(1) S. Vincent, la ville de Martim Affonso de Souza, est aujourd'hui tombé dans une entière décadence. Son port et le canal qui séparait de la terre ferme l'île où est située cette ville sont presque comblés; en 1838 sa population ne s'élevait pas au-dessus de 745 habitants; ses maisons sont à demi ruinées, son hôtel de ville ferait à peine, en Angleterre, une école de village, et, si elle a encore un peu de vie, elle le doit à des habitants de S. Paul et de Santos qui viennent y prendre des bains de mer, attirés par sa plage doucement inclinée (Piz., *Mem. hist.*, VIII, 308; — Dan. Ped. Müller, *Ensaio*, 63; — Kidd., *Sket.*, 306).

(2) Diogo de Toledo Ordoñez, *Adnotationes* in *Notic. ultramar.*, I, 1581.

(3) Gasp. da Madre de Deos, *Mem.*, 112.

(4) Fernão Cardim, *Narrativa epistolar*, 102.

Vers le commencement du xviie siècle, il n'y avait, à S. Paul, que 200 habitants, environ cent maisons, une église paroissiale, un couvent de bénédictins, un couvent de carmes et l'établissement des jésuites (1). A la fin du même siècle, la population avait augmenté d'une manière très-notable, sans doute; cependant elle ne s'élevait pas au delà de 700 individus. Mais, comme le fait très-bien observer un historien, « il fallait que les campagnes envi-
« ronnantes fussent très-peuplées; sans cela, le pays n'au-
« rait pu fournir ces bandes d'aventuriers qui portèrent la
« dévastation dans le Paraguay et explorèrent le centre du
« continent américain (2). » S. Paul devait ressembler alors à ces villes de Minas Geraes et de Goyaz qui restent désertes pendant la semaine, et se peuplent seulement lorsque l'obligation d'assister au service divin y appelle les cultivateurs du voisinage.

A différentes époques, les souverains du Portugal accordèrent des priviléges à la ville de S. Paul ou adressèrent des lettres à ses principaux citoyens pour les remercier des importantes découvertes qu'ils avaient faites dans l'intérieur des terres.

Lorsqu'en 1712 la province de S. Paul commença à former un gouvernement particulier, sa capitale fut choisie pour être la résidence des capitaines généraux ou gouverneurs, et reçut le titre de *cité*. Pendant longtemps elle avait été soumise, comme le reste de la capitainerie, à la juridiction des évêques de Rio de Janeiro; en 1746, elle devint elle-même le chef-lieu d'un évêché (3). Cependant, il

---

(1) Lart., *Orb. Nov.*, 580.
(2) Southey, *Hist.*, II, 668.
(3) Je dois dire que les auteurs ne sont point d'accord sur les deux

faut le dire, quoiqu'elle eût l'extrême avantage de réunir dans son sein les principales autorités du pays, elle n'acquit une véritable importance que vers la fin du siècle dernier, quand la culture des terres eut pris, dans les cantons circonvoisins, une extension sensible, et que les sucreries s'y furent multipliées ; je tiens d'un officier supérieur, qui était venu s'y établir en l'année 1772, qu'alors on n'y voyait pas plus de six maisons qui, outre le rez-de-chaussée, eussent encore un étage.

Les ouvrages que j'ai pu consulter n'indiquent point quels ont été, dans le courant du XVIIIe siècle, les chiffres successifs de la population de S. Paul ; mais il est évident que c'est surtout à l'époque où le roi Jean VI arriva au Brésil qu'elle a dû éprouver de l'augmentation. Il paraîtrait qu'en 1807 la ville et son district (1) ne comprenaient que 15 à 20,000 habitants ; dans l'une et l'autre on comptait, en 1817, 23,760 individus (2) ; en 1822, la population de la ville et de son district se montait à 25,682 personnes, réparties en 13 paroisses ; en 1839, on n'indiquait, il est vrai, que 21,933 âmes, mais le district tout entier, y compris la ville, avait été réduit à 9 paroisses et une

---

dates que j'indique. Pizarro assure que le premier capitaine général de S. Paul fut nommé le 23 novembre 1709, et prit possession le 18 juillet de l'année suivante. Il ajoute que l'évêché de S. Paul fut détaché de celui de Rio de Janeiro en 1746, mais que le premier évêque avait déjà été nommé par le roi antérieurement à cette époque et fut confirmé, en 1745, par le souverain pontife (*Mem., hist.*, VIII, 280, 318, 319). Le même auteur s'étonne de ce que la nomination de l'évêque précéda la création de l'évêché ; cette anomalie s'est répétée dans l'Église de France à une époque assez moderne, et les faits l'ont facilement expliquée.

(1) John Mawe, *Travels*, 68.
(2) Cazal, *Corog. Braz.*, I, 235.

succursale (1). La population de la ville seule de S. Paul et de ses faubourgs, partagée entre 3 paroisses, la cathédrale, *Santa Iphigenia, Bom Jesus do Braz,* s'élevait, en 1839, à 9,991 individus ; 5,668 sur la première de ces paroisses, 3,664 sur la seconde, 659 sur la troisième (2). Dans le nombre total, il y avait 33 personnes libres et 8 esclaves âgées de 80 à 90 ans, et 2 personnes âgées de 90 à 100 ans, l'une libre, l'autre privée de la liberté.

Il y a tant de vague dans les documents que l'on possède jusqu'ici sur la population de S. Paul, et ils laissent tant de doutes, que je n'oserais indiquer d'une manière précise les rapports numériques des différentes castes qui la composent ; cependant je crois pouvoir dire qu'en 1839 le nombre

---

(1) Je suis forcé de répéter ici qu'il est résulté de grandes confusions de l'emploi des mots *termo* et *distrito*. Ainsi Müller indique le *termo* de la ville de S. Paul comme comprenant, outre les 8 paroisses de Sainte-Iphigénie, Bom Jesus de Braz, Conceição dos Garulhos, N. S. do O, Cutia, N. S. da Penha, S. Bernardo, Juquirí, les deux villes de Santo Amaro et Paranahyba (*Ens.*, tab. 1) ; et ailleurs (l. c., *cont. do append. a tab.* 5), ce ne sont plus que les 8 paroisses ci-dessus nommées qui, avec la cathédrale, forment le *termo*. Je crois que la première indication est exacte, que la seconde ne l'est pas, et que les 9 paroisses seules ne forment que le district compris dans le *termo*, et enfin que les villes de Santo Amaro ont chacune leur district.

(2) Ces chiffres sont extraits du tableau de l'*Ensaio estatistico*, où l'auteur, D. P. Müller, présente, classée en individus mariés, veufs ou non mariés, la population de la province tout entière. Je crois devoir faire observer, cependant, que ce tableau ne s'accorde nullement avec celui de l'*Ensaio*, où la même population se trouve classée par castes ; car ce dernier ne nous donne, pour les 3 paroisses de la ville de S. Paul, que 9,401 habitants au lieu de 9,991. Si nous avons préféré le dernier de ces chiffres, c'est que, sauf une faute évidente de copiste, il est le même que celui des *Sketches* de Kidder, publiés en 1845, et que le tableau dont il est tiré admettait moins facilement des erreurs que le tableau par castes, divisé en un très-grand nombre d'articles.

des blancs égalait à peine les 4/5 de celui des hommes de couleur, nègres et mulâtres ; qu'il fallait considérer à peu près comme nul celui des Indiens ; que le nombre des femmes libres, blanches mulâtresses et noires, l'emportait d'une manière sensible sur celui des hommes libres appartenant aux mêmes races ; enfin que les esclaves ne formaient guère qu'un tiers de la population totale. Selon Dan. Pedro Müller (1), il y aurait eu, en 1838, sur le chiffre 9,991, indiquant la population des trois paroisses de la ville de S. Paul, 52 mariages entre personnes libres et 7 individus esclaves ; 448 naissances, dont 311 parmi les hommes libres et 137 chez les individus privés de leur liberté ; enfin 464 décès parmi les individus libres, 156 parmi les esclaves.

Je ne saurais dire quel est le nombre des maisons de la ville de S. Paul ; mais Spix et Martius nous apprennent (2) qu'en 1815, lorsque le district dont cette ville est le chef-lieu comprenait encore 12 paroisses, elles contenaient ensemble 4,142 feux ; suivant d'Eschwege (3), il y aurait eu, en 1820, 4,017 feux dans ce même district, réduit à 11 paroisses ; enfin, d'après Daniel Pedro Müller (4), les 9 paroisses et la succursale dont se composait le district en 1839 auraient présenté un total de 4,168. D'Eschwege, croyant que le nombre qu'il indique pour le district tout entier est celui de la ville de S. Paul prise isolément, trouve qu'il existe dans cette ville 6 personnes par maison ; mais il est bien clair qu'on ne saurait tirer aucun

(1) *Ensaio estat.*, tab. 6.
(2) *Reise*, I, 238.
(3) *Jour. von Bras.*, II, 69.
(4) *Ensaio estat.*, tab. 5, cont.

résultat significatif d'éléments aussi hétérogènes que le chiffre d'une population urbaine confondue avec ceux de la population des paroisses rurales qui en sont éloignées de 1 à 7 lieues (1).

Des employés de tous les rangs, des ouvriers de différents états, un grand nombre de marchands, des propriétaires de maisons, des propriétaires de biens ruraux qui, fort différents de ceux de Minas Geraes, n'habitent point leurs *fazendas*, composent la population de la ville de S. Paul, et l'on y compte aussi quelques personnes vivant des produits des légumes et du fruit qu'elles cultivent dans leurs maisons de campagne.

Cette ville est située, comme je l'ai dit, par les 23°

(1) D'Eschwege n'est pas le seul auteur qui ait pris la population de tout le *termo* de S. Paul pour celle de cette ville en particulier. La même faute a été commise par d'autres, et de là résulte une confusion souvent presque inextricable. Kidder reproche (*Sket.*, I, 350) à John Mawe d'avoir beaucoup exagéré la population de S. Paul ; le tort de ce dernier a été de donner, pour le chiffre de cette population, celui qui exprimait le nombre des habitants du *termo* tout entier. Les auteurs de l'indispensable ouvrage intitulé *Diccionario geographico do Brazil* n'ont pas commis une méprise semblable, quand ils ont indiqué (vol. II, 612) le nombre 22,032 pour l'année 1845, car ils disent clairement que ce nombre désigne la population *des différentes paroisses du district de la cité de S. Paul*, et il est certainement exact, puisqu'il concorde, en tenant compte d'une différence de sept années, avec celui que donne Daniel Pedro Müller pour l'année 1839. Comment expliquer cependant le chiffre 40,000 que les auteurs du *Diccionario*, une page plus bas, attribuent à la même population ? Le chiffre 22,032 s'appliquerait, à la vérité, comme celui de Pedro Müller, à 9 paroisses et 1 succursale, et celui de 40,000, toujours suivant nos auteurs, s'applique à 14 paroisses, mais le district ne peut, à la même époque, avoir été composé de 9 et de 14 paroisses, et d'ailleurs une annexion de 5 paroisses à 9 ne saurait, ce me semble, avoir produit sur la population une différence du double.

35′ 10″ lat. sud, sur une éminence qui termine la plaine élevée que l'on parcourt quand on vient des montagnes de Jaraguá, et qui ne se rattache à cette plaine que d'un seul côté (1). Au-dessous s'étendent de vastes terrains plats et marécageux (*varzea*) ; elle est fort irrégulière dans ses contours, d'une forme un peu allongée, et elle occupe le delta formé par les ruisseaux *Hinhangabahu* et *Tamandatahy* (2) qui, après s'être réunis au pied de l'éminence sur laquelle elle a été construite, vont se jeter dans le Tieté.

Si, pour avoir une idée juste de l'étendue et de la position de la ville de S. Paul, on prend la peine d'en faire le tour, on verra que, du côté du nord, l'horizon est borné, à peu près de l'ouest à l'est (3), par une chaîne de petites montagnes ; au milieu de celles-ci, on distinguera le pic

(1) Fried. Varnhagen in Eschw., *Journ. von Bras.*, II, 235.

(2) Je ne crois pas qu'il faille, avec MM. Spix et Martius, écrire *Inhagabahy* (*Reise*, I, 219) ni *Anhangabaũ* avec D. P. Müller (*Ensaio*, 35). On ne doit pas non plus, comme ce dernier, écrire *Tamanduatehy*; cependant cette orthographe nous conduit à la véritable étymologie de *Tamandatahy*, qui me paraît venir des mots de la lingoa geral, *tamandua, eté, yg* (rivière du fourmilier véritable).

(3) Au milieu des fables qu'ils ont débitées sur l'origine, le gouvernement et les mœurs des anciens Paulistes, le P. Charlevoix et le pseudonyme François Correal ont dit aussi quelque chose de la position de S. Paul. Le premier prétend que « cette ville est enfermée de tous côtés par des montagnes inaccessibles (*Voyage aux Indes occidentales*, I, 249); » le second, qu'elle « est située sur la cime d'un rocher, et ne peut être soumise que par la faim (*Histoire du Paraguay*, I, 308). » S. Paul est aujourd'hui trop bien connu pour qu'il soit nécessaire de relever ces assertions ; mais je ne puis m'empêcher de faire remarquer combien le Brésil était peu connu à l'époque où je commençai mon voyage ; les étranges récits des auteurs que je viens de citer ont, en effet, été reproduits encore, en 1816, dans la réimpression de l'*Abrégé de l'histoire générale des voyages* de la Harpe, vol. XII, p. 143 et suiv.

de Jaraguá, qui donne son nom à toute la chaîne; plus haut que les mornes voisins, ce pic laisse d'un côté un intervalle sensible entre eux et lui, et dans le lointain il semble terminé par une large croupe arrondie, à l'extrémité de laquelle s'élèverait une petite pointe. Du côté de l'est, le terrain, plus bas que la ville, s'étend, sans aucune inégalité, jusqu'au village de *Nossa Senhora da Penha,* qu'on aperçoit à l'horizon ; ailleurs il offre des mouvements plus ou moins sensibles, et vers le sud et l'ouest il s'élève bientôt au-dessus de la ville. La campagne offre une alternative charmante de bouquets de bois et de pâturages presque ras; de jolies maisons sont éparses de tous les côtés ; des *Araucarias*, quelques palmiers s'élèvent au-dessus des bocages, et de tout cet ensemble il résulte des points de vue extrêmement agréables. L'Hinhangabahu, simple filet d'eau, se jette, au-dessous du couvent des bénédictins, dans le Tamandatahy; celui-ci serpente ensuite au milieu des pâturages humides, et il achève de répandre de la variété dans le paysage.

Non-seulement la situation de S. Paul est charmante, mais on y respire un air pur ; on y voit un grand nombre de jolies maisons ; les rues ne sont point désertes comme celles de Villa Rica (Ouro Preto); les édifices publics sont bien entretenus, et l'on n'a point à chaque pas, comme dans une grande partie des villes et des villages de Minas Geraes, les regards affligés par l'aspect de l'abandon et des ruines.

Celles des rues de la ville qui sont placées sur le flanc de la colline et par lesquelles on se rend dans la campagne sont les seules qui vont en descendant ; les autres s'étendent sur un terrain égal. Toutes sont larges (1), assez droites, et les voitures peuvent y circuler ; les plus jolies sont la rue Droite (*rua Direita*) et celle d'*Antonio Luiz*. Quelques-unes sont pavées, mais elles le sont mal (2); d'autres le sont seulement devant les maisons.

Il existe dans S. Paul plusieurs places publiques, celles, par exemple, du Palais, de la Cathédrale, de la Maison-de-Ville; mais elles sont petites, et aucune n'est parfaitement régulière. A peu près en dehors de la ville, on en voit pourtant une très-grande, celle appelée *Corro*, dont le nom, qui signifie l'arène où se donnent les combats de taureaux, indique assez la destination. Cette place est environnée de murs appartenant à des enclos; tout autour a été plantée une rangée de *cedros*, espèce d'arbre qui végète avec une extrême promptitude et donne beaucoup d'ombre; dans le lointain on découvre une très-belle vue, celle des montagnes qui bornent l'horizon. Sur cette place se voyait, lors de mon voyage, l'amphithéâtre proprement dit ; il était en bois : il me parut construit avec goût et était dû aux soins de l'ingénieur Dan. Pedro Müller, auteur de l'*Ensaio estatistico*. De ce qu'il existe à S. Paul un lieu destiné aux combats de taureaux, il ne faudrait pas

---

(1) Kidder prétend qu'elles sont étroites (*Sket.*, I, 229); Spix et Martius affirment qu'elles sont très-larges (*Reise*, I, 219). Je crois que la vérité est entre ces deux assertions.

(2) Dans le rapport présenté le 7 janvier 1845 (*Relatorio a presentado, etc.*) par le président Manoel da Fonseca Lima e Silva, ce magistrat dit que c'est à peine si le mauvais système de pavage suivi anciennement s'est un peu perfectionné, et il en accuse principalement le manque d'ouvriers spéciaux, celui d'outils indispensables et la mauvaise qualité des pierres.

croire, je dois le dire en passant, que ce genre de spectacle soit commun au Brésil, et dans les goûts ordinaires de ses habitants ; je n'ai pas eu occasion de voir un seul combat de taureaux pendant le long séjour que j'ai fait dans cette contrée (1).

Les maisons, bâties en pisé très-solide, sont toutes blanchies et couvertes en tuiles creuses ; aucune n'annonce la grandeur et la magnificence, mais on en voit un grand nombre qui, outre le rez-de-chaussée, ont encore un étage, et se font remarquer par un air de gaieté et de propreté. Les toits n'avancent pas démesurément au delà des maisons, mais assez pour donner de l'ombre et garantir les murailles de la pluie. Les fenêtres ne sont point serrées les unes contre les autres, comme cela a souvent lieu à Rio de Janeiro. Celles des maisons à un étage ont presque toutes des carreaux de vitre, et sont garnies de balcons et de volets peints en vert. Les autres maisons ont des jalousies qui se lèvent, comme ailleurs, de bas en haut, et qui sont formées de bâtons obliquement croisés.

J'ai trouvé les demeures des principaux habitants de S. Paul aussi jolies en dedans qu'en dehors. Partout on est reçu dans un salon très-propre, meublé avec goût. Les murs sont peints avec des couleurs très-fraîches ; sur ceux des maisons anciennes on voit des figures et de grandes arabesques ; dans les nouvelles, c'est un fond uni avec des bordures et des lambris, à l'imitation de nos papiers-ten-

---

(1) Pendant le peu de temps que MM. Spix et Martius restèrent à S. Paul, ils eurent cependant occasion d'assister à un de ces combats. Ils disent que les taureaux ne leur parurent pas avoir beaucoup de courage, et que les *matadores* ne leur semblèrent ni aussi exercés ni aussi vaillants que ceux d'Espagne (*Reise*, I, 225).

tures. Comme on n'a point de cheminée, on place sur des tables les objets d'ornement, tels que des chandeliers, des bocaux, des pendules. Souvent aussi les salons sont ornés de gravures ; mais c'est presque toujours le rebut de nos boutiques, et l'on avait, lors de mon voyage, si peu d'idée des arts, qu'on ne manquait jamais de me faire admirer ces chefs-d'œuvre.

De 1818 à 1820, il n'y avait encore à S. Paul que deux paroisses, la cathédrale, et *S. Iphigenia* bâtie dans le faubourg du même nom qui s'étend sur la rive gauche de l'Hinhangabahu ; à une époque plus récente, on a ajouté une troisième paroisse aux deux premières, celle de Bom Jesus do Braz (1). Outre les trois églises paroissiales, on voit encore à S. Paul plusieurs chapelles.

De 1819 à 1822, on comptait, dans cette ville, deux maisons de recluses (*recolhimentos*) (2) et trois couvents d'hommes, celui des bénédictins fondé en 1598, celui des carmes déchaussés fondé en 1596, et enfin celui des franciscains (3). Les trois couvents d'hommes ont été construits dans les positions les plus favorables, assez éloignés les uns des autres, sur les limites de la plate-forme qui termine la colline, et de chacun d'eux on découvre une vaste portion de la plaine. L'église du couvent des

---

(1) Dan. Pedro Müller, *Ensaio estat.*, 35.
(2) Cazal, *Corog. Braz.*, I, 234.
(3) Gaspar da Madre de Deos, *Noticia dos annos, etc.*, in *Revist. trim.*, II, 435, 439. — A la date indiquée par Müller pour la fondation du monastère de S. Bento (*Ensaio*, tab. 19), j'ai dû préférer celle qu'admet le P. Gaspar da Madre de Deos, qui avait soigneusement compulsé les archives de la province de S. Paul, et qui, appartenant à l'ordre des bénédictins, devait connaître surtout l'histoire de cet ordre.

carmes est fort jolie, ornée avec assez de goût et enrichie de beaucoup de dorures. Outre le maître-autel, elle en a, de chaque côté, trois autres, où sont représentés les événements les plus remarquables de la Passion ; cette église m'a paru très-supérieure à la cathédrale. Le couvent des franciscains est aujourd'hui occupé par l'école de droit (1).

Le palais épiscopal est une maison assez grande, mais fort vilaine, et dont le crépi était, à l'époque de mon voyage, presque entièrement tombé.

L'hôtel de ville (*casa da camara*) forme un des côtés d'une place carrée. C'est un joli bâtiment à un étage, que décore un fronton, et qui a environ soixante-dix-sept pas de long sur vingt de large et neuf croisées de face. La prison occupe le côté droit du rez-de-chaussée et une partie du même côté dans l'étage supérieur. Je ferai remarquer que c'est un avantage pour les prisons d'être placées dans les maisons de ville ; la régularité exige qu'elles aient des fenêtres semblables à celles du reste du bâtiment, et il en résulte qu'elles sont bien aérées. A S. Paul, comme ailleurs, les prisonniers peuvent se mettre à leurs croisées et causer avec les passants (2).

(1) D. P. Müller, *Ensaio*, 34. — Kidd., *Sketches*, I, 255.
(2) Le président de la province pour l'année 1843, M. José Carlos Pereira d'Almeida Torres, trouvant la prison trop petite, avait eu l'idée de prendre l'hôtel de ville tout entier pour les prisonniers, et de donner un autre bâtiment au sénat municipal (*Discurso recitado*, etc.); mais il paraît que ce projet a été abandonné par les présidents qui sont venus plus tard. Dans tous les pays où le pouvoir reste peu de temps dans les mêmes mains, chaque nouveau venu tient à honneur de faire des projets, et repousse ceux de ses prédécesseurs ; les plans s'accumulent, et rien ne s'exécute. A S. Paul cependant on a commencé, depuis plusieurs années, une maison de correction pour les condamnés (*casa de correcção*); mais cet ouvrage avance lentement et n'était pas encore achevé

C'est dans l'ancien couvent des jésuites que les capitaines généraux faisaient leur résidence ; cet édifice, depuis qu'il a cessé d'être occupé par des religieux, a pris le nom de palais (*palacio*), mais n'a réellement d'autre apparence que celle d'un monastère. Le palais, puisqu'il faut lui donner ce nom, est un grand bâtiment à un étage formé par deux corps de logis qui se rencontrent à angle droit et dont l'un est terminé par l'église. Dans ce dernier, les fenêtres sont très-rapprochées ; celles de l'autre corps de logis, au contraire, sont fort écartées les unes des autres, ce qui produit un disparate. D'ailleurs la position du palais est aussi heureusement choisie que celle de tous les édifices élevés au Brésil par les jésuites. Construit à une des extrémités de la ville, il se rattache à celle-ci par sa façade, qui forme deux des côtés d'une petite place carrée; le derrière du bâtiment regarde la campagne. L'intérieur est distribué comme il convenait à un couvent ; ce sont quelques pièces très-vastes, des cellules et un grand nombre de corridors. Les murs des appartements ont été peints avec assez de goût ; les meubles sont peu multipliés, comme cela a généralement lieu dans les maisons portugaises ; mais, lors de mon voyage, il régnait partout une très-grande propreté. L'administration des finances (*contadoria*) avait, en 1819, ses bureaux au rez-de-chaussée du palais, et peut-être y sont-ils encore aujourd'hui. C'est dans

en 1847 (*Disc. recit. pelo presidente no dia* 7 *de jan.* 1847). L'administration de la province a hésité sur le système qu'elle adopterait pour diriger et moraliser les condamnés. Dans une matière aussi grave et aussi difficile, l'hésitation est un sujet d'éloges ; mais ce qui doit un peu surprendre, c'est que le bâtiment ait été commencé avant qu'on se fût fermement décidé pour aucun système (*Disc. recit. pelo presid. no dia* 7 *de jan.* 1844 ; — *id.*, 1845).

une des salles de cet édifice que se tiennent actuellement les séances de l'assemblée provinciale (1).

Quand on se place aux fenêtres du palais, du côté qui regarde la campagne, on jouit d'une vue délicieuse, celle de la plaine que j'ai déjà décrite. Au-dessous de la ville, on voit le Tamandatahy, qui coule en serpentant dans une prairie en partie couverte d'eau (novembre), et au delà de laquelle s'étendent des pâturages parsemés de touffes de bois peu élevées. Sur la gauche, du côté du nord-ouest, l'horizon est borné par les montagnes de Jaraguá, qui décrivent un demi-cercle. Sur la droite, la plaine s'étend au loin; le chemin de Rio de Janeiro la traverse et est bordé de maisons de campagne; des bestiaux paissent dans la prairie, et le paysage est encore animé par les caravanes qui arrivent à la ville, celles qui en sortent, et par le grand nombre de femmes qui lavent leur linge sur le bord de la rivière. A droite du chemin, quelques vieux *Araucaria* attirent les regards; on admire leur taille gigantesque, et surtout leurs branches, qui, nées à différentes hauteurs et s'élevant en manière de candélabres, s'arrêtent toutes au même point pour former un plateau parfaitement égal. Des groupes de palmiers élancés contrastent avec la rigidité de ces conifères par leurs longues feuilles molles, qui retombent sur la tige et sont balancées par le vent. La verdure est plus belle peut-être, plus fortement nuancée que celle de nos campagnes d'Europe au commencement du printemps, et l'on assure qu'elle conserve toujours à peu près la même fraîcheur.

Après avoir décrit cette vue ravissante, il m'est pénible

---

(1) Kidd., *Sket.*, I, 295.

d'avoir à parler des tristes asiles consacrés aux misères de notre espèce. Ce mélange est l'image de notre vie, celle de la société tout entière.

Lors de mon voyage, l'hôpital militaire était situé dans le quartier de Sainte-Iphigénie. On y montait par un perron, et au milieu du bâtiment était une cour carrée. Dans la pharmacie, dont une porte ouvrait sur le dehors, on vendait des remèdes au public pour le compte de l'hôpital. Cette pharmacie était grande, très-propre, parfaitement tenue, et l'on trouvait un assortiment très-complet de médicaments.

Il existe à S. Paul un hospice (*lazareth*) pour les infortunés atteints de la *morfea* (1), cette hideuse maladie que la charité seule peut empêcher de regarder sans horreur. Mais, quoiqu'elle soit malheureusement trop commune en certains lieux voisins de la route de S. Paul à la frontière de Rio de Janeiro, l'hôpital peut à peine contenir vingt-quatre personnes, et cependant un grand nombre de lépreux errent de village en village, vivant du pain de l'aumône (2).

L'hospice des lépreux dépend de la confrérie de la Miséricorde (*a sancta casa da Misericordia*), qui a pour but de venir au secours des indigents et principalement des malades pauvres. Cette confrérie se retrouve dans plusieurs villes du Brésil, et y a fait beaucoup de bien; mais ses

---

(1) Voir mon *Voyage dans la province de Rio de Janeiro*, etc., vol. I, 185, II, 370, et mon *Voyage dans la province de Goyaz*, I, 151, II, 217. — Voyez aussi le mémoire de M. Faivre intitulé, *Analyse des eaux thermales de Caldas Novas*.

(2) *Discurso recit. pelo presid. Manoel Machado Nunez no dia 7 de janeiro 1840*, p. 40. — *Discurso recit. pelo presid. Man. Felisardo de Souza e Mello no dia 7 de jan. 1844*, p. 15.

moyens ne correspondent malheureusement pas toujours aux œuvres dont elle est chargée. A S. Paul la Miséricorde possède quelques propriétés foncières au revenu desquelles se joignent les aumônes des fidèles et une certaine somme que chaque confrère paye tous les ans; en 1819 on voulait aussi appliquer à cet établissement une partie des produits du théâtre. Actuellement la confrérie de S. Paul a pour ses malades un hospice particulier; mais, à l'époque de mon voyage, elle les faisait traiter dans l'hôpital militaire, et payait une certaine somme par jour à l'administration de cet établissement.

Il y a à S. Paul trois ponts principaux, deux sur l'Hinhangabahú, et le troisième sur le Tamandatahy : ils sont en pierre, fort petits, à une seule arche, et mériteraient à peine d'être remarqués ailleurs qu'au Brésil; mais jusqu'à la fin de 1819 je n'en avais pas vu, dans l'intérieur de cette contrée, qui fussent construits avec plus d'art (1). Celui du Tamandatahy, qui porte le nom de *Ponte do Ferrão* (pont de la pointe de fer) et qu'on voit à l'entrée du chemin de Rio de Janeiro, a environ 37 pas de long sur 7 de large, et des parapets accompagnés de bancs en pierre. Le pont de *Lorena*, sur l'Hinhangabahú (2), peut avoir 12 pas de large et 95 de long; il est presque plat et garni de parapets sans ornements; c'est lui qui établit une communication entre la ville et les chemins de Sorocába et de Jundiahy. Le plus joli des trois ponts est celui par lequel

---

(1) Ce que je dis ici explique l'épithète de *magnifique* que Cazal donne aux trois ponts de pierre dont il s'agit (*Corog. Braz.*, I, 234); nos jugements ne sont que des comparaisons.

(2) Le nom de Lorena est celui d'un capitaine général qui gouvernait la province en 1788.

on va de la ville proprement dite à Sainte-Iphigénie ; je lui ai trouvé à peu près 150 pas de longueur sur 16 de large ; la moitié la plus voisine de la ville s'étend en pente, l'autre moitié est presque plate ; les parapets ne sont point sans élégance.

Lorsque j'étais à S. Paul, on avait à regretter de n'y point trouver de promenade publique. L'administration provinciale a fini par sentir que ce genre d'établissement est indispensable aux habitants des villes, pour qu'ils puissent quelquefois respirer un air plus pur que celui de leurs marchés et de leurs rues, se livrer à une récréation salutaire et ne pas perdre entièrement le goût des plaisirs purs ; elle a donc formé, vers 1825, une promenade qu'on appelle jardin public ou jardin de botanique (*passeio publico, jardim de botanica*), et qui avait déjà été ébauchée en 1779 (1). Voici comment s'exprime, sur cet établissement, un voyageur qui l'a visité en 1839 : « Dans une des positions les plus agréables, tout près de la ville, est le jardin botanique, formé il y a environ dix ans. On y voit un bassin d'une eau pure. Les allées ont été dessinées avec goût, elles décrivent d'agréables courbures et procurent aux promeneurs un délicieux ombrage. Ce jardin est vaste, et deviendrait charmant, si on lui donnait les soins convenables ; mais la pauvreté du trésor provincial l'a malheureusement fait négliger (2). » A une époque plus récente, le président de la province pour l'année 1844, Manoel Felisardo de Souza e Mello, prononçait les paroles suivantes devant l'assemblée législative : « Dessiné sur un terrain

---

(1) Müller, *Ensaio*, tab. 21.
(2) Kidd., *Sketches*, I, 232.

vaste et parfaitement uni, orné de délicieuses allées d'arbres fruitiers, rempli d'une foule d'autres arbres tant exotiques qu'indigènes, et d'une grande variété d'arbustes et de fleurs, le jardin public offre aux habitants de notre capitale un lieu de délassement, où ils apprennent à sentir tout le prix des beautés de la nature. » Après cet éloge, le président engage les députés à faire quelques sacrifices pour l'embellissement du jardin, et il ajoute, avec beaucoup de raison, qu'il serait important d'y établir une pépinière d'arbres et autres plantes exotiques, que l'on répartirait ensuite entre les cultivateurs (1).

La ville de S. Paul possède, comme l'on voit, divers édifices publics, et tout le monde convient qu'elle est jolie et agréablement située ; mais il serait inexact de dire que sa position est très-favorable pour le commerce. Il n'y a pas, il est vrai, plus de 9 à 12 lieues entre elle et la mer ; cependant, quand on part de Santos, le port le plus voisin, on ne peut faire le voyage en moins de deux jours, obligé que l'on est de gravir la partie extrêmement escarpée de la chaîne maritime, qui porte le nom de *Serra do Cubatão*.

La ville de S. Paul n'est qu'un lieu de dépôt pour les marchandises d'Europe et un lieu de transit pour les produits du pays ; elle a un besoin indispensable du port de Santos, et ce dernier pourrait, à la rigueur, se passer d'elle. S. Paul n'aurait certainement jamais été plus florissant que Santos, s'il n'était devenu le chef-lieu de la province et la résidence de toutes les autorités civiles et ecclésiastiques.

(1) *Discurso recitado, etc., no dia* 7 *de janeiro* 1844.

On voit dans cette ville une foule de boutiques bien garnies et assez bien arrangées, où l'on trouve une variété d'objets presque aussi grande que dans celles de Rio de Janeiro. Les marchands obtiennent de ceux de la capitale une remise d'environ 25 pour 100 sur les prix de détail, et ils ne vendent pas beaucoup plus cher qu'eux; mais, comme ils alimentent une bonne partie des petites villes de la province, leurs bénéfices se répètent souvent, et d'ailleurs les dépenses sont ici beaucoup moindres qu'à Rio de Janeiro.

Il y a dans S. Paul quelques maisons véritablement riches; mais, en général, les fortunes n'y sont pas très-considérables. Beaucoup trop souvent les propriétaires de sucreries vivent dans un état de gêne presque continuel. Le possesseur d'une sucrerie laisse, en mourant, un certain nombre de nègres qui sont partagés entre ses fils; chacun d'eux tient à honneur d'être *senhor d'engenho* (seigneur d'un moulin à sucre), comme l'était son père, et il achète des esclaves à crédit. Il peut, sans doute, gagner de quoi les payer au bout d'un certain temps; mais, dans l'intervalle, il en perd souvent quelques-uns soit par des maladies, soit par défaut de soins et de mauvais traitements; il les remplace en achetant encore à crédit, et il passe sa vie devant toujours.

Lors de mon voyage, on venait de former, sous le nom de *banco de S. Paulo*, un établissement qui avait pour objet principal d'escompter les effets à échéance éloignée et de procurer aux marchands du papier sur la capitale. Cette banque, qui pouvait devenir fort utile pour le commerce, était une sorte de succursale de celle de Rio de Janeiro, ou, pour mieux dire, elle en dépendait entièrement (1).

On ne rencontre point à S. Paul de nègres parcourant les rues, comme à Rio de Janeiro, avec des marchandises sur leurs têtes. Les légumes et les menues denrées sont vendus par des négresses qui se tiennent accroupies dans la rue à laquelle ce commerce a fait donner le nom de *rua da Quitanda*. Quant aux comestibles indispensables, tels que la farine, le lard, le riz, le maïs, la viande sèche (*carne seca*), les marchands qui les débitent sont, pour la plupart, réunis dans une même rue que l'on appelle *rua das Casinhas* (rue des maisonnettes), parce qu'effectivement chaque boutique forme une petite maison séparée. Ce n'est pas dans ces boutiques qu'il faudrait chercher la propreté et l'ordre : elles sont obscures et enfumées. Le lard, les grains, la viande y sont jetés pêle-mêle, et l'on y est encore prodigieusement loin de cet art avec lequel nos marchands de Paris (2) savent donner un

(1) Je ne saurais dire quel a été le sort de cet établissement, ni s'il a eu une longue durée. En 1842, le gouvernement provincial rendit une loi pour en créer un du même genre sous le nom de *banco paulistano;* les fonds de cette nouvelle banque devaient être formés par l'excédant, alors existant, des revenus sur les dépenses, par celui qu'on espérait obtenir les années suivantes, par les bénéfices capitalisés, et enfin les dividendes qui devaient revenir à la caisse provinciale pour sa part dans la dette nationale. Cette loi était à peine rendue, qu'éclata une révolte qui faillit avoir des suites funestes ; on fut obligé d'appliquer au payement des troupes les fonds destinés à la banque, et en 1844 elle était encore en projet (*Disc. recit. pelo presid. José Carlos Pereira d'Almeida Torres, janeiro 1843 ; — Disc. recit. pelo presid. Manoel Felisardo de Souza e Mello, jan.* 1844).

(2) Je pourrais, au reste, citer, dans le midi de la France, tel chef-lieu de département où, bien longtemps après mon voyage à S. Paul, je ne trouvai pas les boutiques de comestibles beaucoup mieux arrangées qu'elles ne l'étaient, de 1818 à 1822, dans cette dernière ville.

air appétissant aux aliments les plus grossiers. Il n'y a point à S. Paul de rue aussi fréquentée que celle des Casinhas. Les gens de la campagne y vendent leurs denrées aux marchands, et les consommateurs vont les acheter entre les mains de ces derniers. Pendant le jour c'est un encombrement de nègres, de campagnards, de mulets, de muletiers; le soir, la scène change : les bêtes de somme et les acheteurs font place à des nuées de prostituées d'un ordre inférieur, attirées par les *camaradas* (serviteurs libres) et les gens de la campagne, qu'elles cherchent à prendre dans leurs filets.

J'ai montré ailleurs que le Brésil doit rester encore simplement agricole, et qu'il n'est pas arrivé à l'époque où il y aura de l'avantage à y former de grandes manufactures; mais, quand le moment sera venu, c'est peut-être à S. Paul qu'il faudra commencer. Le climat n'y est point énervant comme dans le nord du Brésil ; les vivres s'y vendent à des prix modérés, et les mœurs du pays s'opposent moins que celles de la province de Rio Grande de S. Pedro do Sul aux habitudes d'un travail sédentaire. Il paraît, comme on va le voir, que ces considérations n'avaient pas entièrement échappé à l'ancienne administration. Après la bataille d'Iéna, le gouvernement portugais, voulant établir à Lisbonne une fabrique d'armes, principalement de fusils, fit venir des ouvriers de la manufacture royale de Spandau, qui alors se trouvaient sans occupation. Lorsque Jean VI s'établit au Brésil, on les y transporta ; ils restèrent quelques années à Rio de Janeiro à peu près sans rien faire, et enfin on les fit venir à S. Paul, où, à l'époque de mon voyage, ils étaient depuis trois ans. La marche extrêmement lente de l'administration portugaise, le peu de connaissance qu'avaient les Allemands de la langue du pays et la nécessité de former des ouvriers subalternes furent d'abord autant d'obstacles à l'entière organisation de la nouvelle fabrique. Lors de mon voyage, elle était cependant en activité; mais, depuis son établissement, on n'y avait encore fabriqué que six cents fusils. Ils étaient faits sur le modèle des fusils prussiens et fort bien travaillés; le fer qu'on employait venait des forges d'Ypanéma, dont je parlerai plus tard; les crosses étaient faites avec le bois *oleo* ou *pau d'oleo*. La manufacture d'armes avait été placée dans un des côtés de la caserne, et, comme l'eau y manquait entièrement, on n'avait pu établir des mécaniques qui auraient économisé la main-d'œuvre; c'était à bras que l'on forait les canons de fusil. On occupait dans cet établissement 60 ouvriers environ, dont 10 maîtres allemands qui recevaient chacun, par jour, 2,000 reis (12 fr. 50). Cette somme était exorbitante, sans doute; mais il avait peut-être été indispensable de faire ce sacrifice pour retenir loin de leur pays des hommes qui le regrettaient, et qui, depuis la conclusion de la paix générale, auraient pu y trouver de l'ouvrage. Au reste, s'ils avaient rendu des services, c'était bien moins par leur travail personnel que parce qu'ils avaient formé des apprentis, et que par là ils avaient mis l'administration en état de pouvoir bientôt se passer des étrangers. La plupart des maîtres allemands étaient même déjà devenus presque inutiles; pouvant disposer, tous les jours, d'une somme assez forte et acheter de l'eau-de-vie de sucre à très-bon marché, ils s'étaient abandonnés à l'ivrognerie, vice qui, dans ce pays, a trop souvent perdu les Européens d'une classe inférieure; on les voyait dans un état d'ivresse continuel, et l'on songeait déjà à se débarrasser d'eux.

Mais, si l'administration avait de graves reproches à faire aux étrangers qu'elle employait, elle n'avait pas moins à se plaindre des ouvriers du pays, qu'on ne pouvait faire travailler d'une manière régulière et qu'il fallait punir sans cesse pour les contraindre à ne point abandonner leur ouvrage. Les gens de métier, comme j'aurai occasion de le dire plus tard, ont ici fort peu de besoins; ils peuvent se vêtir presque pour rien; leur nourriture n'est pas beaucoup plus chère que leur habillement; ils ne connaissent pas l'usage des meubles, ils n'ont pas même de lits véritables, et pour quelques sous ils peuvent s'enivrer à leur aise. La manufacture d'armes de S. Paul existait encore à la fin de l'année 1820 (1), soutenue par la volonté ferme du capitaine général et par l'argent du trésor royal; mais, comme on vient de le voir, elle n'avait pas en elle-même de conditions de durée, et, si elle avait été fondée par un simple particulier, elle n'aurait pas tardé à causer sa ruine.

« A peu près situé sous le tropique du Capricorne et à
« une hauteur assez considérable au-dessus du niveau de
« la mer, S. Paul, disent MM. Spix et Martius, jouit de
« toutes les beautés d'un ciel tropical, et l'on n'y éprouve
« point les désagréments d'une très-forte chaleur..... La
« température moyenne de l'année ne s'y élève pas, selon
« Dan. Pedro Müller, au-dessus de 22 à 23 degrés du
« thermomètre centigrade. L'hiver et l'été présentent une
« différence de température bien plus sensible qu'au nord
« du Brésil... Dans les grandes plaines qui s'étendent au
« sud de la ville, on remarque un rapport régulier entre
« les vents et la position du soleil; tant qu'il reste dans

---

(1) Eschw., *Journ. von Bras.*, II, 67.

« l'hémisphère boréal, règnent les vents du sud-sud-ouest
« et du sud-est; lorsqu'il passe dans l'hémisphère austral,
« ils n'ont plus la même constance (*Reise*, I, 233) (1). »

Ainsi qu'on l'a vu, j'étais à S. Paul dans la saison des pluies. Pendant une grande partie du temps que j'y séjournai, le ciel resta presque toujours couvert. Quelquefois le soleil se montrait entre les nuages, et alors nous éprouvions une forte chaleur; lorsqu'il se cachait, la température était modérée, et en général il faisait froid la nuit et le matin (2). D'après ce qu'on m'a dit, il gèle tous les ans dans les mois de juin et de juillet; aussi cultive-t-on autour de S. Paul peu de sucre et de café, tandis que ces plantes réussissent parfaitement à Campinas, Hytú, Jundiahy, lieux qui certainement sont beaucoup moins élevés, comme le prouve suffisamment la direction que suit le Tieté.

« Il faut, a dit un des présidents de la province de
« S. Paul, que le climat de notre ville soit bien salubre,
« puisque, pendant six mois, elle reste, pour ainsi dire,
« au milieu d'un lac dû aux eaux débordées du Tieté et

---

(1) Ces observations ne peuvent appartenir à MM. Spix et Martius eux-mêmes, puisqu'ils ne sont restés qu'une semaine à S. Paul; elles leur ont, sans doute, été communiquées par Pedro Müller, et c'est ce qui fait que je n'hésite pas à les citer ici.

(2) John Mawe, qui était à S. Paul en 1807, dans la même saison que moi, s'exprime comme il suit : « Le froid devenait souvent si vif pen-
« dant la soirée, que j'étais obligé de fermer les portes et les fenêtres,
« de me vêtir plus chaudement et d'avoir dans ma chambre une terrine
« pleine de braise allumée (*Travels*, 67). » MM. Spix et Martius, qui passèrent à S. Paul les huit premiers jours de l'année 1818, disent aussi que, pendant ce temps, ils virent souvent dans les matinées un brouillard épais et très-froid couvrir les collines voisines de la ville (*Reise*, I, 232).

« du Tamandatahy, et que cependant la santé de nos con-
« citoyens n'en est nullement altérée (1). » Il est incontestable que la position élevée de S. Paul et les vents qui y règnent préservent ses habitants des fièvres et autres maladies endémiques que de pareilles inondations font naître en beaucoup d'autres endroits ; cependant j'aurais quelque peine à croire que celles qu'on voit ici se renouveler chaque année soient absolument sans aucune influence sur la santé publique. Je m'étais imaginé, d'après ce qui m'avait été dit de la situation de S. Paul et de son climat, que j'y verrais seulement des hommes robustes et bien portants, mais il n'en fut pas ainsi. Il s'en faut que les habitants de la ville même de S. Paul soient aussi beaux et aussi bien faits que ceux d'une grande partie de la province de Minas Geraes ou de la *comarca* de Curitiba. Il en est même parmi eux qui ont un teint jaune et un air languissant. Les maladies cutanées de diverses espèces sont extrêmement communes à S. Paul, principalement une sorte de gale qui se montre sous la forme de petits boutons, et qu'il est, dit-on, fort dangereux de vouloir guérir par des remèdes extérieurs autres que les bains de mer (2). Rien n'est aussi plus ordinaire, dans ce pays, que les maladies vénériennes, et c'est à peine si les gens d'une classe inférieure y font quelque attention. On demandait à une fille publique si elle était atteinte de la syphilis : qui est-ce qui ne l'est pas? répondit-elle. Il est fort à croire que cette maladie, en faisant d'aussi grands progrès, contribue beau-

(1) *Disc. recit. pelo pres. Manoel Felisardo de Souza e Mello no dia 7 de jan.* 1844.

(2) C'est probablement l'espèce que M. le docteur Sigaud a décrite en quelques mots sous le nom de *sarna miuda* (*Du climat, etc.*, 397).

coup plus que toute autre cause à altérer la santé publique (1). En 1585, en effet, le pays était considéré comme extrêmement sain; la ville de S. Paul ne comprenait encore, comme je l'ai dit, que 120 habitants, et parmi eux on comptait plusieurs centenaires; les âges de ces hommes, étant additionnés, ne formaient pas moins de cinq cents ans (2).

A l'époque de mon voyage, la plus grande partie des forces militaires de la province de S. Paul se trouvaient dans la province de Rio Grande, alors en guerre contre Artigas, et j'aurai occasion de dire, par la suite, combien les soldats paulistes se distinguèrent par leur constance, leur valeur, leur intelligence et leur discipline; les militaires que je vis pendant mon séjour dans la ville de S. Paul ne devaient donc être considérés que comme une sorte de réserve ou de dépôt composé des hommes les moins valides, et je dois dire que, généralement rabougris et rachitiques, ils auraient certainement été repoussés de nos régiments. D'un autre côté, j'ajouterai aussi que, dans la capitainerie de S. Paul, on ne briguait point, comme à Minas et même à Goyaz, l'honneur de porter l'habit militaire; les soldats étaient des hommes pris par force, et l'on sait qu'en pareil cas ce ne sont pas toujours les moins vigoureux qui échappent (3).

(1) « Presque toutes les maladies que nous observâmes à S. Paul et « dans les alentours, disent les docteurs Spix et Martius, avaient une « origine syphilitique, etc. (*Reise*, I, 257). » M. d'Eschwege, dans le récit d'un voyage qu'il fit de Rio de Janeiro à S. Paul, entre, sur ce triste sujet, dans des détails qui, probablement, ne sont que trop vrais, mais que les convenances et le bon goût ne permettent pas de citer.
(2) Fernão Cardim, *Narrativa epistolar*, 104.
(3) Voici comment s'exprimait, en 1817, mon regrettable ami M. d'Es-

En 1839 il y avait à S. Paul cinq médecins, quatre chirurgiens, sept pharmaciens (1), et il est impossible que parmi eux il ne se trouvât pas quelques hommes habiles, car des médecins de toutes les nations se sont, depuis un certain nombre d'années, rendus au Brésil, et il s'est formé à Rio une école où enseignent des professeurs fort instruits. A l'époque de mon voyage, on ne jouissait pas encore de ces avantages. Tous ceux qui alors exerçaient la chirurgie dans la ville de S. Paul et les alentours étaient des hommes sans éducation et sans étude, et il y avait chez

craynolles, qui a passé toute sa vie au service du Portugal et du Brésil, et était également distingué par son esprit et les sentiments d'honneur qui l'animaient. « La loi de recrutement veut, à la vérité, qu'on ne lève « aucun individu au-dessous de dix-huit ans, aucun qui ne soit parfai- « tement sain et qui n'ait une taille d'au moins 5 pieds 2 pouces. Mais « les commandants de district, chargés du recrutement, ont soin d'é- « carter tous ceux qui, par leur fortune ou leur position sociale, leur « paraissent capables de reconnaître cette faveur. De pauvres miséra- « bles, malingres ou mal conformés, sont seuls jugés dignes de porter « les armes (d'Escr., in Freyc., *Voyage hist.*, I, 317). » — Voyez aussi sur le recrutement, tel qu'il était encore en 1834, l'ouvrage intitulé, *Viagens e observações*, etc., p. 41, qui, au milieu d'exagérations évidentes, contient pourtant des vérités.

(1) J'emprunte ces chiffres à D. P. Müller (*Ensaio*, 37). Excepté dans les grandes villes, les pharmaciens, au temps de mon voyage, étaient encore rares au Brésil; mais, en plusieurs endroits, les marchands d'étoffes et de mercerie vendaient quelques remèdes. C'est ce qui, en 1818, avait lieu, en particulier, dans la cité (*cidade*) du Cabo Frio, et il en était encore de même vers 1820; car Pizarro dit, en parlant de cette ville, qu'on n'y vit jamais de pharmaciens avec boutique ouverte (*Professores de pharmacia nunca establicidos na cidade com. casa aberta*, Mem. hist., II, 153). Il me semble, d'après ce qu'a écrit récemment M. le prince de Neuwied (*Brasilien*), que nous sommes aujourd'hui à peu près d'accord sur ce point, auquel j'ai eu tort, je l'avoue, d'attacher quelque importance (*Voyage dans le district des Diamants*, etc., II, 44).

les sages-femmes plus d'ignorance encore. M. le docteur Francisco de Mello Franco, fils d'un médecin célèbre, et qui lui-même était alors médecin du régiment de S. Paul, m'assura que, pour accoucher une femme, on la faisait asseoir sur la mesure carrée qu'on appelle demi-alqueire, que plusieurs personnes la tenaient pendant que la sage-femme recevait l'enfant, et que l'on avait soin de secouer la mère, dans l'intention de rendre l'accouchement plus facile.

Il paraît qu'en 1819 et 1820 il n'y avait pas à S. Paul beaucoup plus de société que dans les autres villes de l'intérieur du Brésil, et que les femmes ne s'y montraient pas davantage. Pendant mon séjour dans cette ville, je vis les principales autorités du pays; beaucoup de personnes me firent des visites, et je les rendis; mais, d'ailleurs, je ne fus invité par qui que ce fût soit à des soirées, soit à des repas, et je ne vis point les dames. J'étais allé chez un des personnages les plus distingués de la ville : comme il était sur le point de se mettre à table, il m'engagea à dîner avec lui, et j'acceptai ; mais nous mangeâmes seuls, sa femme ne se montra point (1).

(1) « On m'a dit, dans S. Paul même, écrivait d'Eschwege en 1820,
« que tout y est mort, comme dans les autres villes de l'intérieur du
« Brésil, lorsque les gouverneurs ne cherchent point à répandre un peu
« de vie autour d'eux... Aussitôt que le capitaine général s'absente de
« Villa Rica, la danse et le jeu disparaissent avec lui, et, m'a-t-on assuré,
« il en est de même de S. Paul, quoiqu'il y ait dans cette ville beaucoup
« plus de maisons riches que dans la capitale des Mines (*Jour. von*
« *Bras.*, II, 81). » John Mawe raconte, à la vérité, que, pendant qu'il était
à S. Paul, il vit les dames paulistes dont il fait l'éloge, et fut souvent
invité à dîner (*Travels*, 82); mais il faut se rappeler que ce voyageur
était au Brésil en 1807, que le gouverneur de la capitainerie de S. Paul,
Antonio José da Franca e Horta (et non Orte, comme écrit Mawe), était

De ce que je viens de dire il faudrait bien se garder de conclure que les hommes des classes élevées fussent, à S. Paul, étrangers aux formes de la bonne compagnie ; ils avaient, au contraire, des manières excellentes, et la politesse s'étendait jusqu'aux classes inférieures.

marié, qu'il recevait les dames dans le palais, les invitait à des bals, et animait la société par son exemple. A cette époque, d'ailleurs, le roi Jean VI n'était pas encore au Brésil ; après son arrivée, les habitants de Rio de Janeiro, blessés par les mépris des Portugais, mirent, comme on sait, plus de réserve dans leur conduite, et devinrent moins communicatifs et moins hospitaliers ; il ne serait pas extraordinaire que le contre-coup de cette espèce de révolution se fût ressenti à S. Paul, qui a de fréquentes relations avec la capitale, et où, sans doute, arrivèrent aussi beaucoup d'Européens. On trouve, dans l'intéressante relation du voyage de MM. Spix et Martius, un portrait curieux des dames de S. Paul ; mais, comme ce portrait a été tracé après un séjour d'une semaine seulement, il est impossible qu'il appartienne entièrement aux deux naturalistes bavarois. Je ne le crois pas inexact en tout point ; cependant c'est sans en accepter la responsabilité que je vais en donner ici la traduction. « Un « esprit jovial, du naturel, de la vivacité, le goût d'une douce plaisan-« terie, voilà ce qui caractérise la société de S. Paul. Les femmes « comme les hommes ont en partage de la simplicité et un bon cœur. « C'est à tort que l'on a accusé les premières de trop de légèreté. Il est « très-vrai que, dans leur conversation, rien ne rappelle le langage dé-« licat des Européennes, auxquelles l'usage et les convenances défen-« dent d'exprimer sans contrainte ce qu'elles sentent ; mais dans une « province où, plus qu'en aucune autre partie du Brésil, se sont conser-« vés le goût de l'indépendance et l'éloignement de tout artifice, on ne « doit pas s'étonner de trouver chez les femmes une gaieté dépourvue « d'apprêt. Les dames de S. Paul, sans être minces, sont cependant « d'une taille élancée ; leurs mouvements sont agréables, et dans les « traits de leurs visages, agréablement arrondis, on découvre un mé-« lange charmant de franchise et de bonne humeur. Leur teint est « moins pâle que celui de la plupart des Brésiliennes, et on les con-« sidère comme les plus belles femmes de l'empire (*Reise* in *Brasi-« lien*, I, 222). » Si je comprends les phrases qui précèdent, elles cachent sous de grands éloges un blâme que je ne croirais pas dépourvu de fondement.

Les gens bien mis se saluaient lors même qu'ils ne se connaissaient pas, et les hommes appartenant aux classes subalternes ne manquaient jamais d'ôter leurs chapeaux à une personne bien mise; mais, comme l'on voit, ces marques de déférence s'adressaient bien moins à la personne qu'au rang. Quand j'étais en uniforme, tout le monde me saluait; avec un habit bourgeois j'étais un peu moins salué, assez encore, cependant, pour trouver fort incommode une politesse qui me forçait de découvrir la tête à chaque minute.

Les femmes qui jouissaient de quelque fortune, m'a-t-on dit, pendant mon séjour à S. Paul, travaillaient à de petits ouvrages dans l'intérieur de leurs maisons; elles brodaient, faisaient des fleurs, tandis qu'un grand nombre de femmes pauvres, ajoutait-on, restaient dans l'oisiveté pendant toute la durée du jour, et, quand la nuit commençait, elles se répandaient dans la ville pour se livrer au trafic de leurs charmes, devenus leur seule ressource. Il est incontestable qu'aussitôt après le coucher du soleil on voyait dans les rues beaucoup plus de monde que pendant la journée : elles se remplissaient d'hommes et de femmes qui allaient à la recherche des bonnes fortunes. Les individus des deux sexes étaient enveloppés d'une capote de laine à grand collet dans laquelle ils se cachaient la moitié du visage; les femmes portaient un chapeau de feutre sur le derrière de leur tête, celui des hommes était rabattu sur leurs yeux. Nulle part je n'avais vu un aussi grand nombre de prostituées; il y en avait de toutes les couleurs, les pavés en étaient, pour ainsi dire, couverts. Elles se promenaient avec lenteur ou attendaient les chalands dans les carrefours; mais, il faut le dire, jamais elles n'abordaient personne. On ne les entendait pas non plus injurier les hommes ou s'injurier entre elles; à peine regardaient-elles ceux qui passaient; elles conservaient une sorte de pudeur extérieure et n'avaient absolument rien de ce dévergondage cynique qui, à la même époque, révoltait si souvent chez les prostituées parisiennes de bas étage. Il est pénible au voyageur honnête de descendre dans de si tristes détails; mais il doit avoir le courage de le faire, lorsque c'est pour lui une occasion de montrer dans quel état de dégradation peuvent descendre les classes pauvres, si on les abandonne entièrement à elles-mêmes, si on ne leur apprend point que le travail, en les éloignant du mal, les purifie et les honore, si enfin l'on néglige complétement leur instruction morale et religieuse. Les enfants de ces nombreuses femmes qui ne vivaient que par la prostitution étaient à peine nés, qu'ils avaient sous les yeux des exemples de vice; s'ils recevaient quelques leçons, c'étaient celles de l'infamie; et le prêtre, oublieux des préceptes de son divin maître, le prêtre ne s'écriait pas comme lui : *Ah! laissez approcher ces enfants jusqu'à moi*. Ces pauvres créatures grandissaient et ressemblaient à leurs mères. — Honneur à l'administration actuelle, qui s'occupe avec zèle de l'éducation des enfants des deux sexes ! Longtemps encore elle rencontrera des obstacles de plus d'un genre; mais qu'elle persévère, elle finira par en triompher, et peu à peu, il faut l'espérer, un heureux changement s'opérera dans les habitudes des classes inférieures.

J'ai donné des éloges à la politesse et aux manières des habitants riches de la ville de S. Paul; j'ajouterai que, si dans la partie orientale de Minas Geraes les cultivateurs sont généralement au-dessus de ceux de la province qui m'occupe en ce moment, il règne à S. Paul même un meilleur ton que dans la capitale des Mines (Ouro Preto). Voici, je crois, quelle est la raison de cette différence. Méprisés par les blancs de race pure, les anciens Mamalucos ne devaient pas être fort jaloux de rester dans la ville. Sous des chefs audacieux, les uns se répandirent dans les différentes parties du Brésil, et firent ces découvertes qui ont immortalisé le nom des Paulistes ; d'autres, moins entreprenants, ne voulurent pas, sans doute, s'éloigner beaucoup de leur pays natal, et s'adonnèrent à l'agriculture. Les Mamalucos n'avaient pas hérité uniquement de ce goût de la vie errante qui caractérise les Indiens, ils participaient aussi à leur insouciante paresse, et ce vice dut naturellement être porté à un plus haut degré chez ceux qui n'avaient pas le courage de s'aventurer dans les déserts. Après avoir été élevés par des Indiennes, ces hommes vivaient dans l'isolement, dédaignés de leurs pères ; on ne cherchait point à les tirer de la profonde ignorance où ils étaient. Leurs mœurs furent nécessairement grossières. Divers croisements ont, à la vérité, rapproché de la race caucasique les descendants des premiers métis ; cependant, comme j'ai déjà eu occasion de le dire, on démêle encore, dans la physionomie d'un grand nombre de cultivateurs paulistes, des traits qui appartiennent à la race américaine ; ils ne s'instruisent point, leurs manières continuent à se ressentir de la rusticité de leurs aïeux, et ils restent indolents comme eux. Depuis longtemps, au contraire, la civilisation a été sans cesse entretenue dans la ville de S. Paul par les Européens. Ce ne sont pas seulement des gens pauvres et sans éducation, cherchant à faire fortune, qui viennent s'y établir ; la douceur du climat, les agréments de la situation, le voisinage de la côte et la facilité du voyage y ont souvent attiré des hommes d'une classe plus distinguée; des magistrats qui avaient étudié en Europe s'y sont mariés et ont dû nécessairement communiquer à leurs enfants une certaine élégance de manières. Tout s'est passé différemment dans la capitainerie des Mines. Elle a été peuplée plus récemment que celle de S. Paul, et principalement par des blancs de race pure qui ne se portèrent pas sur un point seul, mais se répandirent dans la campagne pour y exploiter des mines. Devenus riches en peu de temps, ils firent donner de l'éducation à leurs enfants, et la connaissance des lettres s'est perpétuée dans plusieurs familles de *fazendeiros*. A la vérité, le noyau le plus considérable de colons s'était porté à Villa Rica (Ouro Preto); mais, quand les mines des environs de cette ville commencèrent à être moins productives, ceux qui les avaient exploitées allèrent plus loin en chercher d'autres; peut-être aussi plusieurs d'entre eux s'éloignèrent-ils pour ne pas attirer sur leurs richesses l'attention des capitaines généraux, et pour se soustraire plus facilement au despotisme de ces hommes orgueilleux. Les mineurs qui possédaient le plus de fortune et de lumières durent donc se trouver hors du chef-lieu de la capitainerie, et il n'y resta guère que des employés, des marchands, et un grand nombre de mulâtres sans fortune, qui, trop fiers pour cultiver la terre ou en extraire l'or de leurs propres mains, apprirent des métiers. A la vérité, la population blanche de la ville est encore aujourd'hui alimentée par quelques Européens; mais, comme rien n'attire les hommes aisés dans un pays triste et dont les communications sont difficiles, les nouveaux venus sont, en général, des hommes aventureux, sans éducation, sans consistance, plus capables d'altérer la civilisation du pays que de lui faire faire des progrès véritables (1816-1822).

D'après tout ce que je viens de dire, il ne faut pas s'étonner si les habitants de la campagne, dans la province de S. Paul, parlent et prononcent fort mal le portugais, tandis que les cultivateurs de Minas, ceux du moins de la partie orientale, ont un langage généralement correct, et une prononciation qui ne diffère de celle des Portugais d'Europe que par un degré de plus d'agrément et de douceur. Au lieu de *vossemce*, abréviation de *vossa merce* (votre grâce), par laquelle on désigne la seconde personne, les paysans paulistes disent constamment *mece*; leur prononciation est lourde et traînante, et ils ont substitué *ts* au *ch* des Portugais; ils diront, par exemple, *matso* pour *macho* (mulet, mâle) et *atso* pour *acho* (je trouve), etc.

Rien n'est plus facile que de distinguer les véritables habitants de S. Paul de ceux des campagnes voisines. Quand ces derniers parcourent la ville, ils portent un pantalon de toile de coton avec un grand chapeau gris, et toujours le fidèle *poncho*, si forte que la chaleur puisse être. On démêle dans leurs traits quelques-uns des caractères de la race américaine; leur marche est lourde, leur air niais et embarrassé. Les citadins ont pour eux fort peu de considération, et ils les désignent par le sobriquet injurieux de *caïpira*, qui vient très-probablement du mot *corupira*, par lequel les anciens habitants du pays désignaient des démons malfaisants habitants des forêts. Il paraîtrait même que ce dernier mot s'est conservé sans altération et toujours comme une injure dans le haut Paraguay; car, lorsqu'un des petits Guaranis qui appartenaient à cette contrée et que j'avais malheureusement amenés en France voulait injurier son camarade, il l'appelait *corupira* (1).

(1) « Tout le monde sait, dit l'apôtre du Brésil, que certains démons « appelés *corupira* par les Indiens s'approchent d'eux dans les forêts, « les frappent, les meurtrissent et les tuent (Joseph Anchieta, *Epistola* « in *Noticias ultramarinas*, I, 162).» Le P. João Daniel donne des *corupiras* à peu près la même idée que le P. Anchieta (*parte segunda do Thesouro discoberto no Rio Amazones* in *Revista*, II, 481). Selon Vasconcellos, c'étaient les *esprits des pensées* (*Not. cur.*, II, n° 14). Roquette, dans son *Dictionnaire*, indique le mot *caipora* comme brésilien et signifiant une lumière phosphorescente que l'on voit dans les bois. Ce qui est assez extraordinaire, c'est que, dans ces derniers temps, le mot *caïpira* a été transporté du Brésil en Portugal, et que pendant la guerre des deux frères, D. Pedro et D. Miguel, les partisans du premier en avaient fait un sobriquet injurieux par lequel ils désignaient les soldats de D. Miguel. — En passant dans notre langue un mot allemand a éprouvé une déviation de sens absolument semblable à celle qui a eu lieu chez les Paulistes pour *corupira* : « Le mot français *drôle* est, dit « Ampère, l'ancien mot germanique *troll*, nom des mauvais génies et « des sorciers ; de là son acception injurieuse, un *drôle* (*Hist. litt.* « *française au* XIIe *siècle*, II, 132). » — Si l'on ne tenait aucun compte de l'application que faisaient mes jeunes Guaranis, Pedro et Diogo, du mot *corupira*, on pourrait faire dériver *caïpira* de *cáapora* (habitant des bois), nom que les Indiens civilisés par les jésuites donnaient à leurs compatriotes encore sauvages (le P. João Daniel, *parte segunda do Thesouro* in *Revista* II, 481). *Caapora* est indiqué dans le *Diccionario portuguez e brasiliano* comme signifiant *rustique*.

CHAPITRE VII.

SÉJOUR DE L'AUTEUR A S. PAUL. — QUELQUES MOTS SUR LA VILLE DE SANTOS ET LE CHEMIN DU CUBATÃO.

Portrait du gouverneur João Carlos d'Oeynhausen. — Un dîner officiel. — Le spectacle. — Les voyageurs qui avant moi étaient venus à S. Paul. — William Hopkins. — Un camarade. — Des lettres de France; incertitudes. — Je me décide à aller par terre jusqu'à Rio Grande do Sul. — Difficulté d'avoir des malles; les ouvriers de S. Paul. — Le village de Nossa Senhora da Penha; le chemin qui y conduit. — Les *vendas* des environs de S. Paul. — Productions des environs de cette ville. — Les maisons de campagne. — Celle du général de brigade Bauman. — Celle de M. Joaquim Roberto de Carvalho. — Le nègre Manoel. — Hydrographie générale de l'embouchure du Rio Cubatão. — Description de la ville de Santos; les grands hommes qui y ont pris naissance; son commerce. — Histoire du chemin qui conduit de Santos à S. Paul; état actuel de ce chemin.

Dès le lendemain de mon arrivée à S. Paul, j'allai présenter au capitaine général, M. João Carlos Augusto d'Oeynhausen, mes passe-ports, et une lettre de recommandation que le gouverneur de Goyaz, M. Fernando Delgado, m'avait donnée pour lui. Il me reçut parfaitement, m'offrit ses services de la manière la plus aimable, et me fit dîner avec plusieurs officiers qui, à son exemple, furent pour moi d'une honnêteté extrême.

M. João Carlos d'Oeynhausen (1) était fils d'un comte allemand, et d'une dame portugaise renommée pour son esprit. Il gouverna d'abord le Ceará, ensuite Cuiabá et Matogrosso, et enfin il fut nommé, le 4 juillet 1817, au gouvernement de S. Paul, dont il prit possession le 25 avril 1819 (2). Ses traits et sa tournure indiquaient assez son origine allemande. Il était plein d'activité et homme de bonne compagnie. Sa mise et ses manières étaient très-simples; peut-être même aurait-on pu lui reprocher un peu de brusquerie et de négligence de sa personne. Il parlait parfaitement le français, causait bien, et montrait de l'esprit et de l'instruction. Dans les différents pays où j'avais passé, je n'avais vu personne dont on s'accordât aussi généralement à dire du bien que de João Carlos d'Oeynhausen. Il était resté longtemps à Matogrosso, et tous les habitants de ce pays ne parlent de lui qu'avec les plus vifs regrets. Depuis qu'il était à S. Paul, il avait porté l'ordre dans toutes les parties de l'administration; il avait congédié des hommes qui vexaient le peuple, pris des mesures contre les fainéants et les vagabonds, et à des époques fixes il se faisait rendre, par les *capitães móres*, un compte exact de ce qui se passait; il recevait tous les plans qui lui étaient présentés, il conciliait les hommes qui avaient entre eux des différends, et les empêchait de plaider; enfin il se montrait en toute chose le père de ses administrés (3).

(1) Comme je possède la signature de ce gouverneur, je suis bien sûr de l'exactitude du nom que j'écris ici, et par conséquent je dois m'empresser de reconnaître qu'à tort j'ai ailleurs écrit d'*Oyenhausen*.

(2) Piz., *Mem. hist.*, VIII, 291.

(3) Le maréchal de camp Francisco de Paula Magessi Tavares de Carvalho, qui remplaça, à Matogrosso, João Carlos d'Oeynhausen, fit amèrement regretter son prédécesseur. Cet homme, qui devait son élévation

Le soir du jour où je m'étais présenté chez le capitaine général, je fus conduit par M. Grellet chez l'*ouvidor*. Ce magistrat m'accueillit avec beaucoup de politesse, et m'engagea à prendre le thé avec lui. Il savait bien le français,

à la famille de Linhares, convoitait le gouvernement de Matogrosso et le sollicitait avec persévérance du roi Jean VI. Celui-ci, auquel il répugnait de conférer à un tel personnage un poste aussi important et qui éprouvait un extrême embarras toutes les fois qu'il s'agissait de prononcer un refus, s'avisa un jour de demander à l'importun solliciteur s'il était marié. Magessi vivait en concubinage; il ne répondit rien, et s'esquiva. Charmé d'avoir trouvé un moyen de se débarrasser de lui, le roi ne manquait jamais de répéter sa question lorsque le gouvernement de Matogrosso revenait sur le tapis. Magessi prit enfin un grand parti; il épousa sa maîtresse, et, quand le roi lui fit la question accoutumée, il répondit qu'il était marié. Jean VI n'osa pas l'éconduire plus longtemps; il lui accorda le gouvernement de Matogrosso. A cette époque, j'avais le projet de visiter cette province; je me présentai, à Rio de Janeiro, chez le nouveau gouverneur. C'était un homme colossal, dont la tête énorme et presque ronde était portée sur un cou fort court, et dont la figure, sans avoir rien de désagréable, manquait totalement d'expression. Dans le cours de la conversation, il me dit que la province de Matogrosso était fort riche en quinquinas; j'exprimai quelques doutes, alors il alla chercher une carte manuscrite où le quinquina rouge était indiqué par des marques rouges, et le jaune par des signes de cette couleur. Il est clair qu'il n'y avait rien à répondre à une preuve aussi convaincante; je gardai un silence respectueux. Avant de partir de Rio de Janéiro, Magessi prit à sa suite un ramas de vils aventuriers, et s'avança avec eux dans l'intérieur des terres. Je voyageais sur les traces de cette bande; partout on me racontait avec effroi ses monstrueux excès (*Voyage dans les provinces de Rio de Janeiro et de Minas Geraes*, I, 356). Arrivé à Goyaz, le nouveau gouverneur fut reçu par Fernando Delgado, et séjourna un certain temps à Villa Boa; sa femme ne voulut point laisser échapper une si heureuse occasion de gagner de l'argent; elle faisait vendre dans les rues de la ville les petites marchandises qu'elle avait apportées de Rio de Janeiro. Magessi se fit détester dans son gouvernement, et, lorsque survint l'heureuse révolution qui dota le Brésil d'une entière indépendance, cet homme fut chassé honteusement.

quoiqu'il ne le parlât pas, et dans notre conversation il fut sans cesse question de la France et des événements extraordinaires qui s'y étaient passés depuis trente ans. L'*ouvidor* professait une grande estime pour nos prétendus philosophes du siècle dernier; je lui montrai suffisamment que je ne partageais pas sa façon de penser, mais j'eus soin d'éviter toute discussion. La plupart des hommes qui, parmi les Portugais et les Brésiliens, avaient fait quelques études étaient, à cette époque, grands admirateurs des livres, aujourd'hui à peu près oubliés, qui, chez nous, ont été les précurseurs de tant d'horribles catastrophes; mais, ce qui est assez remarquable, je n'entendis jamais ces mêmes hommes appliquer à leur propre pays les principes dont leur esprit était imbu. Était-ce prudence ? était-ce la conséquence de ce respect qu'avaient alors pour l'autorité tous les sujets de la monarchie portugaise et qu'ils suçaient, pour ainsi dire, avec le lait ? C'est cette dernière opinion que je serais tenté d'adopter. A cette époque, les habitants des parties éloignées du Brésil ne croyaient point que le roi fût placé sur le trône pour ses sujets, mais ils croyaient que les sujets étaient faits pour le roi; ils le considéraient comme le représentant de Dieu sur la terre, comme un être supérieur à eux, et ils étaient persuadés qu'il leur aurait rendu justice, s'il avait connu les vexations dont ils étaient trop souvent les victimes.

Le jour de la S. Charles (4 novembre) était celui de la fête de la reine, qui s'appelait Carlota. Le général donna un grand dîner, et j'y fus invité. Je me rendis au palais sur les trois heures, et j'y trouvai réunis les principales autorités du pays, ainsi que plusieurs officiers de la ligne et de la garde nationale, tous en grande tenue. En attendant le dîner, le général fit une partie de whist ; après la soupe, il se leva, porta la santé du roi, et la musique du régiment, qui était à la porte de la salle, fit entendre un air guerrier.

On but successivement à la santé de l'infant D. SEBASTIÃO (1), né à pareil jour quelques années plus tôt ; on but à celles de la princesse de Beira, sa mère, des Paulistes, du capitaine général et des diverses autorités locales. Ce fut, pour ainsi dire, par hasard que l'on se souvint de la reine en l'honneur de laquelle se célébrait la fête ; il ne faut point s'en étonner, elle n'était pas en fa-

---

(1) D. Sebastião est fils d'un infant d'Espagne et de la princesse de Beira, fille aînée du roi Jean VI, qui resta veuve de très-bonne heure, et qu'on appelait généralement à Rio de Janeiro *a princeza viuva*. On sait que cette princesse a épousé en secondes noces le frère de Ferdinand VII, D. Carlos, qui a longtemps prétendu à la couronne d'Espagne. Elle était la fille chérie de Jean VI, et elle ressemblait à la fois à ce prince et à don Pedro, qui est devenu empereur du Brésil. A l'exception de ce dernier, aucun des enfants du roi n'avait autant de tête et de caractère que la princesse veuve ; voyant avec regret combien l'éducation de ses frères avait été négligée, elle déclara qu'il n'en serait pas de même de celle de son fils, et en effet elle le confia, dès l'âge le plus tendre, à une personne de beaucoup de mérite, fille d'un ancien consul d'Angleterre à Lisbonne. Au milieu de la cour corrompue de Rio de Janeiro, l'institutrice de l'infant D. Sebastião savait conserver toute sa dignité, et repoussait avec fermeté les plaisanteries inconvenantes dont ne cessait de la poursuivre le jeune infant D. Miguel, oncle de son élève. Quand le roi se promenait, il emmenait souvent son petit-fils seul dans sa calèche. L'enfant n'avait rien de remarquable dans sa toilette, l'habillement de l'aïeul était encore plus simple, pour ne dire rien de plus, et la voiture était telle, qu'aucun habitant riche de Rio de Janeiro n'eût voulu s'en servir. Si les finances du Portugal ont été mal administrées sous le règne de Jean VI, ce n'est pas du moins pour les dépenses personnelles de ce prince que son pays s'est endetté.

veur (1). Les convives aussi se portèrent réciproquement des santés. Cet usage, tel qu'il se pratiquait alors au Brésil, était, comme je l'ai dit ailleurs, un des plus incommodes qu'on eût jamais imaginés. Il fallait savoir le nom de tous les convives, n'en oublier aucun, épier, pour proclamer leur nom, l'instant où ils n'étaient occupés ni à manger ni à causer avec leurs voisins, observer avec soin les préséances, crier à tue-tête d'un bout de la table à l'autre, et être sans cesse sur le qui-vive, pour répondre, par un salut, à ceux qui vous proclamaient. Je demandai au capitaine général la permission de porter un toast à l'union éternelle du Portugal et de la France; j'avais parlé en français; le général se leva et traduisit le toast en portugais. On but aussi à la santé du roi Louis XVIII; ensuite tout le monde se rassit, et le général, en me regardant, porta en français un toast au *triomphe de la bonne cause;* il avait vécu à Lisbonne, au milieu des émigrés français les plus distingués, il connaissait parfaitement l'histoire de notre révolution, et savait même par cœur tous les termes d'argot du parti dit aristocratique. Au mi-

(1) On sait qu'à cette époque la reine D. Carlota ne vivait point avec son mari, qui avait eu beaucoup à se plaindre d'elle. Elle était réduite à une telle simplicité, qu'elle-même, à l'époque de mon arrivée à Rio de Janeiro, reconduisit, un bougeoir à la main, le bon abbé Renaud, aumônier de l'*Hermione*, qui l'avait connue plus anciennement et qui était allé lui rendre ses hommages. Lorsque la constitution fut proclamée à Rio de Janeiro, elle se montra favorable au nouvel ordre de choses, elle se rapprocha de son mari, et, quand il saluait le peuple, elle l'obligeait à s'incliner plus profondément. Arrivé à Lisbonne, Jean VI embrassa le parti constitutionnel; alors D. Carlota changea d'opinion, et se mêla à toutes les intrigues des royalistes.

lieu du dîner, un colonel de la garde nationale se leva, et prononça d'un ton d'inspiré un discours en vers à la louange de la reine; cet homme-là n'était pas courtisan. Quelques instants après, il lut l'éloge de l'infant D. Sebastião, et enfin une ode aux Paulistes. Je ne pus saisir parfaitement le sens de tous ces vers; mais ce que j'en compris me parut plein de cette emphase qu'on trouve dans les épîtres dédicatoires écrites du temps de Louis XIII, et dont les Portugais ne sentaient pas encore tout le ridicule. Je dois le dire cependant, l'ode aux Paulistes présentait quelques traits originaux qui faisaient honneur au poëte. Son exemple et un excellent vin de Porto animèrent la verve des convives, et cinq à six personnes se mirent à improviser des vers en l'honneur du général et de sa mère; on répondit et l'on riposta à qui mieux mieux, ce qui tend à prouver que ces vers n'étaient point préparés : l'harmonie naturelle à la langue portugaise, le petit nombre de désinences qui lui sont propres rendent, au reste, un tel jeu très-facile. Le repas se passa avec gaieté, mais en même temps avec décence, et les convives se montrèrent constamment gens de bonne compagnie.

Un jour que j'avais dîné chez le général, il m'invita à assister au spectacle dans sa loge, et sur les huit heures du soir je me rendis au palais. C'est en face de cet édifice qu'était la salle de spectacle. Rien ne l'annonçait à l'extérieur; on ne voyait qu'une petite maison à un seul étage, basse, étroite, sans aucun ornement, peinte en rouge avec trois larges fenêtres à volets noirs; les maisons des particuliers tant soit peu aisés avaient plus d'apparence. L'intérieur avait été moins négligé, mais il était extrêmement petit. On entrait d'abord dans un vestibule étroit d'où l'on se rendait aux loges et au parterre. La salle, assez jolie et à trois rangs de loges, était éclairée par un assez beau lustre, et par des chandelles placées entre les loges; quant aux peintures du plafond, de la toile et des décorations, on en voyait de beaucoup moins mauvaises chez de simples particuliers. Il n'y avait au parterre que des hommes, tous assis sur des bancs. Au milieu du second rang de loges, était celle du général, qui faisait face au théâtre, et était étroite et allongée; on y arrivait par une espèce de foyer assez joli, et l'on s'asseyait sur des chaises rangées des deux côtés. Lorsque nous arrivâmes, le public était déjà rassemblé. Le général salua de droite et de gauche : à l'instant même, les hommes qui étaient au parterre se levèrent et se tournèrent de son côté; ils s'assirent ensuite quand la pièce commença, puis se tinrent debout dans tous les entr'actes. On joua l'*Avare* et une petite farce. Les auteurs étaient des artisans, la plupart mulâtres; les actrices, des femmes publiques. Le talent de ces dernières était dans une harmonie parfaite avec leur moralité; on aurait dit des marionnettes que l'on faisait mouvoir avec un fil. La plupart des hommes n'étaient pas de meilleurs comédiens; cependant il était impossible de ne pas reconnaître que quelques-uns étaient nés avec des dispositions naturelles pour la scène.

Sans parler des Portugais, il s'en fallait que je fusse le premier des Européens qui visitât S. Paul. Le voisinage de la côte, la douceur du climat, les agréments de la situation avaient attiré plus d'étrangers qu'il n'en était allé dans les villes qui ne sont point des ports de mer. John Mawe l'avait visitée même avant l'arrivée du roi Jean VI au Brésil, et elle l'avait été depuis par M. Woodfortd, riche Anglais, amateur de plantes, à qui l'on doit la connaissance du *Passiflora racemosa* (1); par le comte de Pahlen, ministre de Russie; M. de Schwertzkoff, homme aimable, conseiller de la même cour; le prince Taxis; MM. Spix et Martius; M. d'Olfers, alors secrétaire de la légation prussienne, depuis directeur des musées de Berlin, etc. Lorsque j'étais à S. Paul, il s'y trouvait plusieurs Anglais et quelques Français; mais tous étaient des hommes d'une classe inférieure. Parmi les premiers, j'eus cependant le plaisir de retrouver une ancienne connaissance; c'était le nommé Williams Hopkins, domestique de M. Woodfortd, que son maître m'avait recommandé lors de mon passage à Lisbonne, et auquel le duc de Luxembourg avait accordé, sur ma demande, la permission de faire, avec nous, le voyage du Brésil, à bord de l'*Hermione*. Ce brave homme était retourné à S. Paul pour revoir une femme qu'il y avait connue; il l'avait épousée, s'était établi, et exerçait, avec avantage, l'état de ferblantier. William (Guilherme) et sa femme croyaient me devoir le bonheur dont ils jouissaient; ils me rendirent, avec le plus grand zèle, les petits services qui dépendaient d'eux, et firent tous leurs efforts pour me témoigner leur reconnaissance. Ce sentiment n'est pas assez commun pour qu'on oublie ceux qui en ont fait preuve.

J'ai dit, ailleurs, qu'étant auprès de Marianna (2) je m'étais trouvé dans une habitation avec un homme qu'à sa manière de s'exprimer j'avais reconnu pour un élève de

---

(1) Cette plante, aujourd'hui cultivée dans nos serres, fut communiquée par M. Woodfortd à Broteiro, qui l'a décrite dans les *Transactions of linnean Society*, XII, t. 6.

(2) Voir mon *Voyage dans le district des Diamants, etc.* I, 187.

la maison d'éducation fondée, près de Lisbonne, par D. Marquet, ancien supérieur du collége de Pontlevoy. Je fis à S. Paul une rencontre à peu près semblable. Dînant au palais, j'y vis un officier qui parlait parfaitement notre langue; c'était aussi un ancien élève de D. Marquet. Mon éducation avait été commencée à Pontlevoy, cet officier était presque mon camarade; sa vue réveilla en moi les souvenirs de l'enfance et de la patrie, j'éprouvai un instant de bonheur, et les traits de cet homme sont restés profondément gravés dans ma mémoire.

On a vu qu'à mon arrivée à S. Paul j'avais été vivement affligé de n'y pas trouver les lettres de ma famille que j'attendais avec tant d'impatience. Je m'étais empressé d'écrire à mes amis de Rio de Janeiro pour les prier de m'envoyer celles qu'ils pouvaient avoir reçues pour moi. Tous les dix jours, il partait un convoi à pied de la capitale du Brésil pour S. Paul; après vingt jours d'attente, je reçus enfin un paquet assez volumineux de lettres de France. On m'y donnait à la fois d'heureuses nouvelles et des détails sur la perte cruelle que j'avais faite au commencement de ce voyage, celle de Mme de Salvert, mon inimitable sœur. Les divers sentiments que ces nouvelles firent naître en moi me bouleversèrent; j'avais à peine la tête à moi. Je condamnais le nouveau voyage que j'avais pris la résolution d'entreprendre, et je n'avais pas le courage d'y renoncer, ou, pour mieux dire, j'avais celui de n'y pas renoncer. Aimé comme je l'étais dans ma famille, il me fallait de la force pour m'en éloigner encore, pour m'enfoncer, encore une fois, dans des pays presque inhabités, surtout avec les hommes qui m'entouraient; mais je pouvais à peine deviner moi-même quels motifs me portaient à prolonger mon exil. Des récompenses, je n'en espérais aucune ; de l'enthousiasme, je n'en avais plus ; celui qui transportait mon imagination s'était refroidi devant les longues et fatigantes journées que j'avais passées à parcourir seul, dans un profond silence, les plages brûlantes d'Espirito Santo, et les déserts de Goyaz et de Minas Geraes. Je ne crois pas non plus que le soin de ma réputation me fît agir ; j'étais entraîné par une sorte d'entêtement ; je voulais achever, parce que j'avais commencé ; peut-être même continuerais-je, parce qu'il m'en a toujours coûté pour finir.

Je ne savais trop d'abord si je devais m'embarquer pour la province de Rio Grande do Sul, que j'avais l'intention de visiter, ou si je ne ferais pas mieux de m'y rendre par terre. En m'embarquant je serais arrivé beaucoup plus vite ; mais je serais resté quelque temps sans pouvoir faire aucune observation, et je courais la chance d'être pris par les pirates espagnols, qui, disait-on, devenaient, chaque jour, plus audacieux. Je me décidai à voyager par terre.

Lorsque j'étais arrivé à S. Paul, je commençais à manquer de tout ; mais je trouvai facilement à acheter dans les boutiques, généralement bien garnies, les objets dont j'avais besoin. Ce n'était pas tout ; les dix-huit malles avec lesquelles j'avais voyagé dans la province de Goyaz étaient remplies, et il fallait que j'en eusse d'autres. Dès le premier jour de mon arrivée, j'en commandai une paire à un menuisier (1) ; sur sa demande je lui avançai de l'argent ;

(1) On compte les malles (*canastras*) par paire, parce qu'il en faut nécessairement deux pour charger chaque mulet, une de chaque côté. Comme il n'y a point encore au Brésil (1816-1822) de bahutiers proprement dits, on y fait faire les malles par les menuisiers.

mais les malles ne furent prêtes qu'au bout d'une couple de semaines, et probablement je ne les aurais pas obtenues sitôt, si mon hôte, le colonel Francisco Alves, n'avait menacé l'ouvrier de la prison. Cet homme promit de continuer à travailler pour moi; mais bientôt il vint me dire qu'il ne pouvait rien faire parce qu'il n'avait pas de bois. M. Grellet et moi nous nous adressâmes aux différentes personnes de notre connaissance et en particulier à l'*ouvidor*, en les priant de nous procurer un menuisier prompt et habile, sur les promesses duquel on pût compter. Tout le monde nous répondit qu'il y avait à S. Paul de bons ouvriers, mais qu'il n'en existait pas un qui travaillât promptement et fût homme de parole. M. Grellet pensa à un ouvrier qu'on employait alors à la manufacture de fusils; nous le fîmes exempter de son travail par ses chefs, il prit la mesure des malles, mais, quelques heures après, il m'annonça qu'il avait inutilement cherché du bois dans toute la ville. Le colonel Francisco Alves me dit qu'il était fort possible que cet homme ne m'eût point trompé, mais que lui-même ferait tous ses efforts pour trouver quelques planches.

D'après ce qui m'était raconté par tout le monde et ce que j'éprouvais moi-même, il paraît que nulle part les ouvriers n'étaient aussi paresseux, aussi peu exacts et peut-être même aussi peu honnêtes que ceux de S. Paul. Ces hommes n'avaient point pour excuse une chaleur excessive, mais leurs besoins étaient, comme je l'ai dit, fort peu nombreux, et ils pouvaient les satisfaire facilement, car les vivres et les loyers étaient à très-bas prix. Descendants, pour la plupart, des Mamalucos, ils avaient, d'ailleurs, conservé toute l'insouciance de la race indienne, et les nouveaux venus adoptaient bientôt les mœurs de tous les autres. Quand un ouvrier avait gagné quelques *patacas* (320 reis, 2 fr.), il se reposait jusqu'à ce qu'elles fussent mangées. A peine possédait-il les outils les plus nécessaires à son état, et presque jamais il n'était pourvu des matières qu'il devait mettre en œuvre. Ainsi il fallait fournir du cuir au cordonnier, du fil au tailleur, du bois au menuisier ; on leur avançait de l'argent pour acheter ces objets, mais presque toujours ils dépensaient l'argent, et l'ouvrage ne se faisait pas ou ne se faisait qu'après un temps considérable. Celui qui avait la moindre chose à commander aux ouvriers était obligé de s'y prendre fort longtemps d'avance. Supposons, par exemple, que ce fût un ouvrage de menuiserie, il était d'abord nécessaire d'employer des amis pour se procurer, à la campagne, le bois dont on avait besoin ; il fallait ensuite envoyer cent fois chez l'ouvrier, le menacer, et souvent, en définitive, on n'en obtenait rien. Je demandais à un homme honorable établi à S. Paul comment il s'y prenait quand il avait besoin d'une paire de souliers. Je les commande, me dit-il, à plusieurs cordonniers à la fois, et dans le nombre il s'en trouve ordinairement un qui, pressé par le manque d'argent, se résigne à la faire. Les officiers de la garde nationale, l'*ouvidor* même, malgré tout le pouvoir dont il était revêtu, ne pouvaient triompher de cette extrême apathie.

Quoi qu'il en soit, le colonel Francisco Alves vint m'annoncer que ses recherches n'avaient pas été infructueuses ; qu'enfin il avait découvert un menuisier qui avait du bois et pouvait me faire des malles. Cet homme vint effectivement chez moi, prit ses mesures, et m'assura qu'il allait se mettre à l'ouvrage ; mais j'étais payé pour n'être pas crédule. Je ferai remarquer, en passant, qu'à cette époque les ouvriers brésiliens, du moins dans l'intérieur, n'avaient nulle part de mesure fixe : ils se servaient du premier morceau de bois qui se présentait, ou tout simplement de leurs mains ; aussi leurs ouvrages étaient-ils généralement plus longs ou plus courts qu'on ne les avait demandés. Je laissai passer quelques jours, et j'allai chez l'ouvrier qui m'avait fait de si belles promesses ; il m'annonça, comme les autres, qu'il renonçait à faire l'ouvrage. Je me fâchai contre cet homme, je le traitai durement, tout cela ne produisit pas le plus léger effet. A cette époque, les Brésiliens d'une classe subalterne écoutaient, en souriant, les vérités les plus mortifiantes, quand elles étaient dites par un supérieur, et ils ne changeaient pas la moindre chose à leur conduite.

Ce jour-là même, j'allai dîner au palais. Le général me demanda quand je comptais partir. Je suis charmé, me dit-il, de vous voir ici ; mais nous sommes dans la saison des pluies, et, si vous tardez davantage à vous mettre en route, vous trouverez des chemins impraticables. Je le sais bien, répondis-je, et je m'en désespère ; mais vos ouvriers ne veulent pas absolument gagner mon argent ; puis je lui racontai l'histoire de mes malles, ajoutant que je me voyais presque dans la nécessité de renoncer à continuer mon voyage. Comment, me dit le général, il y a plus de trois ans que vous êtes au Brésil, et vous ne savez pas encore comment on doit s'y conduire ! il fallait vous adresser à moi. Pour des choses d'aussi peu d'importance, lui répondis-je, je n'aurais jamais osé importuner le gouverneur d'un pays aussi grand que la France. Il appela un aide de camp : Allez, lui dit-il, chez tel menuisier ; vous lui direz de faire sous tant de jours les malles dont M. de Saint-Hilaire a besoin ; monsieur les payera au prix le plus élevé ; il comptera d'avance la moitié de la somme due, et vous mettrez un soldat chez l'ouvrier. La présence du soldat eût été, en elle-même, fort indifférente à ce dernier ; mais c'était comme une sorte de glas qui lui disait sans cesse : si tu ne travailles pas, tu iras en prison ; et les descendants des vieux Indiens, qui aimaient tant leur indépendance, craignent encore plus que nous, Européens, d'être privés de la liberté. João Carlos d'Oeynhausen s'était, dans cette circonstance, conduit avec un despotisme qui répugne à nos mœurs, et que je ne prétendrai certainement pas justifier entièrement. Cependant, lorsque la paresse est devenue un vice général, n'est-il pas nécessaire que le magistrat emploie quelquefois la rigueur pour la faire cesser ? n'est-il pas juste que l'ouvrier, qui ne peut entièrement se passer des autres, travaille, à son tour, pour ceux qui ont besoin de ses services, et sont tout disposés à le payer grassement ?

Je profitai de mon séjour à S. Paul pour aller herboriser au village de *Nossa Senhora da Penha*, situé à 2 lieues de la ville, sur une colline qui termine, du côté de l'est, la vaste plaine dont j'ai déjà parlé. Vue dans le lointain, son église semble entourée d'arbres touffus, et borne l'horizon d'une manière pittoresque. Pour arriver au village il faut suivre la route de Rio de Janeiro. Cette route parcourt la plaine et commence, du côté de S. Paul, par une belle chaussée, longue d'environ 400 pas, jetée au milieu des marais dont est bordé le Tamandatahy. La plaine tout entière est parfaitement égale, et, comme j'ai déjà eu occasion de le dire, elle présente une agréable alternative de pâturages presque ras et de bouquets de bois peu élevés; les habitants de S. Paul lui donnent le nom de *vargem*, qui s'applique, en général, à toute plaine humide. Dans les parties les plus mouillées, le terrain est parsemé de mottes couvertes de touffes épaisses de gazon, et il offre absolument le même aspect que les pâturages marécageux de la Sologne. Je suis persuadé que, parcourue avec soin dans toutes les saisons de l'année, la *vargem* fournira au botaniste de précieuses récoltes ; j'y trouvai, entre autres, deux espèces dont les formes appartiennent à la Flore européenne, et pouvaient me faire un instant illusion sur l'énorme distance qui me séparait de ma patrie, la Violette délicate, que j'ai appelée *Viola gracillima*, et l'*Utricularia oligosperma*, qui ressemble tant à l'Utriculaire commune des marais voisins de Paris (1).

Nossa Senhora da Penha, ou simplement *Penha* (Notre-Dame du Rocher) (2), où j'arrivai bientôt, forme une paroisse qui fait partie du district de S. Paul. De la colline qui couronne ce village et au-dessous de laquelle serpente le Tieté, on découvre une vue délicieuse ; toute la plaine, les montagnes qui la bornent, la ville de S. Paul avec son palais et ses clochers. Le village lui-même se compose d'un petit nombre de maisons; mais beaucoup d'habitations plus ou moins considérables et de maisons de campagne (*fazendas, sitios, chacarás*) en dépendent. L'église, bâtie

(1) Voyez mon ouvrage intitulé, *Histoire des plantes les plus remarquables du Brésil*, p. 275, tab. 261, et mon *Voyage dans le district des Diamants, etc.*, II, 427.

(2) Et non Notre-Dame de la Douleur (*Our Lady of Pain*), comme l'a cru un Anglo-Américain (Kidd., *Sket.*, I, 253). Ce n'est pas seulement dans la province de S. Paul, mais dans beaucoup d'autres qu'on trouve des paroisses consacrées à *N. S. da Penha*.

au milieu du village, est fort grande, et si, lorsqu'on la découvre de la ville, elle semble entourée de bois épais, ce n'est que par l'effet de la perspective, qui rapproche les bois voisins, et de l'éloignement, qui empêche d'apercevoir les maisons.

J'allai faire ma visite au curé de Penha; quoique je ne fusse pas connu de lui, il me reçut très-bien, et me donna plusieurs renseignements qui m'intéressèrent. Sa maison était grande, bien meublée, et cependant les curés de S. Paul étaient, comme je l'ai dit, beaucoup moins riches que ceux de Minas Geraes.

Sur la route de S. Paul à Penha se voient un grand nombre de maisonnettes où l'on a établi des *vendas*; mais tandis que, dans la province des Mines et ailleurs, ces espèces de cabarets sont ouverts à tout venant (1), ici on n'entre point dans la pièce où se trouvent les comestibles et l'eau-de-vie de sucre; de l'intérieur, le débitant passe la marchandise par un guichet qui ouvre sur le dehors. Cet usage remonte probablement aux premiers temps de la découverte. Les marchands devaient naturellement prendre des précautions contre la gourmandise des Indiens et la rapacité des Mamalucos, qui, sans doute, n'avaient pas des idées beaucoup plus justes du tien et du mien que les Indiens eux-mêmes.

Le district de S. Paul passe pour un des moins fertiles de la province (2); cependant il produit, avec plus ou moins d'abondance, du riz, des haricots, du maïs, de

(1) Voir mon *Voyage dans les provinces de Rio de Janeiro et de Minas Geraes*, I.
(2) Piz., *Mem. hist.*, I, 297; — Mill. et Lop. de Mour., *Dicc.*, II, 613.

la farine de manioc. On y recueille du thé, un peu de café, un peu de coton et de tabac, beaucoup de légumes et de fruits; on y fait de l'eau-de-vie de sucre; on y élève des bêtes à cornes, des cochons, des mulets, des bêtes à laine, et surtout des chevaux (1). Les bananiers et la canne à sucre y réussissent mal, à cause de l'élévation du sol et du peu d'intensité de la chaleur moyenne. Si les habitations très-riches (*fazendas*) ne sont pas aussi communes dans ce district que dans la plupart des autres, du moins compte-t-on autour de la ville un grand nombre de maisons de campagne (*chacarás*). Excepté auprès de Rio de Janeiro j'en avais fort peu vu dans tout le cours de mes voyages; mais aux environs de S. Paul on en a bâti de tous les côtés, et elles contribuent singulièrement à embellir le paysage. Plusieurs d'entre elles ont de très-grands enclos où se voient des plantations symétriques de caféiers, et des allées régulières d'orangers, de *jabuticabeiras* et d'autres arbres. Pendant mon séjour à S. Paul, j'allai faire une visite au général de brigade (*brigadeiro*) Bauman (2), qui ha-

(1) Voici la statistique des productions du district de S. Paul, telle qu'elle a été indiquée, pour l'année 1838, par Dan. Ped. Müller : 2,197 *canadas* de *cachaça* ou eau-de-vie de sucre, 879 arrobes de café, 2,096 alqueires de farine de manioc, 4,368 de haricots, 45,583 de maïs, 540 arrobes de tabac, 540 arrobes de coton en laine (*algodão em rama*), 191 cochons, 1,617 chevaux, 264 mulets, 901 vaches, 494 moutons (*Ensaio estat.*, tab. 3). Le même auteur dit encore qu'en 1838 on comptait, dans le district de S. Paul, quelques petites distilleries d'eau-de-vie de sucre, 3 *fazendas* (habitations) où l'on recueillait du café, 24 où l'on faisait des élèves de chevaux et de bétail. J'ajouterai, pour l'intelligence de cette statistique, que, suivant Freycinet, la *canada* vaut 4 litres 180, l'alqueire 40 litres, l'arrobe 14 kilogr. 785.

(2) Après la proclamation de l'indépendance du Brésil, M. Bauman fut nommé gouverneur militaire (*governador das armas*) de la province de Goyaz; il est mort subitement dans la capitale de cette pro-

bitait une maison de campagne située à une demi-lieue de la ville, au delà de Sainte-Iphigénie. Cette maison, où j'arrivai après avoir passé devant un grand nombre d'enclos fermés par des murs en terre, était parfaitement tenue. Je vis, dans le jardin, beaucoup de pêchers dont les fruits avaient (29 novembre) la grosseur d'un œuf de pigeon ; j'y vis aussi des abricotiers, des pruniers, des pommiers, des poiriers, des châtaigniers, des noyers, de fort belles treilles qui portaient des grappes, les unes en fleur, les autres déjà nouées, et le propriétaire m'assura que ces différents végétaux produisaient tous des fruits. M. Bauman cultivait aussi une grande quantité d'œillets, des pavots, des pois de senteur (*Lathyrus odoratus*, L.), des boutons d'or (*Ranunculus acris*, L.) à fleurs doubles, des scabieuses, des soucis, des œillets d'Inde, etc., plantes qui, lors de ma visite, étaient toutes en fleur.

J'avais connu à Rio de Janeiro M. Froe, qui habitait cette ville et appartenait, comme son oncle, l'excellent *sargento mór*, Alexandre Pereira e Castro, à la noble famille du courageux Pauliste auquel on doit la découverte de Paracatú (1). Quand je partis pour faire le voyage dont je publie actuellement la relation, M. Froe m'avait remis une lettre de recommandation pour M. Joaquim Roberto de Carvalho, riche particulier qui habitait une fort belle maison de campagne (*chacará da Agua Branca*, maison de campagne de l'eau blanche) aux environs de S. Paul. A mon arrivée dans cette ville, je me présentai chez ce der-

vince, postérieurement à 1826 (Raimundo José da Cunha Mattos, *Itinerario*, II, 319, 340).

(1) Voir mon *Voyage aux sources du Rio de S. Francisco et dans la province de Goyaz*, I.

nier, qui me reçut parfaitement et m'autorisa à faire mettre mes mulets dans ses pâturages ; chaque propriétaire de *chacará* a soin, en effet, d'avoir des pâturages entourés de fossés, parce que, dans le voisinage fort habité d'une ville considérable, il ne serait pas prudent de laisser paître librement dans la campagne les chevaux et les bêtes de somme. La maison de M. Joaquim Roberto était bâtie au fond d'une grande cour où l'on entrait par une grille en bois, et qui était environnée de murs. Le bâtiment du maître n'avait que le rez-de-chaussée ; sur le devant était une large galerie (*varanda*), qui, d'un côté, se terminait par une jolie chapelle, et, de l'autre, par un petit salon. L'enclos était fort grand ; j'y vis des allées d'orangers, beaucoup de pêchers, de *pitangueiras* (*Eugenia Michelii,* Lam.), d'ananas, et surtout une prodigieuse quantité de *jabuticabeiras* (*Myrtus cauliflora,* Mart.). Pendant que j'étais à S. Paul, les fruits de ce dernier arbre étaient en pleine maturité, et on les vendait dans les rues de la ville. Les *jabuticabas* (1) l'emportent certainement sur tous les fruits indigènes au Brésil ; elles sont sucrées sans être fades, agréablement mucilagineuses, d'une extrême fraîcheur (2). C'était aussi l'époque de la maturité des *pitangas* : celles-ci, fort inférieures aux *jabuticabas*, ont un goût résineux qui, au reste, se retrouve plus ou moins dans les différents fruits du groupe des Myrtées ; cependant elles sont fort bonnes en confitures, tout en conservant encore quelque chose de leur saveur primitive. Je ferai remarquer, à cette occasion, que, si la plupart des fruits comestibles naturels au

(1) Je n'ai pas besoin de dire que les *jabuticabas* sont les fruits du *jabuticabeira*, comme les *pitangas* ceux du *pitangueira.*
(2) Voir mon *Voyage dans le district des Diamants, etc.,* I.

Brésil ne sont pas produits, comme ceux qu'on cultive en Europe, par la famille des Rosacées (Juss.), ils appartiennent à un groupe très-voisin, celui des Myrtacées.

Pendant que j'allais et venais dans S. Paul et ses alentours, le menuisier auquel le général avait commandé les malles dont j'avais besoin travaillait sérieusement, et il ne tarda pas à me livrer son ouvrage. Je m'occupai alors à faire les préparatifs de mon voyage, et je pris congé des différentes personnes dont j'avais reçu des politesses, particulièrement du capitaine général João Carlos Augusto d'Oeynhausen. Celui-ci n'avait cessé de me combler de bontés ; non-seulement il me donna un passe-port général (*portaria*) où il invitait les autorités à me prêter main-forte et à me fournir des vivres et des chevaux, mais encore il me remit des lettres de recommandation pour tous les *capitães móres* des lieux par où je devais passer. Je ne manquai pas de présenter les lettres ; mais je ne crus pas devoir faire usage du passe-port, si ce n'est dans les cas, fort rares, d'une nécessité absolue.

J'emmenais avec moi quatre personnes : le bon Laruotte; José Marianno, qui, comme je l'ai dit, devait ferrer les mulets, soigner les bâts, aller à la chasse et préparer les oiseaux ; un serviteur libre (*camarada*), appelé Manoel, que m'avait envoyé le *capitão mór* de Jundiahy, et dont les fonctions étaient d'aller chercher les mulets au pâturage, de les charger et de les décharger ; enfin l'Indien Firmiano, qui devait faire cuire les haricots et aider Manoel.

J'ai fait connaître, ailleurs, trois de ces hommes ; je dirai quelques mots du quatrième. Manoel, nègre créole et affranchi, faisait assez bien son service ; mais il poussait le goût du libertinage plus loin que tous les serviteurs (*camaradas*) que j'avais eus jusqu'alors, et certes ce n'est pas peu dire. A peine étais-je arrivé dans quelque village où je devais séjourner, que je voyais cet homme changer de linge, et mettre un certain gilet rouge destiné, sans doute, à relever la couleur noire de sa peau : il s'en allait aussitôt à la recherche des aventures, et ne reparaissait plus que pour le départ. Fier de sa dignité d'homme libre, il avait le plus profond mépris pour les travaux que l'on considère comme l'apanage de l'esclave, et c'était le Botocudo Firmiano, étranger à tous les préjugés de caste, qui allait chercher l'eau et le bois dont nous avions besoin. Le digne Manoel eut un jour la dyssenterie; arrivé à la halte, je l'engageai à boire de l'eau de riz, et j'allai herboriser. Je lui demandai, à mon retour, s'il avait suivi mon ordonnance. Il n'y avait pas d'eau, me répondit-il. Un ruisseau coulait à quatre ou cinq pas de nous, mais Firmiano s'était absenté. Je pris une cafetière, je la remplis et je la donnai au nègre. Cet homme resta tout ébahi; mais je doute fort qu'il comprit la leçon. Profondément imbu de fâcheux préjugés, il ne vit probablement que de la bassesse ou de l'extravagance dans l'action d'un homme blanc qui allait chercher de l'eau pour la donner à un homme noir. Un des plus tristes résultats de l'admission de l'esclavage est l'avilissement du travail. Comme l'existence de S. Paul et celle de Santos sont essentiellement liées l'une à l'autre, et que l'on peut considérer la seconde de ces villes comme le port de la première, je dois regretter de ne l'avoir pas visitée. Pour ne point laisser une trop grande lacune dans cette relation, je réunirai ici quelques détails épars dans divers ouvrages qui n'ont point été traduits en français, détails que j'ai soumis à l'examen le plus attentif, mais dont je ne puis cependant être responsable, comme si je les avais recueillis moi-même.

Devant l'embouchure de la rivière de Cubatão, qui descend de la Serra do Mar, sont, comme je l'ai dit ailleurs, deux îles, celle de S. Amaro ou *Guahybé* du côté de l'est, celle de S. Vicente ou *Enguaguaçu* à l'occident. La première, marécageuse, malsaine et à peine peuplée, est séparée du continent par le canal, peu navigable, appelé *Barra da Bertioga*, à l'entrée duquel on avait jadis construit un établissement (*armação*) pour la pêche de la baleine, alors très-abondante dans ces parages. Je ne dirai rien du canal de *S. Vicente*, qui se trouve entre l'île du même nom et la terre ferme, et n'est guère navigable que pour les pirogues. Un seul des trois canaux (1) formés par les deux îles a une véritable importance, c'est celui qui les sépare l'une de l'autre, et qu'on nomme *Barra Grande, Barra do Meio, Barra* ou *Rio de Santos*; il peut avoir environ 1,000 pas de longueur. Son entrée est défendue par quelques forts, et il donne passage aux plus grands vaisseaux, qui ensuite trouvent un abri parfait dans le port de Santos.

La ville à laquelle appartient ce port, et qui a reçu le même nom, est située au nord de l'île de S. Vincent, et adossée à une montagne isolée qu'on appelle Monserrate, à cause d'une chapelle dédiée à Notre-Dame du Montserrat. Ce fut le capitaine BRAZ CUBAS, délégué (*Loco-Tenente*)

---

(1) La géographie de la province de S. Paul a les obligations les plus grandes à D. P. Müller; mais ce n'est pas dans son *Ensaio estatistico* qu'il faut étudier la position des trois canaux dont il s'agit ici : pour s'en faire une idée exacte, il suffira de jeter les yeux sur la carte de M. Villiers de l'Ile-Adam.

de l'illustre Martim Affonso, qui fonda Santos (1). Cette ville acquit bientôt une importance commerciale très-grande pour le pays, et cependant, vers 1630, elle ne renfermait encore que 200 habitants, probablement sans compter les esclaves; depuis cette époque, sa population a pris un accroissement fort sensible, puisqu'elle s'élevait, en 1838, à 5,836 individus, et elle ne peut qu'augmenter encore, car, s'il est permis d'en juger par cette même année 1838, le nombre des naissances surpasse de beaucoup celui des décès, et plusieurs maisons étrangères, dit M. Kidder, se sont assez récemment établies dans le pays. Les chiffres que je viens de citer se rapportent, je ne l'ignore point, au district tout entier; mais celui-ci ne comprend que le versant oriental de la Serra do Cubatão, la partie septentrionale de l'île de Vicente, toute la petite île de S. Amaro, et hors de la ville on ne compte pas un très-grand nombre d'habitants. D'un autre côté, on assure, il est vrai, que le pays, bas, marécageux, couvert en partie de mangliers, est fort malsain; cependant, si les chiffres indiqués par Pedro Müller sont exacts, et que sur 5,836 individus il y en avait réellement, comme le dit cet auteur, 25 de 80 à 90 ans et 15 de 90 à 100 ans, il est très-vraisemblable que la ville, habitée depuis longtemps, ne participe pas à l'insalubrité des alentours.

A peine Braz Cubas eut-il fondé Santos, qu'il obtint, pour sa nouvelle colonie, le titre de *ville*, et plus tard on y

---

(1) John Mawe dit (*Travels*, 59) que Santos, comme S. Paul, doit sa fondation au premier naufrage qui a eu lieu dans l'île de S. Vincent. Il faudrait encore plus de sagacité pour deviner cette énigme que pour retrouver l'île de S. Amaro dans celle de *S. Omar*, dont parle le même auteur (l. c., 89).

établit un *juiz de fora* chargé de présider le sénat principal et de rendre la justice en première instance ; depuis que le Brésil s'est complétement séparé du Portugal, Santos a reçu le titre de cité (*cidade*) réservé jadis pour les siéges épiscopaux.

Cette ville n'a rien de bien remarquable. Ses maisons sont bâties en pierre, ses murs ont peu de largeur; ses édifices publics sont l'église paroissiale, quelques chapelles, le couvent des franciscains, celui des carmes, celui des bénédictins, la maison de ville, la douane, l'arsenal de la marine. La confrérie de la Miséricorde, établie par le fondateur de la ville, Braz Cubas, est la plus ancienne de toutes celles du même genre qui se sont formées au Brésil ; elle possède une église et un hôpital. Après l'expulsion des jésuites, leur maison devint un hôpital militaire; depuis un certain temps on en a fait, dit Kidder, un palais qu'occupe le président de la province quand il visite la ville.

Santos a donné naissance à trois des hommes dont le Brésil s'honore le plus, José Bonifacio de Andrada e Silva, Alexandre de Gusmão, et le frère de ce dernier, Bartholomeu Lourenço de Gusmão. On sait que le premier, poëte, savant distingué, homme d'État, a contribué plus puissamment que personne à rendre le Brésil indépendant ; le second fut un diplomate habile que ses lettres ont rendu célèbre; le troisième, prêtre séculier, frère du précédent, eut la gloire de concevoir, avant les savants français, l'idée des aérostats, et en fit exécuter un à Lisbonne dès l'année 1709 (1).

---

(1) M. Emilio Joaquim da Silva Maia a publié, dans le recueil intitulé *Revista trimensal de historia*, etc. (*segunda seria*, I, 116), un éloge de José Bonifacio de Andrada e Silva, et, précédemment, M. le docteur

On plante la canne à sucre dans les environs de Santos, mais uniquement pour faire du tafia (*cachaça*) destiné à la consommation du pays ; on y cultive aussi un peu de café, un peu de manioc et beaucoup de riz (1). En 1839 il existait dans la ville même une raffinerie de sucre, la première probablement qui ait été établie dans le midi du Brésil.

On compte à Santos un assez grand nombre d'ouvriers libres appartenant surtout aux professions que nécessite indispensablement la réparation des navires : des charpentiers, des serruriers et des calfats. Il est à remarquer que,

Sigaud avait déjà consacré à cet homme d'Etat une notice nécrologique (*Écho français*, n° 9) ; sa biographie a aussi été tracée par M. J. M. Pereira da Silva, dans le *Plutarco Brasiliense* (II, 112). Ce dernier ouvrage contient également la biographie d'Alexandre de Gusmão, qui, ainsi que celle de Bartholomeu Lourenço de Gusmão, a été offerte un peu plus anciennement au public par M. José Feliciano Fernandes Pinheiro, baron de S. Leopoldo, dans un écrit intitulé, *Vida e feitos de Alexandre de Gusmão e de Bartholomeu Lourenço de Gusmão*. Plusieurs écrivains anglais, induits en erreur par le titre de *padre* qu'on donne, en portugais, aux prêtres séculiers, ont fait un moine de Bartholomeu Lourenço de Gusmão ; mais ils lui ont rendu toute justice. Si l'auteur de l'article de *Barthelemi de Gusmão*, dans la *Biographie universelle* (vol. XIX, p. 218), s'est trompé en disant que ce personnage était né à Lisbonne et appartenait à la compagnie de Jésus, il n'en est pas moins vrai qu'il le reconnaît, comme les Anglais, pour le véritable inventeur des aérostats, car il s'exprime ainsi : « Il paraît certain que l'on doit au P. Gusmão les « premières expériences du ballon aérostatique, renouvelées avec un si « grand succès soixante ans après sa mort. » M. Ferdinand Denis, qui possède des documents si précieux sur l'histoire du Brésil, a entre les mains la figure de l'aérostat de Bartholomeu Lourenço de Gusmão et se propose de la publier un jour.

(1) Suivant D. P. Müller (*Ensaio*, tab. 3), on recueillit, en 1838, dans le district de Santos, 150 arrobes de café, 3,386 *alqueires* de riz, 130 *alqueires* de farine de manioc, et on y fit 434 *canadas* de tafia (voir, pour la valeur de ces mesures, la note de la page 29).

dans aucune ville de la province, sans excepter S. Paul, il n'y a autant de boulangers qu'à Santos, probablement à cause du grand nombre d'étrangers qui y arrivent sans cesse, et ne sont point accoutumés à la farine de manioc.

C'est principalement au commerce que s'adonnent les habitants de cette ville. A peu près chaque jour, il y arrive plusieurs centaines de mulets chargés des produits de l'intérieur, et chaque jour il en part un égal nombre qui portent à S. Paul les marchandises fabriquées en Europe ou en d'autres parties du globe. En 1836, deux cent vingt-quatre navires de toute grandeur entrèrent dans le port de Santos; cent quatre-vingt-deux petits bâtiments construits au Brésil furent employés au cabotage; dix-neuf bâtiments nationaux et trente-neuf étrangers le furent à la navigation de long cours. Dans l'année financière de 1835 à 1836, Santos a fait des affaires très-importantes avec Rio de Janeiro, et a reçu de cette ville pour 1,944,970,110 reis (8,456,392 fr.) (1) de marchandises; elle a aussi reçu divers articles de neuf autres ports du Brésil. Hambourg lui a fourni du fer travaillé et de l'huile de graine de lin; Tarragone, du vin et des chaussures; Porto, du fer travaillé, de l'orfévrerie, du vin, de la quincaillerie, des tissus, du sel et de la cire; Portsmouth, de la farine, du sel, des planches de sapin, des chandelles, du goudron et de la morue sèche; les îles du cap Vert, du sel; la Patagonie, du sel et des drogues; Buenos-Ayres et Montevideo, de la viande sèche, des cuirs, du suif, du savon et des peaux d'animaux sauvages; New-York, de la farine de froment,

(1) Je fais cette réduction au change de 230 reis pour 1 franc, conformément au tableau inséré par Horace Say dans son *Histoire des relations commerciales entre la France et le Brésil*.

des étoffes, du vin et de la faïence. Depuis 1836, Santos a aussi fait des affaires avec Boston, le cap de Bonne-Espérance, Gênes, Trieste et Valparaiso. De toutes les villes étrangères avec lesquelles elle a trafiqué de 1835 à 1836, c'est Buenos-Ayres qui lui a fait les envois les plus importants (1). Les objets qu'elle exporte habituellement sont, en première ligne, du sucre, puis du café, du tabac, du lard et de l'or; pour de moindres valeurs, du riz, des haricots, de la farine de manioc; pour des valeurs moindres encore, des cuirs, de la graisse et de l'eau-de-vie; enfin une petite quantité de maïs, de cornes de bœuf, de fromages, de confitures, de gomme, de maté, de mélasse, et quelques petits articles sans importance. Ses exportations se sont élevées, dans l'année de 1835 à 1836, à 1,714,300,460 reis (7,453,610 fr.), et ses importations à 2,257,025,794 reis (9,813,155 fr.); mais il est à remarquer que les articles fournis par Rio de Janeiro entrent dans cette somme pour près des 9/10, et que ceux qui l'ont été par les autres ports du Brésil y entrent pour environ 1/22, tandis que, d'un autre côté, le sucre seul est compté dans les exportations pour une somme de 1,180,115,514 reis, le café pour 266,588,169 reis, et il est évident que ce n'est pas au Brésil qu'est restée la plus grande partie des deux denrées représentées par ces sommes importantes.

(1) John Mawe, qui était à Santos en 1807, dit (*Travels*, 60) qu'alors les habitants de cette ville avaient beaucoup à se plaindre des Espagnols-Américains, que ceux-ci ne mettaient aucune bonne foi dans leurs rapports avec les Brésiliens, et que, pour ne pas les payer, ils avaient recours à tous les moyens dilatoires et à toutes les ruses qu'ils pouvaient imaginer. Il paraîtrait que, pour éviter ces inconvénients, on s'est accoutumé à ne plus faire d'affaires qu'au comptant avec le Rio de la Plata.

On a reproché aux habitants de Santos de manquer d'hospitalité; mais il est impossible que, dans un port où arrivent sans cesse des étrangers, on pratique cette vertu, comme on le fait dans les provinces éloignées rarement parcourues par les voyageurs. Il doit nécessairement en être ainsi d'une grande partie du littoral, et, si quelquefois, sur certains points de la côte rarement visités, on trouve aussi peu d'hospitalité que dans les ports, cela tient au naturel apathique des habitants, dont le sang s'est mêlé à celui des Indiens, et qui sont énervés par une extrême chaleur et une nourriture trop peu substantielle.

D'après tout ce qui a été dit plus haut, il est clair que la ville de Santos trouve dans sa position les plus grands avantages; mais ils auraient été perdus pour elle, si, comme quelques petits ports de la province, elle était restée sans communication directe avec l'intérieur.

Pour se rendre du littoral à la plaine de Piratininga, les Portugais, jusqu'en 1560, n'eurent qu'un chemin affreux infesté par les Tamoyos, leurs ennemis. Ces barbares se cachaient dans les broussailles, à droite et à gauche de la route; ils fondaient à l'improviste sur les voyageurs, les dépouillaient, les emmenaient avec eux, et en faisaient d'abominables festins. Touchés de compassion, les jésuites Luiz de Grum et Nobrega résolurent de mettre un terme à d'affreux malheurs qui se renouvelaient sans cesse et répandaient l'effroi dans la population blanche. Ils avaient avec eux deux frères aussi entreprenants qu'industrieux; ceux-ci, favorisés par le gouverneur Mem de Sá et aidés par les Indiens néophytes, ouvrirent, au péril de leur vie, un nouveau chemin sur une ligne où les barbares n'étaient point à craindre. Les habitants du plateau et ceux du littoral purent enfin communiquer entre eux sans s'exposer à d'affreux supplices, et témoignèrent une vive reconnaissance aux pères de la compagnie de Jésus et au gouverneur.

Il ne faudrait pas s'imaginer que cette route ressemblât en rien à celles qu'aujourd'hui l'on trace avec tant d'art au milieu des montagnes les plus escarpées. Le P. Vasconcellos, qui y passa cent ans après qu'elle eut été ouverte (1656), assure qu'elle n'avait pas changé, et sa description montre tout à la fois combien elle était difficile et en même temps combien est admirable le pays qu'elle traverse. « Ce
« n'est point, dit-il, en marchant que l'on fait la plus
« grande partie de ce voyage; c'est en rampant sur les
« pieds et les mains, en s'accrochant aux racines des arbres,
« au milieu de rochers si aigus, de précipices si affreux,
« que ma chair tremblait, je dois l'avouer, quand je regar-
« dais en bas. La profondeur de la vallée est effroyable, et
« le nombre des montagnes qui s'élèvent les unes au-dessus
« des autres semble ne laisser aucun espoir de parvenir au
« but. Lorsque vous croyez être au sommet de l'une d'elles,
« vous êtes au pied d'une autre qui n'a pas moins de hau-
« teur. Mais il est vrai que de temps en temps on est bien
« dédommagé des fatigues de cette ascension. Lorsque j'é-
« tais assis sur un rocher et que je jetais les yeux au-dessous
« de moi, il me semblait que je regardais du haut du fir-
« mament, et que le globe était au-dessous de mes pieds :
« une vue admirable, la terre et la mer, des plaines, des
« forêts, des chaînes de montagnes, tout varié à l'infini,
« délicieux au delà de ce qu'on peut imaginer. »

Au moment où il allait descendre la montagne, en janvier 1839, M. Kidder aperçut, à peu de distance de la route, quatre pierres renversées gisant dans la boue, et, les ayant nettoyées, il y lut une inscription qui indiquait, avec la date de 1790, que le chemin avait été fait sous le règne de la reine MARIE Ire et le gouvernement du capitaine général BERNARDO JOSÉ DE LORENA (1). Il n'est nullement vraisemblable que le chemin soit resté tel que l'a décrit le P. Limão de Vasconcellos jusqu'au temps de Marie Ire; mais, à cette dernière époque, on l'aura sans doute réparé et mis dans l'état où on l'a vu depuis (2).

Ce chemin se compose de trois parties fort différentes : l'espace très-égal compris entre la ville de Santos et le bas

(1) Voici cette inscription telle qu'elle est rapportée par M. Kidder lui-même (*Sket.*, I, 212) :

Maria I, Regina,
Neste anno 1790.

Omnia vincit amor subditorum.

Fes se este caminho no felis governo do
Illmo e Exell^{mo} Bernardo José de
Lorena general d'esta capitania.

(2) On lit, dans l'utile *Diccionario geographico do Brasil* (I, 309), qu'au XVIIIe siècle les jésuites firent faire une route pavée qui allait de S. Vincent à la plaine de Piratininga; que Mem de Sá, enchanté de la beauté de ce travail, se laissa subjuguer par les pères de la compagnie de Jésus, et que ce fut à cette occasion qu'il détruisit, pour leur plaire, la ville de S. André. Il est impossible qu'il n'y ait pas, dans ce passage, quelque erreur de copiste ou de typographe ; car, ainsi qu'on peut le voir dans le même ouvrage (II, 611), la ville de S. André fut détruite en 1560 et non dans le XVIIIe siècle; les jésuites durent leur faveur auprès de Mem de Sá aux services qu'ils lui avaient rendus dans son expédition contre les Français et les Tamoyos ; enfin Vasconcellos ne dit nullement qu'elle fût pavée, et, si elle l'eût été, le P. Fernão Cardim en 1585, et plus tard le P. Vasconcellos lui-même, n'auraient pas été obligés, pour se rendre à S. Paul, de se traîner sur leurs mains et de s'accrocher aux racines des arbres.

de la montagne (Serra do Cubatão (1), jadis Paranapia-caba), la montagne elle-même, et enfin la partie du plateau qui s'étend depuis cette dernière jusqu'à S. Paul.

Autrefois, lorsqu'on voulait se rendre de Santos à la capitale de la province, on s'embarquait, et après avoir traversé la baie on entrait dans la rivière de *Cubatão* (*Rio Cubatão*), qui, étroite, marécageuse, habitée par des caïmans et une foule d'oiseaux aquatiques, serpente lentement au milieu des mangliers. Quand on avait fait environ 3 lieues, on arrivait à un village où est un bureau de douane, et dont le nom est le même que celui de la rivière et de la montagne (*Arraial do Cubatão*). Là on prenait des mulets pour monter cette dernière; là aussi on déchargeait les bêtes de somme qui venaient de S. Paul, et on mettait en magasin les marchandises qui avaient été apportées, pour les embarquer ensuite quand la marée devenait favorable. Il n'est personne qui ne sente que ce mode de transport était très-dispendieux et pouvait occasionner des retards préjudiciables au commerce. Pour remédier à ces graves inconvénients, on a fait un chemin très-beau et parfaitement égal, qui se prolonge jusqu'à Santos à l'aide d'une sorte de môle jeté dans la baie et percé d'arches de distance en distance.

Tout près du village de Cubatão, on commence à monter la Serra. Le chemin qui conduit à son sommet est pavé solidement, mais étroit, et, quoiqu'il forme un zigzag de cent quatre-vingts angles (Kidder), il a une roideur telle, que les gens de pied, les chevaux et les mulets peuvent

---

(1) J'ai à peine besoin de faire observer qu'il ne faut pas, avec Mawe, écrire *Cuberton*.

seuls le parcourir (1). Il a été tracé sur une sorte d'avance que forme la montagne, et de chaque côté un ruisseau se précipite dans un ravin profond (Fr. Varnhagen). En quelques endroits, si vous jetez les yeux au-dessus de votre tête, les rochers projetés en avant, sur lesquels le chemin fait mille détours, vous semblent être une forteresse menaçante; si vous regardez à côté de vous, votre vue se perd dans un effrayant abîme (d'Eschwege). La hauteur de la Serra de Cubatão est évaluée, par d'Eschwege, à 2,520 pieds anglais (706 mètres); il faut environ une heure et demie à deux heures pour parvenir au plateau. Là tout change; le pays devient égal, et « ressemble, selon Kidder, aux prairies éparses au milieu du bois de chênes de l'Amérique du Nord. » « Le lieu appelé *Borda do Campo* (limite du pays découvert) a déjà, dit d'Eschwege, l'aspect le plus riant (2)...

(1) Mawe loue, en termes pompeux, la construction de ce chemin (*Travels*, 63); Kidder en parle aussi avec éloge (*Sket.*, I, 212); mais d'Eschwege, juge plus compétent, est loin de partager leur opinion, et regrette que l'argent dépensé pour ce chemin n'ait pas été employé à faire une route praticable pour les voitures (*Bras.*, II, 71). Depuis quelques années on en a commencé une nouvelle qui doit présenter cet avantage et qui est déjà en partie transitable; on lui donne le nom de *caminho da Majoridade* (chemin de la majorité) en l'honneur de la proclamation anticipée de la majorité de l'empereur Pedro II (voir les *rapports des présidents de la province, de* 1844 *à* 1847). On a aussi ébauché une route qui doit établir des communications directes entre Santos et *Mogi das Cruzes*, ville dont je parlerai dans ma dernière relation, et qui est située à environ 10 lieues N. O. de S. Paul (voir les mêmes rapports). Quoi qu'il en soit de l'avenir de ces chemins, celui que l'on suivait encore en 1847 pour se rendre de S. Paul à Santos était, s'il faut en croire Mme Ida Pfeiffer, « tout à fait effroyable, rempli de
« trous, de fosses et de mares pleines de boue, où les pauvres mulets
« enfonçaient souvent jusque par-dessus les genoux (*Frauenfahrt*, I,
« 115). »

(2) D'Eschwege, qui a passé par cet endroit à la fin de 1819, en a fait

De là au *Rio das Pedras* (ruisseau des pierres) le terrain s'abaisse un peu.....; mais *Ponte Alta*, qui vient ensuite, paraît être le point le plus élevé du plateau. » On passe plusieurs ruisseaux (1), on traverse la plaine d'*Ipiranga*, où l'empereur Pedro Ier proclama l'indépendance du Brésil, et, après avoir fait environ 8 lieues depuis le

une paroisse (*Bras.*, II, 71); ce n'en était pas encore une en 1839, et probablement ce n'en est pas une aujourd'hui. Le savant allemand aura confondu, sans doute, *Borda do Campo* avec une paroisse qui en est très-rapprochée du côté de l'ouest, celle de *S. Bernardo*, dépendante du district de S. Paul et dont l'emplacement paraît avoir été celui de l'ancienne ville de S. André.

(1) « Après avoir fait 1 lieue à partir du Rio das Pedras, dit Fr. Var-
« naghen, on arrive au *Rio Pequeno*, et 1/2 lieue plus loin on trouve le
« *Rio Grande*. Tous les deux, bientôt réunis, forment le *Rio dos Pi-*
« *nheiros*, qui se jette dans le Tieté à 2 lieues de S. Paul du côté de
« l'ouest. Le Rio Pequeno et le Rio Grande sont navigables pour de pe-
« tites barques, le Pinheiro en porte de plus grandes, et comme le
« Tieté est également navigable dans le voisinage de S. Paul, et que le
« Tamandatahy, affluent de ce dernier, porte aussi des barques, il est
« clair qu'on peut se rendre, par eau, du Rio Pequeno et du Rio Grande
« à la capitale de la province. Le chemin par terre est, à la vérité, beau-
« coup plus court; mais on s'est déjà servi de la voie des rivières pour
« transporter à S. Paul des objets d'un grand poids, tels que des ca-
« nons et des cloches (*Beobachtungen* in Eschw., *Journal*, II, 245). »
En parlant des ruisseaux que l'on trouve sur le plateau quand on a monté la Serra, Mawe prétend « que tous coulent du côté du sud-ouest, à
« une énorme distance de leur source, et que, s'unissant, ils forment
« la grande rivière de *Corrientes*, qui se réunit à la Plata (*Travels*,
« 63). » Le passage de Friedrich Varnhagen, que j'ai cité plus haut, réfute suffisamment toutes ces assertions. J'ajouterai seulement que, s'il y a, dans le Brésil proprement dit, quelques petites rivières qui s'appellent *Correntes* ou *Corrente*, il n'en existe point du nom de *Corrientes*. Mawe a, sans doute, voulu parler du Paranná, qui réunit ses eaux à celles de la Plata, et au confluent duquel est située la ville espagnole de *Corrientes*.

commencement du plateau , on arrive à S. Paul (1).

(1) P. Fernão Cardim, *Narrativa epistolar*, 100. — P. Simão Vasconcellos, *Chronica*, I, 130; II, 235. — Laet, *Orb. Nov.*, 579. — Gaspar da Madre de Deos, *Mem. S. Vicente*, 96 et suiv. — Fried. Varnhagen, *Beobach.*, in Eschw., *Journ.*, II, 242. — Eschw., *Bras.*, II, 71, 79. — Piz., *Mem. hist.*, VIII, 306. — Dan. Ped. Müll., *Ensaio*, 10, 68, tab. 12, 14, 15, 17. — Kidd., *Sket.*, 211, 214, 306. — Mill. et Lop. de Moura, *Dicc.*, II, 523.

CHAPITRE VIII.

VOYAGE DE S. PAUL A LA VILLE D'HYTÚ.

Description du pays situé entre S. Paul et *Agua Branca*. — Usage fâcheux pour les voyageurs. — Trois changements remarquables de végétation en 18 lieues. — Le village de *Pinheiros*; son histoire. — Réflexions sur les Indiens. Fazenda de *Carapicúva*. — Sitio d'*Itaque*; son propriétaire, le métier que faisaient lui et ses voisins. — Réflexions sur l'usage abusif de bâtir un grand nombre d'églises. — Les paroisses très-multipliées dans les environs de S. Paul. — L'habitation de *Putribú*; le nombre de nègres nécessaire pour cultiver la canne à sucre. — Un pays situé sous le tropique du Capricorne offrant une végétation semblable à celle qu'on observe sous le 14e degré de latitude S. — Pourquoi, dans le même espace de terrain, la température change plus souvent qu'en Europe. — Arrivée à Hytú.

Le 9 décembre 1819, je partis de S. Paul pour me rendre à Rio Grande do Sul, et je commençai par visiter Hytú, Porto Feliz et Sorocába, villes fort rapprochées les unes des autres et peu éloignées du chef-lieu de la province.

Ce fut vers Hytú que je me dirigeai d'abord. Il existe, m'a-t-on dit, un chemin beaucoup meilleur que celui par lequel je passai, et qui était fréquenté presque uniquement par les conducteurs de mulets (*tropeiros*) et de bêtes à cornes; mais mon ami M. Joaquim Roberto de Carvalho, auquel j'étais redevable d'un petit itinéraire, m'avait indiqué la route la plus rapprochée de sa maison de campagne, la chacará d'Agua Branca, où il voulait me recevoir encore (1).

Entre cette maison et la ville d'Hytú, dans un espace d'à peine 18 *legoas*, je vis l'aspect du pays, et sa végétation change trois fois. Au delà d'Agua Branca, le terrain est montueux, et la campagne agréablement coupée de bouquets de bois peu élevés et de pâturages. Plus loin le pays devient très-montagneux, et l'on entre dans de grands bois vierges entremêlés de véritables *capoeiras*. Enfin, tout près d'Hytú, je retrouvai des *campos* absolument semblables à ceux que j'avais longtemps parcourus à Minas Geraes et à Goyaz. Je ne me rappelle pas que, pendant toute la durée de mes voyages, un espace de terrain si peu considé-

---

(1) M. Manoel Felisardo de Souza e Mello, président de la province de S. Paul en l'année 1844, dit, dans son rapport à l'assemblée législative de cette province (p. 26), que la grande route (*estrada geral*) d'Hytú à S. Paul est délaissée par les *tropeiros*, parce qu'elle fait un détour considérable, et qu'ils aiment mieux suivre des chemins vicinaux (*caminhos particulares*). Il fera examiner, ajoute-t-il, s'il ne conviendrait pas de faire un chemin qui irait, en droite ligne, rejoindre la percée que l'on a ouverte entre Jundiahy et S. Paul (voir plus haut), et qui n'est que l'ébauche d'une route nouvelle. Quoi qu'il en soit, voici l'itinéraire que j'ai suivi et auquel je joins l'évaluation approximative des distances :

	Legoas.
De S. Paul à la chacará d'Agua Branca. . . .	0 3/4
D'A. B. à Carapicúva, habitation.	3
De C. à Itaque, petite habitation.	3
D'I. à Piedade, paroisse.	3 1/2
De P. à Putribú, sucrerie.	3
De P. au rancho de Braga.	2
Du R. de B. à Hytú, ville.	3
	18 1/4 legoas.

rable m'ait offert d'aussi grandes différences dans la végétation primitive.

M. Joaquim Roberto de Carvalho m'accueillit aussi bien qu'il avait toujours fait; mais, lorsque je l'eus quitté, j'éprouvai bientôt les inconvénients d'une sorte d'usage que je n'ai jamais bien compris, et dont j'ai eu fort souvent à me plaindre. Quand je couchais chez quelque propriétaire aisé et qu'il m'invitait à souper avec lui, j'étais presque toujours sûr de souffrir de la faim pendant la marche du jour suivant; ce n'est pas que le souper n'eût été abondant et fort bon, mais avant mon départ on me faisait prendre, pour tout déjeuner, du café avec quelques petits biscuits, et, il faut bien le dire, c'était un repas un peu frugal pour un homme qui allait rester cinq heures à cheval et ne devait plus manger que vers le soir. Je n'accuserai certainement pas mes hôtes de parcimonie, car j'ai vu mes gens régalés d'un copieux déjeuner lorsque, probablement pour me faire un honneur dont je me serais bien passé, on ne m'offrait que le modeste café. Afin d'éviter les inconvénients de ce régime, j'avais fini par aller, en cachette, manger avec mes gens, et à la suite de ce repas le café devenait un agréable dessert.

Au delà d'Agua Branca, j'eus presque toujours devant moi, mais un peu sur la droite, les montagnes de Jaraguá, qui répandent de la variété dans le paysage, composé, comme on l'a vu, d'un mélange charmant de pâturages et de petits bouquets de bois. Ce sont les Myrtées qui dominent dans ces derniers; on y trouve également en abondance la Térébinthacée, appelée *Aroeira* (*Schinus terebinthifolius*, Rad.), la composée, si commune, qu'on nomme *Alecrim do campo* (romarin des champs), et le petit arbre à feuilles ternées n° 1204 *bis*. Des espaces assez considérables sont couverts de *Barba de bode* (*Chœturis pallens*, var. *y Nees*), graminée assez grande, tandis que sur quelques hauteurs croît une herbe maigre et peu élevée. Les bocages retentissent des sons éclatants que fait entendre l'*Araponga* (*Casmarinchos nudicollis*), oiseau qui, dans les provinces de Rio de Janeiro et Espirito Santo, ne s'était présenté à mes yeux que dans les forêts primitives.

Je rencontrai, pendant la journée, un grand nombre de mulets qui allaient, chargés de sucre, d'Hytú à Santos; je rencontrai aussi un immense troupeau de bœufs que l'on conduisait de la ville de Curitiba à la capitale du Brésil. Il s'en faut bien, comme l'on voit, que je fusse dans un pays désert; cependant, hors du village de *Pinheiros*, je ne vis qu'un petit nombre de maisons, je n'aperçus aucune plantation.

Ce fut à environ 1/4 de lieue de la maison de Joaquim Roberto que je passai par le village que je viens de nommer, ancien *aldea* formé jadis pour un certain nombre d'Indiens de la nation des Guaianazes (1). Les maisons dont se compose ce village sont éparses çà et là, et construites absolument comme celles des Brésiliens-Portugais; mais toutes

---

(1) Un écrivain dit que l'*aldea dos Pinheiros* porte aussi le nom de *Carapicuiba*, et un peu plus loin qu'il s'appelle *Carapimyba* (Mach. de Oliv., *Not. Raciocin.* in *Revista trimensal, seg. ser.*, I, 211, 212). Il n'est point invraisemblable que le second de ces deux noms soit dû à une faute de typographie, car on trouve seulement *Carapicuiva* dans les *Memorias* du P. Gaspar da Madre de Deos; M. José Arouche de Toledo Rendon écrit *Carapucuibe*, orthographe probablement plus conforme que *Carapicuiva* à la véritable prononciation indienne; enfin moi-même, comme on le verra bientôt, je me suis arrêté à une *fazenda* qui se nomme *Carapicuva* et est située à près de 3 l. de Pinheiros.

sont fort petites et en mauvais état, plusieurs même ont été entièrement abandonnées. L'église est assez jolie à l'extérieur, mais également très-petite.

Il ne faudrait pas s'imaginer qu'aujourd'hui encore les habitants de l'aldea dos Pinheiros soient tous des hommes de race américaine parfaitement pure; leur village existe depuis un grand nombre d'années. Fort rapprochés de S. Paul, ils ont des rapports continuels avec les blancs, et surtout avec les mulâtres et les nègres ; aussi la plupart des individus que je vis soit aux portes des maisons, soit dans le chemin portaient les marques les plus évidentes d'un sang mélangé.

On sait que, lorsque Anchieta jeta les premiers fondements de S. Paul, plusieurs chefs d'Indiens-Guaianazes, attirés par les vertus de cet homme vénérable, se réunirent, avec leurs troupes, à la faible population de la ville naissante (1). Cependant ces Indiens, voyant que les Portugais, chaque jour plus nombreux, s'emparaient de leurs terres, abandonnèrent S. Paul, où ils demeuraient depuis un assez grand nombre d'années, et allèrent se fixer (vers 1560) dans deux aldées qu'ils construisirent l'une sous l'invocation de Notre-Dame des Pins (*Nossa Senhora dos Pinheiros*), l'autre sous la protection de l'archange S. Michel. Quelques années plus tard, le délégué de LOPO DE SOUZA, propriétaire de la capitainerie de S. Vincent, accorda aux habitants de Pinheiros 6 lieues de terre en carré (6 *legoas em quadra*) dans le canton de Carapicuiva, et autant, dans le canton de l'Ururay, aux habitants de S. Miguel (2).

---

(1) Gaspar da Madre de Deos, *Noticia dos annos* in *Revist. trim.*, II, 432.

(2) Gaspar da Madre de Deos, *Mem. S. Vicente*, 113. — Voici de

Pendant longtemps les membres du sénat municipal de
S. Paul (*camara*) furent chargés de l'administration des
aldées de S. Miguel, de Nossa Senhora dos Pinheiros, Guarulhos et Baruery; mais ils ne se souvenaient des Indiens
que lorsqu'on avait besoin d'eux pour faire quelque expédition dans l'intérieur ou porter du secours aux provinces

quelle manière s'exprime un auteur auquel nous devons de précieux
renseignements sur les Indiens de Queluz, d'Itapéva et de Garapuáva :
« Lors de l'invasion des conquérants, les Guaianazes ne purent suivre
« les tribus de leur nation qui cherchèrent dans les forêts un re-
« fuge contre la mort et l'esclavage. Ceux qui étaient restés dans le
« pays, fatigués de trente ans d'une vie nomade et des longues souf-
« frances qu'ils avaient endurées, cédèrent enfin à la force des circon-
« stances ; ils donnèrent à entendre qu'ils voulaient la paix, et qu'ils se
« soumettraient à tout ce qu'exigerait le service des blancs, mais à con-
« dition qu'ils vivraient en commun séparés de ces derniers....... On y
« consentit. Nous savons par tradition que l'aldea dos Pinheiros..... fut
« fondée en 1560 (Mach. de Oliv., *Not. Raciocin.* in *Revist. trim.*, *seg.*
« *ser.*, I, 210). » A ce récit j'ai cru devoir préférer ceux du Pauliste dom
Gaspar da Madre de Deos, dont les mémoires ont pour unique but d'éclairer les points les plus difficiles de l'histoire de sa patrie et font autorité dans la science. Tout le monde sait avec quelle attention ce consciencieux bénédictin s'est livré à ses intéressantes recherches, et quelle
sagacité il a portée dans sa critique, se montrant digne partout d'appartenir à la corporation savante qui l'avait admis parmi ses membres.—
Je dois ajouter ici que j'ai eu, quelques instants, des doutes sur l'exactitude du nom de *Lopo de Souza*, que Gaspar da Madre de Deos applique au
donataire qui concéda des terres aux Indiens de Pinheiros et de S. Miguel,
et je ne suis point étonné que, trompés, comme moi, par la ressemblance des noms et le peu d'éloignement des dates, MM. José Arouche
de Toledo Rendon et José Joaquim Machado de Oliveira aient indiqué
Pero Lopes de Souza, frère de l'illustre Martim Affonso de Souza, comme
étant le donataire dont il est question (*Mem. Ald.* in *Revist.*, IV, 309 ;
— *Not. Raciocin.* in *Revist.*, *seg. ser.*, I, 223). Mais, en réalité, il ne
saurait en être ainsi, puisque Pero Lopes de Souza disparut dans un
voyage qu'il fit en 1539, sans qu'on eût jamais su ce qu'il était devenu
(Gasp. da Madre de Deos, *Mem.*, 162), et que la concession eut lieu en
1580.

du littoral. Les principaux magistrats eux-mêmes (*ouvidores*) furent les premiers à ordonner qu'on ôtât à ces infortunés les terres qui leur appartenaient, et qu'on les donnât à cens pour le compte du sénat municipal. A une époque assez rapprochée, l'administrateur général des aldées de S. Paul, PEDRO TAQUES DE ALMEIDA, dont le nom mérite d'être conservé, réclama contre cette injustice ; il parvint à se faire entendre de la cour de Lisbonne, mais le corps municipal gagna du temps, et l'on recommença à affermer, comme auparavant, les terres des Indiens (1). Comme les Paulistes entraînèrent ces pauvres gens dans leurs expéditions lointaines, les aldées se dépeuplèrent, et les divers services auxquels on employait leurs habitants dans le pays même, pour le compte de l'État, commencèrent à en souffrir. Un gouverneur général du Brésil crut avoir trouvé un ingénieux moyen pour remédier au mal ; ce fut d'ordonner que les hommes qui allaient dans l'intérieur des terres à la chasse aux Indiens en *payeraient* un cinquième pour les aldées du roi. Ce remède n'eut pas un grand succès ; les Indiens, maltraités par les blancs et les Mamalucos, s'enfuyaient au loin dans les forêts, et en 1686 il n'y en avait plus, dans l'aldea dos Pinheiros, que seize de tout âge et de tout sexe. Lorsque, vers le commencement du siècle dernier, des ordres du gouvernement forcèrent les Paulistes à rendre la liberté à leurs esclaves américains, les aldées recommencèrent à se peupler ; mais de nouvelles vexations amenèrent bientôt des désertions nouvelles. Le

---

(1) J. Arouche de Toledo Rendon, *Mem. sobre as aldeas da prov. de S. Paulo* in Revist. trim. de hist. e geogr., IV, 309. — J. J. Mach. de Oliv., *Not. Raciocin.* in Revist. trim. de hist. e geogr., seg. ser., I, 216.

capitaine général D. Luiz Antonio de Souza Botelho Mourão, qui gouverna S. Paul en 1766, voulut améliorer le sort des aldées ; il eut des intentions excellentes, mais il ne connaissait ni le pays ni les indigènes, ni même, à ce qu'il paraît, les hommes en général, car il ne pouvait, raisonnablement, espérer de trouver, dans les directeurs qu'il donnait aux Indiens, les perfections dont il prétendait qu'ils fussent ornés. Ayant reconnu que les terres des aldées avaient entièrement passé en des mains étrangères et que, parmi les intrus, plusieurs ne payaient pas même de cens, il voulut faire restituer aux légitimes propriétaires les biens qui leur appartenaient. Muni des titres de Pinheiros et de S. Miguel, il donna des ordres pour qu'on mesurât les 6 *lieues en carré* qui avaient été concédées aux Guaianazes, premiers habitants de chacun de ces villages. Contre toute vraisemblance, il s'était imaginé qu'on avait prétendu accorder à ces hommes une surface carrée dont chaque côté aurait eu une longueur de 6 lieues ; mais, quand il se fut aperçu que les villes de S. Paul et de Mogi das Cruzes seraient, d'après cette évaluation, englobées dans le lot des Indiens, il ne donna plus aucune suite à son projet de mesurage (1). « Aujourd'hui, écrivait en 1797 le P. Gaspar
« da Madre de Deos, les malheureux Indiens, descendants
« des anciens maîtres du pays, ne possèdent presque plus
« rien ; les blancs les ont dépouillés de la plus grande partie
« de leurs terres, quoiqu'on ne leur en eût concédé à eux-
« mêmes qu'à la condition expresse de ne porter aucun
« préjudice aux indigènes (2). » En 1823, la ruine des

(1) José Arouche de Toledo Rendon, *Mem. sobre qs aldeas*, etc., in *Revist. trim.*, IV, 301, 304, 313, 314.
(2) Gaspar da Madre de Deos, *Mem. S. Vicente*, 113.

Indiens de Pinheiros était entièrement consommée, et probablement elle l'était déjà depuis longtemps; des intrus occupaient toutes les terres qui avaient appartenu à ces infortunés. Les hommes gagnaient leur vie en travaillant comme journaliers; les femmes faisaient de la poterie (1).

D'après tout ce qui précède, il est fort vraisemblable qu'il ne reste pas à Pinheiros un seul des descendants des anciens Guaianazes; la population de ce village a été renouvelée plusieurs fois, et plusieurs fois elle a été anéantie. Les lois cependant leur étaient favorables, et d'un autre côté, élevés par Anchieta et ses successeurs, ils n'étaient certainement pas plus ignorants que ces Paulistes qui accomplirent des choses si merveilleuses, et n'ont eu parmi eux aucun homme capable d'en transmettre le récit à la postérité. Croit-on que, si on eût peuplé le village de Pinheiros d'Européens, Allemands, Italiens, Suédois, etc., et qu'ils eussent possédé les mêmes avantages que les Indiens, ils se fussent laissé opprimer et dépouiller comme eux? non, certes, ils eussent été les égaux des Portugais, s'ils ne leur eussent pas été supérieurs. Pourquoi cette différence? pourquoi les Indiens du littoral, si favorisés par la loi, se laissent-ils aujourd'hui (1819) traiter comme le furent jadis ceux de Pinheiros? Comment se faisait-il que, sous mes yeux, un seul Espagnol, sans esprit, complétement ignare, tyrannisât, dans les missions de l'Uruguay, tout un village d'Indiens qui valaient mieux que lui? C'est que les Indiens, hommes comme nous, appelés aux mêmes destinées que nous, restent toujours enfants; ils peuvent, comme les enfants, avoir de l'intelligence et de l'esprit;

---

(1) José Arouche de Toledo Rendon, *Mem. Ald.* in *Revist.*, IV, 314.

comme eux, ils manquent de prévoyance (1), et l'enfant qu'on abandonnerait sans guide, avec une somme d'argent, dans une ville ou même le moindre village, serait bientôt complétement dépouillé. Notre société est tout entière fondée sur l'idée de l'avenir, et l'on ne saurait en faire partie quand on reste étranger à cette idée. Un de nos écrivains les plus instruits et les plus graves, qui n'a point visité l'Amérique, mais qui a étudié les faits, sentait parfaitement cette vérité quand il a dit : « Malgré de nom-« breuses analogies de détail, il ne me paraît pas… exact « de comparer les peuplades germaniques qui conquirent « la Gaule aux sauvages du nouveau monde, comme l'a « fait M. Guizot. Ces sauvages sont-ils perfectibles? Jus-« qu'ici rien ne semble me le prouver….. Quand les sau-« vages qui ont pris Pará, en 1835, prendraient tout le « Brésil, il ne sortirait de là rien de semblable au moyen « âge européen (2). » Les Indiens ont besoin de tuteurs ; il est vraisemblable qu'on ne leur rendra jamais ceux qu'ils ont perdus ; un peu plus tôt, un peu plus tard, ils disparaîtront de la surface de la terre.

Mais, tant qu'il en existera encore quelques-uns, les magistrats et les hommes honnêtes devront les protéger, de même qu'ils prêtent leur appui à l'orphelin et au mineur. Les Brésiliens charitables se sont associés, dans plu-

(1) Les petits Guaranis que j'avais amenés en France ne pouvaient comprendre ce que c'est que le lendemain. — Il faut garder cela pour demain, leur disait-on. — Qu'est-ce que demain? répondaient-ils. — Quand tu auras dormi, ce sera demain. — Oh! alors il y en aura d'autres.

(2) Ampère, *Hist. de la littérature de la France avant le* XIIe *siècle*, II, 110.

sieurs villes, pour fonder l'œuvre de la miséricorde (*casas da misericordia*), qui a rendu et rend encore tant de services; pourquoi ne s'associeraient-ils pas dans le but de patroner les Indiens, ces hommes faibles et enfants, qui pourtant peuvent s'élever jusqu'à l'idée du créateur? Le gouvernement provincial de S. Paul mérite les plus grands éloges pour avoir eu pitié des Indiens de *Carapicuiba* et *Barueri*. Pendant le séjour que l'empereur PEDRO II fit à S. Paul, ces infortunés avaient imploré sa protection contre les usurpations des blancs; le président de la province, en l'année 1847, leur a donné un avocat pour défendre leurs intérêts (1). Espérons que celui-ci remplira ses devoirs avec autant de zèle que Pedro Taques de Almeida, et qu'il obtiendra plus de succès que lui.

A peu de distance de l'aldea dos Pinheiros, je passai, sur un pont nouvellement construit, une petite rivière qui porte le même nom que ce village (*Rio dos Pinheiros*), et se jette dans le Tieté. Après une marche de 3 *legoas*, je fis halte à la *fazenda* de *Carapicuva*, l'une de celles qu'on nomme, dans le pays, *fazendas de crear*, parce qu'on y élève des chevaux et du bétail. On ne voyait, à Carapicuva, qu'un bâtiment très-vilain et fort négligé; mais il paraît que les terres qui dépendaient de cette habitation avaient une très-grande étendue. Au milieu d'elles était un petit hameau qui, habité par des Indiens, dépendait de la paroisse de Pi-

(1) *Discurso recitado pelo presidente Manoel da Fonsecá Lima e Silva no dia 7 de janeiro de* 1847. — L'avocat des Indiens de Carapucuiba et en même temps leur directeur, nommé en 1846, est M. Joaquim Antonio Pinto Junior. Vers la même époque a été nommé directeur général des Indiens de la province M. le colonel José Joaquim Machado de Oliveira, dont les idées philanthropiques peuvent faire concevoir de bonnes espérances pour le sort de ces malheureux.

nheiros (1), et était peut-être un reste du premier établissement que les indigènes avaient formé dans ces campagnes. Le propriétaire de Carapicuva se plaignait amèrement de ce que ses voisins lui volaient des bestiaux. L'idée du tien et du mien est, comme je le montrerai dans mon voyage aux missions de l'Uruguay, une de celles que les Indiens saisissent le plus difficilement, et ce n'est certes pas l'exemple des blancs, usurpateurs de leurs possessions, qui pouvait les faire comprendre aux habitants de la paroisse de Pinheiros.

A Carapicuva et toutes les autres *fazendas de crear* des environs de S. Paul, on ne donne du sel qu'une fois par mois aux vaches et aux juments.

Les premières mettent bas depuis le mois d'août jusqu'au mois de janvier; mais les veaux qui naissent dans ce dernier mois ont peu de vigueur, et souvent on ne peut les élever. Lorsque les vaches mettent bas, on va chercher les veaux au milieu des pâturages; on les enferme dans un petit parc (*curral*), et on les réunit à leur mère le matin et le soir, ainsi que cela se pratique aux environs de S. João del Rei et ailleurs (2).

Les juments sont divisées par troupes de vingt-cinq environ, et, comme dans le *sertão* de Minas (3), à la tête de chaque troupe est un étalon qu'on appelle *pastor* (pasteur).

---

(1) Ce sont les habitants du pays eux-mêmes qui m'ont dit que le village de Pinheiros formait une paroisse, et c'est comme tel qu'on le trouve indiqué sur la carte excellente intitulée *Carta topographica da provincia de S. Paulo*, publiée à Rio de Janeiro en 1847; mais je dois dire que Dan. Pedro Müller ne le comprend nullement parmi les paroisses de la province, et qu'il n'en fait même aucune mention.

(2) *Voyage aux sources du Rio de S. Francisco, etc.*, I, 67 et suiv.

(3) *Voyage dans les provinces de Rio de Janeiro et de Minas Geraes*, II, 327.

C'est le *pastor* qui choisit lui-même ses femelles, et il ne permet pas que d'autres étalons en approchent. Les juments commencent à mettre bas en juillet. On enferme les mères et les poulains dans un pâturage séparé, et l'on a soin de visiter ceux-ci très-souvent, pour les débarrasser des vers qui se forment ordinairement dans la cicatrice ombilicale. On se sert, à cet effet, du mercure doux.

Entre Carapicuva et la petite habitation (*sitio*) d'*Itaque*, où je couchai, le chemin passe presque toujours sur des hauteurs d'où l'on a souvent une vue très-agréable. Des mouvements de terrain assez variés, ce mélange de bouquets de bois et de pâturages dont j'ai déjà parlé plusieurs fois, des rochers, le Tieté qui serpente dans un fond, quelques maisonnettes, la chapelle de Bariri; tout cet ensemble, considéré de différents points, présente de très-jolis paysages. Dans cette journée, je passai à gué deux grands ruisseaux qui se jettent dans le Tieté, le *Ribeirão da Cutia* (torrent de l'Agouti) et le *Riberão de Beriri*, *Bariri* ou *Barueri* (1), ruisseaux dont les noms sont aussi ceux de deux églises voisines.

Tout le pays que je parcourais alors était jadis habité par de nombreux Indiens. Nous les avons anéantis, et les noms donnés par eux à leurs demeures sont les seules traces qu'ils aient laissées sur la terre; c'est ainsi que le feu, à mesure qu'il avance, fait disparaître l'herbe des savanes. Notre race perverse n'use de sa supériorité sur les autres races que pour les opprimer; nous réduisons les Africains en esclavage, et dans un nombre d'années peu considéra-

(1) Suivant Francisco José de Lacerda e Almeida, *Barueri* ou *Baryriy* signifie *la rivière de la plante appelée baryry, qui a des fleurs rouges et des graines noires* (*Diario da viagem*, 57).

ble il ne restera probablement plus de la race américaine que d'obscurs souvenirs.

Le *sitio* d'*Itaque* (1), où je fis halte, est situé sur le bord d'un ruisseau au delà duquel s'élève une petite montagne couverte, lors de mon voyage, en partie de maïs et en partie de bois vierge; une très-grande chapelle se voyait auprès de la maison du propriétaire.

Pendant que je travaillais, cet homme, paysan de sang mélangé, vint causer avec moi. Il m'assassinait de questions souvent fort sottes, et je remarquai qu'il évitait de répondre à toutes celles que je lui faisais sur le pays. Je lui demandai plusieurs fois combien rendait le maïs; il finit par m'indiquer un chiffre si peu élevé, qu'il m'était difficile d'y croire, et dans l'instant il me fit l'énumération des impositions qu'il payait et des services qu'il rendait à l'État. Il s'était imaginé, à ce qu'il paraît, que j'étais chargé de prendre des renseignements d'où devait résulter quelque augmentation d'impôt.

Ce brave homme, et plusieurs de ses voisins, peu aisés comme lui, ne possédant guère que des pâturages, cultivaient uniquement pour les besoins de leurs familles. Ils achetaient des mulets qu'ils plaçaient dans leurs herbages, les louaient aux propriétaires de sucreries, et se chargeaient eux-mêmes de la conduite des sucres. Il paraît qu'on n'a jamais à se plaindre de la probité des gens qui font cette espèce de métier.

C'est la mère du propriétaire d'Itaque qui, quoique fort pauvre, avait fait bâtir la grande chapelle que l'on voyait auprès de cette petite habitation, et dont j'ai déjà parlé.

---

(1) Du guarani *itaqui*, pierre à aiguiser.

Cette femme, voulant assurer, autant qu'il était en elle, la durée de cet édifice, avait, en mourant, légué un pâturage pour l'entretenir. Construire des églises était, à cette époque, l'œuvre que l'on regardait comme la plus agréable à Dieu, celle que l'on mettait au-dessus de toutes les autres (1). Il paraît qu'aujourd'hui on ne peut reprocher aux Brésiliens des abus de ce genre; espérons qu'ils ne négligeront jamais ce qui est indispensable, et qu'ils remplaceront ce que leurs pères faisaient de trop par des actes de charité auxquels ceux-ci ne pensaient pas toujours.

C'est au delà d'Itaque que le pays devient très-montagneux et que la végétation change entièrement d'aspect, comme je l'ai dit plus haut. Ce mélange de pâturages et de bouquets de bois, qui rend si agréables les paysages des environs de S. Paul, a disparu. On ne voit plus que de hautes forêts qui retentissent des chants de l'*araponga*, et où les singes hurleurs font entendre leurs mugissements semblables au bruit des grandes eaux. Dans les endroits où les bois ont été coupés, il leur a succédé des *capoeiras*; mais nulle part elles ne sont entremêlées de pâturages.

Après avoir fait 3 lieues et demie depuis Itaque, je fis halte à une *venda* située sur une hauteur. Tous les mornes voisins ont été dépouillés des grands bois qui les couvraient jadis, et les *capoeiras* qui en ont pris la place ne gênent nullement la vue. Dans un fond, au-dessous de la *venda*, on aperçoit une petite église autour de laquelle sont quelques maisonnettes. Cette église est celle de la paroisse de *Piedade* ou *Nossa Senhora da Piedade* (2), de

---

(1) Voyez mes *relations* précédentes.
(2) Pedro Müller dit que « le district de Paranahiva contient la pa-

laquelle dépendent beaucoup de *sitios* épars dans la campagne.

Comme j'ai déjà eu occasion de le dire, les paroisses sont très-multipliées dans ce pays, et souvent elles se composent uniquement d'habitations dispersées çà et là. Bientôt après avoir quitté S. Paul, j'avais d'abord traversé celle de Pinheiros. Itaque dépend de la paroisse de *Cutia* ou *Nossa Senhora de Monserrate de Cutia*, et, à une distance de cette dernière qui n'est pas très-considérable, j'avais passé sur celle de Piedade. La paroisse de Cutia dépend du *termo* de S. Paul; celle de Piedade appartient au district de la petite ville de *Paranahiva* (1). C'est à Pie-

---

roisse d'*Arassariguama*, » et il ajoute, quelques lignes plus bas, que dans le même district « se trouve située la chapelle de *Nossa Senhora* « *da Piedade em Arassariguama* (*Ens.*, 38). » Cette chapelle serait-elle la petite église que j'ai vue, et faudrait-il chercher ailleurs l'église paroissiale d'Arassariguama? ou bien l'église que je connais serait-elle la véritable paroisse d'Arassariguama qui aurait été consacrée à Nossa Senhora da Piedade? J'ai cru devoir admettre ce qui m'a été dit sur les lieux mêmes; mais je n'ai pas voulu taire les doutes que peut faire naître l'*Ensaio estatistico* (p. 38).

(1) La ville de *Paranahiva*, qu'on nomme aussi *Parnahiba* ou *Paranahiba* est une des plus anciennes de la province de S. Paul, puisqu'elle a été fondée, dès 1625, par Monsanto, qui avait pris le titre de donataire. Elle possède une église paroissiale dédiée à sainte Anne, et un petit couvent de bénédictins presque en ruine. Son district, qui confine avec ceux de S. Paul, de Jundiahy, de S. Roque et d'Hytú, produit principalement le café, la canne à sucre, le maïs, le coton; on y fait des élèves de bêtes à cornes, et l'on y nourrit un grand nombre de mulets employés à transporter les denrées du pays. En 1823 Pizarro comptait 6,559 individus sur la seule paroisse de Paranahiva, et en 1838 Müller n'en comptait que 4,196 dans tout le district, comprenant deux paroisses. Si ces évaluations étaient également exactes, il faudrait admettre une dépopulation dont nous ne saurions indiquer la cause (Piz., *Mem. hist.*, VIII, 300; — Müll., *Ens.*, tab. 5).

dade que commence, de ce côté, le pays des sucreries dont j'ai fait connaître ailleurs toute l'étendue (1).

Entre Piedade et le *rancho de Braga*, dans un espace de 6 *legoas*, le chemin, souvent roide et difficile, continue à traverser un pays montagneux et boisé. De distance à autre, j'apercevais le Tieté, puis je cessai de le découvrir. Ainsi, après avoir parcouru un certain espace sans le voir, je le retrouvai un peu au delà d'une habitation appelée *Potribú* (2); là il coule entre des montagnes. Les bois s'étendent jusque sur ses bords, et il semble avoir une couleur noirâtre. Pendant quelque temps on marche parallèlement à son lit, et tantôt on aperçoit ses eaux, tantôt elles sont cachées par les arbres; mais souvent alors le bruit qu'elles font, en coulant au milieu des rochers, indique au voyageur qu'il ne s'est pas éloigné d'elles.

A peu de distance de l'habitation de Potribú, le chemin passe sur un morne élevé d'où l'on découvre une vue fort étendue, et qui porte le même nom que l'habitation (*Morro de Potribú*). Le sommet de ce morne est aride, et il n'y croît que des herbes et des sous-arbrisseaux, quoique tout le reste du pays soit couvert de bois vierges. C'est dans des localités semblables que l'on trouve ordinairement la plus grande variété de plantes, comme j'en avais eu bien des exemples à Minas; mais la pluie qui tombait ne me permit pas de m'arrêter.

Elle m'empêcha d'aller plus loin que l'habitation de Potribú, où je fus hébergé dans le moulin à sucre. Mon hôte m'assura que les terres de son canton rendent en

(1) Voir plus haut.
(2) *Potribú* serait-il un mot hybride composé du portugais *potro*, poulain, et de l'indien *ibi*, terre, la terre, le pays des poulains?

maïs 300 pour 1. Suivant lui, la canne, à peu près comme du côté de Campinas, donne des produits pendant trois années consécutives; ensuite on laisse reposer le terrain. Au bout de trois ou quatre ans les *capoeiras* sont déjà assez grandes pour être coupées, et on les remplace de nouveau par des plantations de canne. Le propriétaire de Potribú ajoutait que, l'année précédente, il avait fait, avec sept nègres, 1,000 arrobes (14,746 kil.) de sucre; mais ses esclaves n'avaient vraisemblablement pas été occupés à autre chose qu'à la culture de la canne et à la fabrication de ses produits, car, ainsi que je l'ai déjà dit, on estimait, à cette époque, que pour faire 1,000 arrobes de sucre il ne fallait pas moins de dix nègres, qui, à la vérité, pouvaient encore cultiver assez de maïs, de haricots et de riz pour la consommation de la famille.

Près de Potribú, les maisons deviennent assez communes; mais elles sont mal entretenues et de peu d'apparence. Cette sucrerie dépendait de la paroisse de Piedade.

Le jour où j'y couchai, je n'avais fait que 3 *legoas*; le lendemain, je n'en fis pas davantage. Je m'arrêtai à un *rancho* très-élevé, couvert en tuiles et entouré de murs en terre, qu'on appelle *rancho* de *Braga*. C'était encore un de ceux qui avaient été construits aux dépens du fisc (*fazenda real*) et que l'on désignait sous le nom de *ranchos del Rei* (1).

Le rancho de Braga est situé sur la paroisse de la ville d'Hytú. Cette paroisse commence un peu avant *Pao d'Alho* (nom d'une espèce d'arbre), sucrerie assez importante que l'on trouve à environ 1 lieue de Potribú.

(1) Voir plus haut. — Il paraît, d'après le rapport d'un des prési-

J'ai dit qu'entre S. Paul et Hytú la végétation change trois fois de nature et d'aspect; ce fut un peu au delà du *rancho* de Braga que je vis s'opérer le troisième changement. Le pays devint moins ondulé, la terre devint moins bonne; j'entrai dans des *campos*. La végétation me paraît être, dans son ensemble, la même que celle d'une grande partie des pays découverts que j'avais si longtemps parcourus à Goyaz et Minas Geraes (1) : ce sont encore de petits arbres qui s'élèvent, assez rapprochés, au milieu des herbes et des sous-arbrisseaux; je retrouvai, entre autres, une Guttifère commune dans les campagnes de S. Francisco, des *pequi* (*Caryocar Brasiliense*, Aug. S. Hil., Juss., Camb.), des *Qualea*, entre autres le n° 1244, une Légumineuse et même des borulés (*Brosimum*).

Il paraîtra extraordinaire d'abord qu'étant sous le tropique du Capricorne je retrouvasse à peu près les mêmes plantes qu'au 14e degré de lat.; mais on ne doit pas oublier qu'à de grandes distances la végétation se reproduit la même, soit dans le sens des méridiens, soit dans celui des parallèles, quand, d'ailleurs, les conditions sont analogues : le *Betula nana* croît sur le Broiker comme en Laponie, et quelques espèces maritimes naissent, en Auvergne, sur les bords des sources d'eau minérale. Dans les *campos*, parsemés d'arbres rabougris, du nord de Minas et du midi de Goyaz, on éprouve une très-forte chaleur; le terrain est ondulé et moins bon que celui des bois vierges. Les *campos*

---

dents de S. Paul, que le soin de ces *ranchos* n'a point été abandonné par l'administration provinciale.

(1) *Voyage dans les provinces de Rio de Janeiro et de Minas Geraes*, vol. II; — *Voyage aux sources du Rio de S. Francisco et dans la province de Goyaz*, vol. II.

des environs d'Hytú ne sont pas non plus montagneux, la terre y est extrêmement sablonneuse; enfin, pendant toute la journée du 15 de décembre, j'y éprouvai une très-forte chaleur, et dès six heures du matin le thermomètre avait indiqué 14° R.

Hytú, Campinas et Santos sont considérés comme les lieux les plus chauds des environs de S. Paul, et je me suis convaincu par moi-même que, pour les deux premières villes, cette réputation n'est point sans fondement. Beaucoup plus élevée que Santos, plus élevée même qu'Hytú et Campinas, ainsi que le prouve la direction du Tieté, la capitale de la province doit naturellement jouir d'un climat plus tempéré que ces trois villes; mais, en faisant même abstraction du canton où l'on voit de hautes montagnes, il m'a semblé que, dans ce pays en général, la température varie bien plus à de petites distances que dans les parties plates ou presque plates de notre Europe; ce qui tient, sans doute, aux inégalités du terrain, à la différence des bois vierges et des *campos*, enfin aux différences du sol, qui doivent être beaucoup plus sensibles, dans une contrée presque neuve encore, que dans les pays où une longue culture a modifié la nature du sol et lui a donné une sorte d'uniformité.

Avant d'arriver à Hytú, j'avais donné ordre à José Marianno de prendre les devants, et de présenter ma *portaria* au *capitão mór*, pour qu'il voulût bien me procurer un logement. Au bout de fort peu de temps, je vis reparaître mon messager, qui me dit qu'on l'avait fort bien accueilli, et qu'on avait déjà préparé une maison pour me recevoir. A peine mes effets furent-ils déchargés, que je reçus la visite d'un capitaine de la garde nationale (*milicia*), envoyé par le *capitão mór* pour me complimenter et me demander si je n'avais pas besoin de quelque chose. Lorsque les plantes recueillies pendant la journée furent analysées, je sortis avec le capitaine pour me promener dans la ville et voir ce qu'elle contient de plus remarquable; j'allai aussi faire ma visite au *capitão mór*, qui m'accabla de ces politesses exagérées hors d'usage, depuis longtemps, dans le nord de l'Europe, mais auxquelles les Portugais n'avaient pas encore entièrement renoncé. L'*ouvidor* de la *comarca*, que je vis également, me reçut parfaitement bien; je le retrouvai plus tard à Sorocába, et il ne cessa de me combler de politesses.

CHAPITRE IX.

LA VILLE D'HYTÚ. — CELLE DE PORTO FELIZ : LA NAVIGATION DU TIETÉ.

Histoire de la ville d'Hytú. — La population de la *comarca* dont elle est le chef-lieu. — Celle de son district. — Description de cette ville; rues; maisons; églises; couvents; hôtel de ville; hôpital; boutiques; le lieu où l'on vend les comestibles. — Production des environs d'Hytú; sucreries.—La cascade. — *Venda de Caracatinga;* métis.— Sécheresse. — Description de la ville de *Porto Feliz;* sa situation; ses rues; ses maisons; son église. — Route de Porto Feliz à Cuyabá par les rivières; le chemin actuel. — Le port de Porto Feliz. — Les sucreries des environs de cette ville. — La population de son district.

Hytú, qui passe pour une des villes les plus anciennes et les plus importantes de la province, est situé auprès du ruisseau de *Caracatinga* (1), à 18 *legoas* de S. Paul, 1 de Tieté, 5 de Porto Feliz, par le 23° degré 28′ lat. S. et le 330° 25′10″ à partir du premier méridien de l'île de Fer (2).

(1) Le mot *Caracatinga* désigne une espèce de *cará* (*l'igname* des colons français, *Dioscorea* des botanistes). — Müller écrit *Caiacatinga*.

(2) Ces positions notées par Pizarro paraissent avoir été déterminées par les pères de la compagnie de Jésus (*Mem. hist.*, VIII, 262, 300). Il y

Le mot *Hytú*, emprunté à la langue des Indiens, signifie *cascade*, et a été donné originairement à la ville qui le porte aujourd'hui à cause d'une chute d'eau remarquable que le Tieté forme dans son voisinage (1). Avant même que

a cependant quelque différence avec celle de 23° 27' 2" que d'Eschwege indique pour la latitude, et dont la détermination est due, dit-il, aux jésuites Diogo Soares et Domingos Capaci, dont j'ai parlé ailleurs (*Voyage aux sources du Rio de S. Francisco, etc.*, vol. II, 67).

(1) On a écrit *Itú*, *Hytú*, *Hitú*, *Ytú* et *Yg-Tú*. C'est *Itú* qu'il faudrait écrire, si l'on voulait se conformer à la prononciation actuelle, car cette orthographe la rendrait parfaitement ; mais on a cherché à se rapprocher de l'étymologie indienne, et on a dû nécessairement éprouver quelque embarras, parce que la prononciation du mot primitif n'a pas d'analogue dans la langue portugaise. Dans le mot *yg*, eau, et tous les mots où l'on a un son à peu près semblable à faire entendre parfaitement, « ce son, dit le P. Araujo, se forme dans la gorge en doublant la « langue, en inclinant vers le bas la pointe de cette dernière et en pous-« sant l'air en avant pour former une sorte d'intermédiaire entre les « voyelles *i* et *ou*, qui n'est ni l'une ni l'autre et semble les comprendre « toutes les deux (*Advertencias* in *Dicc. port. e bras.*, iii). » Cette prononciation, qui se rapproche en partie de la syllabe *ig* des Allemands, avait été rendue d'abord par un *i* compris entre deux points placés l'un en haut, l'autre en bas ; de son côté, le P. Ruiz da Montoya avait employé, pour la peindre, un *i* surmonté du signe qui, en latin, indique les brèves (ĭ); mais, conformément aux règles, bien motivées, du P. Araujo, il faudrait écrire *y* pour eau, et *ytú* pour cascade, si depuis longtemps les Brésiliens-Portugais n'avaient généralement consacré la syllabe *hy* pour rendre, dans les noms composés, le mot qui, chez les Indiens, signifiait eau, rivière ; ex., *Jundiahy*, *Jacaréhy*, *Apiahy*, etc. Puisque, dans ces mots, nous admettons *hy*, il est bien clair que, pour être conséquent, nous devons écrire *Hytú*, car personne, bien certainement, ne prétendra que l'orthographe d'un mot doit varier, dans ses composés, suivant qu'il se trouve au commencement ou à la fin ; le mot allemand *milch*, lait, par exemple, s'écrit de même dans *milch-brau*, laitière, et *butte-milch*, lait de beurre. Il ne faut pas croire, au reste, que dans tous les noms propres actuels finissant par *i* il y ait toujours l'indication des mots *eau* ou *rivière*, et que ce son doive constamment se rendre par *hy*. Sans parler des verbes, la lettre *i* à la fin des substantifs en modifie le

les Européens eussent pris possession de l'île de S. Vicente, l'emplacement où Hytú s'élève maintenant était occupé par une tribu d'Indiens Guaianazes. Ces hommes furent du nombre de ceux qui accoururent pour défendre le pays (1530) quand ils apprirent que Martim Affonso de Souza voulait s'en rendre maître; mais, voyant que le chef de toutes les tribus guaianazes, le grand Tebyreça, avait fait alliance avec le capitaine portugais, ils se retirèrent (1). Attirés, un peu plus tard, par l'amour qu'Anchieta et ses frères montraient aux hommes de leur race, les Indiens d'Hytú, sous la conduite de leur cacique, se réunirent à la colonie que les jésuites venaient de fonder sous le nom de S. Paulo de Piratininga. Ce fut vraisemblablement vers cette époque que quelques Européens ou Mamalucos commencèrent à se fixer à Hytú; ses premiers habitants finirent par être anéantis ou dispersés, et dès 1654 l'ancienne aldée devint une ville portugaise (2). En 1811, on fit d'Hytú la capitale d'une *comarca* qui comprenait *Mogimirim*,

sens et paraît être un diminutif, comme le prouvent les exemples donnés par le P. Luiz Figueira (*Arte da grammatica da lingoa geral*, 4ª ed., 97) : *comandá*, fève; *comandaí*, petite fève; *pitanga*, enfant; *pitangaí*, petit enfant. Nous n'aurions aucun doute sur les étymologies de ce genre, si les Portugais, en adoptant les mots indiens, avaient songé à les accentuer d'après les règles adoptées par les jésuites; mais, comme il n'en est pas ainsi, il est impossible qu'il n'échappe pas quelques erreurs aux étymologistes actuels les plus attentifs. De ceci je crois, cependant, qu'il faut conclure que le mot *Pitangui*, qui désigne une ville de Minas, ne veut pas dire *la rivière des enfants*, mais le *petit enfant*.

(1) Gaspar da Madre de Deos, *Noticia*, etc., in *Revist. trim.*, II, 426.

(2) Cette date a été indiquée tout à la fois par Pizarro, Spix et Martius, et D. P. Müller; si l'on trouve 1584 dans le *Diccionario geographico do Brazil*, ce ne peut être que le résultat d'une faute d'impression.

Campinas, Porto Feliz, Sorocába, Itapéva, Itapitininga, Apiahy. Lors de la nouvelle division de la province de S. Paul en 6 *comarcas* (1833), Hytú devint le chef-lieu de la 4ᵉ; l'assemblée provinciale l'érigea en cité (*cidade*), et l'empereur D. Pedro Iᵉʳ lui donna le titre de très-fidèle (*fidelissima*) (1). En 1839, la 4ᵉ *comarca* comprenait, outre sa capitale, 9 villes, *Porto Feliz, Sorocába, Itapéva, Itapitininga, Apiahy*, et quatre autres de création nouvelle, savoir *Capivarhy, Constituição, Araraquara* et *S. Roque* (2); à partir de cette époque, des villages ont encore été érigés en villes, et à celles que nous venons de nommer il faut ajouter *Piraporá, Limeira S. João do Ribeirão Claro, Tatuhy*; ce qui fait en tout 13 villes comprenant ensemble 27 paroisses (3). Depuis longtemps, l'histoire d'Hytú, intimement liée à celle du reste de la province, n'offre rien qui mérite d'être mentionné d'une manière particulière; cependant nous dirons que, malgré son titre de très-fidèle, la ville d'Hytú fut une des premières à prendre part à la révolte qui éclata, le 17 de mai 1842, contre le gouvernement central, mais dont les nombreux amis de l'ordre ne tardèrent pas à triompher (4).

Lorsque la province de S. Paul ne comprenait encore que 3 *comarcas*, la population de celle d'Hytú, suivant le tableau communiqué à d'Eschwege par le ministre d'État, comte da Barca, se composait de la manière suivante pour l'année 1813 (5) :

(1) Mill. et Lop. de Moura, *Dicc.*, I, 504.
(2) D. P. Müll., *Ens. est.*
(3) *Mapa topographica da provincia de S. Paulo*, 184.
(4) *Discurso recitado pelo presidente José Carlos Pereira d'Almeida Torres em jan.* 1843, p. 3.
(5) *Journ. von Bras.*, II, tab. 1.

Blancs.

Hommes.	12,795	
Femmes.	13,725	26,520

Mulâtres et mulâtresses libres.

Mulâtres.	5,641	
Mulâtresses.	5,162	10,803

Nègres et négresses libres.

Nègres	336	
Négresses.	336	672

Mulâtres et mulâtresses esclaves.

Mulâtres.	947	
Mulâtresses.	968	1,915

Nègres et négresses esclaves.

Nègres.	6,266	
Négresses.	4,196	10,462

TOTAL. . . 50,372 individ.

En 1839, après qu'on eut séparé les districts de Campinas et de Mogimirim de la *comarca* d'Hytú, le nombre de ses habitants était représenté par le chiffre total et les chiffres partiels que voici :

Blancs.

Hommes.	18,943	
Femmes.	19,778	38,721

Mulâtres et mulâtresses libres.

Mulâtres.	5,411	
Mulâtresses.	6,142	11,553

A reporter. . . 50,274

Report. . . 50,274

Nègres et négresses libres.

Nègres créoles. . . .	667 ⎫ 1,337 ⎫	
Négresses créoles. . .	670 ⎭	. . . 1,522
Africains.	108 ⎫ 185 ⎭	
Africaines.	77 ⎭	

Mulâtres et mulâtresses esclaves.

Mulâtres.	958 ⎫	 2,010
Mulâtresses.	1,052 ⎭	

Nègres et négresses esclaves.

Nègres créoles. . . .	4,053 ⎫ 8,029 ⎫	
Négresses créoles. . .	3,976 ⎭	. . . 19,633
Africains.	7,358 ⎫ 11,604 ⎭	
Africaines.	4,246 ⎭	
Indiens.		14

TOTAL. . . 73,453 ind. (1).

La comparaison de ces deux tableaux nous fournira quelques considérations assez curieuses. 1° Malgré le retranchement des districts de Campinas et de Mogimirim, la population de la *comarca* d'Hytú s'est accrue, en vingt-cinq années, de la moitié environ du nombre primitif, et comme le chiffre des habitants de ces mêmes districts s'élevait, en 1838, à 12,574, il est clair que, si le retranchement n'avait pas eu lieu, l'augmentation aurait été à peu près des 7/10es. Le terme moyen annuel de cette dernière serait donc, pour la *comarca* actuelle d'Hytú, plus les districts de Mogimirim et Campinas, de 14,265, ou, si l'on aime mieux, de 1/35 du nombre primitif, en négligeant la fraction, et par conséquent, si nous admettons, un

(1) Müll., *Ens., cont. do app. a tab.* 5.

instant, une absence totale de causes perturbatrices, trente-cinq ans suffiraient pour faire doubler la population, quand même l'accroissement ne s'effectuerait pas comme cela a lieu en progression ascendante. En France, au contraire, il ne faudrait pas moins de cent trente-neuf ans pour que la population devînt le double de ce qu'elle était en 1846, en supposant que l'accroissement se maintînt tel qu'il a été dans cette même année (1); par conséquent, l'augmentation de la population française serait à celle de la *comarca* d'Hytú comme 1 à 3,97 (2). 2° Le nombre des individus libres était à celui des esclaves, en 1813, comme 3 est à 1, et, en 1838, comme 2,38 également à 1, ce qui tient à l'extension qu'a prise la culture de la canne à sucre, pour laquelle on emploie beaucoup d'esclaves. 3° Comme en France, le chiffre des hommes est, dans la *comarca* d'Hytú, inférieur à celui des femmes; mais il semblerait que l'égalité tend à s'établir aussi bien que chez nous (3), car la différence est déjà moins forte en 1838 qu'en 1813. Il est évident qu'il ne peut être ici question que des blancs et des blanches, car les affranchissements, les importations d'esclaves, le besoin que l'on a de nègres plutôt que de négresses, l'état des mœurs apportent, dans les autres

---

(1) *Annuaire long.*, 1846, 139.
(2) On lit sur le *Carta topographica de S. Paulo*, publié à Rio de Janeiro en 1847, que la population de la *comarca* d'Hytú s'élève actuellement à plus de 100,000 âmes. Si ce chiffre est exact, la réalité aurait encore été au delà du calcul que je viens de faire ici, puisque c'est malgré le retranchement des districts de Campinas et de Mogimirim que le nombre des habitants de la *comarca* d'Hytú aurait doublé en trente-cinq ans.
(3) *Annuaire long.*, 1846, 139.

castes, des perturbations très-multipliées. 4° Le nombre des mulâtres et des mulâtresses libres est bien loin d'avoir éprouvé la même augmentation que celui des blancs; les premiers sont généralement pauvres, et se marient, par conséquent, beaucoup moins que les hommes de notre race; les mulâtres s'engagent souvent comme *camaradas*, et accompagnent au loin les caravanes; un grand nombre de mulâtresses se livrent à la prostitution. En finissant ces observations, je dois répéter que les métis de blancs et d'Indiens, fort nombreux dans les parties septentrionales de la province de S. Paul, y sont considérés comme blancs de race pure (1) et confondus, dans tous les états de population, avec les véritables blancs, dont il n'est pas, en réalité, toujours facile de les distinguer.

Pour la population du district d'Hytú, isolé de tous ceux qui, avec lui, forment la *comarca* tout entière, nous avons les deux tableaux suivants :

1815.

Blancs des deux sexes.	3,076	
Mulâtres libres des deux sexes.	621	3,836 indiv. libres.
Nègres libres des deux sexes.	139	
Mulâtres esclaves des deux sexes.	287	3,201 esclaves.
Nègres esclaves des deux sexes.	2,914	
TOTAL.	7,037 individus.	

(1) « Il y a des Indiens, dit M. José Arouche de Toledo Rendon, qui « sont considérés comme blancs, parce que des croisements ont fait ou-« blier leur origine. Telles sont beaucoup de familles nouvelles de « *courte généalogie* (Memoria sobre as aldeas, etc., in Revist. trim., « vol. IV, 299). »

1838.

Blancs des deux sexes.	4,966	
Mulâtres libres des deux sexes.	1,055	6,532 indiv. libres.
Nègres libres des deux sexes.	511	
Mulâtres esclaves des deux sexes.	199	
Nègres esclaves des deux sexes.	4,510	4,714 esclaves.
Indiens.	5	
TOTAL.	11,246	individus (1).

Il suffirait de comparer ces deux tableaux avec ceux qui indiquent les chiffres de la population de toute la *comarca* pour conclure que le district d'Hytú est un de ceux où il existe le plus de sucreries; nous savons, en effet, que c'est surtout dans les exploitations de ce genre que l'on emploie des esclaves noirs, et, proportion gardée, nous en trouvons beaucoup plus dans le district d'Hytú isolé que dans tous les autres districts réunis. Cette conclusion, tirée *à priori* d'un seul fait, est parfaitement conforme à la vérité; car, en 1839, il y avait quatre-vingt-dix-huit sucreries dans le seul district d'Hytú. Constituição, qui ensuite en possédait le plus, n'en avait que soixante-dix-huit; Araraquara en avait une; S. Roque n'en avait pas du tout.

A l'époque de mon voyage et même à la fin de 1820 (2), le district d'Hytú ne comprenait encore qu'une paroisse, celle de la ville elle-même; en 1838, on en avait déjà érigé trois de plus, celles de *Cabriuva, Indaiatuba* et *Capivarhy*

---

(1) Ces deux tableaux sont extraits, le premier du tableau général de Spix et Martius pour 1815 (*Reise*, I, 238, 9); le second, de l'ouvrage de D. P. Müller (*Ensaio estat., cont. do app. a tab.* 5).

(2) Eschw., *Jour. von Brasilien*, I, 69.

de Cima (1); enfin, depuis cette époque, on en a encore créé une, celle d'*Agoa Choca* (2).

J'ai fait connaître, au moins d'une manière approximative, la population de la *comarca* d'Hytú et celle du district dont cette ville est le chef-lieu; mais il serait plus difficile d'indiquer d'une manière précise celle de cette dernière en particulier. En effet, il en est d'Hytú comme d'une foule de villages et de petites villes de Goyaz et de Minas Geraes (3); un grand nombre de maisons appartiennent à des propriétaires de sucreries qui n'y viennent que le dimanche, afin d'assister au service divin, et je ne sais jusqu'à quel point ils doivent être compris dans la population de la ville. Quant à la population permanente, composée principalement de marchands et d'ouvriers, on ne la faisait pas monter, vers la fin de 1819, à plus de 1,000 ou 1,200 âmes (4).

Le pays qui entoure la ville d'Hytú est ondulé; des bois vierges le couvrirent probablement autrefois; aujourd'hui on n'y voit plus que des *capoeiras* et des bois peu élevés. Quant à l'emplacement sur lequel a été bâtie la ville elle-

---

(1) D. P. Müller, *Ensaio estatistico*, tab. 18.

(2) C'est sur la carte intitulée *Carta topographica da provincia de S. Paulo*, 1847, que je trouve cette dernière indication. Müller dit que la paroisse de *Capivarhy de Cima* portait également, en 1838, le nom d'*Agoa Choca*; les deux noms lui étaient donnés, sans doute, parce qu'alors elle embrassait les deux villages; mais si la carte citée plus haut est exacte, et je n'ai aucune raison pour en douter, on aura fait depuis une paroisse de chacun des deux.

(3) Voir mes *relations* précédentes.

(4) On lit, dans le *Diccionario geographico do Brazil*, II, 305, que la population d'Hytú s'élève à plus de 10,000 âmes; il est bien évident que c'est à celle du district tout entier que cette évaluation doit être appliquée.

même, il offre à peine de légères inégalités. Celle-ci est étroite et fort allongée. Elle se compose de quelques rues parallèles, d'une largeur médiocre, mais bien alignées, que coupent d'autres rues généralement étroites et bordées par des murs de jardin. Dans les rues principales, le devant des maisons est garni de larges dalles faites d'une pierre lisse et compacte; les autres ne sont point pavées, et l'on y enfonce dans le sable. Les maisons sont blanchies, et pour la plupart bâties en pisé; quelques-unes, qui peuvent passer pour jolies, ont un étage, outre le rez-de-chaussée; le plus grand nombre sont petites, basses et assez vilaines. Toutes possèdent un *quintal* plus ou moins grand où l'on retrouve les arbres que les habitants de Minas ont coutume de planter dans ces espèces de jardins (1).

On voit à Hytú plusieurs petites places; mais celle où s'élève l'église paroissiale est la seule qui soit un peu remarquable.

Cette église, dédiée à Notre-Dame de la Chandeleur (*Nossa Senhora da Candellaria*), occupe un des petits côtés de la place qui forme un carré long. Elle est ornée avec goût, tenue avec une extrême propreté, et a toute la majesté qui convient à un édifice consacré au culte divin. Elle peut avoir environ 57 pas de longueur depuis la *capella mór* (chapelle majeure) jusqu'à la porte d'entrée (2). De chaque côté de la nef, sont deux autels,

---

(1) Voir mes *relations* précédentes.
(2) Voici ce que je dis ailleurs de la *capella mór* : « Aucune église n'a
« de bas côtés. Le sanctuaire n'est point, comme chez nous, continu avec
« le reste du vaisseau; c'est, ainsi que l'indique la dénomination por-
« tugaise *capella mór*, une véritable chapelle distincte de la nef; moins
« élevée et surtout moins large qu'elle. Pour masquer les angles qui,
« de chaque côté, résultent naturellement de la différence de largeur

et il y en a encore deux autres, placés obliquement, suivant l'usage, à l'entrée de la *capella mór*. Ces derniers et celui de cette chapelle elle-même sont accompagnés de colonnes torses fort bien faites et dorées avec soin. Le plafond de la *capella mór* est orné de peintures qui montrent que leur auteur était né avec des dispositions naturelles, et que pour devenir un véritable artiste il ne lui a manqué que de voir de bons modèles. On ne peut s'empêcher de regretter qu'une aussi belle église que celle de la Candellaria n'ait pas de clocher, qu'elle ne corresponde pas parfaitement au milieu de la place sur laquelle elle a été bâtie, et que la nef soit sans plafond.

Outre l'église paroissiale, Hytú possède encore huit édifices consacrés au service divin. Les principaux sont l'église des Carmes dont je parlerai bientôt et celle de Notre-Dame du Patronage (*Nossa Senhora do Patrocinio*).

Cette dernière est peut-être la plus jolie de toutes. Lors de mon voyage, elle venait d'être décorée, et elle l'avait été avec goût; tout y était d'une fraîcheur et d'une propreté extrêmes. La nef est entièrement de plain-pied, et, différente de celle des autres églises, elle n'a point de balustrade sur les côtés (1). Deux rangs de

« de la nef et de la *capella mór*, on élève, à droite et à gauche, un au-
« tel oblique (*Voyage dans les provinces de Rio de Janeiro et de Mi-
« nas Geraes*, I, 120). » Ce genre de construction, beaucoup moins majestueux que celui qui a été adopté pour la plupart de nos églises, se retrouve néanmoins dans quelques parties de la France.

(1) Voici ce qui a lieu dans les autres églises : « Toutes sont plan-
« chéiées, et des deux côtés de la nef, dans une largeur de 5 à 6 pieds,
« le plancher est plus élevé d'environ 9 pouces que dans le reste de l'é-
« glise. Cet espace, ainsi exhaussé, est séparé du milieu de la nef par une

stalles garnissent la *capella mór*, ce que je n'avais encore vu nulle part. Au-dessus du maître-autel s'élève une haute pyramide composée de dix rangs de gradins et terminée par une figure dorée qui représente l'agneau pascal. Sur les gradins sont, suivant la coutume, des chandeliers dorés, qui, très-rapprochés les uns des autres, doivent produire un bel effet quand on les allume, ce qui se pratique les jours de grande fête.

A l'une des extrémités de la ville est le couvent des Carmes chaussés, et à l'autre celui des Franciscains.

Ce dernier est un très-grand bâtiment à un étage; mais son église est fort petite. Il a été fondé en l'année 1704.

Le couvent des Carmes, qui date de 1719 (1), dépend de celui de Rio de Janeiro. Il possède des terres affermées et une *fazenda* (habitation rurale); mais celle-ci, lors de mon voyage, était mal administrée, et on craignait qu'elle ne perdît bientôt une partie de sa valeur. A cette même époque, il n'y avait plus d'esprit de corps chez les religieux brésiliens; chacun dans les couvents vivait pour soi, et personne ne songeait à l'avenir; ces hommes avaient cédé à l'influence énervante du climat et imitaient trop souvent les laïques qu'ils étaient appelés à édifier (2). Il fallait que l'état de moine fût tombé dans un grand discrédit, car en ce pays, où il n'obligeait plus à aucun devoir pénible et où l'oisiveté a tant de charmes, on évitait de

« balustrade... qui, prolongée parallèlement au maître-autel, sépare « encore le sanctuaire de la nef (*Voyage dans les provinces de Rio de « Janeiro et de Minas Geraes*, II, 121). »

(1) La date de la fondation des deux couvents est empruntée à J. P. Müller.

(2) *Voyage dans le district des Diamants et sur le littoral du Brésil*, II, 69.

l'embrasser. A Dieu ne plaise, cependant, que j'appelle la destruction sur les monastères qui existent encore au Brésil ! Je n'ignore pas combien de services ont rendus les ordres monastiques dans les différentes parties du globe, et je sais combien ils peuvent en rendre encore. Si l'on anéantissait toutes les institutions humaines où des abus se sont introduits, rien sur la terre ne resterait debout, et, après avoir tout détruit, il faudrait bientôt tout détruire encore. Le jardinier auquel on confie le soin d'un arbre fruitier, négligé trop longtemps, ne l'arrache pas, il l'émonde et lui fait reprendre sa direction primitive.

Quoi qu'il en soit, je fus très-bien reçu par le prieur des carmes, le seul religieux qu'il y eût dans le couvent (1), et il me montra son église avec beaucoup de complaisance. Cette église est jolie et très-propre, mais elle n'a pas la majesté de la Candellaria, et peut-être est-elle trop éclairée pour un édifice religieux. De chaque côté de la nef sont trois autels, et sur chacun s'élève une grande statue en bois, peinte et habillée, qui représente Jésus-Christ dans une des attitudes de sa passion. Des rideaux empêchent la poussière de gâter ces figures; on n'a négligé aucun des accessoires qui peuvent les orner, tels que de grands nimbes d'argent, etc., mais tout cela ne les rend pas plus belles; cependant on ne manque pas de les montrer comme des chefs-d'œuvre, et, chaque fois qu'un des rideaux s'ouvrait, le bon religieux me regardait avec un air de complaisance et cherchait à voir si je partageais son admiration (2). Le plafond et les murs de l'église des Carmes sont

(1) Il paraît qu'il n'y en avait non plus qu'un en 1839 (Kidd., *Sket.*, I, 269).

(2) Nous n'avons certainement pas le droit de nous étonner de trouver

ornés de beaucoup de peintures : ces dernières sont loin, sans doute, d'être bonnes; cependant on y découvre le cachet d'un vrai talent, et elles ont été faites, comme une partie de celles de l'église paroissiale, par un prêtre qui n'avait jamais appris le dessin et n'était sorti d'Hytú que pour se faire ordonner à S. Paul. Quant au couvent des Carmes lui-même, il a un étage, outre le rez-de-chaussée; mais il est d'une grandeur médiocre. L'intérieur est tenu avec propreté; les cellules sont spacieuses, jolies et très-gaies.

L'hôtel de ville d'Hytú a été construit à l'un des angles de la place sur laquelle est bâtie l'église paroissiale. C'est un bâtiment à un étage qui ne diffère pas d'une maison ordinaire. La prison, suivant l'usage, occupe le rez-de-chaussée.

Il existe, à Hytú, un hôpital pour les malheureux attaqués de la *morfea*, et l'on dit qu'en 1839 on était sur le point d'en construire un second pour recevoir les autres malades (1).

Les dimanches et les jours de fête, Hytú est fort vivant. Ces jours-là, comme je l'ai déjà dit, les propriétaires du voisinage se rendent à la ville pour assister au service divin; mais dans le courant de la semaine les principales maisons restent fermées, et les rues sont désertes.

Les habitants aisés d'Hytú et des alentours, ayant, à cause du placement ou du transport de leurs sucres, des relations continuelles avec S. Paul, s'y fournissent des

---

des figures mal sculptées dans un pays nouveau comme le Brésil, lorsque chez nous, où les arts sont cultivés depuis si longtemps, on voit dans les églises, même celles des grandes villes, tant d'affreux barbouillages.

(1) Kidd., *Sketches*, I, 269.

objets dont ils ont besoin; aussi y a-t-il, dans leur ville, moins de boutiques que dans beaucoup d'autres qui ne sont pas aussi considérables, et celles que j'ai vues ne m'ont pas paru très-bien garnies.

Les comestibles se vendent ici, comme à S. Paul, dans des espèces de maisonnettes obscures qui donnent sur une des rues transversales dont j'ai déjà parlé. Comme dans la capitale de la province, on appelle ces maisonnettes *as casinhas*; elles appartiennent à la ville, et leur location fait un de ses revenus. On m'a assuré que, pendant l'année 1818, il s'y était vendu des denrées pour 20,000 cruzades, et il ne faut pas oublier qu'alors l'argent avait une valeur que lui ont fait perdre l'introduction du papier-monnaie et celle d'une trop grande quantité de pièces de cuivre.

On récolte dans le district d'Hytú un peu de café, de coton, de thé, d'huile de ricin, une certaine quantité de maïs et de haricots; mais c'est la culture de la canne à sucre qui fait la richesse de ce district. Lors de mon voyage, on y comptait plus de cent sucreries, et parmi elles il y en avait quelques-unes d'importantes. Certaines terres sont encore fort bonnes; mais beaucoup d'autres, étant depuis longtemps en culture et ne recevant jamais d'engrais, commencent à s'épuiser. Au lieu d'y faire, avec dix esclaves, 1,000 arrobes (14,700 kilog.) de sucre comme en d'autres endroits, on n'en fait que 6 à 800, et, lorsque la canne a produit pendant trois ans, on est obligé de laisser reposer son champ pendant dix années avant d'y faire une plantation nouvelle. Les propriétaires de sucreries estimaient, à l'époque de mon voyage, que leurs bénéfices étaient fort beaux lorsqu'ils vendaient le sucre blanc de 1,000 à

1,200 reis (6 fr. 25 à 7 fr. 50) l'arrobe de 14 kilog. 74. La plupart plaçaient leurs produits à S. Paul et à Santos ; les plus aisés les expédiaient pour Rio de Janeiro. On m'assura que les villes d'Hytú, de Jundiahy, Campinas, Sorocába, Porto Feliz, et la paroisse de Percicaba, érigée depuis en ville sous le nom de *Constituição*, avaient exporté, dans le courant de 1818, 300,000 arrobes de sucre (44,100,000 k.).

On assure que les grenades des environs d'Hytú sont les meilleures de tout le Brésil, et que les oignons y atteignent une grosseur remarquable. Quelques jardins, ajoute-t-on, sont parfaitement cultivés ; on y recueille des raisins excellents, et on a réussi à faire de très-bon vin (1).

Ne voulant pas quitter Hytú sans voir la cascade à laquelle cette ville doit son nom, je me mis en route, pour l'aller visiter, accompagné de mon muletier, José Marianno. Dans un espace d'environ 1 lieue jusqu'à la rive du Tieté, qui traverse la route d'Hytú à Campinas, je parcourus un pays couvert autrefois de bois vierges, mais où l'on ne voit plus aujourd'hui que des *capoeiras*; j'aperçus dans la campagne plusieurs sucreries.

Arrivé au Tieté, on trouve un pont étroit, fort mal entretenu et sans balustrades. Ce pont est partagé par une île en deux parties inégales ; la plus voisine de la rive droite a environ 48 pas de longueur, l'île en a 47, l'autre partie 120.

En cet endroit la rivière se divise, et forme plusieurs îles bordées, ainsi que la rivière elle-même, de rochers, de pierres noires qui semblent entassées avec régularité, et forment une sorte de mur d'appui. Des masses d'arbres et d'arbrisseaux d'un effet pittoresque couvrent les îles, et des

(1) Cazal, *Corog.*, I, 245 ; — Kidd., *Sket.*, I, 271.

touffes d'Orchidées, qui croissent sur les rochers, étalent de superbes bouquets de larges fleurs purpurines. A chaque extrémité du pont est une *venda* accompagnée d'un petit *rancho*, et un peu plus bas, à droite de la rivière, on voit la chapelle de Notre-Dame du Pont (*Nossa Senhora da Ponte*) avec la maison du chapelain. Tout cet ensemble forme un très-joli paysage.

En passant sous le pont, l'eau, resserrée par des rochers, s'échappe avec bruit; au delà est un large amas de pierres, et un peu plus loin la cascade. Après avoir serpenté avec rapidité entre deux rangées de pierres amoncelées, la rivière se jette tout à coup dans un étroit canal borné de chaque côté par une muraille de rochers à pic, et là elle se précipite, d'une hauteur de 25 à 30 pieds, avec une inconcevable impétuosité, et un bruit assez fort pour qu'on puisse l'entendre de la ville d'Hytú. Rencontrant, dans sa chute, des roches diversement groupées, elle se divise en plusieurs jets qui bondissent, se croisent, se confondent, forment une masse confuse d'une écume d'un blanc roussâtre, et font jaillir dans l'air d'innombrables gouttelettes d'eau qui se réunissent en un brouillard épais. Au-dessous de la cascade les eaux rencontrent encore des rochers, et pendant quelque temps elles continuent à écumer.

Pour avoir le temps d'examiner tout à mon aise cet ensemble admirable, j'avais prié le chapelain de Notre-Dame du Pont de recevoir mes mulets dans sa maison, et il y avait consenti avec beaucoup de politesse. Il me raconta que, lorsqu'il était venu dans ce lieu, il y avait quarante ans, le rocher d'où la rivière se précipite formait une longue avance creusée comme une gouttière, que l'eau, en tombant, décrivait alors une large portion de cercle, et que les hirondelles (1) passaient et repassaient sous cette espèce d'arcade. Peu à peu cette avance a été usée par les eaux, et aujourd'hui elles tombent sur les rochers eux-mêmes. J'ai encore vu un grand nombre d'hirondelles voler autour de la cascade; je présume qu'elles y cherchent quelque espèce d'insecte aquatique. Au-dessus de la chute d'eau on ne trouve dans le Tieté que de petites espèces de poissons; mais au-dessous on en pêche de très-grands, entre autres des *dourados*, etc.

On avait à Hytú la plus grande confiance en l'image de Notre-Dame du Pont; dans les temps de sécheresse, on allait la chercher en procession, et on la transportait à l'église paroissiale, où elle restait jusqu'à ce qu'on eût obtenu de la pluie. Elle y était lors de mon voyage, parce qu'on avait un très-grand besoin d'eau, et tous les soirs on lui adressait des prières. C'était la seconde année que la sécheresse se faisait sentir.

D'Hytú je me rendis en deux jours à Porto Feliz, qui en est éloigné de 5 *legoas*. Quand je partis, le *capitão mór* d'Hytú me donna son neveu pour m'accompagner. Je devais être, sans doute, fort reconnaissant; mais il n'en est pas moins vrai que ce genre de politesses me contrariait toujours. Quand j'avais un compagnon de voyage, j'étais forcé d'aller plus vite, et, de peur de le gêner, je passai, sans m'arrêter, devant des plantes qui me laissaient des regrets. C'est précisément ce qui m'arriva encore dans les campagnes les plus voisines d'Hytú.

(1) M. le prince de Neuwied, dans son ouvrage extrêmement important sur les oiseaux du Brésil, a décrit trois espèces du genre *Cypselus*, et huit du genre *Hirundo* (*Beiträge zur Naturgeschichte von Brasilien*,

Le pays que je parcourus au delà de cette ville est inégal et couvert de *capoeiras*.

Après avoir fait 2 lieues, je m'arrêtai, pour y passer la nuit, à une *venda* située près du ruisseau de Caracatinga, qui, comme je l'ai dit, coule aussi à Hytú. Cette *venda* appartenait à une famille pauvre et nombreuse; dans le voisinage il y avait encore plusieurs maisons éparses çà et là, des deux côtés de la rivière; mais, comme la *venda* elle-même, toutes n'annonçaient que l'indigence.

Les habitants de ces pauvres demeures avaient le teint très-blanc, souvent coloré, des cheveux châtains ou même fort blonds. Il était facile, cependant, de voir que ce n'étaient pas des descendants de Portugais de race pure; leur tête arrondie, leurs arcades zygomatiques très-proéminentes, leur nez épaté indiquaient assez un mélange de sang indien. Je fus également frappé de la ressemblance de leur prononciation avec celle des Indiens véritables. Comme ceux-ci, ils n'ouvraient presque pas la bouche en parlant, ils élevaient peu la voix, et donnaient aux mots un son guttural. La manière dont ils rendaient le *ch* portugais était tout à fait indienne. Ce n'était ni *tch* ni même *ts*, mais un son mixte mollement articulé. Je trouvai aussi aux femmes ces manières enfantines que l'on remarque chez celles des indigènes (1).

Plus d'une demi-douzaine de ces femmes s'étaient réunies dans la taverne où j'avais fait halte, et au lieu de fuir,

---

III, 342-374); je ne saurais dire, malheureusement, à laquelle de ces onze espèces doit être rapportée celle dont il est ici question.

(1) Voir, plus bas, le chapitre intitulé, *Voyage d'Itapitininga aux Campos Geraes, etc.*

comme auraient fait la plupart des blanches et même des mulâtresses de Minas ou de Goyaz, elles restèrent au milieu de nous pendant que nous travaillions. Elles passèrent l'après-midi à causer, à rire, à boire du grog, et à fumer dans des pipes longues de près de 3 pieds, assez en usage chez les femmes de ce pays et celles de Goyaz; d'ailleurs aucune d'elles ne fit la moindre chose, quoique le mauvais état de leurs vêtements prouvât bien suffisamment qu'elles avaient grand besoin de travailler.

En quittant la *venda* de Caracatinga, je traversai le ruisseau du même nom qui, à peu de distance de là, se jette dans le Tieté. Le pays que je parcourus, dans un espace de 3 *legoas*, est inégal : comme celui que j'avais traversé entre Hytú et Caracatinga, il me parut avoir été jadis couvert de forêts vierges ; mais aujourd'hui on n'y voit plus que des bois peu élevés et des *capoeiras* où croît abondamment la grande Fougère (*Pteris caudata*).

La veille, 16 décembre, à Hytú, le thermomètre avait indiqué 18° R. à six heures du matin; ce jour-là, il n'indiqua que 14° à la même heure. Cependant la chaleur fut extrêmement forte pendant toute notre marche : le temps était superbe; il ne tombait point d'eau, quoique nous fussions au temps de l'hivernage, et l'on pouvait regarder comme perdu le maïs qui, ayant été planté de bonne heure, était alors en fleur. Il était facile de prévoir que, si la sécheresse continuait, la disette déjà très-grande, qu'avait produite le temps sec de l'année précédente, aurait, en 1820, les suites les plus fâcheuses. Je ne trouvai, ce jour-là, aucune plante; les localités que je parcourus en fournissent généralement peu, et la sécheresse en diminuait encore le nombre.

Porto Feliz (le port heureux) (1), où je fis halte, fut érigé en ville, dans l'année 1797, sous l'administration du gouverneur de la province, Antonio Manoel de Mello Castro e Mendonça (2), et avait été plus anciennement une aldée qui portait le nom d'*Araritaguaba* (3).

Cette ville, située à 23 *legoas* de S. Paul, 5 d'Hytú, 5 1/2 de Sorocába, est le chef-lieu d'un district et d'une paroisse, et était, lors de mon voyage, administrée par deux juges ordinaires (*juizes ordinarios*).

Elle a beaucoup moins d'étendue qu'Hytú, et n'a pas été aussi bien bâtie; mais sa position est infiniment plus agréable. En effet, elle s'étend sur une colline au pied de

---

(1) Je n'ai pas besoin de dire que ce n'est point *S. Feliz*, comme on a écrit dans un livre trop peu connu dont la lecture est amusante et instructive (J. F. Van Weech, *Reise über England und Portugal nach Brasilien*, 1, 267), mais dont l'auteur doit être rangé parmi ceux auxquels M. le prince de Neuwied reproche d'avoir trop négligé l'orthographe des noms portugais (*Brasilien*, 51).

(2) Piz., *Mem. hist.*, VIII, 301.

(3) MM. Spix et Martius ont traduit ce mot par ceux-ci : *le lieu où les aras mangent des pierres*. *Ararita* peut l'être, sans doute, par *pierre des aras*; mais, quoique Lacerda ait rendu *guava* par manger (*Diario da viagem*, 55), *guaba* en guarani, et *guabo* dans la *lingoa geral*, ne paraissent pas avoir ce sens : ces syllabes sont, dans certains cas, l'indication du gérondif (Ruiz da Montoya, *Tes. guar.*, 127 *bis*; — Luiz Figueira, *Arte da grammatica*, 4ª ed., 69). Notre mot *manger* est représenté, selon les mêmes auteurs, en guarani par *u*, dans la *lingoa geral* par *ui*. Je dois ajouter, cependant, qu'à l'article *guaba* du *Tesouro* on trouve *caguaba*, *instrument dont on se sert pour boire*, et qu'à l'article *ca* revient le même mot avec cette explication : *chose à l'aide de laquelle on boit le maté*. J'ai déjà montré ailleurs que dans *Guaba Grande*, nom d'un lieu situé sur les bords du lac d'Araruama, dans la province de Rio de Janeiro, *guaba* vient du guarani *ĩguaba*, vase pour boire de l'eau (*Voyage dans le district des Diamants et sur le littoral du Brésil*, I, 358).

laquelle coule le Tieté; de plusieurs points on découvre la rivière qui serpente dans une vallée profonde, on voit sur ses bords quelques *fazendas,* et plus loin des campagnes couvertes de bois et de pâturages. La colline sur laquelle la ville a été construite s'élève à peu près à pic au-dessus du Tieté; néanmoins, dans un espace peu considérable, elle s'étend, par une pente assez douce, jusqu'au bord de la rivière; c'est l'endroit où se font les embarquements et que l'on appelle le port (*porto*).

L'emplacement sur lequel a été bâti Porto Feliz est fort inégal. Les rues ne sont point pavées; elles n'ont pas même été nivelées. Les maisons, basses, petites, écartées les unes des autres, n'ont, en général, qu'un rez-de-chaussée; tandis que celles d'Hytú sont, pour la plupart, construites en pisé, ici on n'en voit point qui ne le soient avec des bâtons croisés (*pao a pigue*) et de la terre (1), parce qu'on ne trouve pas, dans le voisinage, de glaise propre à faire du pisé.

Il n'y a pas à Porto Feliz d'autre édifice religieux que l'église paroissiale, et c'est le seul bâtiment qui soit construit comme les maisons d'Hytú. A l'époque de mon voyage, cette église, dédiée à Notre-Dame, mère des hommes (*N. S. mai dos homens*), n'était pas encore entièrement achevée. Elle a environ 58 pas de long depuis la *capella mór* jusqu'à la porte, et est ornée de deux tours qui servent de clocher et s'élèvent, suivant l'usage du pays, des deux côtés de la porte (2).

Actuellement le Tieté ne contribue guère qu'à l'agré-

---

(1) Voir mon *Voyage dans les provinces de Rio de Janeiro et de Minas Geraes,* I, 205.

(2) L. c., I.

ment de Porto Feliz; mais, par la suite des temps, il donnera à cette ville la plus haute importance. En effet, en deçà de la cascade d'Hytú, il devient navigable un peu au-dessous de cette dernière, et à Porto Feliz commenceront ces navigations gigantesques dont j'ai déjà parlé ailleurs et qui frappent d'étonnement l'Européen accoutumé à ses mesquines rivières. Quoique embarrassé par un grand nombre de rapides, le Tieté permet d'arriver jusqu'à son confluent dans le Paranná, et de là on pourra se rendre soit au Rio de la Plata, soit à Goyaz et même à l'embouchure du Tocantins (1), soit enfin à Cuyabá et à Matogrosso.

Cette dernière navigation, tentée pour la première fois au commencement du siècle dernier, a souvent aidé les Paulistes dans leurs expéditions lointaines, et elle les a conduits aux mines d'or de Cuyabá. De nos jours, comme on le verra bientôt, elle a été fort négligée; cependant, à l'époque de mon voyage, on ne l'avait pas encore abandonnée entièrement.

Quand on veut se rendre à Matogrosso par les rivières, on s'embarque à Porto Feliz dans de très-grandes pirogues. A 4 lieues de cette ville, on trouve la paroisse de *Santa Trinidade de Piraporá*, qui, en 1842 et 1844, a été érigée en ville sous le nom de *Villa de Piraporá*; puis on parcourt une immense étendue de territoire, toujours dans les déserts. Au bout de vingt-cinq ou vingt-six jours, on arrive au confluent du Tieté, on descend le Paranná, dans un espace d'environ 30 à 35 *legoas*; puis on remonte le *Rio Pardo*, et souvent on met jusqu'à deux mois pour faire

---

(1) Voir mon *Voyage dans la province de Goyaz*, I, 369.

80 *legoas* sur cette rivière, embarrassée, comme le Tieté, par une suite de rapides et de cascades. Parvenu au *Rio Sanguexuga*, qui se jette dans le Rio Pardo, on met les pirogues à terre, et on les charge, ainsi que les bagages qu'elles contiennent, sur des chars à quatre roues traînés par six à sept paires de bœufs. Ces voitures sont fournies par le propriétaire du premier établissement brésilien-portugais que l'on rencontre, après Piraporá, dans ces immenses solitudes, et qui porte le nom de *fazenda* de *Camapuan*. C'est à cette *fazenda*, située sur les bords d'une petite rivière du même nom (*Rio de Camapuan*) (1), que les chariots, après avoir parcouru un espace de près de 3 *legoas* à travers les bois et les *campos*, transportent les pirogues. A Camapuan, qui dépend déjà de la province de Matogrosso, on trouve diverses provisions, du maïs, du lard,

---

(1) On trouve aussi un *Rio Camapuan* dans la province de Rio Grande, et un lieu du même nom dans celle de Minas. *Camapuan* est, d'après Cazal (*Corog. Braz.*, II, 61), le nom primitif de la rivière qui sépare la province de Rio de Janeiro de celle d'Espirito Santo; et par corruption on en aurait fait *Camapuana* et *Cabapuana*. Ce sont les deux noms que l'on m'a indiqués dans le pays même (*Voyage sur le littoral*, II, 168); mais M. le prince de Neuwied a entendu plusieurs cultivateurs dire *Itabapuana* (*Brasilien*, 161). Pizarro revient au nom primitif, et écrit *Camapuan* (*Mem. hist.*, III, 28); Milliet et Lopes de Moura, reconnaissant que ce dernier nom est le plus ancien, admettent *Cabapuana* dans tout le cours de leur important ouvrage, comme a fait également M. João Manoel da Silva en retraçant la vie de José Anchieta. Il ne faut pas croire cependant que M. de Neuwied soit le seul de son avis, comme je l'avais imaginé autrefois, car je trouve *Itabapoana* dans l'*Informaçao* de Francisco Manoel da Cunha (*Revist. trim.*, IV, 245) et sur la carte assez récente intitulée *Carta topographica da provincia de Rio de Janeiro*. De tout ceci il faut conclure, ce me semble, que la rivière dont il s'agit a au moins deux noms; et ce n'est pas le seul exemple de ce genre que nous offre le Brésil.

des haricots, de la viande sèche ; mais on n'est encore qu'à la moitié du voyage. Sur la rivière de Camapuan, les pirogues ne peuvent prendre qu'une demi-charge. De là on passe sur le *Rio Cochim*, où un grand nombre de rapides donnent encore beaucoup d'embarras au navigateur. Le Cochim porte les pirogues au *Rio Tacoary*, rivière plus large que lui. A leur confluent se trouvent encore des rapides qu'il faut franchir, et un peu plus loin on en rencontre d'autres qu'on nomme *Belliago*; ceux-ci, moins difficiles que les précédents, sont, dit l'abbé Manoel Ayres de Cazal, les derniers des cent treize rapides et catadupes que le navigateur rencontre depuis Porto Feliz jusqu'à Cuyabá, le but de son voyage. Le Tacoary arrose de charmantes prairies parsemées de bouquets de bois, et comme il décrit des courbures de peu d'étendue, mais répétées souvent, le voyageur, charmé, croit parcourir une suite de lacs. Comme les Payagoas, Indiens presque amphibies qui vivaient dans ces cantons, attaquaient fort souvent les Paulistes, ceux-ci avaient coutume de se rassembler dans le port appelé *Pouso Alegre*, et là se formait une flottille dont les forces réunies pouvaient faire face à l'ennemi. Bientôt on arrive au lieu appelé *Pantanaes* (les marécages), où le fleuve, divisé et subdivisé, forme une foule d'îles qui, dans la saison des pluies, sont couvertes par les eaux. Là tout est nouveau pour le voyageur ; soit qu'il vienne d'Europe, soit qu'il ait déjà parcouru quelque autre partie du Brésil, il ne reconnaîtra plus les objets qui l'entourent. Des palmiers aux formes bizarres, mêlés à des groupes d'arbrisseaux odorants, bordent le fleuve ; les oiseaux les plus curieux volent en foule de tous les côtés. A mesure que la pirogue avance, elle fait lever des nuées de poules d'eau et de canards sauvages aux becs immenses ; des cigognes gigantesques semblent vouloir disputer aux caïmans l'empire des marécages, tandis que des bandes de poissons se jouent au milieu des eaux vives. Partout du mouvement, partout une surabondance de vie; mais c'est la vie des déserts, celle des premiers jours : l'homme n'y paraît point encore. C'est à peine si quelquefois la légère pirogue du sauvage guaycuru se glisse au milieu des champs immenses de riz sauvage que la nature a semé dans ces lieux pour nourrir les oiseaux aquatiques dont ils sont couverts. L'aspect étrange et grandiose des Pantanaes annonce le voisinage d'un des grands fleuves de l'Amérique, le Paraguay, qui, même dans le temps de la sécheresse, a, au confluent du Tacoary, presque 1 lieue marine de largeur, et qui, lorsque les Pantanaes sont inondés, forme, selon Spix et Martius, un immense lac de plus de 100 milles carrés. Quand on est entré dans le Paraguay, la navigation ne présente plus aucune difficulté. De ce fleuve on passe dans le *Rio de S. Lourenço*, environ par le 17e degré 25'; on entre dans le Rio Cuyabá, bordé de vastes champs de riz sauvage, et après avoir vécu quatre ou cinq mois sur des pirogues, au milieu des déserts, on arrive à la ville de Cuyabá, terme du voyage (1).

(1) Ce que je dis ici de la route de Cuyabá par les rivières est emprunté à divers passages épars dans la *Corographia Brazilia* de Cazal (I, p. 211, 262, 267, 272, 299, 303), ainsi qu'aux renseignements fournis à MM. Spix et Martius par le *capitão mór* d'Hytú en exercice au commencement de 1818 (*Reise*, I, 264), renseignements presque identiques avec le texte de Cazal lui-même. Il est vraisemblable, au reste, que Cazal avait eu connaissance des précieux manuscrits du mathématicien José Francisco de Lacerda e Almeida, extraits dans le IXe vol. des *Memorias historicas* de Pizarro, et publiés en 1840, par ordre de l'assemblée législative de la province de S. Paul, sous le titre de *Diario da*

Cette esquisse rapide suffira pour montrer combien est périlleuse cette navigation presque aussi longue que celle de l'Europe aux Indes orientales. Aussi persévérants qu'intrépides, les anciens Paulistes bravaient tous les dangers; ils ne craignaient ni la flêche du sauvage, ni la faim, ni les intempéries des saisons, ni le manque de repos, ni les privations de tout genre, ni même les maladies pestilentielles, qui pourtant avaient dévoré, au milieu de ces déserts, un si grand nombre de leurs devanciers.

Cependant, lorsqu'en 1757 on eut ouvert le chemin de Goyaz à S. Paul, et que des communications se furent établies entre la province de Matogrosso, Rio de Janeiro et Bahia, lorsque enfin on eut pris l'habitude de se rendre de cette province au Pará par les *Rios Guaporé*, *Madeira* et *Maranhão*, la route de S. Paul à Cuyabá, par les rivières, commença à être moins fréquentée (1). A l'époque de mon voyage, il y avait quinze années surtout qu'on la négligeait, et depuis trois ans les négociants y avaient entièrement renoncé. Le gouvernement seul s'en servait quelquefois pour faire passer à Matogrosso des troupes ou des munitions de guerre; quelques mois avant mon passage à Porto Feliz, il s'était encore fait une expédition de ce genre. Ce ne sont pas les fatigues et les difficultés du voyage qui en ont dégoûté les négociants; si les mœurs des Paulistes se sont rendurcies, ils n'ont perdu ni leur esprit entreprenant ni leur intrépidité : les voyages par le Tieté, le Paranná et Camapuan ont été remplacés par d'autres voyages qui ne sont pas beaucoup moins pénibles, mais qui laissent de plus grands bé-

viagem do D. Francisco José de Lacerda e Almeida pelas capitanias do Pará, etc., *nos annos de 1780 a 1790*.

(1) Cazal, *Corog. Braz.*, I, 262.

néfices. On part de S. Paul avec des mulets chargés; on passe par Goyaz; arrivé à Matogrosso, on s'y défait de ses marchandises, et ensuite on se rend à Bahia, où les mulets sont vendus avec un bénéfice de plus de 100 pour 100 (1). Une spéculation de ce genre ne peut être amenée à sa fin qu'au bout de plusieurs années, et l'imagination s'effraye quand on songe à la longueur du voyage qu'elle nécessite et aux misères qu'il faut endurer, surtout en traversant les déserts arides de Bahia, où la disette d'eau se fait souvent sentir.

Il est bien évident, au reste, qu'on ne se servira plus du Tieté et des autres rivières que pour le transport des objets d'un très-grand poids, lorsqu'on aura réalisé le projet qui a été fait d'ouvrir un chemin allant en ligne directe de Matogrosso à S. Paul. Il paraîtrait, d'après les discours des présidents de la province à l'assemblée législative, que quelques portions de ce chemin sont déjà faites, et en 1843 le président de Matogrosso fit même passer par le sentier tracé le porteur de ses dépêches, qui ne resta que deux mois en route (2).

Avant d'arriver à Porto Feliz, je ne connaissais pas le peu d'importance qu'avait dès lors la navigation du Tieté; je m'étais attendu à voir régner ici à peu près le même mouvement que dans celles de nos petites villes qui sont situées sur le bord des rivières les moins considérables;

---

(1) On peut voir, dans mon *Voyage à Goyaz* (vol. II, 56), que je rencontrai un conducteur de caravanes qui s'était proposé de faire ce voyage.

(2) *Disc. recit. pelo pres. Manoel Felisardo de Souza e Mello no dia 7 de jan.* 1844, p. 39.

mais mon imagination avait encore été infiniment au delà du vrai. Je ne trouvai à Porto Feliz que trois ou quatre pirogues qui servaient aux cultivateurs du voisinage pour traverser la rivière ; rien n'indiquait le port, si ce n'est un grand *rancho*, où l'on pouvait mettre les pirogues à l'abri du soleil et déposer les marchandises avant de les embarquer.

La plupart des maisons de Porto Feliz appartiennent à des cultivateurs, et je ne vis dans cette ville que peu de boutiques et de *vendas*.

C'est encore la culture de la canne à sucre qui fait la richesse du pays. Les habitants assurent que leurs terres, qui sont d'une couleur rouge, sont beaucoup plus propres à cette plante que celles d'Hytú; ils ajoutent qu'avec dix nègres on peut faire chez eux 1,000 arrobes de sucre, et même bien davantage; enfin qu'il n'est pas nécessaire, quand on est obligé d'arracher la canne, de laisser reposer son terrain plus de deux à quatre années. Mais, d'un autre côté, Porto Feliz est plus loin de Santos qu'Hytú; on ne met pas moins de huit jours pour faire le voyage, et lors de mon passage dans le pays, époque où le maïs était rare et extrêmement cher, les muletiers demandaient, pour le transport, 1 pataque et 1/2 par arrobe (3 fr. pour 14,7 kil.), somme qui, il ne faut pas l'oublier, avait alors une valeur beaucoup plus forte qu'elle n'aurait aujourd'hui.

En 1858, lorsque le district de Pirapora dépendait encore de celui de Porto Feliz, on avait fait, dans tout ce dernier, 75,113 arrobes de sucre (2,924,520 litres) et 560 *canadas* de tafia (2,344 litres); on y avait récolté 20,480 alqueires de maïs (807,200 l.), un peu de riz et une certaine quantité de haricots; enfin on y comptait soixante-seize sucreries (1).

La population de ce même district en 1815, comparée avec celle de 1838, nous offre le tableau suivant :

1815.

Blancs des deux sexes.	3,877	
Mulâtres libres des deux sexes.	1,583	5,609 indiv. libres.
Nègres libres des deux sexes.	149	
Mulâtres esclaves des deux sexes.	338	2,752 esclaves.
Nègres esclaves des deux sexes.	2,414	
TOTAL.		8,361 individus.

1838.

Blancs des deux sexes.	6,831	
Mulâtres libres des deux sexes.	1,023	8,066 indiv. libres.
Nègres libres des deux sexes.	212	
Mulâtres esclaves des deux sexes.	184	3,177 esclaves.
Nègres esclaves des deux sexes.	2,993	
TOTAL.		11,243 individus (2).

Si nous rapprochons ce tableau de celui que nous avons donné, page 340, pour la population du *termo* d'Hytú dans les deux mêmes années, nous trouverons qu'au bout de vingt-trois ans l'augmentation des blancs a été, dans ce *termo*, de presque les deux tiers du nombre primitif, et

---

(1) P. Müller, *Ensaio*, tab. 3, 4.
(2) Spix et Mart. (*Reise*, I, 238; — *Ens. estat., cont. do append. a tab.* 5).

celle des nègres esclaves d'un peu plus de moitié; tandis que, dans le *termo* de Porto Feliz, le nombre des blancs a presque doublé, et que celui des esclaves s'est à peine accru d'un cinquième. Cette différence peut paraître singulière au premier abord; mais il est facile de s'en rendre compte. Le pays d'Hytú est un de ceux de la province que les blancs ont le plus anciennement occupés; toutes les terres doivent depuis longtemps avoir des propriétaires, et les immigrations ne peuvent être fort nombreuses. Le *termo* de Porto Feliz, au contraire, beaucoup plus récemment formé, touche aux déserts, et en 1838 il contenait encore des terrains qui n'appartenaient à aucun maître; des hommes, chassés de leur pays par leur inquiétude naturelle, le désir de posséder quelque chose, ou toute autre cause, ont dû, par conséquent, s'y porter, et ils sont entrés pour beaucoup dans l'accroissement de la population. L'augmentation des nègres esclaves a nécessairement procédé en sens inverse : les propriétaires de sucreries du district d'Hytú, établis depuis longtemps, étaient assez riches ou avaient assez de crédit pour acheter des noirs; mais les nouveaux colons de Porto Feliz, parmi lesquels il y avait sans doute un bon nombre de métis passant pour blancs, devaient être trop pauvres pour acquérir beaucoup d'esclaves (1).

(1) « Si la population du *termo* de Porto Feliz a beaucoup augmenté
« depuis un certain temps, il s'en faut, disent les docteurs Spix et Mar-
« tius, que Porto Feliz et ses environs soient aussi favorables à notre
« espèce qu'aux produits de la culture. Le voisinage de la rivière, sou-
« vent couverte de brouillards épais, celui des forêts, la mauvaise
« construction des maisons, qui sont basses et dont les murs en terre
« se couvrent d'efflorescences salines, sont autant de causes qui favo-
« risent le développement des goîtres, et produisent des fièvres inter-
« mittentes, des hydropisies, des chloroses et des catarrhes, mala-

« dies presque endémiques dans ce pays. Nous remarquâmes que les
« adultes étaient bouffis et que plusieurs enfants souffraient d'une toux
« asthmatique d'une mauvaise nature (*tosse comprida*) qui, dit-on,
« dégénère souvent ici en phthisie pulmonaire (Reise in *Brasilien*, I,
« 272). »

CHAPITRE X.

LA VILLE DE SOROCÁBA. — LES FORGES D'YPANÉMA.

Départ de Porto Feliz. — *Guarda de Sorocába.* — Pays situé entre ce lieu et la ville du même nom. — Histoire de cette ville ; sa population ; sa situation ; rues ; maisons ; places publiques ; églises ; couvents ; hôpital ; hôtel de ville ; pont. — Les plantes que l'on cultive dans les environs de Sorocába. — Commerce des mulets. — Droits que l'on paye sur ces animaux. — Mœurs des habitants de Sorocába ; jeux. — Les fêtes de Noël. — Les étrangers au Brésil ; circonstances fâcheuses où s'est trouvé ce pays. — M. RAFAEL TOBIAS DE AGUIAR. — L'*ouvidor* d'Hytú. — Description des forges d'*Ypanéma* ; leur histoire ; l'état où étaient ces forges en 1820. — Une cascade charmante. — Portrait de M. Natterer. — Celui de M. Sellow. — Pluies ; disette.

Je partis de Porto Feliz pour me rendre à la ville de Sorocába, qui n'en est éloignée que de 5 lieues et 1/2, et je fis ce voyage en deux jours.

Pendant 1/4 de lieue environ, je fus accompagné par le *ccpitão mór* de Porto Feliz, qui m'avait comblé de politesses et m'avait forcé de prendre mes repas chez lui. C'était un bon campagnard, ouvert, joyeux, un peu fier de la dignité de capitão mór dont il avait été nouvellement revêtu, et qui me parut désirer beaucoup que je fisse part de sa bonne réception au capitaine général.

Le pays que je parcourus le premier jour de mon voyage, dans un espace de 4 *legoas*, est plutôt inégal que montueux. Je fis d'abord 3 lieues dans des bois qui n'ont pas une grande vigueur, et pendant la dernière lieue je traversai des *campos* au delà desquels sont encore des bois. Quelques maisonnettes (*sitios*) sont éparses dans la campagne.

A six heures du matin, le thermomètre de Réaumur avait indiqué 14 degrés; pendant la journée, la chaleur fut insupportable. Je ne trouvai aucune plante en fleur dans les bois, et à peine trois ou quatre dans les *campos*.

Je fis halte au lieu appelé *Guarda de Sorocába* (garde de Sorocába), où était une maisonnette avec une *varanda* et où l'on percevait les droits dus, comme je le dirai plus tard, sur les mulets venant du Sud. Il ne passait qu'un très-petit nombre de ces animaux par cette route; aussi la garde se composait-elle seulement de deux soldats de la *milicia* (garde nationale) que l'on renouvelait tous les six mois, et qui recevaient 10 pataques (20 francs) d'indemnité.

Entre la garde de Sorocába et la ville du même nom, je traversai toujours des *campos*; mais, à peu de distance, j'apercevais des bois. Les premiers offrent des touffes de Graminées dont les tiges et les feuilles sont fines et serrées, et au milieu desquelles il ne croît qu'un petit nombre d'autres plantes. Dans l'espace de 1 lieue et 1/2 que je parcourus ce jour-là, je ne vis aucune fleur. Un peu avant d'arriver à Sorocába, on découvre cette ville, dont la position est fort agréable, comme on le verra bientôt.

La ville de Sorocába, dont le nom vient du guarani *çoro-*

caa, bois brisé, forêt brisée (1), est élevée de 1,960 pieds anglais (597 mètres) au-dessus du niveau de la mer (2) et à 18 *legoas* de S. Paul (3), 6 d'Hytú, 5 et 1/2 de Porto Feliz, par le 23° degré 39' lat. australe et le 303° degré 23' long., à partir du méridien de l'île de Fer (4). Elle appartenait, lors de mon voyage, à la *comarca* d'Hytú, et aujourd'hui elle en fait encore partie. Elle avait deux juges ordinaires (*juizes ordinarios*) et un *capitão mór*, et l'on venait d'y établir un professeur de grammaire latine payé par le roi.

Cette ville, suivant les traditions des habitants les plus éclairés, doit son origine à un petit monastère de bénédictins que l'on y voit encore. Un cultivateur qui s'était établi dans le pays avait appelé deux religieux de cet ordre, et leur avait donné une étendue de terre considérable. Le couvent fut bâti, et différents particuliers se fixèrent dans le voisinage pour pouvoir remplir plus facilement leurs devoirs de chrétiens. Peu de temps après, les habitants d'une certaine ville appelée *Itapébussú*, mécontents de sa position, l'abandonnèrent entièrement; ils se transportèrent à Sorocába, qui était peu éloigné, et le pilori, signe de la dignité des *villas*, fut aussi transféré d'Itapébussú à Sorocába, que l'on érigea en chef-lieu de paroisse et de *termo* (5). En 1838, Sorocába n'avait encore que le titre de

(1) Je n'ai pas besoin de dire qu'on ne doit pas, avec J. Mawe, écrire *Soricaba* (*Travels*, 54).

(2) Eschw., *Jour. von Bras.*, II, 86.

(3) Si l'on trouve 48 l. dans les *Memorias historicas* de Pizarro, ce n'est évidemment que le résultat d'une faute d'impression.

(4) Eschwege indique la latitude de 23° 31' 24" (*Journ. von Bras.*, II, 173).

(5) D. P. Müller fait remonter la fondation du petit monastère des bénédictins de Sorocába à l'année 1667. Cet écrivain et Pizarro indiquent

ville; mais depuis on lui a donné celui de *cidade* (cité), probablement pour faire taire les petites jalousies qu'excitait le rang accordé à Hytú, capitale de *comarca*.

A la fin de 1819, la population permanente de Sorocába s'élevait à peu près au chiffre indiqué, en 1817, par l'abbé Manoel Ayres de Cazal, savoir à 1,777 individus. Dans toute la paroisse, qui avait 14 *legoas* de long sur une largeur un peu moindre, et qui, bien certainement, comprenait alors la paroisse de *Campo Largo*, on comptait de 9 à 10,000 âmes; ce qui ferait approximativement 62 individus par lieue carrée (1).

l'an 1670 pour celle de la fondation de la ville elle-même; mais ils ne nous apprennent pas à quelle époque elle obtint son titre; Müller se contente de dire que ce fut postérieurement à sa fondation (Müller, *Ens. estatist.*, 50, et tab. 19; — Piz., *Mem. hist.*, VIII, 297). On lit, dans l'utile *Diccionario geographico do Brazil* (II, 664), que Sorocába, fondé en 1670, commença à augmenter sensiblement, quand Affonso Sardinha eut découvert la mine de fer de l'Araçoiaba. Il est évident que cette assertion est le résultat d'une de ces inadvertances qu'il est presque impossible d'éviter dans un travail aussi immense que le *Diccionario*. Comme le disent très-bien les auteurs de ce livre eux-mêmes (I, 159), ce fut en 1590 que Sardinha fit sa découverte. Je dois ajouter que je ne trouve dans aucun des ouvrages que j'ai pu consulter le nom d'*Itapébussú;* mais il est évident que ce fut la petite ville qui se forma dans les alentours de l'Araçoiaba peu de temps après la découverte de la mine de fer de cette montagne, et dont les habitants se retirèrent à Sorocába avant l'année 1626 (Varnh. in Eschw., *Journ.*, II, 261). Cependant il faut nécessairement admettre qu'il y a erreur dans quelqu'une des dates indiquées, car le couvent de Sorocába ne peut pas avoir été fondé en 1667, la ville elle-même en 1670, et les habitants d'Itapébussú s'y être transportés en 1626. Itapébussú est probablement le lieu indiqué par Van Laet (*Orb. Nov.*, 580) sous le nom de *S. Philipe*.

(1) Ne trouvant la création de la paroisse de Campo Largo indiquée nulle part avec sa date, je ne puis affirmer d'une manière bien positive que cette paroisse n'avait pas déjà été, en 1820, détachée de celle de Sorocába; mais cela est fort vraisemblable, car, si cette dernière eût con-

La ville de Sorocába est située dans un pays inégal, coupé de bois et de *campos;* elle s'étend sur le penchant d'une colline au-dessous de laquelle coule une rivière qui porte le même nom qu'elle (*Rio Sorocába*), mais que les habitants appellent communément *Rio Grande* (la grande rivière), parce qu'ils n'en connaissent pas de plus considérable. Cette rivière se jette dans le Tieté, non loin de Piraporá; c'est sur sa rive gauche que la ville est bâtie.

Vu des coteaux voisins, Sorocába produit, dans le paysage, un effet très-agréable; mais cette ville est fort laide dans l'intérieur. Les rues ne sont point pavées, et, comme elles vont en pente, les pluies y ont creusé de tous côtés des trous profonds (1820). Les maisons sont, en général, petites, et il y en a peu qui aient plus que le rez-de-chaussée; elles sont couvertes en tuiles, bâties en pisé (*taipa*), et toutes possèdent un *quintal* planté de bananiers et d'orangers.

On voit à Sorocába deux places publiques : l'une, fort grande et très-irrégulière, dans la partie la plus basse de la ville; l'autre, presque carrée, devant l'église paroissiale. Celle-ci, dédiée à Notre-Dame du Pont (*Nossa Senhora da Ponte*), domine une partie considérable de la ville; elle

---

tenu 10,000 habitants après la séparation, comment le district tout entier, comprenant les deux paroisses, n'aurait-il été habité, en 1838, que par 11,133 individus, chiffre indiqué par D. P. Müller? D'ailleurs il y a 3 *legoas* de Sorocába aux limites du district de Porto Feliz et 2 1/2 à Campo Largo, en tout 5 1/2; par conséquent, je suis loin de trouver là l'étendue de 14 l., en longueur ou en largeur, qui m'a été indiquée pour la paroisse de Sorocába, telle qu'elle était de mon temps. Enfin il est très-vraisemblable que, si celle de Campo Largo eût existé alors, on m'en aurait parlé, puisque j'ai passé sur son territoire, et je ne trouve rien dans mes notes qui y soit relatif.

est grande, mais en fort mauvais état (1820). Lors de mon voyage, on venait de reconstruire une de ses deux tours, et on l'avait faite d'une largeur et d'une hauteur démesurées, eu égard aux dimensions de l'édifice lui-même. Outre cette église, il en existe encore une autre fort petite, dédiée à S. Antoine (1).

Le monastère des bénédictins, dont j'ai déjà parlé, est situé dans la partie la plus élevée de la ville, et n'a rien de remarquable, sinon la belle vue dont on y jouit. Lors de mon voyage, il n'était habité que par un religieux, et il n'y en avait toujours qu'un en 1838 (2). Une étendue considérable de terre dépend de ce couvent; mais il n'en est pas plus riche : dans une contrée où il y a encore tant de terrains vacants, on ne possède réellement rien quand on n'a que des champs sans esclaves et sans usines.

Il existe à Sorocába une maison de recluses qui suivent la règle de Sainte-Claire et ne font point de vœux. Cette maison a fort peu de biens, et les recluses, qui sont au nombre de quatorze environ (1820) (3), vivent, en grande partie, des présents qu'elles reçoivent de leurs familles. L'église du couvent est ouverte à tous les fidèles; mais aucune des fenêtres de l'habitation des recluses ne donne

---

(1) Avec cette chapelle, D. P. Müller en indique encore une sous le nom de *Santa Cruz* (*Ens. estat.*, 51). Selon Cazal, qui écrivait en 1817, les nègres en avaient commencé une autre pour placer l'image de Notre-Dame du Rosaire (*Corog. Braz.*, I, 244); cette dernière n'était pas encore achevée en 1838 (Müll., l. c.); mais Milliet et Lopes de Moura, qui ne disent rien de la chapelle de Santa Cruz, parlent de celle du Rosaire comme étant complétement bâtie en 1845 (*Dicc.*, II, 664).

(2) Müll., *Ens.*, tab. 19.

(3) Selon Müller, elles étaient vingt en 1838.

sur l'extérieur. Dans un pays où les mariages ne sont pas assez communs et où le libertinage l'est malheureusement beaucoup trop, on ne peut nier que de telles maisons ne soient d'une très-grande utilité, et j'ajouterai qu'à cause des fâcheuses influences sous lesquelles les recluses se sont nécessairement trouvées dans leur enfance il est extrêmement sage de n'exiger d'elles aucun vœu.

Il y avait autrefois un hôpital à Sorocába ; à l'époque de mon voyage, le bâtiment existait encore, mais il ne servait plus à rien. J'ai montré ailleurs (1) combien d'obstacles s'opposent à ce que les établissements de bienfaisance aient, au Brésil, une longue durée. Une charité active et ingénieuse triompherait, n'en doutons pas, de ces obstacles ; mais, quoique le bien produit par les confréries de la Miséricorde (*casas da Misericordia*) prouve assez que les Brésiliens sont loin d'être étrangers à cette vertu sublime, elle aurait besoin, nous ne pouvons en disconvenir, d'être ravivée chez un grand nombre d'entre eux. C'est la noble tâche que le clergé devrait remplir. Qu'il sorte de sa torpeur et comprenne enfin sa véritable mission : un vaste champ s'ouvre devant lui, un champ depuis trop longtemps en friche ; qu'il le sème d'institutions charitables, de bonnes œuvres, de bons exemples, et il méritera de la religion, de l'humanité et du pays.

L'hôtel de ville de Sorocába (*casa da camara*) est un bâtiment petit et très-vilain, placé à l'angle d'une rue sale et étroite.

Un pont établit des communications entre la rive droite

---

(1) Voir mon *Voyage dans le district des Diamants*, etc., I, 45.

du Rio Sorocába et la rive gauche, sur laquelle est située la ville; il est en bois, et peut avoir environ 150 pas de longueur.

Les boutiques sont ici assez nombreuses et bien garnies. Comme à Hytú, on vend les comestibles dans de petites maisons (*casinhas*) qui appartiennent à la ville. J'avais aussi vu, à S. Paul, des maisonnettes du même genre.

Une partie des maisons de Sorocába appartient à des agriculteurs, qui ne les occupent que le dimanche. On cultive la canne à sucre dans les environs de cette ville ; mais elle y rend moins qu'à Hytú, et surtout à Campinas. Les cotonniers réussissent parfaitement au-dessus des montagnes qui s'étendent à l'est de la ville; à la vérité, leurs produits sont d'une qualité ordinaire. Nous n'avons plus le climat ni probablement le sol de Goyaz et de Minas Novas; cependant les grosses toiles qu'on fabrique dans ce pays trouvent un débit assuré à Curitiba et dans les provinces de Rio Grande do Sul, où l'on ne rencontre plus de coton.

Au reste, ce n'est pas l'agriculture qui fait la richesse de Sorocába, mais le commerce des mulets indomptés, dont cette ville est véritablement l'entrepôt, et qui viennent de la province de Rio Grande. Une partie de ces animaux est amenée ici, en troupes considérables, par des marchands du Sud. Ces troupes (*tropas, manadas de bestas brabas*) se mettent en marche vers les mois de septembre et d'octobre, à l'époque où les pâturages commencent à reverdir. Plusieurs marchands font faire le voyage aux leurs sans aucune interruption, et elles arrivent vers les mois de janvier, février et mars ; d'autres laissent reposer leurs troupes un an entier dans les environs de Lages, ville de la province de Sainte-Catherine, et ce n'est qu'après ce long intervalle de temps qu'ils leur font passer le *Sertão*, immense désert couvert de bois, où l'on ne trouve ni habitations ni pâturages (1). Les marchands de Minas viennent acheter ici les mulets, et les conduisent dans leur pays, où ils les font dompter. Il y a des années où il est venu de Rio Grande à Sorocába jusqu'à 30,000 mulets; en 1818, il n'en vint que 18,000, et leur prix augmenta d'un tiers.

Ce commerce procurait au gouvernement des sommes considérables; car on payait à Sorocába 3,500 reis (21 fr. 87 c.) pour chaque mulet qui venait du Sud (1820). Sur cette somme, 1,000 reis destinés à la province de Rio Grande auraient dû être acquittés à la douane (*registro*) de *Santa Victoria*, qui appartient à la même province et est située à son extrême limite, tout près de la frontière de S. Paul; mais, pour faciliter le commerce, on permettait que cette partie du droit ne fût, comme le reste, acquittée qu'à Sorocába. A Santa Victoria, on donnait aux marchands une permission de passer (*guia*) avec le nombre

___

(1) Le *Sertão* ou désert dont il s'agit ici a, m'a-t-on assuré, environ 60 l. de longueur, et s'étend de la petite ville de *Lapa* à celle de *Lages*. En 1806, Lapa prit officiellement le nom de *Villa Nova do Principe*; mais, lors de mon voyage, son ancien nom prévalait encore dans le pays. Elle appartient à la province de S. Paul; elle en est la ville la plus occidentale et forme la limite du désert du côté de l'orient, Lages le borne, en quelque sorte, du côté de l'ouest, et, après avoir fait longtemps partie de la province de S. Paul, comme Lapa, elle a été réunie, en 1820, à celle de Sainte-Catherine. Les Indiens sauvages l'ont souvent attaquée; de 1832 à 1840, elle a été prise plusieurs fois par les rebelles de la province de Rio Grande (Caz., *Corog. Braz.*, I, 230; — Mill. et Lop. de Mour., *Dicc.*, I, 546), et par conséquent elle n'a pu acquérir une grande importance.

d'animaux qu'ils avaient avec eux, et ils laissaient au *registro* une obligation du montant de l'impôt qu'ils auraient dû payer. Cette obligation se passait par triplicata. Une des copies était envoyée à l'administration de Rio Grande, parce que c'était, comme je viens de le dire, au profit de cette province que se percevait cette partie du droit; la deuxième copie s'envoyait au receveur de Sorocába, et la troisième à la junte du trésor, à S. Paul (*junta da fazenda real*), précaution que l'on prenait pour qu'il n'y eût de supercherie ni de la part du marchand ni de la part du receveur. Celui-ci remettait les sommes qu'il avait touchées à la junte de S. Paul, et cette dernière s'en entendait avec celle de Rio Grande. Sur les 2,500 reis que l'on percevait à Sorocába, en sus des 1,000 dont je viens de parler, une moitié, appelée *direitos do contrato* (droits de la ferme), se mettait à l'enchère de trois ans en trois ans, et était touchée pour le compte du fermier (1). Les 1,250 reis restants portaient le nom de *direitos da casa*

(1) Dans le tableau des finances de la province de S. Paul pour l'an 1813, tableau qui fut remis à d'Eschwege par le comte da Barca, ministre d'État, les *direitos do contrato* sont indiqués sous le nom de *meios direitos de Curitiba* (demi-droits de Curitiba) (*Journ. von Bras.*, II, tab. V). Ils s'élevèrent, en cette année 1813, à 25,656,532 reis ou 160,353 fr., et, comme chaque mulet payait 1,250 reis, il est clair que, cette même année, il en entra 20,525. A la vérité, je ne puis donner ce chiffre que comme approximatif, car les chevaux et les juments payaient aussi un droit dont le résultat devait être compris dans la somme totale; mais je doute qu'on en importât un grand nombre, car il s'en élève beaucoup à S. Paul, et c'est surtout de mulets qu'on a besoin, puisque ce sont eux qui, à Minas, à Goyaz et à S. Paul même, servent surtout pour le transport des denrées. Quant au nom de *meios direitos* donné aux droits dont il s'agit, il ne leur était pas mal appliqué, puisqu'ils ne formaient que la moitié de la somme totale qu'on avait à payer.

doada (droits de la maison favorisée d'un don). Ce dernier impôt avait été originairement créé au profit de celui qui avait ouvert le chemin de S. Paul au Sud; mais, plus tard, on l'avait appliqué au trésor public, et il faisait partie des revenus de la province pour le compte de laquelle on le percevait directement (1). Les droits de 3,500 reis ou 21 fr. 87 c. par mulet paraîtront, sans doute, extrêmement élevés; mais ce n'était pas tout encore : les animaux pour lesquels on avait acquitté cet impôt étaient assujettis à de nouveaux droits lorsqu'ils entraient dans la province de Minas Geraes. Les mulets sont, dans une immense partie du Brésil, les seuls moyens de transport; les imposer autant, c'était certes favoriser bien peu le commerce et l'agriculture, qui, dans ce pays, ont tant besoin d'encouragement.

Quoi qu'il en soit, il résulte du tableau des finances de la province de S. Paul pour 1813 que, cette même année, il entra dans la province 20,525 mulets; nous savons que,

---

(1) Le tableau des recettes et des dépenses de la province de S. Paul, en 1838, désigne, sous le nom de *direitos do Rio Negro*, l'ensemble des droits qui se payent sur les mulets à l'entrée de la province. « Ces droits, « dit D. P. Müller (*Ens. estatist.*, tab. 9), consistent en 2,500 reis pour « les mulets, 2,000 reis pour les chevaux, 960 pour les juments; ils ont « rapporté 81,869,950 reis. » Cette somme, représentant le total des anciens *direitos do contrato* et *direitos da casa doada*, doit être divisée par 2,500 reis, si nous voulons connaître le nombre des mulets introduits, et nous aurons 32,747. Je ne tiens pas compte ici des chevaux et des juments, non-seulement à cause des raisons déduites à la note précédente, mais parce qu'en 1838, époque de la guerre de Rio Grande, les habitants de cette province devaient garder leurs chevaux pour leur propre pays. J'ajouterai ici que le nom de *direitos do Rio Negro* est emprunté à une paroisse qui dépend de Lapa ou Villa Nova do Principe, et est située à l'extrême frontière de S. Paul.

dans les années qui précédèrent immédiatement 1818, on en introduisit environ 30,000 ; enfin, en 1838, leur nombre s'éleva à 32,747. Ces données sont bien peu nombreuses, sans doute ; cependant, si les chiffres de 1813 et de 1838 ne sont pas exceptionnels, ils tendraient à prouver que le besoin de mulets s'est fait sentir de plus en plus dans l'espace de vingt-cinq ans, que, par conséquent, les produits agricoles sont aussi devenus de plus en plus importants, et qu'on a cultivé graduellement une étendue de terre plus grande.

Par tout ce qui a été dit plus haut, on a pu voir que les habitants de Sorocába et ceux d'Hytú ont, en général, des occupations fort différentes ; par conséquent, il est bien clair que leurs mœurs, leurs habitudes, le développement de leur intelligence ne peuvent être exactement les mêmes, et il paraîtrait, en effet, que la jeunesse de Sorocába est moins instruite que celle d'Hytú. Depuis longtemps, un professeur royal de grammaire latine a été placé dans cette dernière ville, et, comme je l'ai dit, c'est peu de temps avant mon voyage qu'on en avait donné un à Sorocába ; mais ce n'est pas la seule raison de la différence qu'on remarque entre les jeunes gens des deux villes. Les habitants d'Hytú, agriculteurs et sédentaires, peuvent donner à leurs enfants toute l'éducation que permet le pays. Les marchands de Sorocába, au contraire, font souvent de longs voyages ; leurs fils les accompagnent et passent leurs premières années sur les chemins, au milieu des mulets et des *camaradas*, par conséquent il serait bien difficile qu'ils acquissent quelque instruction, et leurs manières doivent nécessairement se ressentir de celles des hommes grossiers au milieu desquels ils ont été élevés (1819-1822).

Il m'a semblé qu'à Sorocába les hommes jouaient aux cartes beaucoup plus qu'ailleurs. Il y avait aussi dans cette ville un très-beau jeu de boules; il en existait également un à Hytú, et c'étaient les premiers que je visse depuis que j'étais au Brésil. Personne, il est vrai, ne vint à ces jeux en ma présence; mais il est à croire qu'on ne les avait pas faits sans but, et leur seule existence tendrait à prouver qu'il y avait, dans ce pays, un peu moins d'indolence que dans les parties du Brésil où j'avais voyagé jusqu'alors. Les hommes très-indolents se résignent à faire de l'exercice quand la nécessité de soutenir leur existence l'exige; ils n'en font point dans l'unique but de se procurer du plaisir.

Je me trouvai à Sorocába au temps de Noël (1); il y eut alors sept jours de fête. Dans ce pays et les autres parties du Brésil que j'avais parcourues jusqu'à ce moment, on travaille peu les jours ouvrables; les jours de fête, on ne travaille point; voilà à peu près toute la différence. On a rempli ses devoirs de chrétien quand on a entendu une messe basse; il n'est célébré de grand'messe que lorsqu'une confrérie ou quelque particulier en font les frais, et l'on ne connaît pas les autres offices de l'Église.

Comme je l'ai dit ailleurs (2), les fêtes de Noël sont l'époque des réunions de famille; mais là tout se passe tristement; on s'ennuyait seul, on s'ennuie en plus nombreuse

---

(1) MM. Spix et Martius ont parlé d'une manière touchante des souvenirs que firent naître en eux les fêtes de Noël passées au Brésil.

(2) Voir mon *Voyage dans le district des Diamants, etc.*, I, 124.

compagnie. Point de promenades, point de parties de campagne, rien qui puisse exciter la gaieté; on s'étend mollement, on s'entretient avec longueur sur les sujets les plus communs, et l'on s'endort.

Autrefois, quand un étranger s'arrêtait à Sorocába, il recevait la visite des principaux habitants du pays, comme cela, en 1818, était encore l'usage à Minas (1); il est souvent arrivé que ces visites n'ont pas été rendues, et actuellement on n'en fait plus. Les étrangers qui voyagent dans le Brésil semblent croire qu'ils ne doivent rien aux Brésiliens, et que ceux-ci leur doivent tout; j'ai vu des Allemands, surtout, traiter ce peuple avec un dédain que rien ne justifiait. Il en est des nations comme des individus isolés; toutes ont leurs défauts, toutes ont quelques bonnes qualités, et les bonnes qualités, comme les défauts, sont le résultat de telles ou telles influences. Ainsi je pourrais citer une ville d'Allemagne où, il y a quarante ans, on parlait des sciences et des lettres avec un mépris que personne n'a jamais montré parmi les Brésiliens. Cette ville est un port de mer; elle faisait alors les affaires du monde entier, le commerce absorbait tout le temps, toutes les facultés de ses habitants : il ne leur restait aucune pensée pour autre chose. Et quel pays s'est trouvé dans des circonstances plus fâcheuses que le Brésil? Depuis le règne de Philippe, ses habitants ont été, pendant deux siècles, tellement séquestrés des autres peuples, que Commerson, relâchant à Rio de Janeiro en 1767, fut obligé de se déguiser en matelot pour pouvoir cueillir quelques plantes. Les Brésiliens n'avaient de relations qu'avec les Portugais, qui les opprimaient et

---

(1) Voir mon *Voyage dans le district des Diamants, etc.*, I, 39.

les accablaient de mépris ; ils trouvaient chez eux très-peu de moyens de s'instruire, rien n'excitait leur émulation, et, pour être sûr d'eux, on les laissait languir dans l'indolence et la torpeur. Puis, quand ils ont été déclarés indépendants, une cour corrompue est venue étaler tous les vices au milieu de leur capitale; des nuées d'aventuriers de toutes les nations ont fondu sur leur pays, les ont autorisés à croire que l'Europe était plus dégradée que l'Amérique, et ont fait naître en eux une triste émulation.

Au reste, la société de l'*ouvidor* d'Hytú, qui habitait alors Sorocába, et celle d'un des habitants les plus recommandables de la ville, M. Rafael Tobias de Aguiar, ne pouvaient guère me laisser regretter d'avoir perdu quelques visites passagères et purement cérémonieuses.

J'avais connu à Rio de Janeiro M. Rafael Tobias, et, quand je fus à peu de distance de Sorocába, j'envoyai quelqu'un en avant pour le prévenir de mon arrivée. Il eut la bonté de me procurer une fort belle maison, sur le soir il m'envoya un excellent souper, et il continua à faire de même jusqu'au moment de mon départ. J'aurais été charmé, je l'avoue, de manger avec lui ; je rougissais de profiter d'une hospitalité aussi aimable sans pouvoir montrer à celui qui me l'accordait que je n'en étais pas indigne; il me semblait que c'était souper à l'auberge sans payer son écot. Chaque jour, au reste, je me dédommageais, autant qu'il m'était possible, en allant voir mon excellent hôte, et je ne tardai pas à savoir pour quelle raison il ne m'admettait pas à sa table; il avait coutume de manger avec sa mère et ses sœurs, et, comme ces dames ne voulaient pas se montrer aux étrangers, il ne pouvait me recevoir. M. Rafael Tobias de Aguiar, dont je devais la connaissance à notre ami commun João Rodrigues Pereira de Almeida, baron d'Ubá, était alors, quoique très-jeune, major de la garde nationale, et plus tard il a occupé, dans sa province, un poste fort important; il en a été président depuis le mois de novembre 1831 jusqu'au mois de novembre 1835.

Quant à l'*ouvidor*, je lui avais déjà rendu visite, comme on l'a vu, en passant par Hytú; je le retrouvai aux forges d'Ypanéma, dont je parlerai tout à l'heure, et je revins avec lui à Sorocába; dans cette ville, il m'invitait, presque tous les jours, à dîner avec lui, et il ne cessa de me combler de politesses.

Ce fut le lendemain de mon arrivée à Sorocába, le 22 décembre, que je me rendis à *Ypanéma* (1), situé à 2 lieues et 1/2 de la ville. Le pays que l'on traverse pour y arriver est inégal, et coupé de bois et de *campos*. A quelque distance de Sorocába, la route se divise en deux embranchements : une grande croix de fer, fondue à Ypanéma, indique celui des deux qui conduit à cet établissement.

Lorsqu'on y arrive, on ne peut s'empêcher d'être frappé de son étendue, du mouvement qui y règne et de la beauté du paysage. Je n'avais rien vu de semblable depuis que j'étais au Brésil.

Les forges d'Ypanéma sont adossées à la montagne d'*Araçoiaba* (2), autrement appelée *Morro do Ferro* (la mon-

---

(1) *Ypanéma* vient de *yg*, rivière, eau, et *panémo*, sans valeur; la rivière sans valeur. Le P. Ruiz da Montoya dit qu'*ipane* signifie rivière sans poisson (*Tes. guar.*, 261 *bis*), ce qui rend absolument la même idée.

(2) *Araçoiaba* ne peut venir que des mots *araçoeya*, l'aurore, *mbae*, ou *mba*, chose, fantôme (Ruiz de Mont., *Tes. guar.*, 5 *bis*, 212), chose, fantôme de l'aurore. Le nom d'*Araçoiaba* ou *Araçoeyambae* avait probablement été donné à cette montagne par quelque peuplade indienne

tagne de fer), d'où l'on tire le minerai, et qui est couverte de bois. Les bâtiments dont se compose l'établissement forment une espèce d'amphithéâtre au-dessous duquel coule la rivière d'Ypanéma, l'un des affluents du Sorocába.

Quand on arrive aux forges, on passe l'Ypanéma sur un pont assez large. En face est une grande maison habitée par le directeur. A gauche, on aperçoit un beau lac creusé de main d'homme qui sert de réservoir aux eaux de la rivière : il est entouré de bois, et quelques petites îles s'élèvent du milieu de ses eaux. Le pont se divise en deux parties, ou, si l'on veut, il existe deux ponts qui se correspondent exactement; l'un sur la rivière, l'autre sur un canal qui fournit aux nouvelles forges ses eaux tirées du réservoir. Une digue en pierres, haute de 60 pieds anglais (18 mètres 24 cent.) et large de 150 (45 mètres 60 cent.), construite au-dessous du pont, dans le lit de l'Ypanéma, ne laisse échapper que le superflu des eaux de la rivière. Entre les deux parties du pont, sur la gauche, se trouve un bâtiment carré qui sert de magasin et où est déposée la caisse de l'établissement. C'est à droite, du côté opposé au réservoir, que sont toutes les constructions dont les forges se composent. Sur le bord de la rivière, on voit les anciennes forges élevées par la compagnie suédoise, dont je parlerai plus tard. Les nouvelles forges l'ont été sur un plan plus élevé ; elles comprennent deux hauts fourneaux construits dans une même pièce, deux bocards et deux pièces

---

qui la voyait du côté de l'est, et son isolement avait pu la faire comparer à un fantôme. On lit, dans la *Corografia Brazilica* (I, 203) et dans le *Diccionario geographico do Brazil* (I, 68), que le mot *Araçoiaba* veut dire *qui couvre le soleil*. Je n'ai rien trouvé, je dois l'avouer, qui confirme cette assertion.

différentes où sont les raffineries. Cet ensemble forme un bâtiment régulier qui présente trois corps de logis avancés : les hauts fourneaux au milieu, les raffineries aux deux extrémités, et, sur un plan plus reculé, les bocards, placés entre les raffineries et les fourneaux. Derrière le bâtiment que je viens de décrire passe le canal, dont les eaux, tirées du réservoir, sont destinées à faire mouvoir les roues des hauts fourneaux, des bocards et des raffineries. Ce canal, construit en pierres de taille, a 15 pieds de large (4 mètres 56 cent.) et 1,000 de longueur. Au-dessus du canal, sur un plan encore plus élevé, sont trois bâtiments carrés qui correspondent aux hauts fourneaux et aux raffineries, et servent de magasins à charbon. Plus haut encore, mais sur le côté, l'on voit divers bâtiments qui servent d'ateliers et de logements pour les maîtres, pour les esclaves de l'établissement, et enfin pour le détachement militaire qui y est cantonné (1).

En résumé, les forges d'Ypanéma se composent (1820) de deux hauts fourneaux, chacun avec son soufflet en bois ; de huit raffineries, chacune avec son soufflet aussi en bois ; de deux bocards à pilons, de deux martinets, de quatre fourneaux à la catalane, d'une machine à forer les canons, d'une roue avec sa meule, d'un moulin à farine, d'un moulin à scie, et d'un très-grand four à chaux qui, à la fin de 1819, n'était pas encore achevé. On compte, dans tout

(1) La planche VIII du *Pluto Brasiliense* de d'Eschwege représente parfaitement les nouvelles forges d'Ypanéma. On peut aussi se faire une idée de l'ensemble de tous les bâtiments par la pl. VII du même ouvrage ; mais la manière extrêmement défectueuse dont on y a figuré le pont de l'Ypanéma et l'entière omission du pont sur le canal nuisent singulièrement à la clarté du plan.

l'établissement, dix-sept roues mises en mouvement par l'eau.

Le minerai se tire, comme je l'ai dit, de l'Araçoiaba, et se trouve à fleur de terre. Cette montagne se divise en plusieurs sommets et est entièrement isolée. « Sa base, dit
« Friedrich Varnhagen, forme un ovale dont le plus grand
« diamètre est de 3 *legoas* du nord au sud, et le plus petit
« de 1 *legoa* et 1/2; les sommets qui la terminent sont
« séparés par plusieurs plateaux, sur l'un desquels est
« un petit lac marécageux auquel on donne le nom de
« *Lagoa dourada,* et où, dit-on, sont cachés des tré-
« sors (1). Plusieurs ruisseaux s'échappent de la monta-
« gne; le plus considérable est celui qui prend naissance
« dans la vallée de *Furnas* (les grottes), et qu'on nomme
« le ruisseau de l'ancienne fabrique. Des forêts épaisses
« où presque nulle part on n'a porté la hache couvrent
« la mine, et sont extrêmement riches en bois de char-
« pente et de menuiserie, dont j'ai pu réunir cent huit
« espèces différentes (2). C'est du côté de l'est que coule la

---

(1) Il existe au Brésil plusieurs lacs sur lesquels on débite des fables à peu près semblables, et qui tous sont également appelés *Lagoa Dourada* ou *do Pao Dourado* (voyez ce que j'ai écrit à ce sujet dans mon *Voyage dans les provinces de Rio de Janeiro et de Minas Geraes*, II, 189).

(2) MM. Spix et Martius disent que l'*Araçoiaba* est élevé de 1,000 pieds au-dessus de l'Ypanéma; selon Varnhagen, il le serait de 2,010 pieds anglais, et de 4,060 au-dessus du niveau de la mer; enfin d'Eschwege indique 1,822 pieds anglais pour la hauteur de la plaine où est située le montagne, 1,088 pieds pour l'élévation de celle-ci au-dessus de la plaine, et, par conséquent, 2,910 pieds (884 mètres) pour sa hauteur au-dessus de l'Océan (Spix et Mart., *Reise*, 253; — *Beobachtungen* in Eschw., *Journ.*, 255; — *Plut. Bras.*, 530). Des différences si énormes prouvent la nécessité d'un nouveau mesurage.

« rivière d'Ypanéma, qui a ici 25 pieds anglais de large
« (7 mètres 60 cent.); le côté de l'ouest est arrosé par le
« *Sarapuhú*, qui est un peu plus considérable. Les deux
« rivières se jettent dans le Sorocába, et sont navigables
« jusqu'à leur confluent. En quelques endroits voisins de
« l'Araçoiaba, il existe des terrains aurifères qui jadis ont
« été en exploitation; mais on les a abandonnés, parce
« que les vivres sont devenus plus chers, et qu'un esclave
« ne gagnait à ce travail que 6 *vintens* (75 c.) par jour,
« tandis qu'il faut qu'il gagne 8 *vintens*, pour laisser à
« son maître quelque bénéfice (1). »

Il y a déjà un grand nombre d'années que l'on a reconnu l'existence du fer dans la montagne d'Araçoiaba, qui autrefois a porté les noms de *Biraçoiaba*, *Guaraçoiaba* et *Quiraçoiaba*, altérations du nom véritable (2). Dès l'année 1590, AFFONSO SARDINHA, mineur entreprenant et actif, construisit, sur la montagne même, un fourneau à la catalane dont on reconnaît encore la place; il en fit présent à D. FRANCISCO DE SOUZA, qui fut administrateur général des mines (3). Une espèce de village se forma dans les alentours, et fut honoré du poteau de justice qui désigne les villes; mais bientôt les habitants se transportèrent à Sorocába (4), et en 1629 la fabrique fut entièrement abandonnée. Vers 1766 ou 1770, on établit de nouvelles forges

(1) Friedr. Varnhagen, *Beobachtungen*, etc., in Eschw., *Journ. von Brasilien*, II, 254-8.
(2) J'ai à peine besoin de dire que le nom de *Gorusuáva* indiqué par Mawe est entièrement erroné.
(3) Pedro Taques, *Historia da capitania de S. Vicente* in Rev. trim., 2ª ser., II, 450.
(4) Ce fut incontestablement la ville d'Itapébussú dont j'ai déjà parlé (voir la p. 368 et la note qui l'accompagne).

dans le lieu même où avaient été les premières, et, si elles ne subsistèrent que peu d'années, c'est que le gouvernement, qui voulait maintenir le système colonial dans toute sa rigueur, fit défense d'y travailler (1).

Lorsque le roi Jean VI vint au Brésil, on dut naturellement songer à une mine qui, située à peu de distance de la mer et au milieu d'un pays agricole, pouvait s'exploiter avec tant de facilité. A l'effet de former, sur les bords de l'Ypanéma, un établissement important, on proposa la création d'une société de soixante actions de 2,000 cruzades chaque. Quarante-sept actions furent prises par des particuliers et treize par le roi, qui remplaça les siennes par une valeur beaucoup plus considérable que n'aurait été celle des treize actions elles-mêmes : il donna à l'établissement projeté quatre-vingt-cinq esclaves, la plupart mulâtres, que l'on tira des anciennes habitations des jésuites, et qui étaient plus civilisés que ne sont ordinairement les esclaves. On fit venir de Suède une compagnie d'ouvriers avec un directeur, et les fondements des nouvelles forges furent jetés en 1811. La compagnie suédoise, c'est ainsi que fut appelée la réunion d'ouvriers étrangers qui commença l'établissement, la compagnie suédoise, dis-je, fit creuser le réservoir, construisit les quatre fourneaux à la catalane, ainsi que le moulin à scie, et ouvrit plusieurs chemins. Le directeur suédois resta à la tête de l'établissement jusqu'en 1815, et pendant tout ce temps les actionnaires ne touchèrent pas la moindre chose. Cet homme fut accusé d'incapacité ; on lui reprocha d'avoir fait des dépenses inutiles, et on le congédia.

(1) M. Friedrich Varnhagen assigne une autre cause à la destruction de ces forges, l'ignorance des entrepreneurs.

Pour le remplacer, on choisit le lieutenant-colonel Friedrich Varnhagen, Hessois, qui depuis longtemps servait le Portugal dans le corps du génie. On avait assuré que, dans ce pays, il était impossible de faire usage de hauts fourneaux; on objectait la chaleur, la nature de l'air atmosphérique, et surtout celle de la pierre. M. Varnhagen soutint que de hauts fourneaux réussiraient à Ypanéma tout aussi bien qu'en Europe, et que la pierre du pays résisterait à la force du feu; il fit le plan des bâtiments que j'ai décrits et qui composent les nouvelles forges, il en dirigea toutes les constructions, et l'ouvrage fut achevé au bout de deux ans. On fondit, pour la première fois, dans les hauts fourneaux, le 1er novembre 1818, et le succès couronna l'entreprise. Quand on connaît l'esprit d'intrigue qui règne dans ce pays, l'ignorance des ouvriers, leur légèreté et leur excessive paresse (1820), alors seulement on peut se faire une idée des obstacles presque insurmontables que M. Varnhagen eut à vaincre, et l'on ne saurait s'empêcher de regarder comme une espèce de prodige la promptitude avec laquelle il acheva des travaux aussi importants.

Les nouvelles forges ont été construites par corvées; c'est le gouvernement qui a fait tous les frais, dont il devait être remboursé sur le dixième du produit net de l'établissement. Les appointements du directeur et des ouvriers étrangers étaient payés par le roi, qui ne cessa de protéger l'établissement depuis le moment où on le commença.

Si ce que m'a dit le directeur Varnhagen est exact, le fer de la montagne d'Araçoiaba rend 80 pour 100, quand il est traité en grand; mais on est obligé de le mélanger d'un quart de pierres vertes et d'un quart de chaux. Le directeur m'a aussi assuré que chaque haut fourneau pouvait fournir, chaque jour, 20 quintaux de fer (1,180 kilog.).

Au lieu de charbon, on employait, pour chauffer les hauts fourneaux, des copeaux de l'arbre appelé *paróba*. La manière de raffiner participait de la méthode wallonne et de la méthode allemande.

L'établissement possédait un terrain de 7 lieues de tour, presque entièrement couvert de bois, au milieu duquel est située la montagne d'Araçoiaba. On faisait avec les habitants du pays un arrangement d'après lequel ces derniers s'engageaient à rendre aux forges une certaine quantité de minerai qui leur était payé 8 reis l'arrobe (5 c. pour 14 kilog. 75); on payait le charbon 40 reis l'arrobe, et la chaux 25 reis. Ceux qui fournissaient le charbon étaient obligés de se conformer, pour le faire, à l'une des deux méthodes usitées en Europe, et de couper le bois dans les portions de forêts qui leur étaient indiquées par le directeur. Pour le travail intérieur, on employait, avec les quatre-vingts esclaves dont j'ai déjà parlé, environ vingt-quatre maîtres libres.

Le gouvernement faisait fondre à Ypanéma des canons et des boulets; on y fondait aussi des cylindres pour les moulins à sucre, et l'on y fabriquait des haches, des pioches, des clous propres à ferrer les mulets, etc. Le prix des ouvrages fondus était de 6,400 reis le quintal (40 f. pour 58 kilog. 9 h.); le fer en barre, qui était surtout recherché dans le pays, se vendait au même prix. S'il faut en croire le directeur, le fer fondu ne coûtait à l'établissement que 908 reis (5 f. 67 c.), et le fer en barre 3,200 reis.

Le directeur conduisait tout l'établissement; mais il était obligé de rendre ses comptes à un conseil dont il faisait partie, et qui était composé du capitaine général, de l'*ouvidor* de la *comarca* d'Hytú, et d'un représentant des actionnaires (*procurador dos actionistas*), nommé par le général. Il n'est personne qui ne sente que cette administration avait un très-grand défaut, c'est que les actionnaires ne pouvaient y prendre aucune part. Le directeur, qui était réellement tout, devait sa nomination au roi, et recevait de lui ses appointements; le capitaine général et l'ouvidor de la *comarca* n'avaient pas le moindre intérêt à l'établissement; enfin le représentant des actionnaires, choisi par le général, ne pouvait être qu'un homme dont il était sûr, et, si cet homme n'avait point partagé les opinions du reste du conseil, il n'aurait eu aucun moyen de faire prévaloir les siennes. Ainsi, quoique appartenant, en grande partie, à des particuliers, les forges étaient réellement tout à fait dans la dépendance du gouvernement.

Il s'en fallait bien que ce fût le seul reproche que le public fît à l'établissement des forges d'Ypanéma. Selon beaucoup de gens, cet établissement était bien loin de produire d'aussi beaux résultats que le prétendait le directeur, et il coûtait même beaucoup plus qu'il ne rapportait. M. Varnhagen avait eu le tort de se brouiller avec ceux qui étaient employés sous ses ordres, et il s'en était fait autant d'ennemis. Tout le monde assurait que le principal maître suédois, qui était resté à Ypanéma après le départ du premier directeur, avait une grande intelligence, principalement pour la mécanique, et l'on soutenait qu'à cet homme était due principalement la construction des nouvelles forges. Un fondeur français chassé de l'établissement avait remis, disait-on, au capitaine général des états et des comptes par lesquels il prétendait démontrer que les forges, conduites comme elles l'étaient alors, devaient occasionner aux actionnaires une perte considérable. Ce qui était bien certain, c'est que, depuis la nomination du nouveau directeur, l'établissement n'avait pas rendu aux intéressés plus d'argent qu'auparavant. Cependant, on doit le proclamer, il ne pouvait être mieux situé et réunir plus d'avantages à la fois. La mine est riche, presque à fleur de terre, et ne peut jamais être épuisée; sans être extrêmement abondantes, les eaux ne manquent cependant point; l'établissement possède 7 lieues de forêts; la pierre à chaux et la pierre verte sont communes dans le voisinage, et enfin l'on y trouve aussi des pierres à bâtir qui peuvent résister à la chaleur des hauts fourneaux.

Après mon départ, Varnhagen quitta Ypanéma. Pendant la guerre de la révolution, on ne fit rien ou presque rien pour cet établissement, et à la paix D. Pedro I s'en occupa aussi peu qu'auparavant; mais, sous la régence de Feijó, on tâcha de rendre aux forges leur première activité, de les tirer de l'état de ruine où elles étaient tombées, et même de leur donner des proportions beaucoup plus grandes. Le major Bloem, qui avait été nommé directeur, appela à Ypanéma un grand nombre d'ouvriers allemands; des constructions plus importantes furent substituées aux anciennes, de nouvelles machines furent introduites, des chemins furent tracés, le réservoir fut agrandi; Ypanéma devint le chef-lieu d'une paroisse sous le nom de *S. João d'Ypanéma*, et en 1836 l'établissement fournit 754 pièces de fonte, 1,460 arrobes de fer en barre et 850 de fer en gueuse. Cependant, malgré de tels succès, le gouvernement central demandait, en 1843, dans un rapport officiel, si, au lieu de continuer les dépenses que l'on faisait depuis trente ans pour les forges d'Ypa-

néma, il ne serait pas mieux d'abandonner cet établissement (1). « Depuis le temps que l'on a commencé à con-
« struire les forges d'Ypanéma, dit M. Kidder, cent éta-
« blissements du même genre se sont élevés aux États-
« Unis, soutenus par l'industrie privée, et avec des avan-
« tages peut-être peu inférieurs ils ont fourni des pro-
« duits un million de fois plus considérables que ceux qui
« sont sortis de la province de S. Paul. Telle est l'immense
« supériorité des entreprises particulières sur celles qui
« ont le malheur d'être patronées par les gouvernements. »
L'expérience de tous les pays a suffisamment prouvé que
les établissements industriels coûtent infiniment plus aux
gouvernements qu'aux particuliers; mais, indépendamment de cette vérité incontestable, d'Eschwege cherche à
montrer, par des raisons très-plausibles, que le temps n'est
point encore venu où de grandes manufactures et, en particulier, de hauts fourneaux pourront, au Brésil, donner
de véritables bénéfices. « A l'aide d'ouvriers berlinois, dit
« cet auteur en terminant, Varnhagen avait fini par obte-
« nir la fonte la plus belle et la plus fine; mais il n'y
« avait pas assez de débouchés pour que les dépenses pus-
« sent être couvertes, et les actionnaires se plaignaient
« amèrement. Personne ne voulait voir que les véritables
« obstacles aux succès désirés provenaient principalement
« de l'extrême faiblesse de la population du Brésil et de
« sa dissémination excessive; on s'en prenait à l'adminis-
« tration de tout le mal; on fit plusieurs fois des change-
« ments, et les résultats furent toujours les mêmes. Des
« raisons que j'ai déduites il faut tirer cette conséquence,
« désormais inattaquable, que, tant que la population du

(1) Kidd., *Sket.*, I, 281; — Müll., *Ens.*, tab. 14; — *Min. Bras.*, 34.

« Brésil n'aura pas éprouvé un accroissement très-sensi-
« ble, de hauts fourneaux ne pourront réussir dans ce
« pays; que de petits fourneaux répandus dans toutes les
« provinces, et ne fournissant pas, chaque année, plus de
« 2,000 arrobes de fer, peuvent seuls assurer des avan-
« tages aux acheteurs et aux vendeurs; enfin que, pen-
« dant longtemps encore, ce chiffre doit servir de règle à
« tous ceux qui voudront établir des forges (1). »

Tant que je restai à Ypanéma, je fus traité par M. Varnhagen avec toute sorte d'égards et de politesses. Je n'étais point juge de ses connaissances en métallurgie et en mécanique, mais bien certainement c'était un homme d'esprit.

Je trouvai à Ypanéma M. Natterer, le zoologiste de la commission scientifique que l'empereur d'Autriche avait envoyée au Brésil pour en recueillir et en étudier les productions. Il était établi depuis un an dans le voisinage des forges, et y avait formé une immense collection d'animaux. Il était impossible de ne pas admirer la beauté de ces oiseaux; je n'en vis pas un qui eût une plume collée ou une goutte de sang. M. Nat-

(1) Les hommes de l'art liront avec fruit le mémoire technique fort détaillé qu'a écrit d'Eschwège sur les forges d'Ypanéma dirigées par Varnhagen. Ce morceau, d'abord inséré dans le *Brasilien die neue Welt*, II, 88, a été, depuis, reproduit dans le *Pluto Brasiliense*, 350, avec l'addition d'un chapitre intitulé, *De hauts fourneaux peuvent-ils réussir au Brésil?* Quelques passages empruntés à Varnhagen se trouvent aussi dans la reproduction du *Pluto;* mais on ne peut s'empêcher de regretter que l'auteur n'ait pas été cité. — J'ai à peine besoin de dire que le comte de Palma ne succéda point, comme ministre d'État, au comte de Linhares, ainsi que l'a cru M. Kidder, mais que, lors de la fondation des forges d'Ypanéma, il était simplement gouverneur de S. Paul.

terer était fils de l'empailleur du muséum de Vienne, mais il avait plus de connaissances et de talents qu'un préparateur ordinaire ; il dessinait fort bien et décrivait, m'a-t-on assuré, tous les objets qu'il faisait entrer dans sa collection. C'était, d'ailleurs, un homme froid et peu communicatif ; il parlait rarement et paraissait s'occuper exclusivement de sa mission.

Je trouvai aussi à Ypanéma M. Sellow, jeune Prussien, le premier naturaliste qui fût arrivé au Brésil depuis la paix : il avait été placé plus anciennement au jardin des plantes de Paris, pour s'y perfectionner dans le jardinage, et il vivait alors d'une pension que lui faisait l'illustre et généreux de Humboldt, en lui laissant croire qu'elle était payée par l'administration du jardin. Sellow mettait dans ses recherches une activité et un zèle presque sans égal. Il avait suivi les côtes du Brésil, depuis Rio de Janeiro jusqu'à Bahia, avec M. le prince de Neuwied ; il était ensuite reparti avec M. d'Olfers, pour aller visiter la province des Mines ; de là, enfin, il avait passé à S. Paul. La botanique était la partie de l'histoire naturelle à laquelle il s'était livré avec le plus d'ardeur ; il me parut posséder, dans cette science, des connaissances fort étendues, et n'avait point négligé l'étude des rapports que les plantes ont entre elles. Ses connaissances ne se bornaient pas à la botanique ; il soutenait fort bien la conversation sur d'autres sujets, savait plusieurs langues, et montrait à la fois de l'esprit et du jugement. Froid, roide d'ailleurs, il paraissait avoir un amour-propre excessif. Je le désespérais en lui faisant l'énumération des personnes qui, pendant que nous étions au Brésil, décrivaient en Europe une partie des productions de ce pays. En lui montrant beaucoup de politesse et d'abandon, je l'avais forcé de prendre avec moi des manières simples et affectueuses; mais il ne les avait plus quand il était avec Varnhagen et Natterer. Au retour de mon voyage dans le Sud, je lui remis une foule de lettres de recommandation pour mes amis de Rio Grande et de Montevideo, qui l'accueillirent très-bien. Il m'écrivit, le 24 avril 1824, pour me remercier, et me manda qu'il avait inutilement sollicité des passe-ports pour se rendre à Matogrosso par les États de Francia, qu'il s'était contenté de parcourir la province de Rio Grande do Sul et la Bande orientale, et qu'il était sur le point de retourner à S. Paul, en passant par le *sertão* de Lages. Il terminait sa lettre en me disant qu'il espérait que nous nous reverrions un jour; il s'est noyé dans le Rio Doce, en l'année 1831. Dans ses *Annaes da provincia de Rio Grande do Sul*, 2ª ed., 32, M. J. F. Fernandes Pinheiro a fait un bel éloge de cet homme distingué. Sellow, dit-il, lui avait communiqué des notes précieuses, dont il a profité; il avait déterminé dans la province de Rio Grande plusieurs positions géographiques; il avait étudié les minéraux de cette province, et s'y était formé une collection de plantes très-considérable.

Je fis, avec Sellow et l'*ouvidor* d'Hytú, une petite partie qui fut très-agréable malgré la pluie dont nous fûmes assaillis. Nous allâmes visiter, à 1 lieue au-dessus de Sorocába, une chute d'eau formée par la rivière du même nom, et plus jolie encore que celle d'Hytú. En décrivant un coude, le Rio Sorocába tombe tout à coup, d'une hauteur considérable, sur des masses de rochers; ses eaux bondissent, écument, et ensuite s'écoulent paisiblement entre deux rives couvertes de bois vierges. De grands arbres étendent leurs rameaux par-dessus la cascade ; au-dessous d'elle est un îlot où croissent quelques arbrisseaux, et sur le côté on voit, entre les branchages, un filet d'eau qui s'est échappé de la rivière et fait tourner un moulin (1).

Depuis mon retour d'Ypanéma à Sorocába jusqu'au 6 de janvier, il ne cessa de tomber de l'eau, et je ne pus continuer mon voyage. Cette longue pluie était bien nécessaire, car on avait presque entièrement consommé le maïs de l'année précédente; depuis longtemps des cultivateurs, même assez aisés, se passaient de farine ; moi-même je payai à raison de 10 *patacas* (20 fr.) l'*alqueire* cette denrée, qui était ordinairement ici à 1 et demi ou 2 *patacas*, et il me fallut des protections pour en obtenir une petite quantité. On se disposait à cueillir le maïs nouveau, quoiqu'on fût encore loin de l'époque de la maturité ; mais, comme la cherté qui se faisait déjà sentir depuis longtemps et la crainte de la disette avaient excité les cultivateurs à planter beaucoup plus qu'à l'ordinaire, il était à espérer

(1) « Il y a, à 1 lieue de la ville de Sorocába, dans la rivière du même
« nom, dit Varnhagen, une chute d'eau d'environ 300 pieds anglais,
« à laquelle on donne le nom de *Salto de Vuturaty*. Le Rio Sorocába a
« 200 pieds de large et est interrompu par beaucoup d'autres cascades
« plus petites; mais aussi il présente de longs intervalles où il coule
« doucement et où il est navigable. Il a formé, sur sa rive droite, une
« vaste grotte dont la voûte est ornée de nombreuses stalactites, et que
« les habitants appellent *Palacio* (le palais) (*Beobachtungen, etc.*, in
« Eschw., *Journ.*, II, 253-4). » Il est vraisemblable que *Vuturaty* vient de *itu*, cascade, *ra*, chose semblable, qui ressemble, *ty*, blancheur (Ruiz de Montoya, *Tes. guar.*, 164 bis, 335 bis, 385) (la cascade blanche), nom qui, sans doute, fut donné à cette chute d'eau à cause de la blancheur de son écume.

que la récolte irait, cette année-là, bien au delà des besoins (1).

(1) La place de l'accent aigu dans les mots portugais en détermine la prononciation et même le sens; ex., *amáras*, tu avais aimé, *amarás*, tu aimeras. Dans le plus grand nombre de mots on appuie, en parlant, sur l'avant-dernière syllabe, et, quand on écrit ces mots, on supprime entièrement l'accent; mais, comme c'est fort souvent la dernière syllabe que l'on fait le plus fortement sentir dans les mots empruntés à la langue des Indiens, il est bon, quand le contraire a lieu, de ne pas omettre l'accent, et pour cette raison je l'ai toujours placé sur la pénultième dans le mot *Sorocába*. Il est clair, d'après tout ceci, que M. le prince de Neuwied (*Brasilien*, 13) a parfaitement raison d'attacher à la position de l'accent une très-grande importance, et c'est précisément parce que je pense comme lui que je persiste à croire qu'il faut écrire *Maricá* et non *Márica*, comme il le voudrait. Ayant séjourné cinq fois à Rio de Janeiro, je me croyais déjà à peu près aussi sûr de l'orthographe du nom de la petite ville de *Maricá*, voisine de la capitale, que je le suis de celle des mots *Vincennes* et *Bercy*; cependant j'ai voulu ajouter encore à ma conviction. Sept jeunes Brésiliens récemment arrivés de leur pays, consultés sur ce point, ont assuré tous qu'il fallait *Maricá*; on trouve *Maricá* dans Cazal (*Corog.*, II, 9, 10, 22), dans le premier volume de la *Revista trimensal* (p. 144) et dans le *Diccionario geographico* (II); on le lit sur la carte de la province de Rio de Janeiro intitulée, *Carta topographica da provincia de Rio de Janeiro* de Niemeyer (le petit plan séparé); enfin l'orthographe que je suis, avec tout le monde, se trouve consacrée par un document officiel, le *Rapport du ministre de l'empire pour l'année* 1847 (*Relatorio do ministro do imperio* 1847, 37).

CHAPITRE XI.

LA VILLE D'ITAPITININGA.

Tableau général du pays situé entre Sorocába et Itapitininga; ses habitants. — Le *sitio de Pedro Antunes;* marais; *invernádas.* — Bizarrerie de José Marianno. — Pays situé entre Pedro Antunes et le *Rio Sarapuhú.* — Pays situé entre cette rivière et la *venda de Lambari.* — Arrivée de l'auteur à *Itapitininga.* — Description de cette ville; commerce; pierres à fusil. — Disette. — Le district d'Itapitininga; ses productions; sa population.

Depuis mon départ de S. Paul, j'avais fait des détours et m'étais beaucoup écarté de la route qui conduit directement au Sud (*estrada real*) (1); j'y rentrai en arrivant à Sorocába, et la suivis toujours jusqu'au *Rio Jaguariaíba.*

Je me rendis d'abord à la petite ville d'*Itapitininga,* éloignée de 12 lieues de celle de Sorocába, du côté du sud-ouest. Ici nous ne sommes point dans un désert; mais nous sortons des districts riches et florissants où l'on cul-

---

(1) Itinéraire approximatif de Sorocába à Itapitininga :

	Legoas.
De Sorocába à Pedro Antunes, sitio.	3
De Pedro Antunes au Rio Sarapuhú.	3
Du Rio Sarapuhú à Lambarí, venda.	3
De Lambarí à Itapitininga, ville.	3
	12 legoas.

tive la canne à sucre, et nous entrons dans une contrée misérable et peu civilisée (1820).

Le pays que je traversai jusqu'à Itapitininga, tantôt plat, tantôt ondulé ou même montueux, présente une alternative de bois et de *campos*. Excepté aux environs de Sorocába, où ces derniers, dans un petit espace, sont parsemés d'arbres rabougris, ils ne présentent généralement que des graminées à touffes écartées, parmi lesquelles on ne voit pas un grand nombre d'autres plantes. Cependant, auprès de *Pedro Autunes*, et plus loin, dans un espace de 3 lieues, entre le Rio Sarapuhú et la forêt de Lambarí (*Mato de Lambarí*), les touffes de graminées sont toutes entremêlées de nombreux palmiers à feuilles toutes radicales; c'est l'espèce que l'on connaît dans le pays sous le nom d'*Endaya*, et qui produit un fruit dont l'intérieur est bon à manger (1).

Nulle part il n'existe de vastes *fazendas;* mais partout on voit, éparses dans la campagne, des maisons qui, mal entretenues, d'une petitesse extrême, n'annoncent que l'indigence. Les habitants de ces tristes maisonnettes paraissent être des blancs, et légalement on les traite comme tels, mais leur physionomie trahit suffisamment un mélange originaire de sang indien. Aux caractères qui indiquent ce mélange, et que j'ai déjà signalés, s'en joignent souvent d'autres, que je recommande à l'attention particulière des anthropologistes et des naturalistes en gé-

(1) Cette espèce est très-probablement différente de l'*Andaia* de Minas et de Goyaz (*Voyage dans les provinces de Rio de Janeiro, etc.*, I, 103; — *Voyage dans la province de Goyaz*, II, 27). Il paraît que le nom d'*Andaia*, *Indaia*, *Endaia* s'applique à plusieurs palmiers; telle est aussi l'opinion de M. le prince de Neuwied (*Brasilien*, 70).

néral, ceux du teint et des cheveux. Tandis que les Portugais de race pure ont une peau brune avec des yeux noirs, et que les Indiennes ont des yeux et des cheveux noirs avec une peau bistrée, les individus de ce pays qui doivent leur origine aux deux races se font fréquemment reconnaître par leur teint blafard et des cheveux blonds, caractères que j'avais déjà observés, à de légères différences, près, chez les métis de Caracatinga. Peut-être y a-t-il là une sorte d'albinisme (1), dont la cause serait complexe et ne devrait pas être attribuée au seul mélange des deux races.

Ces métis sont bien loin d'avoir l'intelligence des mulâtres, et diffèrent surtout des *fazendeiros* blancs de la partie la plus civilisée de Minas Geraes. Ceux-ci sont des hommes plus ou moins aisés, qui possèdent des esclaves et ne cultivent point la terre de leurs mains ; dans les colons blancs, au contraire, ou prétendus blancs, de la partie de la province de S. Paul qui nous occupe, on ne peut voir que de véritables paysans ; ils ne possèdent point de nègres ; ce sont eux-mêmes qui plantent et qui recueillent, et ils vivent généralement dans une extrême pauvreté. Ils ont toute la niaiserie et les manières grossières de nos paysans, et n'ont ni leur gaieté ni leur activité. Qu'une

(1) On sait que l'albinisme n'est pas rare chez les Indiens. M. Roulis a observé chez ceux du Mexique toutes les nuances de cette aberration singulière chez des métis de blancs et d'Indiennes. J'ai vu, sur les bords du Jiquitinhonha, des Botocudos presque blancs, et Firmiano, fils d'un chef que les Portugais nommaient *capitão branco*, avait la peau blafarde, les cheveux d'un châtain clair, et clignait souvent des yeux. M. le prince de Neuwied a aussi rencontré des Indiens presque entièrement blancs. Enfin Cazal dit que les Parexis avaient cette couleur, et que l'on trouve quelques hommes blancs parmi les Bugres qui habitent le pays voisin de celui que je décris dans ce moment.

quinzaine de paysans français soient réunis un jour de dimanche, ils chantent, ils rient, ils se disputent; ceux-là parlent à peine, ne chantent point, ne rient pas davantage, et sont aussi tristes après avoir bu le *cachaça* qu'ils l'étaient auparavant. Je me trouvai, le dimanche, dans une *venda* voisine du Mato de Lambarí; un assez grand nombre de cultivateurs y étaient réunis. Ces hommes m'entouraient comme on m'entourait à Minas; mais là on me faisait mille questions, on se perdait en conjectures sur le but de mon travail; ici on me regardait et l'on ne proférait pas une parole.

Ces paysans ont tous à peu près le même costume; ils laissent entièrement nus leurs jambes et leurs pieds; sur leur tête est un chapeau à bord étroit et à forme très-haute; ils portent un caleçon (*ceroulas*) de toile de coton, et une chemise de même tissu, dont les pans flottent par-dessus le caleçon; ils ont un chapelet au cou, et autour de leur corps est une ceinture de cuir ou de lisière qui retient un grand couteau enfoncé dans une gaîne de cuir. Les moins pauvres portent un gilet de drap bleu, et le *poncho*, objet de toutes les ambitions.

J'ai à peine besoin de dire que les maisons de ces campagnards ne sont pas plus magnifiques à l'intérieur qu'au dehors; toutes se ressemblent, à quelques nuances près : pour les faire connaître, il me suffira de donner ici la description de celle où je couchai sur le bord de Rio Sarapuhú, limite du district de Sorocába.

Cette maison était construite avec de la terre et des bâtons croisés; elle se composait de trois petites pièces sans fenêtres, et par conséquent fort obscures. Celle où on me reçut était un peu mieux éclairée que les autres, parce qu'elle donnait sur le *quintal*, et que, de ce côté, il n'y avait d'autre muraille que des bâtons rapprochés et enfoncés dans la terre. Comme on a coutume d'allumer le feu sur des pierres, au milieu de la chambre, les murs et le toit étaient noirs comme du charbon. Tout l'ameublement consistait en un *girao*, une couple de bancs, et des mortiers destinés à piler le maïs pour en faire de la farine.

Il ne faudrait pas croire que la population dont je viens de faire connaître les demeures, le caractère et le costume soit limitée aux 12 lieues qui séparent Sorocába d'Itapitininga; je retrouvai à peu près les mêmes hommes avec leur apathie, et peut-être encore plus de misère, entre cette dernière ville et les *Campos Geraes*, dans un espace de près de 30 lieues.

Un seul trait achèvera de peindre ces malheureux. Depuis Sorocába jusqu'à *Morongava*, on ne peut guère compter moins de 40 lieues; je n'en faisais que 2 ou 3 par jour; je m'arrêtais aux maisons les meilleures, et je n'en trouvai pas plus de deux où l'eau ne tombât de tous les côtés. On ne peut pas se passer de maisons, on est forcé d'en construire; mais on a trop de paresse pour les entretenir. L'eau tombe dans un endroit, on retire ses effets, on les met ailleurs, et l'on se réfugie ainsi d'un coin dans un autre, jusqu'à ce que la maison tombe entièrement en ruine.

La suite de mon itinéraire achèvera de faire connaître ce pays.

Je sortis de Sorocába par le chemin qui mène aux forges, et je jouis encore de la vue de cette ville; celle-ci s'étend, comme on l'a vu, sur le penchant d'une colline; tout entière elle est dominée par la tour de l'église paroissiale :

des groupes d'orangers et de bananiers sont épars entre les maisons, et contrastent, par leur verdure foncée, avec la blancheur du crépi des murailles et la couleur rouge des tuiles qui couvrent les toits. Le pays environnant, inégal et coupé de bois et de pâturages, est borné, du côté de l'est, par des montagnes; au-dessous de la ville, la vue s'arrête avec plaisir sur une échappée de la rivière qui serpente entre deux lisières de bois.

Entre Sorocába et le lieu où je fis halte, j'eus toujours devant moi, en tirant un peu sur la droite, le Morro d'Araçoiaba qui répand de la variété dans le paysage.

J'ai dit qu'auprès de Sorocába j'avais traversé une petite portion de pâturage parsemée d'arbres rabougris : ces arbres appartenaient aux espèces qui croissent dans les *campos* bien plus septentrionaux de Goyaz et de Minas; c'était la Guttifère appelée *pinhao* (*Kielmeyera insignis*), A. S. H., Juss., Camb. (1); c'était le même *Qualea* à grandes fleurs, etc.

Le palmier Endaia, dont j'ai déjà dit quelque chose, se trouve dans les portions de *campos* où le terrain est sablonneux.

A 3 *legoas* de Sorocába, je fis halte au *Sitio de Pedro Antunes* d'où dépendait un moulin à sucre. Le propriétaire possédait quelques esclaves; cependant sa maison, comme toutes celles de ce district, était d'une extrême petitesse.

Pendant la nuit que je passai au sitio de Pedro Antunes, mes mulets s'écartèrent dans les pâturages; le lendemain il était fort tard quand on les retrouva, et je ne pus partir.

---

(1) On verra plus tard qu'un peu plus au sud, à une journée d'Itapéva, j'ai encore trouvé des individus nains de la même plante.

Je profitai de mon séjour en cet endroit, pour faire de longues herborisations ; mais, quoique j'eusse parcouru des marais, je rapportai peu de plantes. En général, ni dans ce canton, ni dans les autres parties du Brésil que j'avais parcourues jusqu'alors, les lieux marécageux n'offrent une aussi grande variété de plantes qu'en Europe. Je retrouvai dans les endroits humides et fangeux voisins de Pedro Antunes ces bouquets de bois qui ordinairement occupent la partie basse des marais, et forment presque toujours une lisière allongée. Ici, comme à Minas (1), ils offrent un épais fourré d'arbrisseaux et d'arbres à tige grêle et élancée, souvent rameuse dès la base. S'ils poussent ordinairement dans la partie la plus basse des marais, c'est, sans doute, parce que la plus grande portion de terre végétale s'y rassemble. Dans ce pays, les bouquets de bois de cette nature portent le nom de *restinga*, que, sur la côte, au nord de Rio de Janeiro, on applique aux langues de terre sablonneuse couvertes d'arbrisseaux à tige buissonnante (2). Je ne crois pas que, dans les Mines, on donne un nom particulier aux *restingas* analogues à celles de la province de S. Paul (3).

Pendant que j'herborisais, je trouvai sur le bord d'un ruisseau quelques baraques de feuilles de palmier à peine hautes de 5 pieds et entourées d'une haie sèche. Un jeune homme m'invita très-poliment à entrer dans l'une d'elles.

---

(1) Voir mon *Voyage aux sources du Rio de S. Francisco, etc.*, I, 177.

(2) *Voyage dans le district des Diamants et sur le littoral du Brésil*, I, 337 ; II, 41.

(3) Dans le langage ordinaire, *restinga* est un terme de marine qui signifie écueil, bas-fond, banc de sable.

Il étendit un cuir par terre, mit son *poncho* par-dessus et me fit asseoir. Nous nous mîmes à causer, et il m'apprit qu'il était *camarada* d'une troupe de mulets indomptés qui venait de la petite ville de *Faxina*. Quand une troupe arrive, on la laisse dans les environs de Sorocába ; les *camaradas* construisent des baraques près du lieu où passent les mulets, et ils y restent jusqu'à ce que la troupe soit rendue. C'est ce qu'on appelle *invernada* ; et en général on donne ce nom à tous les lieux où les caravanes s'arrêtent pendant un certain temps.

Tandis que j'étais au sitio de Pedro Antunes, José Marianno me donna une nouvelle preuve de sa bizarrerie. Il n'avait pas mangé avant de partir de Sorocába ; en arrivant, il alla à la chasse et ne revint qu'à la nuit. Firmiano et le nègre Manoel avaient soupé sans lui ; mais ils avaient laissé sa portion devant le feu. Il arrive, arrange son lit et se couche ; puis tout à coup il fait une sortie, parce qu'on ne l'avait pas attendu, déclarant qu'il s'en irait, si l'on continuait à avoir pour lui aussi peu d'égards. A trois heures après midi, le thermomètre de Réaumur n'avait pas indiqué moins de 24 degrés ; il était impossible que cet homme, qui, par une aussi forte chaleur, était monté à cheval et avait passé une partie de la journée à la chasse, toujours sans manger, n'eût pas les nerfs extrêmement irrités, et je m'attendais à essuyer le lendemain matin quelque scène nouvelle. A son lever, il avait un air sombre ; il allait, il venait sans rien dire, et ce fut seulement au bout de trente-six heures qu'il prit quelque nourriture. Depuis ce moment, il fut plus supportable, et le soir il devint d'une gaieté folle.

Entre Sorocába et Pedro Antunes, le pays, coupé de bouquets de bois et de *campos*, est seulement inégal. Au delà de Pedro Antunes, il devient montueux, et reste tel dans un espace de 3 *legoas* jusqu'au *Rio Sarapuhú*. Ce sont alors les bois qui dominent : ils (1) sont à peine entremêlés de quelques *campos*, et, pendant la dernière lieue que l'on fait avant le Sarapuhú, on parcourt sans interruption un bois où le chemin est très-mauvais. Arrivé à l'extrémité de cette petite forêt, on traverse, sur un pont en bois étroit et sans garde-fou, le Rio Sarapuhú, qui a peu de largeur. C'est cette rivière qui sépare le *termo* de Sorocába de celui d'Itapitininga.

Je fis halte, sur sa rive gauche, à une maisonnette en fort mauvais état dont j'ai déjà donné la description.

Au delà du Sarapuhú, dans l'espace de 3 *legoas*, jusqu'à l'entrée de la petite forêt de Lambarí, le pays est ondulé. On aperçoit çà et là des bouquets de bois; mais le chemin traverse, sans interruption, un immense *campo* où les touffes de Graminées sont, comme je l'ai dit, entremêlées de nombreux palmiers à feuilles radicales. Dans quelques endroits bas s'élèvent de petits arbres, parmi lesquels je reconnus beaucoup de Myrsinées ; je vis, au milieu de ces campagnes, des plantes qui m'étaient inconnues, mais j'en retrouvai davantage encore qui appartenaient à tous les *campos*. Quand on se rapproche de la petite forêt de Lambarí (Mato de Lambarí), le pays devient plus boisé.

---

(1) L'orthographe que j'admets ici est conforme à la prononciation admise dans le pays; mais probablement on se rapprocherait davantage de l'étymologie en écrivant *Sarapuhy*, comme a fait Müller (*Ensaio*, 52), car ce mot paraît venir des mots guaranis *carapua*, court et large, et *yg*, eau (la rivière courte et large). Avec *Sarapuhy*, on trouve encore dans l'*Ensaio* (51) *Sarapiú*.

Pendant tout le voyage, j'avais vu des maisonnettes dispersées dans la campagne; près du bois de Lambarí, elles sont encore plus communes. Je fis halte à la dernière de celles qui précèdent le bois ; c'était une *venda* à laquelle ce dernier donne son nom (*venda de Lambarí*), comme lui-même emprunte le sien d'un ruisseau voisin.

Le bois de Lambarí, qui a environ 1 lieue d'étendue, présente une très-belle végétation ; après en être sorti, on trouve des *campos* où il ne croît que des Graminées, quelques autres herbes et peu de sous-arbrisseaux. Le terrain est très-plat dans le bois de Lambarí (1), et l'est également dans le *campo* qui vient ensuite.

Voulant passer la nuit dans la ville d'Itapitininga, je m'étais fait précéder par José Marianno, afin qu'avant mon arrivée il remît au *capitão mór* la lettre de recommandation que le capitaine général de la province m'avait donnée pour lui. Ma caravane m'avait laissé en arrière ; j'entrai seul dans la ville, et, trouvant toutes les maisons fermées, j'eus de la peine à découvrir où mes gens avaient fait halte. J'appris enfin qu'ils étaient dans une chétive auberge, et fus un peu étonné que la puissante recommandation dont j'étais porteur ne m'eût pas valu un meilleur gîte. José Marianno me dit que le *capitão mór* était à sa *fazenda*, qu'un capitaine de milice (garde nationale), auquel il avait présenté la lettre du gouverneur de la province, avait refusé de l'ouvrir, et qu'il n'avait trouvé, pour la décacheter, qu'un sergent, qui lui avait indiqué l'auberge où il

---

(1) Le nom de *Lambarí* est emprunté à une très-petite espèce de poisson (voir mon *Voyage dans les provinces de Rio de Janeiro et de Minas Geraes*, II, 27).

s'était arrêté. Sur le soir, ce sergent vint me rendre visite, et me fit beaucoup d'excuses de ne m'avoir pas logé chez lui. Il me dit qu'il avait envoyé la lettre du gouverneur au *capitão mór*, mais que celui-ci ne viendrait probablement pas me voir, parce qu'il était absent de sa *fazenda*. Sur les neuf heures, cependant, je reçus sa visite.

Les *capitães móres* étaient toujours choisis parmi les hommes les plus considérables de leur canton, et jusqu'à un certain point il était permis de juger, par eux, du pays qu'ils étaient chargés d'administrer : l'accoutrement de celui d'Itapitininga ne pouvait que me confirmer dans la triste idée que j'avais déjà de son district, car il se présenta chez moi les coudes percés ; d'ailleurs je n'eus qu'à me louer des égards et des complaisances qu'il ne cessa d'avoir pour moi.

Tout à la fois chef-lieu d'un district et d'un *termo*, la ville d'Itapitininga, qui, à Minas, n'aurait été, de mon temps, qu'un chétif village, est située à 30 lieues de S. Paul, 12 de Sorocába, autant de Porto Feliz et 18 d'Itapéva, par le 23ᵉ degré 30′ de lat. australe et le 329ᵉ degré 53′ 18″ long. à partir du méridien de l'île de Fer (1). Elle doit son nom aux mots indiens *itapéti ny*, pierre qui rend un son ; elle a été fondée, en 1770, par le gouverneur de la province de S. Paul, D. Luiz Antonio de Souza (2), et sous l'ancien gouvernement elle était administrée par un sénat municipal et deux juges ordinaires (*juizes ordinarios*). Le chemin du sud passe par cette ville. Elle termine une belle

---

(1) Ces indications sont dues à Pizarro (*Mem. hist.*, VIII, 298); mais on verra, dans le chapitre suivant, lorsque je traiterai de la ville d'Itapéva, qu'elles peuvent faire naître quelques doutes.
(2) Piz., *Mem. hist.*, VIII, 298.

plaine uniquement couverte de pâturages; au-dessous d'elle coule un grand ruisseau qui porte le nom de *Ribeirão d'Itapitininga*, et de l'autre côté de ce ruisseau on voit des bois qui répandent de la variété dans le paysage. La forme de cette ville est à peu près carrée. Le nombre des maisons qui la composaient, lors de mon voyage, n'allait guère au delà de soixante; celles-ci sont petites, en assez mauvais état et construites en pisé. L'église, dédiée à Notre-Dame des Grâces (*Nossa Senhora das Merces*)(1), s'élève sur une petite place; elle n'a ni clocher ni tours; les cloches sont suspendues, à côté du bâtiment, sous un petit toit séparé.

Presque tous cultivateurs, les habitants d'Itapitininga n'y viennent que le dimanche; ce qui explique pourquoi, lorsque j'arrivai dans cette ville, je la trouvai presque déserte. On y voit cependant plusieurs *vendas* et quelques boutiques; mais les premières surtout étaient fort mal garnies. Je payai les objets que j'eus occasion d'acheter avec une augmentation de 100 pour 100 sur les prix de S. Paul : cette dernière ville n'est éloignée, à la vérité, que de 30 *legoas*; mais les chemins sont difficiles, les transports, qui se font toujours à dos de mulet, sont extrêmement lents, et la concurrence est presque nulle.

A l'époque de mon voyage, Itapitininga était en possession d'un petit commerce qui, depuis, sera certainement tombé. On y vendait des pierres à fusil que l'on taillait dans son voisinage, principalement à Sambas. « Ces pierres, « écrivait Friedrich Varnhagen, vers 1814, sont très- « bonnes et d'une couleur plus foncée que celles qui

---

(1) Cazal et Müller écrivent (*Corog. Braz.*, I, 244; — *Ens. estatist.*, 51) *Nossa Senhora das Mercés*; mais, selon Pizarro, ce serait *N. S. dos Prazeres* (l. c.).

« viennent de la France et de la Suisse. De pauvres gens
« les taillent à l'aide de petits marteaux de fer plats qui
« ont 6 pouces de long, 1 pouce de large, 1/4 de pouce
« d'épaisseur, et sont fixés à un manche de bois court. Un
« ouvrier en fait par jour jusqu'à deux cents, et chaque
« cent se paye 8 *vintens* (1 fr.). On vend en grande quan-
« tité les pierres à fusil d'Itapitininga, et on les transporte
« jusque dans les ports de mer, où elles sont plus estimées
« que celles qui viennent de l'étranger (1). »

Pour la première fois depuis Sorocába, je trouvai à Itapitininga du maïs pour mes mulets. Je demandai inutilement, dans toutes les *vendas*, du lard, seule substance qui, au Brésil, remplace le beurre ou l'huile ; j'aurais été obligé de m'en passer, si le *capitão mór* n'en avait envoyé chercher à sa *fazenda* une petite provision de quelques livres. Ces faits suffisent pour montrer combien, en cette année, la disette était grande; car ce pays est essentiellement agricole, et il paraît que tous les comestibles y sont habituellement fort abondants.

A l'époque où je me trouvais à Itapitininga, son district et sa paroisse, dont les limites sont les mêmes, s'étendaient, de l'est à l'ouest, dans un espace d'environ 14 *legoas*, depuis le Rio Sarapuhú, qui les séparait de celui de Sorocába, jusqu'au *Rio Paranapanema*, où commençait le territoire d'Itapéva. Du nord au sud, les frontières étaient encore incertaines ; vers la mer, qui n'est guère qu'à 20 *legoas* de la ville d'Itapitininga, on rencontrait bientôt de vastes

---

(1) *Beobachtungen über eines Theil der Capitanie S. Paulo ; vorzüglich in geognostischer Hensicht*, in Eschw., *Journ.*, II, 257.

forêts presque inhabitées, et du côté opposé, où sont des *campos*, on s'était également peu étendu, pour ne pas se rencontrer avec des Indiens encore sauvages qui inspiraient une très-grande terreur. En 1839, les limites du district étaient encore les mêmes, mais la paroisse, autrefois unique, avait été divisée, et, outre celle qui dépendait de l'église de la ville, on en comptait encore deux autres, celle de *Tatuhy* et celle de *Paranapanema* (1), situées toutes les deux au sud d'Itapitininga, entre cette ville et l'Océan, ou, si l'on veut, le petit port d'*Iguapé*. Enfin, par les lois provinciales de 1842 et 1844, Tatuhy, déjà paroisse depuis douze ans, a été détaché du territoire d'Itapitininga et érigé en ville (2).

En 1820, presque tous les habitants du district étaient des agriculteurs. Ils cultivaient le maïs, le riz, les haricots, et envoyaient ces denrées à Sorocába, où le séjour des caravanes du sud et de celles de Minas occasionnait une consommation pour laquelle les récoltes du pays même n'étaient pas suffisantes. Dans les parties du district où la gelée ne se faisait pas sentir, telles que les vallons, on plantait des cotonniers, et l'on fabriquait, avec leurs produits, des tissus grossiers qu'on expédiait, ainsi que ceux des environs de Sorocába, pour Rio Grande do Sul et pour Curitiba. Comme il existe, dans les alentours d'Itapitininga, une très-grande étendue d'excellents pâturages, plusieurs colons s'occupèrent uniquement de l'éducation des bestiaux, et vendaient leurs élèves pour S. Paul et même Rio de Janeiro.

(1) D. P. Müller, *Ens. estatist.*, 51.
(2) *Relatorio a presentado*, etc., *pelo presidente Manoel da Fonseca Lima e Silva, jan.* 1845, p. 5.

Il y avait encore, dans le district d'Itapitininga, quelques sucreries; mais plus loin on n'en trouvait plus, et le Rio Paranapanema pourrait être considéré comme formant, sur le plateau, la limite de la culture de la canne à sucre. La vigne, et surtout les pêchers, réussissent bien, dit-on (1), dans ce district. Entre Itapitininga et l'Océan, il existe, dans les bois, des terrains aurifères; mais l'or n'y est pas abondant, et est abandonné à quelques pauvres *faiscadores* (2).

Depuis 1820, la population d'Itapitininga a beaucoup augmenté; les forêts qui s'élèvent au midi de cette ville sont devenues moins désertes, et la culture, surtout celle de la canne, a pris plus d'extension. En 1837 ou 1838, on a recueilli dans le district d'Itapitininga 5,500 arrobes de sucre, 1,280 *alqueires* de haricots, un peu de riz, un peu de maïs, et on y a élevé 800 bêtes à cornes et 120 mulets (3).

A l'époque de mon voyage, on comptait, dans le district d'Itapitininga, de 5 à 6,000 âmes; en 1838, lorsque la ville actuelle de Tatuhy en faisait encore partie, sa population s'élevait déjà à 11,510 individus. Le tableau suivant montrera avec détail quels accroissements cette population a éprouvés de 1815 à 1838, et des comparaisons qu'il nous fournira nous tirerons des conséquences qui contribueront à nous donner du pays une connaissance plus parfaite.

(1) Cazal, *Corog.*, I.
(2) Les *faiscadores* sont des chercheurs d'or pauvres, qui ne peuvent se livrer à aucun travail important et se bornent à laver le sable des rivières ou les terres qui les avoisinent (*Voyage dans les provinces de Rio de Janeiro et de Minas Geraes*, I, 257 et suiv.).
(3) Müll., *Ens. estatist.*, tab. 3.

1815.

Blancs des deux sexes.	2,172	
Mulâtres libres des deux sexes. . .	2,755	4,950 indiv. libres.
Nègres libres des deux sexes. . . .	23	
Mulâtres esclaves des deux sexes. . .	94	440 esclaves.
Nègres esclaves des deux sexes. . . .	346	
Total.	5,390 individus.	

1838.

Blancs des deux sexes.	7,422	
Mulâtres libres des deux sexes. . .	1,097	8,810 indiv. libres.
Nègres libres des deux sexes. . . .	291	
Mulâtres esclaves des deux sexes. .	511	2,700 esclaves.
Nègres esclaves des deux sexes. . .	2,189	
Total.	11,510 individ. (1).	

1° Il est bien évident que la population blanche ne peut avoir triplé en vingt-trois ans ; par conséquent, des immigrations considérables ont dû avoir lieu, encouragées par la fertilité des terres et la vaste étendue de celles qui étaient encore désertes. 2° Il est impossible que le chiffre des mulâtres ait diminué de moitié en vingt-trois années ; il est donc à croire qu'on avait primitivement rangé, parmi eux, des métis de blancs et d'Indiennes, dont les traits rappelaient évidemment l'origine. Les enfants de ces métis, moins Indiens que leurs pères, auront été mis, par une génération plus indulgente, au nombre des hommes de notre race, et ils auront contribué à augmenter le chiffre de ces derniers. 3° Celui des esclaves s'est tellement accru, qu'il est

---

(1) Spix et Martius, *Reise*, I, 238 ; — Müll., *Ens. estatist. contin. do app. a tab.* 5.

clair que les immigrants en auront amené avec eux, et que tous n'étaient pas des hommes pauvres. 4° On n'aurait pas eu besoin d'une augmentation aussi considérable d'esclaves, si les colons se fussent bornés à élever des bestiaux; cette augmentation indique assez qu'ils se sont principalement livrés à l'agriculture, surtout à la plantation de la canne à sucre, et effectivement cette culture, qui, en 1820, n'était, dans le pays, qu'une sorte d'accessoire, a acquis, depuis, une véritable importance, puisqu'en 1838 le nombre des sucreries ne s'élevait pas à moins de dix.

Le district d'Itapitininga n'est pas, sans doute, aussi favorablement situé que ceux d'Hytú, Campinas et Jundiahy, beaucoup plus voisins de la capitale de la province et du port le plus fréquenté; cependant il jouit aussi de très-grands avantages. La proximité de Sorocába lui assure, comme on l'a vu, le débit d'une partie de ses denrées, et d'un autre côté la ville d'Itapitininga n'est pas, en réalité, fort éloignée de la mer. A la vérité, il ne fallait pas, en 1838, moins de quatre journées de chemin par terre et cinq sur le *Ribeira d'Iguápe* pour arriver d'Itapitininga au petit port d'Iguápe (1); mais il est à croire que ce temps sera considérablement raccourci quand les chemins commencés de Paranapanema à *Xiriríca* et de la ville même d'Itapitininga au *Rio Jaquia* (2), affluent de l'Iguápe, seront devenus entièrement transitables, et alors les denrées du district d'Itapitininga trouveront un débouché

---

(1) Je cite ces chiffres d'après Müller (*Ens. estatist.*, 51); mais le raisonnement et l'inspection de la carte publiée, en 1847, par Villiers peuvent faire croire qu'ils sont exagérés.

(2) Voyez les rapports des présidents de la province de S. Paul à l'assemblée législative.

très-avantageux au port d'Iguápe, qui entretient un commerce de cabotage non-seulement avec le littoral du Brésil, mais encore avec le Rio de la Plata (1).

(1) A peu près à la hauteur de la ville de *Cananea* commence une île étroite et allongée, qui peut avoir 6 lieues de long, et, s'étendant du sud-ouest au nord-est, laisse entre elle et la terre ferme un canal qu'on appelle *Mar Morto* ou *Pequeno* (la mer morte ou la petite mer). C'est tout à fait à l'extrémité septentrionale de ce canal, entre lui, au sud, et le Ribeira d'Iguápe, au nord, qu'a été bâtie, sur le continent, la petite ville d'Iguápe. Son port n'a pas beaucoup de fond et n'admet que des embarcations peu considérables (*sumacas* et *lanchas*). Elle exporte une grande quantité de riz qu'on recueille dans ses alentours; mais, d'ailleurs, il ne paraît pas que, jusqu'en 1838, elle eût fait des expéditions bien importantes. On y construit des barques de diverses dimensions. Dans son église, consacrée à Notre-Dame des Neiges (*N. S. das Neves*), est une image du Sauveur qui attire beaucoup de pèlerins. Son district, dont la population s'élevait, en 1822, à 6,700 habitants, et en 1838 à 9,300, paraît être beaucoup moins malsain que d'autres parties du littoral; il est fertile et arrosé par un grand nombre de ruisseaux et par le Ribeira d'Iguápe, appelé, à son origine, *Rio Assunguy*, la plus importante des rivières qui, dans la province de S. Paul, naissent de la chaîne maritime. On a, dit-on, commencé un canal qui doit établir une communication entre l'embouchure de l'Iguápe et la ville; si ce canal est jamais achevé, il donnera à cette dernière une importance notable, surtout quand les produits des districts d'Itapitininga et de Tatuhy arriveront plus facilement qu'aujourd'hui au Rio Jaquia et à Xiririca (Cazal, *Corog.*, II, 228; — Piz., *Mem. hist.*, VIII, 309; — Müll., *Ens.*, 61; — Mill. et Lop. de Mour., *Dicc.*, I, 450). Dans un écrit fort important, mais un peu gâté par quelques-unes de ces déclamations philosophiques si fort à la mode dans le siècle dernier, l'illustre Martim Francisco Ribeiro de Andrada fait le plus triste tableau des mœurs corrompues des habitants d'Iguápe (*Diario da viagem, etc.*, in *Revist. trim.*, II, 2ª sér., 533).

CHAPITRE XII.

VOYAGE D'ITAPITININGA AUX CAMPOS GERAES. — LA VILLE D'ITAPÉVA. — INDIENS.

Tableau général du pays situé entre Itapitininga et les Campos Geraes. — La campagne voisine d'Itapitininga. — *Registro Velho;* costume du propriétaire de ce *sitio.* — Le *sitio de Capivhary;* pluies abondantes; ennui, tristesse; famine. — Histoire des *Campos de Guarapuáva;* le missionnaire José das Chagas Lima. — Le lieu appelé *Pescaria;* ses habitants. — Belles campagnes; chemins affreux. — Celui qui traverse le désert de *Lages;* réflexions sur l'incurie de l'administration. — Le *Rio Paranapanema.* — La *fazenda de Paranapitanga;* misère. — Le *Rio Apiahy.* — *Sitio da Fazendinha;* une vieille femme. — Manque de vivres. — *Sitio do Capão do Inferno.*

Le pays que je parcourus dans un espace d'environ 28 *legoas,* entre Itapitininga et l'Itareré, jusqu'aux limites des Campos Geraes, comprend la portion la plus occidentale du *termo* d'Itapitininga et tout le *termo* d'Itapéva. Comme il avoisine la chaîne maritime, et que les affluents du Paranná y sont encore peu éloignés de leur source, j'ai à peine besoin de dire qu'il a une élévation sensible. Partout il est ondulé et agréablement coupé de bouquets de bois et de pâturages où ne croissent que des herbes et des sous-arbrisseaux.

Le chemin que je suivis est toujours celui de S. Paul à

Curitiba et Rio Grande, et, quoiqu'il portât le nom pompeux de *route royale*, il était souvent affreux, tracé presque uniquement, en certains endroits, par les pieds des mulets, qui étaient obligés de se glisser entre les arbres.

Je continuais à m'éloigner peu à peu du tropique, me dirigeant vers le sud-ouest; mais, si les campagnes sont moins propres à la culture des plantes coloniales, tant à cause de leur position géographique qu'à cause de leur élévation, elles sont loin pourtant d'être stériles, et les vastes pâturages qui les couvrent peuvent nourrir d'immenses troupeaux.

Il existe, dans ce pays, quelques habitations fort importantes où l'on fait des élèves de chevaux et de bêtes à cornes; mais, tandis qu'à Minas les grands propriétaires habitent généralement leurs *fazendas*, ceux de ce pays abandonnent les leurs à des gérants ou même à des esclaves, ils vivent à S. Paul et négligent entièrement leurs chétifs bâtiments, qu'ils ne veulent pas occuper.

De tous les côtés on voit des maisonnettes éparses dans la campagne, mais elles sont encore plus misérables que celles qui se trouvent entre Hytú et Itapitininga. Les habitants de ces tristes demeures paraissent, pour la plupart, devoir leur origine à un mélange des races indienne, africaine et caucasique, et, si quelques-uns semblent appartenir plus particulièrement à cette dernière, chez d'autres, au contraire, ce sont les traits de la race américaine ou de la race africaine qui prédominent. Ces hommes, généralement niais, stupides et sales, sont peut-être encore moins civilisés que les habitants des campagnes situées entre Sorocába et Itapitininga : ils n'ont point d'esclaves et cultivent la terre de leurs propres mains; mais il paraît que leur paresse ne leur permet guère de planter qu'autant qu'il est nécessaire pour ne pas mourir de faim. Les métis sont, en général, supérieurs à une des races auxquelles ils doivent leur origine (1), aussi les campagnards dont il s'agit l'emportent-ils sur les Indiens; mais ils sont infiniment au-dessous des mulâtres, ils sont même au-dessous des habitants, si peu intelligents et si apathiques, de la partie la plus occidentale de Minas Geraes; car ceux-ci doivent leur stupidité à leur isolement et à leur ignorance, tandis que les premiers doivent la leur au sang mélangé qui coule dans leurs veines. Il n'y a, dans ce pays, de véritables blancs que quelques individus qui sont venus s'y établir à une époque récente; ces derniers refusent de reconnaître les anciens colons pour leurs égaux, et de là des haines et des divisions incessantes. Depuis 1820, de nouvelles immigrations ont certainement eu lieu, d'autres auront lieu encore; de nouveaux mélanges retremperont la population, et l'instruction que le gouvernement provincial tâche de répandre achèvera de la tirer de l'état de demi-barbarie où elle était plongée.

Mon itinéraire confirmera la vérité du tableau que je viens de tracer (2).

---

(1) Voir mon *Voyage aux sources du Rio de S. Francisco et dans la province de Goyaz*, II, 271.

(2) Itinéraire approximatif d'Itapitininga au Tareré :

	Legoas.
D'Itapitininga au Registro Velho, sitio.	1 1/2
Du R. V. à Capivhary, sitio.	3
De C. à Pescaria, sitio.	2
De P. à Paranapitanga, fazenda.	2 1/2
De P. à Fazendinha, sitio.	3 1/2
A reporter.	12 1/2 legoas.

En sortant d'Itapitininga, je passai sur un pont en bois le torrent du même nom (*Ribeirão d'Itapitininga*), et j'entrai dans un *campo* découvert, aussi égal que nos plaines de Beauce. Mais cette égalité du sol était réellement une exception; le terrain ne tarda pas à présenter quelques ondulations, offrant toujours des pâturages parsemés de quelques bouquets de bois. L'aspect de la campagne était charmant; l'herbe, qui, sans doute, avait été brûlée au mois de septembre, formait une pelouse d'un vert tendre contrastant avec les teintes foncées des bois.

A environ 1 lieue d'Itapitininga, on trouve la petite rivière du même nom qu'il ne faut pas confondre avec le Ribeirão dont j'ai parlé plus haut; on la passe sur un pont en bois où l'on paye un péage, dont m'exempta, comme à l'ordinaire, mon passe-port privilégié (*portaria*).

Après avoir fait 1 lieue et demie, je m'arrêtai à un *sitio* petit, mais assez joli, qui appartenait à un capitaine de milice. Ce *sitio* portait le nom de *Registro Velho* (l'ancienne douane), parce qu'autrefois on y avait établi une garde pour empêcher la contrebande de l'or que l'on tirait des rivières Parapanema et Apiahy. D'abord je ne fus admis que sous la galerie qui se prolongeait devant la maison (*varanda*) (1); la porte de cette dernière restait même

Report. . .	12 1/2 legoas.
De Fazendinha à Capão do Inferno, sitio. .	2 1/2
De C. do Inf. à Itapéva, ville.	2 1/2
D'It. à Fazendinha, fazenda.	1 1/2
De F. à Perituva, fazenda.	3 1/2
De P. à Tareré, hameau.	5
	27 1/2 legoas.

(1) Voir mon *Voyage dans les provinces de Rio de Janeiro et de Minas Geraes*, I, 210.

exactement fermée, et, toutes les fois que le maître voulait pénétrer chez lui, il faisait un long détour, en passant par son jardin. Cependant, comme vers le soir il tomba de la pluie, on me permit d'entrer dans la *sala* (1), d'y faire mettre mes effets et d'y coucher.

Il ne faut pas s'étonner que le *capitão mór* du district eût les coudes percées, car le capitaine de Registro Velho ne portait qu'un caleçon de toile de coton et une chemise de même étoffe. L'extrême simplicité de ce costume suffirait pour montrer combien ce pays est pauvre, car ce sont toujours les gens les plus notables et les plus aisés que l'on choisit pour officiers de milice. Que devaient être ici les simples gardes nationaux ?

Les chaumières que l'on voyait éparses dans la campagne l'indiquaient assez, elles étaient d'une petitesse extrême, et n'annonçaient qu'une triste indigence.

Au delà du Registro Velho, dans un espace de 3 *legoas* jusqu'à *Capivarhy* (2) où je fis halte, je traversai encore un pays ondulé, coupé de bouquets de bois et de *campos* découverts. Les bouquets de bois se voient le plus ordinairement sur le penchant des collines et dans les fonds, mais quelquefois aussi sur les hauteurs, exception qui

(1) On donne le nom de *sala* à la pièce où l'on reçoit les étrangers (voir mon *Voyage dans les provinces de Rio de Janeiro, etc.*, I, 210).

(2) Il ne faut pas confondre ce lieu avec la petite ville de *Capivhary*, qui fait aussi partie de la province de S. Paul et est voisine de Sorocába. Comme j'ai eu occasion de le dire ailleurs (*Voyage à Goyaz*, II, 189), le nom de *Capivhary*, qui signifie *la rivière des cabiais*, se retrouve au Brésil dans une foule d'endroits différents, et prouve combien les cabiais étaient jadis communs dans cette contrée.

tient, sans doute, à certaines nuances de terrain ou à quelque transport fortuit de semences.

La maisonnette de Capivarhy où je fis halte, comme je viens de le dire, était située tout auprès d'un ruisseau. Le propriétaire, simple paysan, me permit de m'établir dans sa *sala*, qui, suivant la coutume, était extrêmement petite, et les bâts des mulets ainsi que le menu bagage furent placés sous le *rancho*, dépendant du *sitio*. Je ne dois pas oublier de dire, en effet, que dans presque tous les lieux où j'avais fait halte depuis que je m'étais remis en voyage, et qui sont aussi ceux où s'arrêtent ordinairement les caravanes, il y avait un *rancho* soutenu par des poteaux; mais ces tristes abris étaient tous à demi découverts et en aussi mauvais état que ceux de la route de Goyaz.

Pendant la première nuit que je passai à Capivarhy, la pluie tomba par torrents; elle continua à peu près de la même manière pendant plusieurs jours, et ce ne fut que le cinquième, à partir de celui de mon arrivée, que je pus me remettre en route. Il était difficile d'être plus mal placé que je n'étais pour supporter ce déluge. Dès la première nuit, le *rancho* avait été inondé, l'eau tombait de tous les côtés dans la chambre petite et obscure où mes effets étaient entassés, et j'avais beaucoup de peine à les garantir. Privé de mes moyens ordinaires de travail, ne pouvant sortir, n'ayant personne autour de moi avec qui je pusse m'entretenir quelques moments, je périssais d'oisiveté, de tristesse et d'ennui. Les pensées les plus sombres venaient m'obséder; l'idée de mes parents était sans cesse présente à mon esprit; je craignais de n'avoir plus le bonheur de les revoir, je m'affligeais et ne trouvais de consolation auprès de personne : jamais je n'avais mieux senti que j'étais sur une terre étrangère.

Au lieu de me procurer quelques distractions, les gens qui m'accompagnaient ajoutaient encore à mes ennuis. Le bon Laruotte, à la vérité, était toujours le même, il s'occupait sans cesse et montrait le même désir de se rendre agréable ; mais José Marianno était d'une humeur affreuse et ne faisait plus rien ; Manoel ne cessait de demander et de se plaindre ; le Botocudo Firmiano, si gai autrefois, copiait exactement José Marianno, et devenait aussi maussade que lui.

Au milieu de tous les désagréments que j'éprouvais, une triste pensée venait encore me préoccuper. Mes provisions s'épuisaient, et je ne savais où il me serait possible de les renouveler. La disette se faisait sentir dans tout le pays d'une manière affreuse. Les cultivateurs n'avaient plus de farine ; ils cueillaient du maïs avant la maturité et le faisaient griller ; c'était, avec du lait, leur unique nourriture.

Je n'étais pas le seul voyageur qui fût retenu à Capivarhy par le mauvais temps. Un homme assez intéressant y avait aussi trouvé un asile ; c'était le colonel Diogo Pinto de Azevedo Portugal, qui avait contribué tout récemment à ouvrir un nouveau chemin allant au Sud par les *campos de Guarapuáva*. Il aurait pu me donner des renseignements sur ce pays, sur les Indiens qui l'habitaient et sur leur curé, l'abbé Francisco das Chagas Lima, dont on ne prononçait le nom qu'avec vénération, mais nous nous vîmes peu. Le colonel avait avec lui tous les siens, qu'on avait logés dans l'intérieur de la maison ;

il ne les quittait pas, et, conformément aux vieilles mœurs du pays, il aurait, sans doute, jugé peu convenable d'introduire un étranger dans sa famille. Je crus cependant devoir lui faire une visite; nous parlâmes du voyage que je me proposais de faire dans le Sud, et il m'épouvanta en me disant qu'il croyait impossible que je m'embarquasse pour l'Europe avant 1822. Jamais je n'avais eu un si grand désir de quitter le Brésil; je ne me croyais pas destiné à être plus heureux en France, je redoutais même la vie sédentaire que je devais y mener, mais ma présence, me disais-je, consolera ma mère de la perte que nous avons faite. Je me serais accoutumé à l'idée de ne plus revoir ma mère; je ne pouvais supporter celle de ne pas lui donner la joie de me revoir encore.

Le colonel me fit demander un jour si je voulais boire du maté. J'acceptai son offre, m'imaginant que nous nous réunirions, comme lorsqu'on prend le thé en Allemagne ou en France. Il n'en fut pas ainsi; il m'envoya son fils, enfant de dix ou douze ans, qui portait deux serviettes bien blanches et bien pliées: sur l'une étaient de petits morceaux de fromage, sur l'autre étaient la gourde qui contenait la liqueur et le chalumeau de métal (*bombilha*) destiné à l'aspirer. Novice encore, je ne retirai pas à temps le chalumeau de ma bouche, et je me brûlai de manière à me souvenir d'être une autre fois plus lent et plus prudent.

Les *campos* de Guarapuáva, que le colonel Diogo avait en partie colonisés, faisaient alors le sujet de toutes les conversations. J'aurais été bien aise de les visiter, les difficultés du voyage m'effrayèrent; mais, pour rendre ma relation moins incomplète, j'emprunterai à des autorités graves quelques détails sur cette partie de la province de S. Paul (1).

Les campos de Guarapuáva (2) sont situés vers la frontière occidentale de cette province, à peu près sous la même latitude que la partie la plus septentrionale du district de Curitiba, à 30 ou 40 lieues de cette ville et de celle de Castro, dont je parlerai bientôt; ils peuvent avoir une vingtaine de lieues de longueur sur 12 à 14 de large, et sont presque entièrement environnés de hautes montagnes et de sombres forêts. Le voyageur, attristé par ces dernières, qu'il n'a pu traverser qu'avec de grandes difficultés, éprouve une véritable joie lorsque tout à coup il aperçoit de belles campagnes découvertes et simplement ondulées, qu'arrosent un grand nombre de ruisseaux et de rivières. Les campos de Guarapuáva, élevés, suivant Sellow, de 450 *braças* (990 mètres) (3) au-dessus du ni-

---

(1) Francisco das Chagas Lima, *Memoria sobre o descobrimento e colonia de Guarapuáva*, in Revist. trim., IV, 43. — José Joaquim Machado de Oliveira, *Noticia sobre as aldeas*, etc., in Revist. trim., 2ᵃ ser., I, 339.

(2) Francisco das Chagas Lima pense que *Guarapuáva* veut dire *oiseau qui vole rapidement* (Revist. trim., 1ᵃ ser., 43); mais il montre suffisamment, dans son mémoire, si précieux d'ailleurs, qu'il n'avait aucune connaissance du guarani. Je serais plutôt tenté de croire que ce nom vient de *guara*, espèce d'oiseau, et *puahava*, qui paraît vouloir dire *coup*, coup donné ou reçu par le *guara* (Ruiz da Montoya, Tes. guar., 322 bis). M. Francisco dos Prazeres Maranhão dit, dans son intéressant écrit (Revist. trim., 2ᵃ ser., 73), que *Guarapuáva* signifie un *guara en pied*; je ne vois rien, je l'avoue, qui justifie cette étymologie. L'Espagnol-Américain que j'ai déjà cité plusieurs fois faisait dériver *Guarapuáva* de *yharapuava*, rivière arrondie.

(3) C'est l'abbé Chagas qui, dans son mémoire, cite Sellow. Ce dernier avait, par conséquent, passé par les Campos de Guarapuáva, et on doit

veau de la mer, et éloignés d'environ 2 degrés du tropique du Capricorne, sont favorables à la culture des produits de l'Europe, à celle de nos arbres fruitiers, et bien davantage encore à l'éducation des bêtes à cornes, des chevaux et des bêtes à laine.

Un homme de génie, le marquis de Pombal, qui, sans cesse, avait les yeux fixés sur le Brésil, crut qu'il serait utile à ce pays que des établissements formés dans les parties les plus éloignées de la province de S. Paul facilitassent les communications de cette province avec le Paraguay, et pussent empêcher les empiétements des Espagnols. Par les ordres de ce ministre, trois bandes paulistes furent successivement envoyées dans les contrées désertes situées entre l'*Iguassú* et le Paranná. Les deux premières de ces expéditions n'eurent aucun résultat utile; mais, en septembre 1770, Candido Xavier de Almeida e Souza, qui commandait la troisième, arriva aux campos de Guarapuáva, et en prit possession au nom du roi de Portugal.

Pendant longtemps on oublia cette découverte; mais, à l'arrivée du roi Jean VI, le ministre d'État D. Rodrigo, comte de Linhares, qui avait quelques grandes idées, reprit les plans du marquis de Pombal. Une troupe de deux cents hommes partit sous le commandement du lieutenant-colonel Diogo Pinto de Azevedo Portugal, et arriva, au bout de près d'un an, le 17 juin 1810, dans les campos de Guarapuáva, où une messe fut célébrée, sous une tente, par le missionnaire séculier Francisco das Chagas Lima.

On mit dix jours à reconnaître le pays à 10 lieues à la

vivement regretter que ses observations sur ce pays n'aient pas été publiées.

ronde, et, n'ayant point rencontré d'habitants, on jeta les fondements d'un hameau qu'on nomme *Atalaia* (1). Quelques maisons étaient à peine construites, quand on entendit, dans la campagne, des cris poussés avec toute la force à laquelle peut atteindre la voix humaine; c'était une troupe de trente ou quarante Indiens. Ils firent entendre, par des signes, aux soldats paulistes qui étaient allés au-devant d'eux, qu'ils ne voulaient que la paix, et arrivèrent au village sans faire aucun mal. On leur donna de la toile de coton, des outils, de la quincaillerie, et ils se retirèrent joyeusement. De temps en temps ils revenaient au village, puis ils s'en allaient. A la vérité, des querelles s'élevaient de temps en temps entre eux et les Paulistes; cependant ils parurent, au bout de deux ans, s'être un peu accoutumés aux mœurs et aux usages de ces derniers, et quelques-uns même se fixèrent dans le village : ce fut alors (1812) que l'abbé Chagas commença à s'occuper sérieusement de leur instruction.

Les Indiens qui, à l'arrivée des Paulistes, s'étaient présentés parmi eux appartenaient à deux tribus différentes, les *Cames* et les *Votorons*. Les premiers étaient doux et dociles, les seconds altiers et féroces; et cependant ils vivaient entre eux dans la meilleure intelligence, réunis probablement par la haine implacable qu'ils portaient également à une troisième horde, celle des *Dorins*.

Les guerres acharnées que se faisaient ces malheureux retardèrent singulièrement les progrès de la colonie nouvelle; sa mauvaise organisation lui fut peut-être plus nui-

---

(1) *Atalaia*, mot portugais, signifie un bâtiment élevé d'où l'on découvre une grande étendue de pays.

sible encore. Il était de toute justice que l'État fît les frais de l'établissement de Guarapuáva, et qu'on en confiât la garde à des soldats de la ligne : il n'en fut pas ainsi; ce furent les gardes nationaux des trois villes du *termo* de Curitiba que l'on condamna, comme les moins éloignés, à faire ce service pénible. L'espérance de trouver des trésors dans les montagnes voisines de Guarapuáva et de profiter de la fertilité de la plaine soutint d'abord leur courage ; ils finirent par se dégoûter, et on les remplaça par des hommes d'une milice inférieure, composée de ce que la société avait de moins honorable (*ordenanças*). Ceux-ci devaient être remplacés de trois mois en trois mois, mais tous désertaient successivement ; ils s'enfuyaient à Rio Grande, et le *termo* de Curitiba se dépeuplait, sans aucun profit pour la colonie nouvelle. Ce termo eut bien plus encore à souffrir lorsque le colonel Diogo eut l'idée de faire le chemin qui devait conduire à Guarapuáva, et ensuite à la province des Missions. Pour ne pas être forcés d'aller travailler à ce chemin, d'ailleurs fort utile, une foule d'hommes abandonnant leurs familles allèrent se cacher dans les parties les plus reculées de la province de Rio Grande, où ils vivaient dans le libertinage avec des Indiennes, et, comme on le verra par la suite, il y avait, au temps de mon voyage, certains cantons dans lesquels on ne voyait plus que des femmes maudissant à l'envi le nom du colonel.

Jusqu'en 1818 l'état des campos de Guarapuáva s'était peu amélioré ; on voulut au moins rendre plus régulières les relations civiles et ecclésiastiques de cette colonie : elle fut érigée en paroisse sous le nom de *Nossa Senhora de Belem*, et par un acte du 4 septembre 1818 on eut la générosité de faire aux Indiens, véritables maîtres du pays, une concession de terrains (*sesmaria*) de 4 *legoas*, auxquels certains propriétaires joignirent, par charité, quelques coins de terre. Lors de sa création, la paroisse de Belem avait été annexée au district de Castro; mais, comme elle est séparée de cette ville par de vastes forêts sans habitants et qu'elle forme comme une oasis au milieu d'un désert, il est très-difficile d'y maintenir l'ordre et la police. En 1839 une bande de vagabonds et de scélérats se jeta sur le pays, et y causa les plus grands maux; ces hommes reparurent en 1842 et en 1843; on conçut de nouvelles craintes, et les présidents de la province furent obligés de conjurer l'assemblée législative de protéger, par des forces suffisantes, une colonie très-faible encore, mais qui possède tout ce qu'il faut pour devenir importante (1).

Ce fut, comme je l'ai dit, en 1812 que l'abbé Chagas commença à instruire les Indiens qui s'étaient fixés dans le village d'Atalaia; mais il rencontra les plus grands obstacles dans l'ignorance où il était de leur langue (2), leur caractère inconstant, la difficulté de leur faire comprendre les vérités élevées du christianisme, leur passion pour la ven-

(1) Voyez les rapports des présidents de la province de S. Paul pour les années 1840, 1843, 1844.

(2) L'abbé Chagas dit que les Indiens de Guarapuáva parlent le guarani; mais la plus légère habitude de cette langue suffit pour prouver que cette assertion est entièrement erronée. Je ne me suis pas, au reste, contenté d'une simple apparence; j'ai cherché, dans l'excellent dictionnaire guarani du P. Ruiz da Montoya, tous les mots cités par Chagas, et je n'en ai trouvé que trois qui fussent guaranis, *be, co* et *ia*, mais les deux premiers ont, dans cette langue, un sens tout à fait différent de celui qu'ils ont pour les Indiens de Guarapuáva, et c'est tout au plus si la signification du troisième offre, dans les deux idiomes, une légère analogie. Il y a plus, celui de Guarapuáva admet la lettre *f*, ex. *feye*, fleur, et elle est complétement étrangère au guarani.

geance et leurs goûts pour les débauches les plus abrutissantes. Chagas était plein de zèle et de charité; il se rapprochait, autant que le permettaient les circonstances, de la méthode des anciens missionnaires, et fut secondé, pendant quelque temps, par un Indien nommé Antonio José Pahy, remarquable par ses vertus et par l'ardeur avec laquelle il concourait à la conversion de ses frères. Pahy vint à mourir et fut regretté d'autant plus vivement par Chagas qu'il ne pouvait être remplacé. Les efforts répétés du digne missionnaire furent couronnés de quelques succès; mais il en aurait obtenu de bien plus beaux, s'il eût été seul au milieu des Indiens. Les soldats paulistes, hommes vicieux pour la plupart, se mêlaient parmi ces derniers, et rendaient inutiles par leurs discours, et surtout par leurs exemples, les sages enseignements de Chagas. Ce n'est pas tout encore : on avait permis dans le village l'établissement des tavernes; les Indiens y prenaient le goût si dangereux de l'eau-de-vie de sucre, et, confondus avec des blancs corrompus ou des esclaves plus corrompus encore, ils se fortifiaient dans leur passion pour toute sorte de débauches. « Au bout de
« huit ans, dit Chagas, on voulut remédier au mal en sé-
« parant les habitations des Indiens de celles des blancs,
« mais il était trop tard; la malice, comme dit Job, avait
« pénétré jusque dans la moelle de leurs os. Ceci doit ser-
« vir de leçon à ceux qui viendront après nous; qu'ils
« sachent que les Indiens ne perdront jamais leurs habi-
« tudes, si l'on n'a soin de les tenir éloignés de la conta-
« gion des mauvais exemples. » Quand même ce qui s'est passé dans tout le Brésil depuis quatre-vingts ans et les faits dont j'ai été si souvent le triste témoin ne justifieraient pas le système de séquestration adopté pour les Indiens par les

anciens missionnaires, le passage de Chagas, cité plus haut, et tout son récit prouveraient assez que ce système, si souvent attaqué, pourrait seul préserver les indigènes de la misère et de la destruction. Lorsque les Indiens vinrent se fixer, en 1812, dans l'aldée d'Atalaia, ils étaient au nombre de 326; plus tard 36 se joignirent aux premiers, et dans un espace de quatorze ans eurent lieu 151 naissances; en 1827 il n'y avait déjà plus à Atalaia que 171 Indiens. Alors Chagas était âgé de soixante-neuf ans; il y en avait dix-sept qu'il était à Guarapuáva, et il sentait le besoin de se reposer. Il n'aura pas tardé à aller recevoir la récompense de ses travaux apostoliques, et les Indiens de Guarapuáva sont restés sans protecteur. Voici comment s'exprimait le président Manoel da Fonseca Lima e Silva dans son discours du 7 janvier 1847 à l'assemblée législative de la province de S. Paul (1): « Chaque année, l'aldée de Guarapuáva
« tombe en décadence. A la fin de 1845, il n'y avait plus,
« dans cette colonie, que 60 Indiens des deux sexes vivant
« dispersés et sans aucune règle. Le terrain qui originaire-
« ment leur avait été concédé dans le voisinage de Belem
« et dont les limites avaient été exactement marquées a été
« envahi par des intrus, et à l'aide de ventes fraudu-
« leuses il a passé, divisé en petites portions, entre les
« mains de nouveaux usurpateurs. Je suis en mesure de
« vous dire que l'administration générale des Indiens pren-
« dra, en temps opportun, des mesures capables de remé-
« dier à tant de maux. » On a, je n'en doute point, les intentions les meilleures; mais que peut-on faire pour les Indiens quand ils n'existent plus, ou, si l'on veut, quand il

---

(1) *Discurso recitado*, etc., p. 12.

n'en existe qu'une poignée, dépouillés de tout, dégradés par les vexations, par la misère, et par le contact des soldats, des cabaretiers, des esclaves et des femmes publiques de la dernière classe? Les anciens missionnaires appartenaient à des corporations; le bien qu'ils faisaient était continué par leurs successeurs. Chagas a lutté contre les plus grands obstacles; il a fait tout le bien qu'il pouvait faire, mais il était isolé. Sa mort a entraîné l'anéantissement de l'aldée dont il était le fondateur, et qui n'a pas duré un demi-siècle (1).

J'ai pensé que les détails dans lesquels je viens d'entrer, devant contribuer à faire connaître la province de S. Paul, ne seraient pas considérés comme étrangers à mon sujet; je vais à présent continuer la relation de mon voyage.

Le 2 de janvier, le vent changea, et tourna à l'est; le propriétaire de Capivarhy me dit qu'il ne pleuvait jamais par ce vent, et, quoique le ciel fût encore fort couvert, je me mis en route. Mon hôte ne m'avait pas trompé; les nuages se dissipèrent bientôt, et la journée fut très-belle. Depuis qu'il était tombé de la pluie, les bois et les *campos* étaient devenus plus verts et plus riants; la vue de la campagne dissipa peu à peu les sombres idées qui m'avaient obsédé

---

(1) Je n'ai pas attendu si tard pour payer un juste hommage aux vertus de l'abbé Chagas. J'avais beaucoup entendu parler de lui dans mon voyage à Curitiba, et à peine étais-je de retour en France, que je m'exprimai comme il suit : « Je ne saurais m'empêcher de citer deux « hommes dont le zèle bienfaisant n'a point été sans utilité pour les In- « diens, l'abbé Chagas, chargé de la civilisation de ceux de Guarapuáva, « et un Français, M. Marlière, fondateur de Manoelburgo, où il a réuni « plusieurs milliers de Puris (*Aperçu d'un Voyage dans l'intérieur* « *du Brésil*, 37, ou dans les *Mémoires du muséum*, vol. IX). »

trop longtemps; je jouis avec délice des charmes de la soirée.

La route que je suivais est très-fréquentée; ce jour-là, comme les précédents, je rencontrai plusieurs personnes à cheval et des troupes considérables de mulets indomptés (*bestas brabas*).

De temps en temps j'apercevais des maisons; mais elles étaient toujours fort petites et dans le plus mauvais état.

Ce fut à une maisonnette de ce genre que je fis halte. Elle était peu éloignée du *Rio da Pescaria*, ruisseau qui traverse la route, et elle portait le même nom que lui (*Pescaria*, pêche).

Sur le soir je me promenai dans les alentours, et je vis encore plusieurs chaumières éparses au milieu de la campagne. Toutes étaient à demi découvertes, presque à jour, et l'on n'y voyait absolument d'autres meubles que quelques bancelles et des *giraos*. Ceux qui habitaient ces pauvres demeures, probablement issus des races éthiopienne, américaine et caucasique mêlées entre elles, étaient, hommes et femmes, extrêmement laids et d'une saleté excessive; leur teint livide et leur maigreur montraient assez qu'ils ne prenaient qu'une nourriture peu substantielle ou insuffisante, et plusieurs d'entre eux étaient défigurés par un énorme goître. Les femmes avaient des cheveux en désordre, le visage et la poitrine couverts de crasse; les enfants paraissaient malsains, tristes et languissants; les hommes étaient niais et stupides. Il paraît que ces malheureux avaient trop de paresse pour planter plus qu'il n'était strictement nécessaire pour satisfaire leurs besoins, et la sécheresse de l'année précédente avait mis le comble à leur misère. Presque partout on me demandait l'aumône : depuis que j'étais au Brésil, je n'avais vu nulle part une pareille pauvreté.

Le lendemain du jour où j'avais couché à Pescaria, je passai d'abord le ruisseau du même nom ; je traversai un *campo* découvert, et bientôt j'entrai dans un bois vierge d'une végétation très-belle. Le terrain y est fort égal ; mais le chemin, véritablement affreux, était partout embarrassé par des racines et des branchages ; les mulets, gênés dans leur marche, serpentaient entre les arbres, et ils enfonçaient dans une boue tenace. Ici, comme dans le chemin d'Ubá à Forquilha, le pas égal des bestiaux avait formé (1) une alternative de fosses et de proéminences très-pénibles pour les animaux chargés, qui glissaient sur les proéminences et ne se tiraient des fosses qu'avec efforts (2). J'avais déjà passé par des chemins à peu près semblables la veille, entre Capivarhy et Pescaria, et, quelques jours auparavant, entre Registro Velho et Capivarhy. Ces chemins me donnaient quelque idée de celui du *Sertão* du sud, autrement dit de *Lages* ou de *Viamão* (3), par lequel les caravanes étaient obligées de passer au delà de Curitiba, et dont tous ceux que je rencontrais me faisaient le tableau le plus affreux. Avant de vous engager dans cette route, il

---

(1) Voyez mon *Voyage aux sources du Rio de S. Francisco et dans la province de Goyaz*, I, 29.

(2) Cette même alternative se voit sur les bas côtés non pavés du chemin d'Orléans à Paris, où il passe beaucoup de bêtes à cornes.

(3) *Sertão de Lages*, parce qu'il commence près de la ville du même nom ; *Sertão de Viamão*, parce qu'il conduit à la ville de *Viamão*, où les Mineiros allaient autrefois chercher des mulets, la seule qu'ils connussent dans la province de Rio Grande do Sul.

faudra, me disait-on, vous munir de provisions pour une étendue de 60 lieues, depuis Lapa jusqu'à Lages. Dans ce long voyage, vous ne trouverez aucune habitation; vous aurez des marais à franchir et plusieurs rivières à traverser. Le chemin est horrible, et souvent si étroit, que des mulets chargés de malles ne peuvent y passer. Les pâturages manquent presque entièrement. Enfin vous serez exposé à essuyer, au milieu de ces déserts, des tempêtes qui font souvent périr un grand nombre de mulets. Il était impossible que ces effrayants récits ne m'inspirassent pas quelques réflexions sur l'incurie de l'administration d'alors. N'est-il pas inconcevable, me disais-je, qu'elle n'ait encore rien fait pour rendre plus praticable une route si nécessaire? Comment ne coupe-t-on pas les arbres qui arrêtent les bêtes de somme? comment n'établit-on pas, de distance en distance, des postes militaires autour desquels on forcerait des condamnés à cultiver la terre? Pourquoi ne pas construire des *ranchos* avec des *vendas*, où l'on placerait des hommes auxquels on accorderait quelques priviléges? Quand l'administration, me disais-je encore, ne s'occuperait point, par justice, d'une route qui lui rapporte tant d'argent, elle devrait au moins le faire par intérêt; car il périt, tous les ans, dans le *Sertão* un grand nombre de mulets sur lesquels le fisc ne peut toucher que les droits de Santa Victoria.

Au sortir du bois où le chemin était si mauvais, je trouvai la rivière de *Paranapanema*, que je passai sur un pont de bois peu large, mais garni de garde-fous et en bon état, ce qui au Brésil était alors une rareté. Cette rivière, l'une des plus considérables de la province de S. Paul, tire son nom des deux mots indiens *paranná*, mer, et *panemo*, sans valeur (1); elle prend sa source dans la chaîne maritime. Son cours est fort long, mais peu connu; de nombreux affluents lui apportent leurs eaux, et elle finit par se réunir au Paranná, le fleuve gigantesque. S'il est jamais possible de faire disparaître les rochers qui, dit-on (2), embarrassent son lit, elle offrira les moyens de communication les plus utiles aux habitants des districts d'Itapéva, Castro, Itapitininga, et aux colons qui s'établiront sur ses bords.

Bientôt après avoir traversé cette rivière importante, pour le passage de laquelle on exige un péage, j'entrai dans un *campo* découvert, et de loin j'aperçus la *fazenda* de *Paranapitanga*, située sur un coteau au delà d'une lisière de bois; celle-ci borde le *Rio de Paranapitanga*, qui a donné son nom à l'habitation, et qui, après avoir séparé le district d'Itapitininga de celui d'Itapéva (3), se jette dans le Paranapanema. Le nom de Paranapitanga se compose des deux mots de la *lingoa geral paranná*, mer, et *pitanga*, enfant (enfant de la mer).

Les dernières pluies avaient fait déborder la rivière, et elle s'étendait beaucoup au delà du pont en bois sur lequel on la passe. Croyant qu'elle couvrait un terrain plat, j'allais continuer à la traverser dans la direction du pont; mais mon muletier, qui me vit de loin, me cria de me jeter sur le côté, et je sus, plus tard, que l'eau avait une grande profondeur à l'endroit où je voulais la traverser.

(1) Francisco dos Prazeres Maranhão, *Collect. etym. Braz.*, in *Revist. trim.*, I, 2ª ser., 77.

(2) Caz., *Corog. Braz.*, I, 209.

(3) On a aussi indiqué le Paranapanema comme limite des deux districts. La différence serait, pour ainsi dire, nulle, tant les deux rivières sont rapprochées.

La *fazenda* de Paranapitanga était la première que je visse sur les bords de cette route. Tandis qu'à Guarapuáva on n'avait donné à 500 Indiens que 4 lieues de terrain qui bientôt leur avaient été volées, la seule *fazenda* de Paranapitanga ne comprenait pas moins de 6 lieues de long sur une largeur proportionnée. Le bâtiment du maître était bâti en pisé et élevé d'un étage au-dessus du rez-de-chaussée; mais, depuis un certain temps, on en avait pris peu de soin, parce que le domaine tout entier dépendait d'une succession indivise.

Les terres de Paranapitanga et celles qui s'étendent du côté d'Itapéva, quoique fort bonnes, présentent un grand inconvénient, c'est qu'en suivant le système défectueux d'agriculture adopté par les Brésiliens on est obligé de les abandonner très-promptement. Au bout de deux ans, les *capoeiras* sont déjà assez hautes pour être coupées (1), mais on ne peut planter plus de six fois dans la même terre; les grandes fougères (*Pteris caudata*) se montrent bientôt, et, si au milieu d'elles il croît encore quelques arbrisseaux, ils restent fort écartés les uns des autres. Quant aux pâturages, ils sont excellents; aussi élève-t-on, dans tout ce canton, beaucoup de bétail. La *fazenda* de Paranapitanga avait été fort négligée, les distributions de sel, si nécessaires aux bestiaux, y avaient été interrompues pendant longtemps, et cependant on y comptait encore environ deux mille bêtes à cornes.

J'appris à Paranapitanga que de cette habitation dépendaient les misérables chaumières répandues dans les cam-

(1) Voir mon *Mémoire sur le système d'agriculture adopté par les Brésiliens*, et mon *Voyage dans les provinces de Rio de Janeiro et de Minas Geraes*, I, 194.

pagnes voisines de Pescaria. Les hommes qui occupaient ces chaumières, et que j'ai fait connaître plus haut (1), ne possédaient pas le plus petit coin de terre; mais ils avaient obtenu des propriétaires de Paranapitanga de bâtir et de se planter sur leur domaine. Ils étaient de la classe de ceux qu'on appelle *agregados* à Minas et probablement à S. Paul (2).

Dans la *fazenda* même de Paranapitanga, je trouvai à peu près autant de misère que partout ailleurs; le gérant (*feitor*) et sa famille ne mangeaient que du lait, et des haricots sans farine et sans lard. Comme on n'avait pas de maïs, on n'avait point engraissé de cochons. Depuis un an on n'avait pas non plus donné de grain à la volaille, et, lorsque je trouvais quelques poules à acheter, elles étaient d'un si mauvais goût et si maigres, que je ne pouvais les manger. Beaucoup de gens ne vivaient que de bourgeons de palmiers (*palmitos*) et de fruits sauvages.

Au delà de Paranapitanga, dans un espace de 3 *legoas* et demie, je traversai presque toujours des *campos* où le chemin était fort beau, ce qui a généralement lieu dans les pays découverts. La campagne était admirable, la verdure des bois et des pâturages était d'une fraîcheur extrême; mais je ne trouvai aucune plante en fleur.

A 1 lieue de l'endroit où je fis halte, je trouvai le *Rio Apiahy*, que l'on passe, moyennant un péage, sur un pont en bois d'environ 60 pas de longueur. Cette rivière est un des affluents de la rive gauche du Paranapanema.

---

(1) Voyez p. 431.
(2) Voir mon *Voyage dans les provinces de Rio de Janeiro et de Minas Geraes*, vol. I, 72.

Comme les jours précédents, je vis, dans cette journée, quelques maisonnettes chétives et misérables. Celle où je fis halte, et qui portait le nom de *Sitio da Fazendinha* (la maisonnette de la petite habitation), était peut-être en moins mauvais état que les autres, et cependant l'eau y tombait de tous les côtés. Elle était habitée par une vieille femme blanche qui y vivait seule avec une Indienne. Cette femme parlait toujours, mais elle avait une gaieté, une activité fort rares dans ce pays. Elle ne vivait alors que de haricots cuits dans de l'eau, et n'avait plus ni farine ni lard. Cela n'est pas un grand malheur, me disait-elle en riant, il faut bien vouloir ce que Dieu veut ; nous vivrons mieux l'année prochaine.

Quant à moi, il me restait encore de la farine; mais, depuis plusieurs jours, j'avais inutilement demandé du lard partout où j'avais passé. Comme la vieille femme, moi et mes gens nous mangions nos haricots simplement cuits dans de l'eau avec du sel.

Au delà du Sitio da Fazendinha, je commençai à voir, dans les bouquets de bois, le majestueux *Araucaria Brasiliensis* (*Pinheiro*, le pin du Brésil), qui y produit un effet très-pittoresque. Je passai devant quelques maisonnettes, qui me parurent un peu moins misérables que celles des jours précédents ; je rencontrais sans cesse des troupes considérables de mulets indomptés.

Je fis halte à une chaumière, où je fus reçu par un bon vieillard avec une politesse et un air de satisfaction auxquels je n'étais plus accoutumé. Sa maison était située à quelques pas du chemin, au-dessous d'un petit bois qu'on appelait *Capão do Inferno*, parce qu'avant d'y arriver le chemin était assez difficile. C'est de ce bois que la chaumière elle-même avait emprunté son nom, *Sitio do Capão do Inferno.*

De cet endroit j'allai faire halte à la ville d'*Itapéva*, qui en est éloignée de 2 *legoas* et demie.

CHAPITRE XIII.

LA VILLE D'ITAPÉVA. — LES INDIENS-BUGRES ET LES GUANHANANS.

La ville d'*Itapéva*; son histoire; sa position; ses maisons; son église; ses moyens de communication. — Le district d'Itapéva; ses limites; sa population; ses productions; sa pauvreté; progrès sensibles. — Nouveaux détails sur la disette. — Le *capitão mór* d'Itapéva. — Le *Rio Tacuarhy*. — Habitation de *Fazendinha*. — Les campagnes voisines. — Le hameau d'Itareré. — Le *Rio da Barra*; sa chute. — Le *Rio Itareré*; sa disparition; cascade. — Terre des environs de l'Itareré; leurs productions. — Les *Indiens-Bugres*. — Les *Guanhanans*; leur langue; un jeune homme de cette horde. — Les Indiens d'Itapéva; leur histoire; le baron d'*Antonina*.

Itapéva, dont le nom, emprunté à la *lingoa geral*, signifie *pierre plate* (1), est situé dans un pays fort inégal, coupé de bois et de *campos* (2). Cette ville n'a pas tou-

---

(1) *Ita*, pierre, *apeba*, plat. *Itapéva* signifie aussi *lame de fer* (*Dicc. port. bras.*, 24), et c'est cette dernière étymologie qu'admet M. Francisco dos Prazeres Maranhão; mais la première me paraît plus vraisemblable.

(2) Pizarro, qui, comme on l'a vu, place Itapitininga par le 23e degré 30' latitude australe, dit qu'Itapéva est situé par le 23e degré 19' 30"; mais, comme la position de cette dernière ville est certainement plus méridionale que celle de la première, il est évident qu'il y a erreur dans l'une ou l'autre indication. Ce fait et beaucoup d'autres prouvent combien il serait essentiel que les anciennes déterminations fussent vérifiées par quelque

jours été le chef-lieu du district du même nom. Le pilori, qui, comme l'on sait, distingue particulièrement les villes, avait d'abord été placé dans un *aldea* appelé *Faxina*, qu'on trouve à 2 ou 3 *legoas* de la route (1); plus tard il a été transporté à Itapéva, mais, à l'époque de mon voyage, on appliquait assez généralement à ce dernier endroit le nom de l'ancien chef-lieu, et on l'appelait *Faxina* (2) ou *Itapéva da Faxina*. Itapéva est certainement la ville la moins considérable de toutes celles que j'avais vues depuis que j'étais au Brésil (3). Elle n'avait pas, en 1820, plus de vingt-cinq à trente maisons, dont la plupart étaient en fort mauvais état, et qui formaient trois groupes principaux. Le plus considérable était situé, avec l'église paroissiale dédiée à Sainte-Anne (*Santa Anna*), sur le sommet d'une colline, au-dessus de laquelle coule, dans un vallon étroit et profond, le *Riacho Fundo* (ruisseau profond), qui va se jeter dans le *Rio Tacuarhy*, affluent du Parannà. Un autre groupe s'élevait sur le penchant de la colline, et le troisième sur le bord du ruisseau.

savant accoutumé à l'exactitude qu'on sait porter aujourd'hui dans les travaux de ce genre.

(1) On a dit que le nom d'*Itapéva* et celui de Faxina n'avaient jamais indiqué qu'un même endroit (*Dicc. Braz.*, I, 362, 497). Je n'ai pas été au véritable *Faxina*; mais il m'est difficile de croire que les habitants du pays se soient trompés sur l'existence d'un lieu situé, disaient-ils, à 2 ou 3 *legoas* de chez eux.

(2) *Faxina* ou *Fachina* veut dire tout à la fois *fascine* et *destruction*. Je serais porté à croire que c'est cette dernière signification qu'a ici le mot *Faxina*, parce que les Indiens du pays étaient considérés comme de grands destructeurs.

(3) Depuis que la vanité a fait créer tant et tant de villes dans les provinces de Minas, de Goyaz et de S. Paul, il est fort possible qu'il y en ait de plus petites encore que celles d'Itapéva.

Des rochers plats et unis, au milieu desquels croissent quelques plantes, garnissent, de distance à autre, le flanc des collines qui bordent le Riacho fundo.

Itapéva jouit d'un avantage dont toute cette route était encore privée en 1820, celui de pouvoir communiquer avec la mer, avantage qui, par la suite, pourra faire un point assez important de cette espèce de hameau. A environ 15 *legoas* du côté de l'Océan est située la petite ville d'*Apiahy* (1); il existe un chemin qui va d'Itapéva à cette ville, et de là on peut, quoique avec difficulté, descendre sur des pirogues jusqu'au petit port d'Iguápe, par la rivière appelée |*Ribeirão d'Iguápe*. En 1820 on se servait déjà de cette voie pour faire arriver le sel dont les bestiaux ont si grand besoin, et il revenait à un prix beaucoup moins élevé que lorsqu'on le tirait de Sorocába (2).

Le district d'Itapéva s'étend depuis le Rio Paranapitanga jusqu'à l'Itareré, où commence celui de Castro ; en 1820 il ne comprenait pas tout à fait 2,000 âmes et était

---

(1) Apiahy, situé au milieu des montagnes de la chaîne maritime, doit son origine à l'or qu'on trouvait autrefois dans ses environs. Il paraît qu'on y avait formé quelques lavages assez importants ; mais un nombre considérable d'esclaves périt dans un éboulement dû, sans doute, à l'impéritie des mineurs, et actuellement il n'y a plus à Apiahy que des *faiscadores*. Le nom d'Apiahy vient des mots guaranis *apia* et *yg*, dont le premier, qui a plusieurs significations, signifie tache et membre viril.

(2) M. Manoel Felisardo de Souza e Mello, président de la province en 1844, dit, dans son discours à l'assemblée législative (*Discurso, etc.*, 32), que, suivant les informations fournies par le sénat municipal d'Apiahy, il a été commencé, entre cette ville et Itapéva, une route qui doit donner passage aux chariots, et sera plus courte que l'ancienne de 6 à 8 *legoas*.

administré par des juges ordinaires (*juizes ordinarios*). Dans ce district le nombre des esclaves est peu considérable, non-seulement parce que les habitants sont fort pauvres, mais encore parce que l'éducation des bestiaux, dont on s'occupe principalement, exige peu de travail. Itapéva fournit une assez grande quantité de bêtes à cornes à la ville de Rio de Janeiro ; mais il paraît que la plupart des *fazendas* de ce canton, qui, au reste, sont en petit nombre, appartiennent à des hommes riches, qui ne les habitent pas et qui, bien différents des *fazendeiros* de Minas, mangent leurs revenus ailleurs (1820). De là il résulte que le pays est, comme on l'a vu, fort misérable, et, s'il y circule un peu d'argent, c'est aux caravanes venant du Sud qu'on le doit principalement (1). Dans les bonnes terres le maïs rend de 150 à 200 pour 1 ; on ne peut cultiver la canne à sucre, à cause des gelées des mois de juin et de juillet, époque de l'hiver dans l'hémisphère austral.

Ainsi que j'ai déjà eu occasion de le dire, il n'y a, dans le district d'Itapéva, de réellement blancs que quelques nouveaux venus ; tous les anciens habitants sont des hommes de sang mêlé. Cependant, comme il se trouve, parmi ceux-ci, des individus dont le teint est le même que celui des descendants d'Européens de race pure, ils veulent absolument passer pour blancs ; les blancs véritables les repoussent, et les uns et les autres se détestent.

Tel était, en 1820, l'état de ce pays ; mais, depuis cette époque, il s'y est opéré, s'il faut en croire Daniel Pedro

---

(1) Tout le monde sait que l'absence des propriétaires riches est une des causes de la pauvreté des paysans irlandais.

Müller, de sensibles progrès. La population était, en 1838, de 4,000 âmes, et par conséquent, dans l'espace de dix-huit ans, elle avait plus que doublé (1); le nombre des esclaves, signe déplorable de la richesse, qui, en 1815, ne dépassait pas 240 (2), s'élevait toujours, en 1838, à 657 : en choisissant probablement des localités favorisées d'une manière spéciale, on avait fabriqué un peu de sucre, on avait récolté une énorme quantité de maïs (230,000 alqueires), et fait 2,094 élèves de bêtes à cornes (3).

On a vu, par ce qui précède, combien, à l'époque de mon voyage, la disette était grande dans tout le *termo* d'Itapéva. Ce n'est pas de l'année 1820 qu'elle datait; il y avait déjà deux ans qu'elle avait commencé. En 1818 les bambous fleurirent, et il arriva ce qui, en pareil cas, a également lieu à Minas Geraes; des nuées de rats attirés par les semences des bambous dévorèrent une grande quantité de maïs, d'abord dans les plantations, et ensuite dans les granges (4). Quant à la récolte de 1819, elle avait été presque nulle, comme je l'ai déjà dit, à cause de l'excessive sécheresse ; aussi le prix de la farine, qui est ordinairement de 480 reis l'*alqueire* (3 fr. les 40 litres), avait-il été poussé jusqu'à 4,000 reis (25 fr. les 40 litres), et moi-même je payai cette denrée 2,800 reis. Les habitants du

(1) On trouve, dans l'utile *Diccionario geographico do Brazil*, le chiffre de 2,000 pour la population du district d'Itapéva (I, 497). Il est clair, d'après ce que dit Pizarro, que cette indication se rapporte à peu près à 1822; elle était probablement un peu exagérée, et peut-être en est-il de même de celle de 1838.

(2) Spix et Mart., *Reise*, I, 238.

(3) Müll., *Ens. estat.*, tab. 3.

(4) Ce fait, attesté par des hommes qui vivent à quelques centaines de lieues les uns des autres, ne peut guère être révoqué en doute.

pays, après avoir longtemps vécu de bourgeons de palmier, de gabiróbas (1) et autres fruits sauvages, avaient commencé à cueillir le maïs aussitôt que les grains avaient été formés. La plupart d'entre eux étaient d'une maigreur extrême, et ils avaient ce teint blanc et luisant, qui est le triste indice des souffrances de la faim. La dyssenterie commençait déjà à attaquer quelques personnes, et il était à craindre qu'elle ne devînt plus générale.

Avant d'arriver à Itapéva, j'avais envoyé José Marianno en avant, avec une lettre de recommandation du capitaine général de la province pour le *capitão mór*. Celui-ci était à sa *fazenda;* mais un sergent de la milice me procura, en son absence, une maison fort commode. Aussitôt après avoir reçu la lettre du général, le *capitão mór* partit pour la ville; malheureusement j'étais couché lorsqu'il y arriva. Dès le lendemain matin, il me rendit visite; il m'envoya ensuite à déjeuner, à dîner, à souper dans la maison que j'occupais, et vint prendre ses repas avec moi. Son gendre apportait les plats, et, suivant l'usage du pays, il nous servait portant une serviette sur l'épaule. Le *capitão mór*, qui probablement était le plus aisé des propriétaires demeurant dans le pays, avait à peu près la tournure de nos riches fermiers de Beauce. Il me fit beaucoup d'excuses de ne s'être pas présenté en uniforme; il portait une redingote de gros drap bleu, un gilet de velours noir, et un

---

(1) Comme je l'ai dit ailleurs (*Voyage à Goyaz*, II, 278), on donne le nom de *gabiróba* à toutes les petites espèces de *Psidium* à baies arrondies. Les *Psidium guazumæfolium corymbosum multiflorum*, Aug. S. Hil., Juss., Camb., sont des *gabirobas*. Le *Myrtus mucronata*, A. S. H., J., C., est encore un *gabiróba*.

chapeau rond dont la forme était, à sa partie inférieure, entourée d'un galon d'or.

Les personnes les plus notables du pays vinrent aussi me voir; mais on me fit peu de questions. Ces hommes n'avaient ni l'esprit ni la curiosité des Mineiros; ils étaient étrangers à tout ce qui se passait dans le monde, et pouvaient à peine parler des objets qui les entouraient. Beaucoup de cultivateurs de ce pays ne savaient même pas ce que je voulais leur dire quand je leur demandais combien, par an, rapportait le maïs.

En arrivant à Itapéva, je fis faire des recherches pour avoir des vivres; il fut impossible de trouver ni poules, ni lard, ni viande. Sans le *capitão mór*, qui fut pour moi plein d'égards et de complaisance, je ne sais ce que je serais devenu. Il me procura des provisions, et ne reçut d'argent que pour celles que lui-même avait achetées. Avant mon départ de la ville, il me fit faire un dîner réellement trop abondant pour un temps de disette, et voulut absolument m'accompagner pendant une demi-lieue, jusqu'à la petite rivière appelée *Tacuarhy*, dont j'ai parlé plus haut (1).

Cette rivière, guéable, en cet endroit, pendant les temps secs, cesse de l'être après de longues pluies; les gens de pied pouvaient cependant la passer sur un petit pont en bois qui avait été construit tout récemment, lorsque l'*ouvidor* d'Hytú, auparavant *juiz de fora* à Curitiba, avait passé par cette route pour prendre possession de son nouvel emploi. En général, si, dans ce temps-là, on trouvait

(1) On se rappellera que le tableau général qui se trouve au commencement du chapitre précédent se rapporte non-seulement au pays qui s'étend d'Itapitininga à Itapéva, mais d'Itapéva à l'Itareré.

quelque commodité sur les chemins, c'était presque toujours au passage des généraux et des *ouvidors* qu'on le devait; le rancho de Guarda mór, sur la route de Goyaz à Matogrosso, avait été fait pour João Carlos d'Oeynhausen, le chemin de Caldas pour Fernando Delgado, etc. (1).

Le *capitão mor* d'Itapéva avait mis deux personnes en réquisition pour m'aider à passer la rivière. Mes malles furent portées à dos d'homme sur le petit pont; les mulets traversèrent l'eau à la nage.

Peu d'instants après que nous nous fûmes remis en route, la pluie commença à tomber, et nous arrivâmes fort mouillés à l'habitation de *Fazendinha* (petite habitation), où nous devions coucher (2). En général, dans la saison des pluies, quand il ne tombe pas d'eau pendant la journée entière, il en tombe au moins le soir; mais il arrive rarement qu'il pleuve le matin, et que le soir il fasse beau : c'est ce que j'avais déjà observé, pendant deux saisons de pluie, dans la province de Minas Geraes.

L'habitation de Fazendinha, où je fis halte (le 23 janvier), était du nombre de celles qu'on appelle *fazendas de crear*, parce qu'on y élève des bestiaux; elle appartenait à une dame de Sorocába, qui y entretenait un gérant (*feitor*) avec quelques esclaves, et qui n'y venait jamais. Je ne sais trop, en effet, où elle aurait pu se loger, car il n'y avait à Fazendinha qu'une misérable chaumière presque en ruine, remplie de blattes, et où l'on n'avait pas de place pour se retourner.

(1) Voir mon *Voyage aux sources du Rio de S. Francisco et dans la province de Goyaz*, II, 156, 209.
(2) Je n'ai pas besoin de dire qu'il ne faut pas confondre cette habitation avec le *sitio de Fazendinha*, dont j'ai parlé plus haut.

Au delà de cette habitation, dans un espace de 3 *legoas* et demie, le pays est souvent presque plat; les bouquets de bois et les pâturages forment un mélange charmant ; la verdure était admirable. Les jours précédents, j'avais déjà vu des *Araucaria* au milieu du *capões*; ce jour-là, j'aperçus un bouquet de bois qui en était entièrement composé. Il s'élevait en amphithéâtre sur le penchant d'une colline, et, comme les branches des *Araucaria* aboutissent à la même hauteur, tous ceux de ces arbres qui étaient placés sur une même ligne horizontale formaient une sorte de plate-forme allongée et d'un vert sombre; le plan supérieur en présentait une seconde, et elles se succédaient ainsi jusqu'au sommet de la colline.

Ce même jour, je traversai plusieurs ruisseaux qui coulent entre deux collines, sur un lit de rochers très-plats, et sont eux-mêmes bordés de rochers aplatis (*lagedos*). Je fis une assez belle récolte de plantes au milieu de ces derniers. Des bouquets de bois entièrement composés d'*Araucaria* et des rochers très-plats sur le bord des eaux, c'était l'annonce des Campos Geraes, où j'allais bientôt entrer.

Avant d'arriver à la *fazenda* de *Perituva*, où je fis halte (24 janvier), je passai sur un pont en bois fort étroit une rivière du même nom (*Rio de Perituva*), qui, m'a-t-on dit, se jette dans le Tacuarhy.

L'habitation de Perituva (1) appartenait à un homme très-riche de S. Paul, qui n'y venait jamais et laissait à des esclaves le soin de ses troupeaux; il ne faut, par conséquent, pas s'étonner s'il n'y avait, dans cet endroit, que

---

(1) Le nom de Perituva vient des mots de la *lingoa geral pery*, jonc, et *tyba*, abondance, réunion (*lieu où il existe beaucoup de joncs*).

quelques misérables chaumières en fort mauvais état : ce fut dans l'une d'elles que je m'établis.

Avant de commencer à travailler, je fis la visite de mes malles, pour voir si, la nuit précédente, il n'y était pas entré de blattes. La maison où j'avais couché était, comme je l'ai dit, remplie de ces odieux insectes qui souillent et dévorent tout; il s'en était introduit un grand nombre entre le bois et le cuir des malles, et je ne pouvais espérer de m'en débarrasser que par des visites faites avec soin et longtemps répétées.

Tandis que je continuais mon voyage, les provisions dont j'étais redevable au bon *capitão mor* d'Itapéva me rendaient peu à peu les forces que j'avais perdues. Pendant quelques jours, j'avais pris une fort mauvaise nourriture; à mon arrivée à Itapéva, je me portais mal, j'avais les nerfs très-irrités, et je serais probablement tombé malade, si j'avais continué à manger des haricots cuits simplement dans de l'eau avec du sel.

Au delà de Perituva, toujours de magnifiques campagnes. Après avoir fait environ 1 lieue et demie à partir de cette habitation, je passai par celle du *Rio Verde*, qui appartenait au même maître, et où on élevait également des chevaux et des bêtes à cornes. Il n'y avait à *Rio Verde* (la rivière verte) que deux ou trois chaumières beaucoup plus misérables encore que celles de Perituva. Ce furent les seules que j'aperçus pendant toute la marche de cette journée, qui fut très-longue.

Je devais d'abord m'arrêter à la *fazenda* de *S. Pedro*, qui est située à quelque distance du chemin, et qui avait encore le même maître que Perituva et le Rio Verde; mais on me fit renoncer à ce projet, en me disant que les blattes étaient tellement nombreuses dans cette habitation, que mes malles et les bâts de mes mulets en seraient bientôt remplis.

Les *fazendas* de Perituva, Rio Verde et S. Pedro réunies formaient un territoire plus étendu que bien des principautés. Plus de deux cents personnes avaient obtenu du propriétaire la permission de demeurer sur ses terres, et ils plantaient, ils élevaient des bestiaux sans payer de rétribution; mais, il faut le dire, le peu de valeur du sol rendait cet acte de bienfaisance moins méritoire qu'il ne paraîtrait à un Européen étranger à la connaissance de ce pays. Quoi qu'il en soit, les hommes qui profitèrent de la bonté du propriétaire de Perituva n'avaient qu'une existence précaire; un nouveau propriétaire pouvait les expulser ou leur imposer de dures conditions. En s'éloignant de quelques lieues, ils auraient trouvé, du côté de la mer, des terres qui étaient encore sans maître et où les sauvages ne se montraient jamais; mais ils n'avaient pas même assez d'énergie pour faire un aussi léger effort.

Le climat de la province de S. Paul n'a point changé; les autres influences auxquelles notre espèce est soumise dans cette province, du moins dans la partie occidentale, n'ont pas changé davantage : comment se fait-il que les métis qui habitent le pays situé entre Sorocába et les Campos Geraes, issus, sans aucun doute, des anciens Mamalucos, soient si différents de leurs pères? Nous ne pouvons admettre que les croisements multipliés qui les ont rapprochés de notre race les aient détériorés; n'est-il pas plus vraisemblable que les anciens Mamalucos étaient sortis temporairement de leur état normal? Ces hommes n'avaient pas moins d'apathie, sans doute, que leurs descendants, peut-être même en avaient-ils naturellement davantage ; mais ils étaient excités par l'exemple des blancs, ils voulaient se montrer les égaux de ces derniers, et échapper, par leurs cruautés envers les Indiens, à la honte de descendre de cette race méprisée et proscrite.

Ne voulant pas, comme je l'ai dit, m'arrêter à la *fazenda* de S. Pedro, à cause des blattes qui y pullulaient, je pris le parti d'aller plus loin, et je fis, ce jour-là, une marche de 5 *legoas*, la plus longue que j'eusse faite depuis S. Paul.

A quelque distance de la *fazenda* de Rio Verde, je passai à gué la rivière du même nom (*Rio Verde*, la rivière verte), qui coule sur un lit de rochers plats. A peu près depuis cet endroit, on voit, à droite du chemin, d'immenses forêts.

Peu à peu j'avançais, quoique fort obliquement, vers le Sud ; par conséquent, la végétation devait m'offrir quelques changements. Je trouvais effectivement, dans les *campos* découverts, beaucoup de plantes que je ne connaissais pas encore ; mais aussi j'en voyais beaucoup qui croissent également dans les *campos* de Minas, de Goyaz et au nord de la province de S. Paul. Je puis citer, pour exemple, des individus nains du *pequi* (*Caryocar Brasiliense*, A. S. H., Camb., Juss.), dont le fruit porte ici le nom assez singulier de *fruto ingles* (fruit anglais). Depuis mon départ de Sorocába, j'avais retrouvé, mais en petite quantité, le *borulé* (*Brosimum*). Un jour, avant d'arriver à Itapéva, j'avais encore vu des individus nains de la Guttifère à grandes feuilles glauques et fleurs roses (*Kielmeyera speciosa*, A. S. H., Camb., Juss.), si commune dans les *campos* de Minas. Enfin la plante vulgairement appelée faux Mangabeira (*Mangabeira falsa*) n'est nullement rare dans ce pays. La Flore de cette partie de la province de S. Paul forme le commencement de la transition de celle des provinces tropicales à la végétation de Rio Grande.

Le *capitão mór* d'Itapéva m'avait donné une lettre de recommandation pour un caporal de la garde nationale (*milicia*) qui commandait au hameau d'*Itareré* (1), où je fis halte (25 janvier). Je dépêchai José Marianno pour porter cette lettre, et il me fit préparer la meilleure maison du village, ce qui certes n'est pas beaucoup dire. Je fus reçu par le caporal, qui était un homme blanc, fort honnête et neveu du *capitão mór*.

Le hameau d'Itareré porte le même nom qu'une petite rivière qui coule dans son voisinage (*Rio d'Itareré*), et se compose de quelques misérables chaumières fort petites, extrêmement basses, obscures, bâties avec de la terre et des bâtons croisés : il n'entrait dans leur charpente ni tenons, ni mortaises, ni chevilles, ni clous; les filières étaient supportées par quatre poteaux terminés par une fourche, et toutes les pièces de bois attachées avec des lianes.

Je passai un jour dans ce hameau pour étudier un assez grand nombre de plantes que j'avais recueillies la veille et aller visiter la rivière d'Itareré.

Je partis à cheval, vers le milieu du jour, avec le caporal auquel j'étais recommandé, et, après avoir traversé de

(1) *Itareré* vient des mots guaranis *ita* et *rare*, *pierre que le ruisseau a creusée* (Ruiz da Montoya, *Tes. guar.*, 179). On m'avait dit que ce nom signifiait *pierre qui tourne*, *meule*; mais alors il faudrait supposer qu'il dérive d'*itaire*, qui en diffère beaucoup plus qu'*itarare*, et d'ailleurs, comme on le verra bientôt, le nom de *pierre que le ruisseau a creusée* convient parfaitement à tout ce canton. Dans aucun cas, on ne doit pas, avec les laborieux auteurs du *Diccionario do Brazil*, écrire *Itereré*.

vastes pâturages, nous aperçûmes le vallon où coule l'Itareré, ou, comme disent les habitants du pays, le Tareré. Nous nous dirigeâmes vers un endroit qu'on appelle *Barra* (confluent), parce que c'est là qu'une petite rivière du même nom (*Rio da Barra*) et l'Itareré confondent leurs eaux. Les collines qui, en cet endroit, bordent ce dernier sont fort marécageuses; d'abord elles s'étendent par une pente douce, et n'offrent que des pâturages : plus près de la rivière, il y croît des arbrisseaux, principalement la Mimosée 1,397 *bis*; puis tout à coup elles descendent à pic jusqu'au fond du vallon. La petite rivière de Barra arrive à ce dernier sur un lit de rochers aplatis, et, après avoir bondi plusieurs fois, elle se précipite d'une hauteur considérable dans l'Itareré, en formant une nappe d'eau verticale. Au-dessous de cette cascade, l'Itareré s'échappe dans un ravin profond et disparaît aux regards du voyageur; en cet endroit, les rochers qui le bordent se rapprochent, le recouvrent, et ne laissent plus apercevoir qu'une fente de peu de largeur. Cependant, au milieu des pâturages, les sinuosités de la rivière se reconnaissent aisément, dessinées par la verdure sombre d'un fourré épais d'arbrisseaux et de petits arbres qui s'échappent des rocs taillés à pic dont le ravin est bordé. Parmi ces végétaux pressés les uns contre les autres, il est impossible de ne pas distinguer des Palmiers élégants, et le *Clusia criuva*, A. S. H., Juss., Camb., aux fleurs blanches en corymbe et aux feuilles luisantes. Ce n'est guère qu'au bout de 1 lieue que l'Itareré recommence à se montrer. Il ne reparaît d'abord qu'avec une largeur d'environ 6 à 7 décimètres; puis tout à coup il s'ouvre un lit qui peut avoir 6 à 7 mètres de large, et il fuit avec rapidité, encore encaissé entre des rochers à pic au milieu desquels croissent un grand nombre d'arbrisseaux. A l'endroit où il reparaît, un ruisseau dont on boit l'eau dans le village vient se réunir à lui, et forme une jolie cascade en se précipitant du haut des rochers entre les arbres et les broussailles. Après avoir encore parcouru un certain espace, l'Itareré, me dit mon guide, s'élargit brusquement une seconde fois, et peut avoir alors environ 16 *braças* (34 mètres); jusque-là il est très-profond, et ses eaux sont peu agréables à boire.

D'après ce que m'assura le caporal, les terres des environs de l'Itareré sont excellentes, et généralement propres à la culture du maïs, du riz, des haricots et du manioc. Le maïs rend jusqu'à 400 pour 1. La grande Fougère s'empare promptement des terrains médiocres; mais elle ne paraît point dans les meilleurs : ceux-ci, cependant, se fatiguent facilement, et au bout d'un certain nombre de récoltes on est obligé de sarcler les mauvaises herbes, ce qu'on ne fait point dans un sol encore neuf. Le coton produit encore ici. La gelée, il est vrai, se fait sentir tous les ans, mais seulement après la cueillette des derniers fruits.

Depuis S. Paul, tous ceux que nous rencontrions venant du Sud nous parlaient des Indiens d'Itapéva, et effrayaient mes gens par mille contes tragiques. Il est très-vrai qu'à cette époque des hordes de sauvages habitaient les forêts voisines de la route, que depuis Itapéva ils se rapprochaient beaucoup de cette dernière, et qu'ils se montraient principalement entre l'Itareré et le *Rio Jaguaryaiba*; il est très-vrai encore qu'ils avaient souvent détruit des habitations situées près des bois; mais il était extrêmement rare qu'ils se hasardassent sur le chemin. En général, les sauvages n'attaquent guère qu'à coup sûr, et ceux qui habitaient ce canton devaient savoir que les voyageurs ne le traversaient guère isolément et sans armes. Tous les ans, les gardes nationaux (*milicia*) d'Itapéva se réunissaient et s'enfonçaient dans les bois pour faire la chasse aux Indiens sauvages; ils y étaient fort habiles, et revenaient rarement chez eux sans avoir pris des femmes et des enfants : leur ardeur était excitée non-seulement par le désir d'éloigner des voisins dangereux, mais encore par celui de faire des prisonniers, car il était permis d'employer ceux-ci gratuitement pendant quinze années et de les vendre pour cet espace de temps.

A peu près depuis S. Paul jusqu'à la frontière occidentale de la province, et même à Sainte-Catherine, on donne aux Indiens, en général, le nom de *Bugres* (1), qui vient évidemment du français, mais dont on a détourné la signification. Quant aux Indiens d'Itapéva, on les distinguait spécialement par celui de *Guanhanans*, qui paraissait être aussi peu connu des hommes auxquels on l'appliquait que le nom de Coyapós l'est des Indiens de Goyaz (2). Je présume que les noms de la plupart des peuplades indiennes ne sont autre chose que des mots qui auront frappé les Portugais dans la conversation des hommes de ces peuplades et qu'ils auront appliqués, en les défigurant, aux peuplades elles-mêmes. Il serait aussi fort possible que le nom de Guanhanans ne fût autre chose que celui de Guaianazes ou Guaia-

---

(1) Comme on l'a vu dans mon *Voyage sur le littoral*, II, 309, on donne aussi le nom de *Bugres* aux Indiens sauvages dans la province d'Espirito Santo. Je n'ai pas besoin de dire qu'on ne doit écrire ni *Bugros* ni *Boogres*.

(2) Voir mon *Voyage aux sources du Rio de S. Francisco et dans la province de Goyaz*, II.

nás, que l'on donnait, comme nous le savons, aux habitants de la plaine de Piratininga (1), et qu'un souvenir historique aurait fait transporter à la horde d'Itapéva.

Pendant que j'étais dans cette ville, on me montra un jeune Guanhanan qui avait été fait prisonnier depuis deux années, et qu'avait acheté un propriétaire du voisinage. Je lui trouvai tous les traits de la race américaine; son teint était fort bistré, d'ailleurs je ne remarquai rien en lui qui le distinguât particulièrement. Je voulais obtenir de ce jeune homme un petit vocabulaire de sa langue; mais il me fallut d'abord vaincre sa timidité, et ensuite il se trouva qu'il avait oublié la plupart des mots que je lui demandais. Les noms des animaux sauvages étaient ceux qu'il se rappelait le mieux, ce qui n'est pas fort étonnant, car les Indiens tirent de ces animaux leur principale nourriture, et ils en sont sans cesse occupés. Vivant avec eux dans les bois et leur faisant une guerre continuelle, ils étudient leurs mœurs et leurs ruses; ils apprennent à contrefaire leurs voix, ils savent les épier, les surprendre, et ils leur attribuent souvent une intelligence et des dessins auxquels la brute ne peut s'élever. Le Botocudo Firmiano m'offrait une preuve continuelle de ce que je dis ici.

(1) Il ne faut pas oublier que, dans la langue portugaise, les lettres *nh* se prononcent comme le *gn* des Français, ce qui rapproche singulièrement les mots *Guaianás* et *Guanhanans*. M. João da Silva Machado, baron d'Antonina, propriétaire, en 1843, de l'habitation de Perituva, confirme entièrement ce que je dis ici, car il ne donne pas d'autre nom que celui de *Guaianazes* à la peuplade barbare qui avait infesté les environs d'Itapéva (*Revist. trim.*, 2ª ser., 231). Il est à remarquer aussi que le vieux Pauliste Fernando Diaz Paes, qui, avant de découvrir Minas, avait parcouru les déserts voisins du Rio Tibagy, y avait pris un grand nombre d'Indiens qu'il appelait *Guaianazes* (Baltazar da Silva Lisboa, *Annaes de Rio de Janeiro*, II, 280).

Voici les mots que me dicta le jeune Guanhanan :

Dieu,	Tupé (1).
Soleil,	Leve.
Lune,	Cãssime.
Étoiles,	Clingué.
Homme,	Dofuve.
Mère,	Ningtave.
Petit garçon,	Cofuve.
Petite fille,	Jacrove.
Yeux,	Caneve.
Pied,	Opéve.
Morceau de bois,	Cave.
Jabotícaba (fruit),	Meve.
Cheval,	Mingbagare.
Tapir,	Cojuru.
Eau,	Goió (le dernier *o* ouvert comme dans le mot *or*).

(1) Il est remarquable que l'on retrouve ce nom, avec de légères modifications, dans une immense partie de l'Amérique, chez des peuples qui n'ont jamais eu de communications entre eux, et qui parlent des langues fort différentes. Je présume que souvent il aura été transporté d'une nation chez une autre par les missionnaires, qui croyaient, sans doute, pouvoir le faire comprendre des Indiens avec plus de facilité que le mot équivalent appartenant aux langues d'origines grecque et latine. Avec plusieurs auteurs j'ai indiqué, d'après le P. Vasconcellos, le mot *tupán* comme signifiant l'*excellence terrifiante;* mais M. Ferdinand Denis a attiré mon attention sur un passage du P. Antonio Ruiz da Montoya, qui donne une étymologie plus satisfaisante et qui s'exprime comme il suit : « *Tu*, particule d'admiration, et *pa*, interrogation ; *quel est-il?* nom qu'ils ont appliqué à Dieu (*Tesoro de la lengua guarani,* 102). » Malte-Brun, dans sa *Géographie universelle,* a déjà donné du mot *tupán* une traduction semblable ; mais il ne dit pas de qui il l'a empruntée, et ne décompose point le mot lui-même.

Cerf,	Kinbeve.
Singe,	Cajere.
Grand,	Crangue.
Petit,	Carove.
Jaguar,	Mingue.
Feu,	Finfinve.
Perroquet,	Iongiove.
Jacu (oiseau),	Penhe.
Lambarí,	Clingloforce (les deux *l*, dans ce mots, participent du son de l'*r*).
Maïs,	Nheré.
Farine,	Manenfu.
Haricots,	Ingró (*in* se prononce comme en latin, l'*o* est ouvert).
Citrouille,	Pacove.
Flèche,	Dove.
Perdrix,	Curupepé.
Chien,	Fogfogve.

Je dois prévenir le lecteur que, dans les mots qui précèdent, l'*e* non accentué se prononce fermé, qu'au contraire l'*é* doit se prononcer très-ouvert, comme en portugais. La répétition de la syllabe *ve* à la suite d'un grand nombre de mots ferait presque croire qu'elle indique l'addition d'un article. D'ailleurs j'ai comparé ce court vocabulaire avec ceux des langues des Coroados du Rio Bonito, des Malalis, des Monoxós, des Macunis, des Botocudos, des Machaculis, des Coyapós, des Chicriabás (1), et n'ai pas

---

(1) *Voyage dans les provinces de Rio de Janeiro et de Minas Geraes*, I, 46, 427; I, 47, 154, 213. — *Voyage dans le district des Diamants et sur le littoral du Brésil*, II, 293. — *Voyage aux sources du Rio de S. Francisco et dans la province de Goyaz*, II, 108, 261, 289.

trouvé la moindre ressemblance. J'ai fait davantage : j'ai rapproché les mots qui m'ont été dictés par le jeune Guanhanan d'Itapéva de trois des dialectes de la *lingoa geral*, et je me suis convaincu qu'il n'existe pas non plus le moindre rapport. Les langues non écrites, comme je l'ai montré ailleurs (1), s'altèrent, se modifient très-facilement; mais, en deux siècles, elles ne peuvent changer complétement et prendre un autre caractère. Or les anciens Guaianazes parlèrent la *lingoa geral*, puisque c'est deux qu'Anchieta l'avait apprise; par conséquent, les Guanhanans d'Itapéva n'ont rien de commun avec cette nation que leur nom, et, comme je l'ai déjà dit plus haut, celui-ci leur aura été donné par les premiers blancs ou métis qui se sont établis dans ce canton, sans doute parce que les Guaianazes étaient les seuls Indiens qu'ils connussent ou dont ils eussent conservé le souvenir.

Quoi qu'il en soit, il paraît que les Guanhanans sont placés moins bas sur l'échelle de la civilisation que beaucoup d'autres hordes de sauvages. Ils croient à l'existence d'un pouvoir souverain; ils font des plantations de haricots et de maïs, et, si les hommes vont entièrement nus, les femmes se couvrent les parties naturelles.

Ces Indiens, qui, à l'époque de mon voyage, inspiraient une si grande terreur, ne sont point encore détruits; mais ils ont cessé de se montrer dans les environs d'Itapéva.

A peu près deux cents indigènes appartenant à une autre nation vinrent, il y a déjà un bon nombre d'années, s'établir sur la rive gauche du Rio Tacuarhy, à une distance peu considérable de la capitale du district. Ils étaient en

---

(1) *Voyage aux sources du Rio de S. Francisco, etc.*, I, 41.

guerre avec les Guanhanans; ceux-ci, se croyant trop faibles contre leurs ennemis réunis aux Paulistes, s'enfoncèrent davantage dans les déserts, et cessèrent d'inquiéter les hommes de notre race (1).

Les nouveaux venus étaient d'un caractère docile et pacifique; ils se firent aimer des blancs, leurs voisins, et souvent ils se rendaient à la ville pour échanger contre du fer et des vêtements la cire et le miel qu'ils allaient, avec beaucoup de peine, recueillir dans le désert. Cependant le service qu'ils avaient rendu aux blancs ne tarda pas à leur devenir fatal : ces derniers, n'ayant plus rien à craindre des Guanhanans, se mirent à cultiver les terres excellentes dont ils n'osaient approcher auparavant; les Indiens se

(1) Il n'est nullement invraisemblable que les Guaianás dont parle Azara (*Voyage dans l'Amérique méridionale*, II, 75), et qui, dit-il, habitent à l'orient de l'Uruguay et du Paranná, soient les mêmes que les Guanhanans de S. Paul; les premiers sont aussi peu étrangers à l'agriculture que les Guanhanans, et chez les uns comme chez les autres les femmes montrent quelque pudeur, tandis que les hommes restent entièrement nus. — On trouve, dans le *Voyage pittoresque* de M. Debret, une planche représentant les *sauvages goyanas do Mar Pequeno*, et voici l'explication qu'en donne l'auteur (I, 29) : « Le site dans lequel se passe cette scène offre « un double intérêt, en ce qu'il donne non-seulement la vue de la forêt « vierge au point où se trouve la source du fameux lac dos Patos......., « mais encore parce qu'il témoigne de l'industrie des Goyanas, qui entre- « tiennent, avec leurs canots, une navigation utile aux voyageurs pour « parcourir le littoral de la province de Rio Grande. » C'est à peu près comme si l'on disait que les paysans du Berry ont de petits bateaux sur la Manche, source du Rhône; qu'ils y reçoivent les voyageurs, et qu'ils leur font visiter les côtes du royaume des Algarves. On doit regretter que M. Debret, qui avait fort bien observé les scènes de la vie domestique des habitants de Rio de Janeiro, n'en ait pas représenté quelques-unes de plus, et qu'il ait sacrifié son pinceau à figurer tant de plantes qu'il connaissait très-mal et tant d'Indiens qu'il ne connaissait pas du tout.

trouvèrent bientôt resserrés dans un étroit espace, et le gibier dont ils faisaient leur nourriture finit par leur manquer. Dans cette extrémité, neuf individus de la tribu se présentèrent, le 1ᵉʳ septembre 1843, à la *fazenda* de Perituva dont j'ai parlé plus haut, et qui alors appartenait à João da Silva Machado, baron d'Antonina ; ils lui firent part de leur détresse et du dessein qu'ils avaient formé de se retirer bien loin dans les forêts. Le baron d'Antonina s'empressa de réclamer, pour ces pauvres gens, des secours du gouvernement provincial ; mais, dans le premier moment, il ne fut pas écouté. Alors il prit généreusement les Indiens sous sa protection, les établit sur ses terres près du Rio Verde et de l'Itareré, et fit pour eux tout ce que ses moyens lui permettaient (1). Il paraît cependant qu'en 1844 le président de la province se ressouvint des Indiens de Perituva ; il envoya au baron divers objets que celui-ci fut chargé de distribuer à ses protégés, et pour les instruire dans la foi chrétienne on leur donna un des missionnaires capucins que le souverain pontife avait envoyés au Brésil, sur la demande du gouvernement central. Attirés, sans doute, par le bon accueil que le baron d'Antonina faisait aux Indiens, de nouveaux venus se joignirent aux premiers, et en 1847 la petite colonie se composait à peu près de 400 individus. Le missionnaire capucin demanda qu'on fît à ces malheureux la concession d'un terrain qui pût assurer leur subsistance et qu'on donnât à leur village un titre légal ; mais le président de la province, pour 1847, déclare, dans son discours à l'assemblée législative, qu'il ne sera fait droit à cette requête qu'après la nomination du

(1) J. J. Machado de Oliveira, *Not. racioc.* in *Revist. trim.*, vol. I, 2ª ser., 247.

directeur qu'on se proposait de mettre à la tête des Indiens (1). Tant de directeurs ont été, pour les indigènes, d'affreux tyrans, qu'il est permis de concevoir quelques craintes pour l'avenir des Indiens de Perituva, destinés à être soumis à un régime qui souvent fut destructeur et toujours fut despotique.

Quant au missionnaire, il aura peut-être rencontré bien des obstacles de la part des Indiens adultes, probablement déjà corrompus par leurs rapports avec les blancs et les esclaves; il se sera consolé en appelant à lui les enfants et en jetant, dans leurs âmes, des semences de vertu. Selon les sages conseils d'un de ceux qui l'ont précédé dans sa noble carrière, « il faut dresser l'arbre tandis qu'il est
« jeune, et l'enter dès le commencement. Pendant que la
« cire est molle on lui imprime tel caractère qu'on veut,
« et pendant que l'argile est moitte on forme tel vase
« qui vient en fantaisie. Je ne puis icy oublier ce mot
« d'Horace, que le vase garde longuement l'odeur et le
« goust de la première qui luy est infuse; et le papier la
« première écriture, et teinture (2). »

(1) *Discurso recitado pelo presidente Manoel da Fonsecá Lima e Silva no dia 7 de janeiro de 1847, p. 13.*
(2) Le P. Maurille de S. Michel, *Voyage des isles Camarcandes en l'Amérique*, 151.

TABLE DES CHAPITRES

CONTENUS

DANS LE TOME PREMIER.

CHAPITRE PREMIER.

	Pages.
Tableau abrégé de la province de S. Paul. — § Ier. Histoire.	1
§ II. Limites, montagnes, cours d'eau, climat.	80
§ III. Végétation.	87
§ IV. Population.	107
§ V. Administration générale, division de la province.	131
§ VI. Justice criminelle.	137
§ VII. Finances.	140

CHAPITRE II.

Commencement du voyage dans la province de S. Paul. — Le village de Franca, aujourd'hui ville et chef-lieu de comarca. . 148

CHAPITRE III.

De Franca à Mogimirim. 165

CHAPITRE IV.

Mogimirim et Campinas. 197

CHAPITRE V.

Jundiahy. — Arrivée à S. Paul. 215

CHAPITRE VI.

Description de la ville de S. Paul. 239

CHAPITRE VII.

Séjour de l'auteur à S. Paul. — Quelques mots sur la ville de Santos et le chemin du Cubatão. 277

CHAPITRE VIII.

Pages.

Voyage de S. Paul à la ville d'Hytú. 312

CHAPITRE IX.

La ville d'Hytú. — Celle de Porto Feliz : la navigation du Tieté. 333

CHAPITRE X.

La ville de Sorocába. — Les forges d'Ypanéma. 366

CHAPITRE XI.

La ville d'Itapitininga. 397

CHAPITRE XII.

Voyage d'Itapitininga aux Campos Geraes. — La ville d'Itapéva.— Indiens. 415

CHAPITRE XIII.

La ville d'Itapéva. — Les Indiens-Bugres et les Guanhanans. . . 439

FIN DE LA TABLE DES CHAPITRES DU TOME PREMIER.

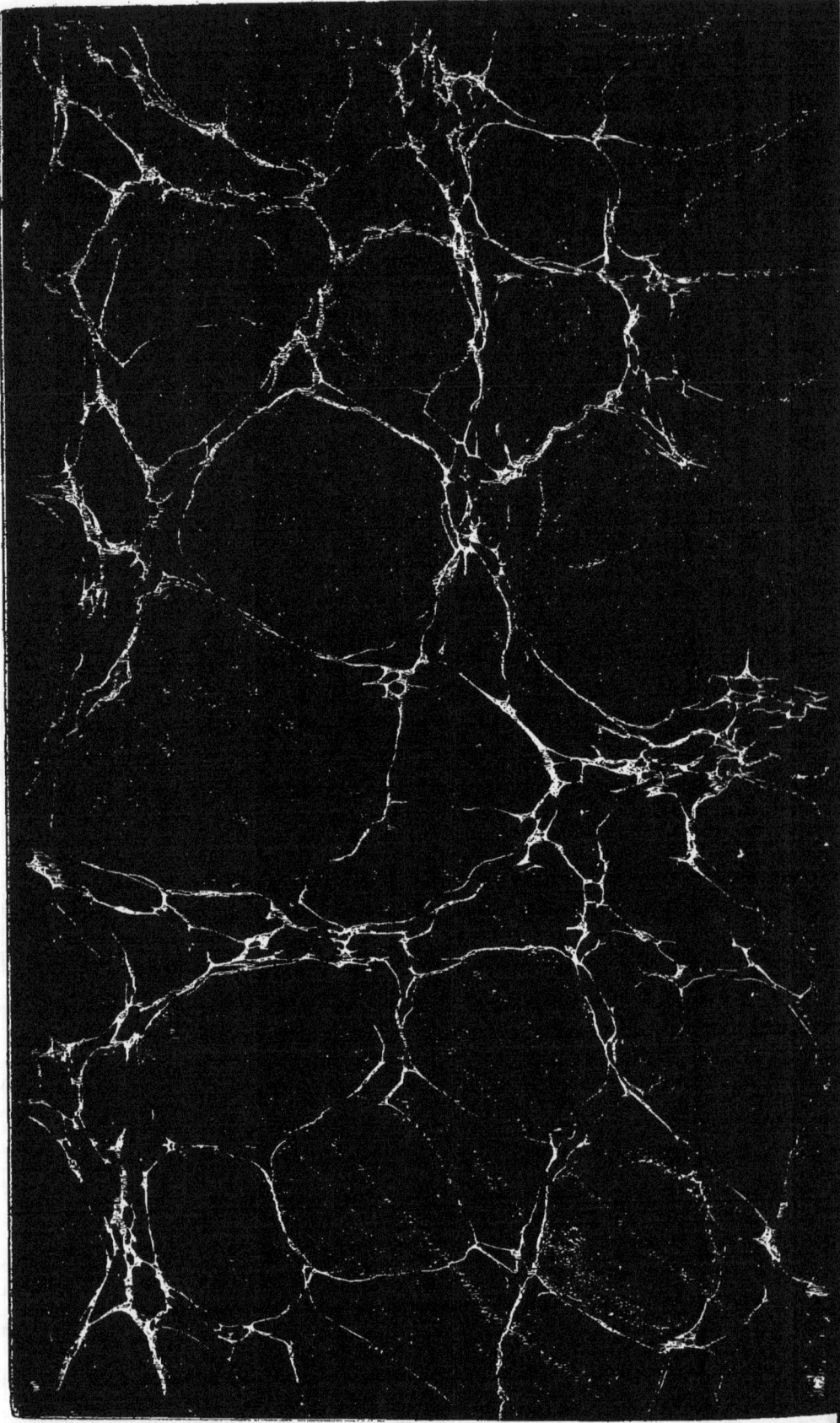

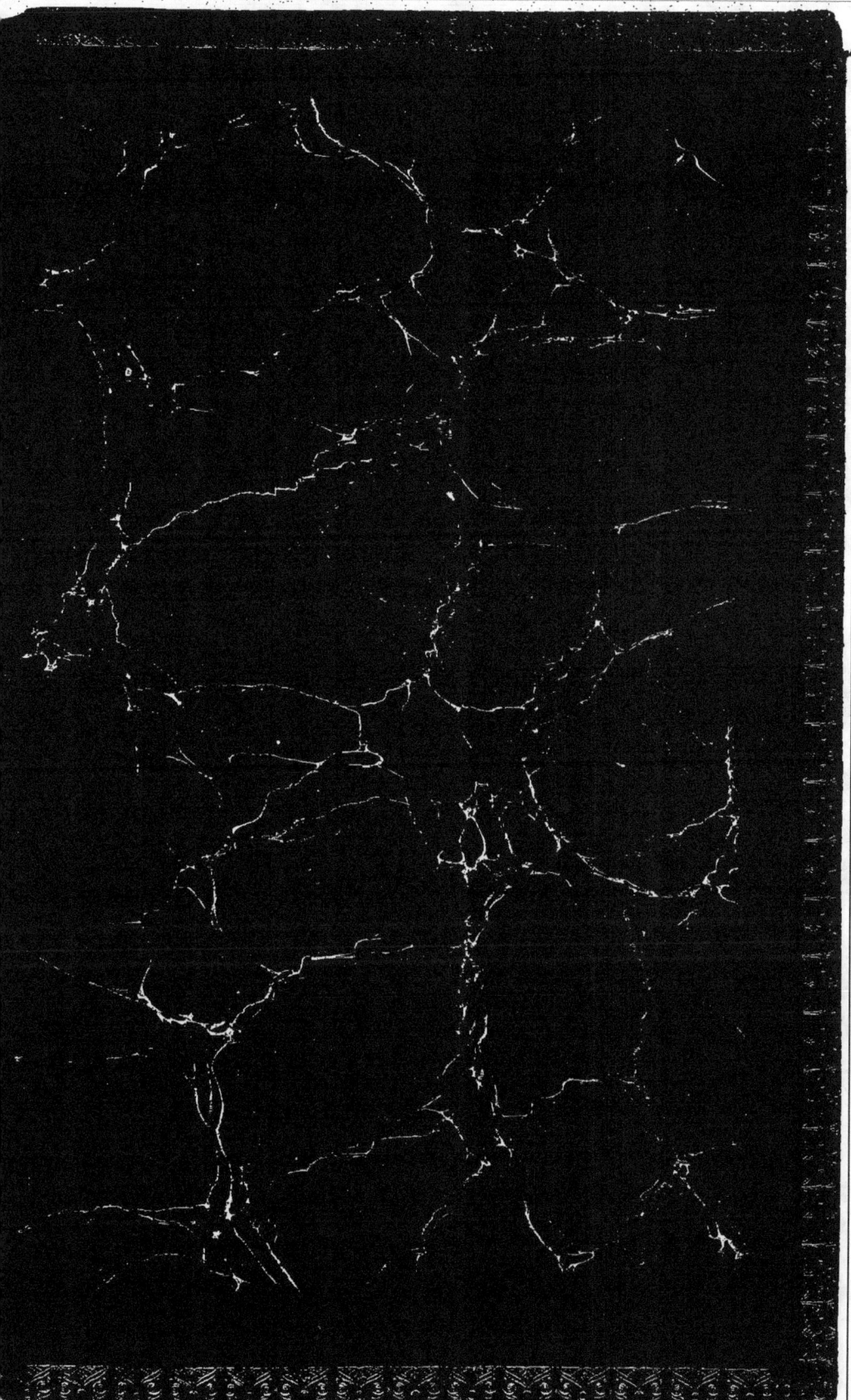

www.ingramcontent.com/pod-product-compliance
Lightning Source LLC
Chambersburg PA
CBHW050250230426
43664CB00012B/1896